DUMONT

Capitaine Roger Blanc und sein Kollege Marius Tonon sollen an der Côte Bleue Froschmänner der Regierung während eines geheimnisvollen Auftrags schützen. Ein erholsamer Job auf türkisblauem Meer, vor den pinienbewachsenen Steilwänden der Mittelmeerküste – bis ein unbekannter Taucher im Wasser treibt, eine Harpune steckt in seinem rechten Auge. Alle glauben an einen schrecklichen Unfall, nur Blanc kommt dieser Tod merkwürdig vor. Er forscht nach und findet heraus, dass der Tote zu den Wracktauchern zählte, Spezialisten, die ohne Rücksicht auf die Natur jahrhundertealte, gesunkene Schiffe plündern, um die Beute an reiche Sammler zu verkaufen. Eine ebenso gefährliche wie illegale Arbeit, die bei vielen Einheimischen verrufen ist. Besonders die Fischerin und Ökoaktivistin Christin Antunes protestiert heftig dagegen. Reicht das als Motiv? Als es an der Küste zu einem weiteren, nicht weniger grauenhaften »Unfall« kommt, ist klar: Blanc steckt wieder einmal in einem neuen Fall.

L'histoire n'est pas faite pour rassurer l'homme,
mais pour l'alerter.
Fred Vargas

Tod eines Tauchers

Capitaine Roger Blanc stand mit bloßen Füßen auf dem warmen Stahldeck eines Schiffes. Die weißen Aufbauten reflektierten die Mittagssonne so grell, dass seine Augen trotz der getönten Brille schmerzten. Das Wasser war glatt und klar, als wäre die *André Malraux* in eine türkisfarbene Glasfläche eingeschmolzen. Die Kette am Bug reichte bis in zehn, vielleicht sogar fünfzehn Meter Tiefe, wo sich der Anker in einen Teppich aus braungrünen, sanft in der Strömung schwingenden Pflanzen gegraben hatte. Ein Schwarm handgroßer, silbriger Fische umschwamm die eisernen Glieder.

Etwa hundert Meter rechts von Blanc strichen träge Wellen gegen eine beinahe lotrechte Felswand, die den Himmel begrenzte. Der grauweiße Kalkstein war uralt, von Rissen und Spalten zerfurcht, am Meeressaum dunkel und glänzend vor Feuchtigkeit, darüber trocken wie Kreide. Dicht unter dem Kamm lagen rote Gesteinsbrocken frei, aus denen der Regen über Äonen die Farbe in langen Fäden ausgewaschen hatte. *Calanque des Roches Sanglantes* wurde die Bucht genannt, die Calanque »der blutenden Felsen«. Dunkle Kammern öffneten sich auf halber Höhe der Klippen und erinnerten Blanc an leere Augenhöhlen. Pinien krallten sich mit verknoteten Wurzeln über dem Abgrund fest, ihre Äste streckten sich dem Licht entgegen.

Die Sonne brannte auf Blancs nackten Unterarmen, mit jedem Atemzug schmeckte er Rosmarin, Thymian und Salz auf den Lippen. Er schüttelte ungläubig den Kopf. »Wir haben den ersten Oktober, aber es ist, als hätten wir Hochsommer. Das fühlt sich nicht echt an.«

»Echter als ein Freudenmädchen«, erwiderte sein Freund und Kollege Lieutenant Marius Tonon gelassen. Er lehnte neben ihm an der Reling und prostete ihm mit dem Becher seiner Thermoskanne zu, in die er einen »Kaffee« gekippt hatte, der nicht gerade nach gerösteten Bohnen duftete. »Das sieht hier immer so aus.«

»Wir sollen auf diesem Schiff arbeiten. Aber wir haben nichts zu tun und braten in der Sonne. Das ist zu schön. Da stimmt etwas nicht.«

»Wir könnten eine Runde schnorcheln, falls du dich langweilst«, schlug Marius gut gelaunt vor. »Das Wasser ist noch mindestens zweiundzwanzig Grad warm. Die silbernen Fische unter uns, das sind *Saupes*, die ›Rinder des Meeres‹. Die knabbern die Pflanzen von den Felsbrocken und sind so blöd, dass du sie mit der Hand fangen kannst. Wir könnten uns auch einen Seeigel holen, seine Schale knacken und ihn mit einem Stück Baguette ausschlürfen.«

»Den ganzen rohen Seeigel?«

»Nur seinen Schließmuskel. Köstlich.«

Blanc verzog das Gesicht. »Du weißt genau, was ich meine«, erklärte er und blickte sich um. »Dieser Job muss einen Haken haben. Wir sind nicht hier, um die Schließmuskeln von Seeigeln zu essen. Wir räumen Scheiße weg.«

Commandant Nicolas Nkoulou hatte sie am frühen Montagmorgen auf die *André Malraux* beordert. Mehr als eine Stunde lang hatte Nkoulou Blanc und Marius zuvor in seinem Büro instruiert. Blanc tat nun schon seit einem Vierteljahr Dienst in der Gendarmeriestation von Gadet, doch alle seine bisherigen Besuche im Büro des Commandanten zusammengenommen hatten nicht so lange gewährt wie dieser eine.

Als *Calanques* wurde, wie Nkoulou ihm ausführlich erklärt hatte, die zerklüftete Felsenküste westlich und östlich von Marseille bezeichnet. Blanc hatte schon vom karibischen Wasser und von harzigen Pinien gehört, von halsbrecherischen Wanderwegen zwischen mürbem Gestein – und von abendlichen Pétanque-Partien vor den *Cabanes*, den Ferienhäusern jener Glücklichen, die in den Naturschutzgebieten gebaut hatten, als das zwar schon illegal gewesen war, aber noch niemand so genau hingesehen hatte. Er war jedoch noch nie dort gewesen.

»Ein Taucher hat dort vor ein paar Wochen unter Wasser eine Höhle entdeckt«, hatte Nkoulou erklärt. »Die Höhle ist so verwinkelt, dass es lebensgefährlich wäre, dort einzudringen. Aus gewissen Erwägungen hat sich unsere Regierung deshalb entschlossen, den Zugang zu versperren.«

Marius hatte gelacht und gerufen: »Eine zweite Cosquer-Höhle?«

Blanc hatte diesen Namen schon einmal irgendwo gehört, aber er erinnerte sich an keine Einzelheiten mehr.

»Die Höhle, die man 1985 entdeckt hat«, hatte Marius eingeworfen. »Die Höhle mit den Steinzeitbildern, Bären, Löwen, solche Sachen. Tausende Jahre alt und sehr empfindlich. Damit nicht jeder Trottel dort hineinschnorcheln kann, haben sie vor einigen Jahren die Unterwasseröffnung mit Beton und Stahl verrammelt.«

Nkoulou hatte gehüstelt. »Offiziell wissen wir so gut wie nichts. Eine neu entdeckte Unterwasserhöhle, deren Zugang zur allgemeinen Sicherheit versperrt wird. Punkt. Ob dort Bilder von zotteligen Neandertalern an die Wände geschmiert wurden, muss uns nicht interessieren.« Er hatte eine fleckige blaue IGN-Wanderkarte der Calanques auf seinem Schreibtisch ausgebreitet, deren Faltkanten schon mürbe waren. Macht unser Chef Trekkingtouren?, hatte sich Blanc flüchtig gefragt. Nkoulous perfekte Uniform schien ihm von Funktionskleidung und Goretex-Schuhen so weit entfernt zu sein wie eine Priestersoutane von Reizwäsche.

Der Zeigefinger des Commandanten war die Küstenlinie von West nach Ost entlanggefahren. »Das Schiff wartet im Hafen von Martigues auf Sie, Messieurs. Es wird Sie an Cap Couronne vorbeifahren, an Sausset-les-Pins, Carry-le-Rouet ... bis hierhin.« Er hatte mit dem Finger auf eine Bucht getippt, deren runde, fast geschlossene Form Blanc unwillkürlich an die Sprechblase eines Comics erinnerte. Erst als sein Chef die Fingerkuppe wieder anhob, hatte er den Namen lesen können: *Calanque des Roches Sanglantes*.

»Dort wird die *André Malraux* ankern. Das Forschungsschiff gehört zum DRASSM, zum *Département des recherches archéologiques subaquatiques et sous-marines*. Es hat einen Kran an Bord – und ein achthundert Kilogramm schweres Gitter aus massivem Stahl. Vor einiger Zeit hat das Forschungsschiff den Eingang zur Grotte mit einem ultrasensiblen akustischen Scanner abgetastet, der ein 3-D-Modell des Höhleneingangs erzeugt hat, auf dessen Grundlage wiederum ein passendes Gitter an Land gebaut worden ist. Ein paar Taucher werden es einsetzen. Es sollte nicht lange dauern.«

»Und warum sind wir dabei, *mon Commandant*?«, hatte Blanc gefragt. »Ich habe zuletzt als Junge geschnorchelt, im Ärmelkanal, ungefähr drei Meter vom Strand entfernt.«

Nkoulou hatte auf einige dunkle, eckige Symbole auf der Landkarte gedeutet. »Ferienhäuser. Die meisten werden um diese Jahreszeit verlassen sein. Einige Hundert Meter weiter östlich erkennen Sie den Fischerhafen von La Redonne. Da wohnen keine zwanzig Familien. Es werden also wahrscheinlich kaum Menschen in der Calanque des Roches Sanglantes sein. Aber ›wahrscheinlich‹ bedeutet ja nicht ›sicher‹. Und da die Mission der Taucher«, er hatte gezögert, »*eh bien*, sensibel ist, hat mich gestern Abend ein leitender Angestellter des DRASSM gebeten, zwei Beamte abzustellen. Nur zur Sicherheit.«

»Glauben die Eierköpfe aus Paris denn ernsthaft, dass jemand die Froschmänner angreifen könnte?«, hatte Marius wissen wollen.

»Ich vermute eher, dass man seitens der Regierung nicht will, dass jemand zu genau hinsieht, wo die Taucher arbeiten. Sollte sich ein Schwimmer bis zu Ihnen verirren oder ein Fischer seine Fangleine direkt neben der *André Malraux* ausbringen wollen, dann bitten Sie ihn höflich, sich zum Teufel zu scheren.«

»Und wenn er sich nicht schert?«

»Dann nehmen Sie ihn fest und stecken ihn unter Deck in eine fensterlose Kammer, bis Sie wieder in Martigues ankern.«

»Die Taucher mögen keine Gaffer, was?«

»Ich habe schon mit entspannteren Menschen telefoniert.«

Und so standen Blanc und Marius einige Stunden später am Bug der *André Malraux* und zählten Fische. Das Schiff war neu, sauber und gut sechsunddreißig Meter lang. Für Blancs in maritimen Dingen ungeschultes Auge sah es nicht aus wie ein Forschungsschiff, sondern wie eine Luxusjacht aus einem James-Bond-Film der Sechzigerjahre. Nur dass sich am Heck, wo ein Milliardär wohl einen Hubschrauberlandeplatz installiert hätte, ein eckiger Kran über ein großes Arbeitsdeck wölbte. Vom Kran aus führte ein straff gespanntes Stahlkabel ins Wasser. Vor einer halben Stunde hatten die Matrosen an ihm das Gitter in die Tiefe gelassen. Jetzt standen noch ein Mann und eine Frau in hellgrauen Arbeitsoveralls am Heck. Die Frau beobachtete aufmerksam den armdicken Draht. Der Mann hielt das Steuergerät des Krans in den Händen, das aussah wie eine übergroße Spielkonsole. Seine Körperhaltung verriet, dass er nicht sonderlich angespannt war. Dort, wo das Stahlseil in den Wellen verschwand, stiegen Luftblasen nach oben. Sechs Taucher arbeiteten irgendwo unter ihnen.

Blanc blickte zum Ufer hinüber. Einige Häuser klebten geradezu an der Steilküste, die meisten schienen nur aus übereinandergeschichteten Terrassen zu bestehen und waren hinter Pinienzweigen, Hecken und Mauern kaum zu erkennen.

»Jede Hütte ein Milliönchen«, bemerkte Marius. »Meeresblick, reiche Nachbarschaft, ruhige Lage.«

»Sehr ruhig.« Blanc nickte. Auf den meisten Grundstücken war überhaupt keine Bewegung auszumachen. Am Rinnstein der schmalen Straße zwischen den Häusern parkte ein Auto. Blanc inspizierte es durch ein Fernglas: Kleine Haufen Piniennadeln bedeckten schon Motorhaube und Dach.

An der nordöstlichen Seite der Calanque bildeten Felsbrocken und Kiesel eine Art Strand. Blanc glaubte, dass man von der Küstenstraße aus mit ein wenig Geschick bis dort hinunterklettern könnte. Doch niemand hatte sich diese Mühe gemacht, kein Schwimmer oder Sonnenanbeter war zu sehen. Weil er nichts weiter zu tun hatte, untersuchte er die Bucht mit dem Fernglas Meter für Meter. Ein paar angeschwemmte Plastikflaschen, Reste eines Fischernetzes, Treibholz. Bis auf eine hölzerne Segeljacht am gegenüberliegenden Ende der Bucht störte kein weiteres Boot die Ruhe in der Calanque. Die Jacht hatte schon dort geankert, als die *André Malraux* an diesem Vormittag eingelaufen war. Seither hatte Blanc auch ihr hin und wieder Aufmerksamkeit geschenkt. Doch auf deren Deck bewegte sich ebenfalls nichts.

»Schönes Boot.« Er deutete hinüber. »Kostet das auch eine Million?«

»Ich schätze, der Kahn ist nicht einmal zehn Meter lang«, erwiderte Marius. »Der kostet bloß so viel wie ein Auto.«

»Mein Espace ist keine hundert Euro mehr wert.« Blanc betrachtete den hölzernen Rumpf, dessen Lack in der Sonne glänzte. Von Messingrahmen eingefasste Bullaugen reflektierten das Licht, die Segel am Mast schienen sorgfältig verzurrt worden zu sein, alle Leinen waren aufgerollt. »Sieht aus, als könnte man damit direkt Kurs auf ein Museum nehmen«, meinte er bewundernd. »Das muss doch einen Haufen Geld gekostet haben.«

»Geld ist nicht das Problem. Die Jacht ist in den Fünfzigerjahren gebaut worden oder vielleicht sogar schon vor dem Krieg. Wenn du nicht willst, dass dein schönes Holzboot vom Meersalz zerfressen wird, dann musst du ständig basteln. Eine Stunde segeln, zwei Stunden basteln. Wer viel Geld hat, der kann normalerweise auch gut rechnen – und wer rechnen kann, kauft sich ein Boot aus Kunststoff. Holz ist etwas für Wahnsinnige.«

»Wahnsinnige kommen in der freien Wildbahn viel zu selten vor.« Blanc gab Marius das Fernglas und kramte in seinem Rucksack. Er holte seine vierzig Jahre alte Leicaflex SL heraus und drehte ein Hundertfünfunddreißiger-Teleobjektiv in dessen Halterung.

Marius starrte ihn fassungslos an. »Kannst du nicht ein Bild mit deinem Handy machen?«

Blanc wog die schwere Spiegelreflexkamera stolz in der Hand. »Der Apparat ist mir beim Aufräumen in die Hände gefallen. Ich habe ihn vor Jahren in Paris auf einem Flohmarkt gekauft und irgendwann vergessen«, erklärte er. »War gar nicht so einfach, noch einen Film dafür aufzutreiben.« Blanc blickte durch den Sucher und fokussierte. Der Batterietyp für den Belichtungsmesser der Leica wurde längst nicht mehr hergestellt. Er stellte Blende und Belichtungszeit nach Gefühl ein und betrachtete den warmen Braunton vom Holzrumpf, die Schattenspiele der gefalteten Segel, Lichtreflexe auf dem Wasser, im Hintergrund die Felsküste mit dem Fleckenmuster der Pinienkronen. Ein unbenutzter zweiter Anker auf dem Vordeck der Jacht. Ein in der Sonne blitzender Bootshaken. Zu kunstvollen Schlangenfiguren aufgerollte Taue. Die Pinne des Steuerruders, das Endstück dunkel von unzähligen Stunden, die es jemand in der Hand gehalten haben musste. Er drückte den Auslöser und vernahm ein sattes Klack. Geht doch, dachte Blanc, spulte den Film ein Bild weiter und schoss das nächste Foto. Und das nächste.

»Ich hatte eine Minolta. Die muss irgendwo in unserem Keller liegen, wenn meine Frau sie nicht inzwischen in den Müll geworfen hat.« Ein Mann in weißer Uniform war lautlos an sie herangetreten.

»Wollen Sie mal hindurchsehen, Kapitän?«, fragte Blanc und nahm die Leica hinunter. Xavier-Marie Nargeolet war der Kommandant der *André Malraux* und sah aus wie Sigmund Freud auf Steroiden: klein, drahtig, beweglich, ein Bantamgewichtsboxer, mit dem sich der liebe Gott einen milden Scherz erlaubt hatte, als er auf den Athletenkörper einen kahlen, graubärtigen Gelehrtenkopf pflanzte.

Der Kapitän nickte erfreut, nahm die alte Leica vorsichtig in die Hände und blickte durch den Sucher zum Holzboot hinüber. *»Merde«*, murmelte er nach einem Augenblick. Dann, lauter und immer lauter: *»Merde, merde, merde!«*

Nargeolet warf Blanc den Fotoapparat zu und hob sein Fernglas an die Augen. Nach einem Augenblick ließ er es wieder sinken und schüttelte fassungslos den Kopf, bevor er sich umdrehte und Richtung Achterdeck lief. »Das Schlauchboot!«, schrie er seinen beiden Crewmitgliedern zu. »Macht das verdammte Zodiac fertig!«

»Was ist denn mit der Jacht los?«, rief ihm Blanc verblüfft nach.

»Sehen Sie sich das Wasser an! Ungefähr fünf Meter vor dem Bug!«

Blanc riss die Leica ans Auge, drehte am Objektiv und musterte das stille Meer.

Marius griff nach dem Fernglas. *»Merde«*, hörte Blanc seinen Kollegen murmeln.

Blanc wurde fast verrückt, weil er noch immer nichts erkennen konnte. Endlich sah er im Sucher eine dunkle Kontur zwischen den Wellen, ein Stück weit vor der Jacht. Er hätte dies für ein Stück Treibholz gehalten oder ein Bündel abgerissenen Seegrases. Er fokussierte das Tele genau auf das Objekt, bis auch er es endlich klar erblicken konnte. »*Merde*«, murmelte er.

Im Meer trieb ein Mann in einem dunklen Neoprenanzug. Er lag bäuchlings auf den Wellen, doch sein Kopf war zur Seite, das Gesicht in Richtung der *André Malraux* gedreht. Eine Tauchermaske verdeckte seine Züge. Ihr Glas war zersprungen. Denn in der Maske steckte eine Harpune.

Geisterschiff

Blanc stopfte die Leica hastig in seinen Rucksack und eilte über das Deck. Das Zodiac dümpelte schon links neben dem Rumpf im Wasser. Der Matrose hielt es noch an einer Leine fest. »Ich behalte unsere Taucher im Auge!«, versicherte er dem Kapitän gerade.

Nargeolet drückte auf den Starterknopf des Motors, die junge Frau aus der Crew hockte am Bug des Zodiacs. Als sie sah, wie sich Blanc über die Reling zu ihnen hinunterschwang, griff sie unter die Mittelbank und warf ihm wortlos eine orangefarbene Rettungsweste zu. Blanc kannte bislang nur bunte Gummiboote aus der Zeit der Badeurlaube mit seinen Eltern. Er war überrascht, wie stabil sich das Zodiac anfühlte. Obwohl er eins neunzig groß war, stand er sicher im Boot und hatte die Schwimmweste in wenigen Sekunden übergestreift. Nur das Schulterhalfter mit der SIG Sauer behinderte ihn für einen Augenblick.

»Putain!« Marius' hochroter Kopf erschien erst jetzt über der Reling. Er war mindestens zwanzig Kilogramm schwerer als Blanc und nicht gerade der schnellste Sprinter der Gendarmerie.

»Wir haben keine Schwimmweste mehr im Boot!«, rief die junge Frau ungehalten.

»Ich will ja auch nicht aussehen wie ein holländischer Fußballspieler«, schnaufte Marius, überstieg mühsam die Reling und ließ sich auf die mittlere Bank des Zodiacs fallen.

Die Frau zuckte mit den Schultern und ließ die Leine los, Nargeolet drehte den Motor hoch. Sie rauschten über das Wasser, niemand sprach, die Matrosin kniete am Bug und gab ihrem Kapitän mit der Hand Zeichen, wo er hinzusteuern hatte. Kaum eine Minute später stoppte er das Schlauchboot wieder.

»Dem kann niemand mehr helfen«, brummte Marius. Er war der Erste, der über Bord griff und den Toten packte. Blanc half ihm und bekam einen Arm zu fassen, Nargeolet griff nach einer Schwimmflosse, bis er ein Bein so weit zu sich gezogen hatte, dass er das Fußgelenk umklammern konnte. Fluchend und stöhnend zerrten die Männer an der Leiche. Tote waren so schwer zu tragen wie Zementsäcke. Sie wuchteten den Schnorchler mühsam auf den prall aufgepumpten Gummiwulst des Zodiacs, doch er blieb irgendwo an einer Leine hängen.

»Auf mein Kommando«, keuchte Nargeolet. »Eins, zwei, DREI!«

Sie packten energischer zu und hievten den Toten schließlich wie einen riesigen Fisch über die linke Seite ins Zodiac. Die junge Frau übergab sich auf der anderen Seite ins Wasser.

»Sie müssen sich das nicht ansehen«, sagte Blanc schwer atmend zu Nargeolet.

Doch der Kapitän blickte bloß kühl auf den Schnorchler. »Ich habe schon ganz andere Wasserleichen gesehen.«

Der Mann war sechzig Jahre alt, schätzte Blanc, und er war klein gewachsen, doch von jener tiefen Sonnenbräune, die nur durch viele Jahre im Freien in den Körper gebrannt wird. Um seinen kahlen Schädel wandt sich ein Kranz schwarzer Haare, auf seinen Wangen lag ein Bartschatten. Sein Körper steckte in einem Neoprenanzug, der den Leib schützte, nicht jedoch Arme und Beine. Seine Knie waren von frischen Schürfwunden gezeichnet. Der Unbekannte hatte blauschwarze Flossen an den Füßen und trug eine wuchtige stählerne Rolex-Taucheruhr am linken Handgelenk. Der größte Teil seines Gesichts wurde von der zersplitterten Tauchermaske verdeckt.

Die Harpune sah aus wie eine übergroße, schwarze Nadel. Sie mochte einen Meter dreißig lang sein, vermutete Blanc. Das Geschoss steckte tief in der rechten Augenhöhle, vom Auge selbst war kaum noch etwas zu erkennen. Eine dünne Leine führte von der Harpune über den Bordrand bis unter Wasser. Marius zog daran und hielt ein paar Sekunden später die Harpunenkanone in der Hand. Es war eine Art leichtes Plastikrohr mit Pistolengriff und Abzug, ein starker Gummizug schlackerte lose herum.

»Damit spannt man die Harpune«, erklärte Marius. »Das funktioniert im Prinzip wie ein Flitzebogen, nur dass du damit keinen Pfeil abschießt, sondern ein Stahlgeschoss mit Widerhaken. Damit jagst du kleine Kraken in den Calanques. Du musst schon auf weniger als zwei Meter an sie herankommen, damit so eine Harpune gefährlich ist.«

»Sie war gefährlich genug«, erwiderte Blanc leise.

»Typischer Anfängerfehler«, meinte Nargeolet nüchtern. »Der Kerl schwimmt im Wasser und hat keinen festen Halt, während er die Harpune ins Rohr einlegt. Mit der Maske sieht er nicht gut, er bewegt sich hin und her. Das Meer wirkt hier still wie eine Badewanne, aber das täuscht. In den Calanques zerrt ständig eine Strömung an dir. Der Schnorchler legt den Gummizug um das Geschoss und versucht gleichzeitig, sich gerade zu halten und kein Wasser zu schlucken. Er fummelt am Abzug herum – und plötzlich geht die Harpune los …« Der Kapitän deutete auf einen kleinen roten Hebel oberhalb des Pistolengriffs, der auf »Off« stand. »Der hatte seine Harpune nicht einmal gesichert. Ein Anfänger eben.«

Blanc betrachtete den muskulösen Körper des Toten, seine tief gebräunte Haut, die teure Taucheruhr; selbst der Neoprenanzug und die Flossen sahen nicht danach aus, als seien sie Sonderangebote von Decathlon. »Er wirkt aber wie ein Profi«, erwiderte er.

Nargeolet zuckte mit den Achseln. »Sie werden ja herausfinden, wer er ist. Der Mann ist Ihr Problem.«

Die junge Frau drehte sich endlich wieder zu ihnen um, blickte kurz auf den Schnorchler, dann in den Himmel. Sie war sehr blass. »Würden Sie bitte dieses … dieses Ding da aus seinem Kopf ziehen?«, flüsterte sie ihrem Kapitän zu.

Blanc hob die Hand. »Das wird die Gerichtsmedizinerin tun!« Er nickte Marius zu, der bereits sein Handy gezückt hatte und dabei war, die Nummer von Doktor Fontaine Thezan vom Hospital in Salon-de-Provence anzurufen. »Sie soll uns in Martigues erwarten«, fuhr Blanc fort, dann wandte er sich wieder der Matrosin zu.

»Mademoiselle …« Er entzifferte das Namensschild auf ihrem Overall: »… Dufour. Es tut mir sehr leid, aber wir sollten den Toten so wenig wie möglich berühren.«

»Ich werde ihn ganz sicher nicht anrühren!«, rief sie.

»Sehen Sie einfach auf das Meer und versuchen Sie, sich zu entspannen, Mademoiselle.«

»Ich wünschte, wir wären schon wieder auf der *André Malraux*.«

»Wir müssen vorher noch etwas erledigen.«

Sie blickte ihn alarmiert an.

Blanc lächelte entschuldigend und deutete auf das hölzerne Segelboot, das in ihrer Nähe ankerte. »Ich denke, wir sollten uns dort umsehen«, sagte er.

»Sie glauben, dem Taucher gehörte das Segelboot?«, fragte Nargeolet zweifelnd, während er den Motor startete.

»Von irgendwoher muss er ja gekommen sein«, erklärte Blanc.

»Die meisten Schnorchler gehen von der Küste aus ins Wasser. Touristen. Oder Leute, die in den *Cabanes* wohnen.«

Blanc deutete auf die Felsen. »Der Tote hat Flossen an den Füßen. Wenn er über die Felsen ins Meer gegangen ist, dann müsste dort irgendwo ein Paar Schuhe zu sehen sein und wahrscheinlich auch ein Handtuch und ein T-Shirt. Aber da liegt bloß Treibgut am Ufer.«

Nargeolet zuckte mit den Achseln und steuerte das Zodiac zum Heck der Jacht. »Gehen Sie achtern rüber, da ist die Bordwand so niedrig, dass Sie es ohne Leiter schaffen.«

Am Heck leuchtete das Namensschild des Segelbootes, eine Holzplakette mit geschnitzten und vergoldeten Buchstaben: »*Pytheas*«.

Nargeolet deutete auf einige aufgeklebte Buchstaben und Zahlen unterhalb des hölzernen Schildes. »Die Zulassungsnummer beginnt mit ›MT‹«, sagte er. »Die Jacht ist in Martigues zugelassen.«

»Kommt sie Ihnen bekannt vor?«, fragte Blanc.

»Da dümpeln viele Boote im Hafen.«

Blanc nickte. »Dann wollen wir mal an die Haustür klopfen.« Er schwang sich an Bord der *Pytheas*, pochte mit der Hand gegen das

Holzdeck und rief: »Jemand da?« Tiefe Stille umhüllte ihn. Ein Geisterschiff, dachte er.

Eine offene Luke wies ihm den Weg zur Kajüte. Vorsichtig trat er zum Niedergang und beugte sich unter Deck. Vorhänge hingen innen vor den Bullaugen. Als sich seine Augen an das Dämmerlicht gewöhnt hatten, schüttelte er überrascht den Kopf. Blanc hatte erwartet, dass die Kajüte genauso poliert wäre wie das Deck. Doch innen sah es aus, als hätte sich der Inhalt eines schmuddeligen Wohnwagens in eine Werkstatt ergossen. Er blickte backbord auf eine Koje mit speckiger Matratze und eine winzige Kombüse, auf deren einflammigem Gasbrenner die verspritzten Soßen vieler Jahre festgebrannt waren. Gegenüber war eine Art Werkbank an die Bordwand geschraubt worden, auf der Zangen und Hämmer lagen, in einer Schraubzwinge steckte ein technisches Teil, dessen Funktion Blanc nicht verstand. Zwei stählerne Taucherflaschen waren schräg an die Wand gelehnt, Neoprenanzüge unterschiedlicher Größen, Masken und Bleigürtel hingen an Haken.

Marius polterte auf das Deck und drängte sich zu ihm in die Kajüte. »Glaubst du, dass die Jacht dem Toten gehört?«, fragte sein Kollege.

Blanc deutete auf die schmale Koje. »Sieht so aus, als würde es hier nur Platz für eine Person geben. Und die Luke stand offen.«

Marius strich sich nachdenklich über seine dichten, etwas zu langen Haare. Um sein Handgelenk blitzte es. Blanc kannte den Talisman schon, ein Goldkettchen mit einer Plakette der Sainte Geneviève, der Schutzpatronin der Flics – und zufälligerweise der Heiligen, nach der Blancs Frau benannt worden war. Seine baldige Exfrau. Er zwang sich, den Blick von dem Goldkettchen zu nehmen. Marius und er sahen sich in der Kajüte um, ohne etwas anzufassen.

»Wenn ich bei diesen Temperaturen mit einer Harpune Tintenfische fangen wollte«, fuhr Marius fort, »dann würde ich eine Kühlbox mitnehmen. Oder ein paar Beutel Eis in einem Eimer. Irgendetwas, um meine Beute frisch zu halten. Aber davon sehe ich hier nichts. Der Typ da draußen schießt Tintenfische und tuckert anschließend mit seinem schwimmenden Oldtimer bis Martigues zurück? Er wäre erst abends im Hafen, und seine Fische würden inzwischen stinken wie die Unterhose eines Clochards.«

»*Alors?*«

»Also ist der Tote entweder doch nicht der Besitzer dieser Jacht und treibt hier bloß zufällig herum.«

»Klingt nicht sehr wahrscheinlich.«

»Oder er hat sich die Sache nicht überlegt, bevor er zur Harpune gegriffen hat.«

Blanc deutete auf die schmutzige Kochstelle. »Vielleicht wollte er sich bloß einen frischen Fisch für die Pfanne besorgen«, vermutete er. »Er ankert mit seiner Jacht in dieser schönen Bucht. Das Wetter ist herrlich. Er hat Hunger – und springt spontan über Bord, um sich sein Mittagessen zu fangen. Das wäre genau so eine Situation, wie sie Nargeolet beschrieben hat: Du denkst nicht richtig nach, du passt nicht richtig auf, und plötzlich bist du tot.«

»Ich sehe hier aber weder Pfanne noch Topf. Kein Baguette, nichts zu trinken.« Marius zog sich Gummihandschuhe über und griff unter die Kombüse, wo eine alte, blaue Campinggasflasche stand. Er hob sie an und schüttelte den Kopf. »Die ist leicht. Da ist kein Gas mehr drin. Das wäre nichts mit dem spontan gebratenen Fisch geworden.«

Blanc deutete auf die Pressluftflaschen. »Das sieht nach einer richtigen Taucherausrüstung aus. Und denk an die Rolex am Handgelenk des Toten. Und die *Pytheas* ist gut in Schuss. Du hast es selbst gesagt: Man muss viel Zeit auf diese Holzboote verwenden. Wenn der Tote der Eigner der Jacht ist, dann war das kein Anfänger. Das war niemand, der sich seine eigene Harpune in den Schädel jagt, nur weil irgendwo ein Gummi klemmt!«

Blanc streifte sich ebenfalls Handschuhe über und öffnete die Tür eines Schapps, woraufhin ihm eine speckige Ledermappe in die Hände fiel. Als er sie öffnete, entdeckte er die Kopie der Versicherungspolice und die Zulassungspapiere der *Pytheas*. Und darunter eine Taucherlizenz, einen Führerschein und einen Personalausweis, alles ausgestellt auf einen »Luc Mignaux«. »Laut der Adresse auf seinen Papieren wohnt er in La Redonne.« Blanc zückte seinen Notizblock und notierte die Angaben.

»Das ist das Fischerdorf in den Calanques, ganz in der Nähe. Aber der Hafen ist so flach, da kommst du mit einem Segelboot nicht rein, der Kiel geht zu tief. Wahrscheinlich liegt die *Pytheas* deshalb in Martigues.«

Blanc schaute auf das Geburtsdatum im Ausweis und rechnete nach. »Luc Mignaux ist einundsechzig Jahre alt.«

»Der Typ, den wir aus dem Wasser gezogen haben, hatte Muskeln wie ein dreißigjähriger Bodybuilder. Aber er hatte Altersflecken auf den Händen.«

Blanc verließ die Kajüte und sprang wieder in das Zodiac. »Würden Sie bitte auf das Meer sehen, Mademoiselle Dufour?«, bat er. »Ich muss mich leider doch am Toten zu schaffen machen.« Er holte tief Luft und zerrte an der Maske, wobei noch einige Splitter abbrachen. Die Harpune blieb im Auge stecken, doch es gelang ihm, die Maske so weit vom Kopf zu lösen, dass sie das Gesicht freigab. Er hielt den Ausweis neben den Kopf des Toten und verglich das Foto mit den verunstalteten Zügen. »Das ist unser Mann«, murmelte Blanc nach ein paar Augenblicken.

Krämpfe schüttelten die junge Frau, weil sie wieder würgen musste, aber ihr Magen längst leer war.

Ein illegaler Job

Auf dem Achterdeck der *André Malraux* legten sechs Taucher ihre Stahlflaschen, Gürtel und Werkzeuge ab. Die Männer wirkten erschöpft, aber heiter. »Der Job ist erledigt!«, riefen sie und machten Scherze. Doch als das Zodiac näher herangekommen war, hörten sie auf zu winken.

»Feierabend«, sagte Nargeolet zu Blanc. »Das Gitter ist unten, die Männer sind oben. Je schneller wir wieder in Martigues sind, desto besser.«

»Können Sie die Jacht abschleppen?«

»Dann müssen wir langsamer fahren.«

»Das macht mir nichts aus.«

»Ihnen vielleicht nicht. Aber ich wäre den Kerl gern los. Wo soll ich ihn hinlegen?«

»Haben Sie keine Krankenstation an Bord?«

»Eine Liege. Aber wenn ich da den Toten aufbahre, wird keiner meiner Leute je wieder ...«

»Bringen Sie ihn auf das Achterdeck und breiten Sie eine Plane darüber. Und packen Sie Eis aus der Kombüse dazu.«

Zwanzig Minuten später fuhr die *André Malraux* aus der Bucht und zog die *Pytheas* hinter sich her. Zwei Männer vom Forschungsschiff waren auf die Jacht gegangen und passten auf, dass sich die Schlepptrosse nicht löste. Blanc hatte ihnen eingeschärft, möglichst wenig anzufassen.

Nargeolet und ein Matrose standen auf der Brücke. Der Mann steuerte das Forschungsschiff mit einem Joystick, der Kapitän starrte unverwandt nach vorne, als könnte er allein durch die Kraft seines Blickes das Schiff schneller in den Heimathafen zwingen. Die übrigen Taucher waren unter Deck verschwunden. Mademoiselle

Dufour stand im Bugkorb, so weit entfernt vom Achterdeck wie möglich.

Marius blickte zu dem länglichen Bündel unter dem Kran, man hätte denken können, dass unter der blauen Plane bloß ein paar Schläuche oder Werkzeuge lagen, aus denen Wasser abfloss. »Das Eis ist schon weggetaut. Unter dem Plastik wird es ganz schön warm«, murmelte er. »Das wird Doktor Thezan den Job nicht gerade erleichtern.«

»Wenn wir den Toten offen auf dem Deck liegen lassen, hacken ihm die Möwen sein einziges Auge aus, bevor wir in Martigues sind«, erwiderte Blanc düster. Er griff nach seinem Nokia und rief Nkoulou an.

»Ich sage dem Hafenmeister Bescheid und schicke einen Streifenwagen«, antwortete sein Chef, nachdem er ihm kurz erklärt hatte, was vorgefallen war. Dann legte er auf.

»Nkoulou war so gelassen, als hätte ich ihm einen Auffahrunfall in einer Tiefgarage gemeldet«, erklärte Blanc, als er sein Handy wieder wegsteckte.

»Manchmal hat es seine Vorteile, dass der Commandant ein kalter Frosch ist«, sagte Marius. Er machte sich nicht die Mühe, den Rest seines »Kaffees« in den Becher zu kippen, sondern schraubte die Thermosflasche auf und trank sie in drei tiefen Zügen leer.

Blanc beobachtete ihn, sagte jedoch nichts. Dann blickte er zur Küste hinüber. Das späte Nachmittagslicht färbte die Felsen rosa, sodass es wirkte, als seien die Steine plötzlich weich geworden. Die Pinien standen nun als Scherenschnitte vor dem Himmel, in dessen Bläue ein Halbmond schimmerte. Die tief stehende Sonne hatte das Meer in flüssiges Gold verwandelt. Eine Brise war aufgekommen und trug den Duft der Pinien bis zu ihnen, obwohl Nargeolet sein Schiff nun etliche Hundert Meter vom Land entfernt auf Kurs hielt.

»Wirklich schön hier in den Calanques«, murmelte Blanc.

Die Idylle endete, nachdem sie Cap Couronne passiert hatten. Die Küste knickte nach Nordwesten ab und wäre fast so schön gewesen wie die Calanques, wenn sich nicht die Schlote und Riesentanks einer gewaltigen Raffinerie über die Landschaft ausgebreitet hätten.

»Den Komplex von Lavéra haben die Arschlöcher in Paris geplant«, brummte Marius missvergnügt, »als sie nach dem Krieg dachten, dass sie uns die Industrie bringen müssten.«

»Irgendwoher muss unser Benzin ja kommen«, erwiderte Blanc. Er war jahrelang Flic in Paris gewesen. Hässliche Industriebauten erschütterten ihn nicht mehr.

»Öl und Gas kommen mit den Tankern aus Algerien. Und die Algerier sind gleich mitgekommen. Wir hätten im Midi eine ganze Menge Probleme weniger, wenn sie damals ihre Raffinerie einfach an den Champs-Elysées hochgezogen hätten.«

Die *André Malraux* fuhr an vier Tankern vorbei, die vor der Küste ankerten. Rostschlieren überzogen die kolossalen Schiffsrümpfe. Blanc blickte zu den Decks hoch, wo er bloß ein Gewirr aus Rohren und Ventilen erkennen konnte. Dann bog die *André Malraux* in den Hafen Port-de-Bouc ein. Hier lagen fünf weitere Tanker an Piers. Pipelines verbanden ihre Rümpfe mit der Raffinerie von Lavéra, die Schiffe sahen aus wie Wale, die auf einer Intensivstation an Kanülen angeschlossen waren. Es stank nach Öl, Teer und fauligen Abfällen.

Ein Kanal führte von Port-de-Bouc zum Étang de Berre, einem großen See, der vom Mittelmeer gespeist wurde und von der Durance, weshalb sich in ihm Salz- und Süßwasser mischten. Marius wohnte in Saint-César am gegenüberliegenden Ende des Étang de Berre. Blanc selbst hatte dort in seinem ersten Fall in der Provence ermittelt. Saint-César war ein Fischerstädtchen zwischen Pinien und einem schilfbestandenen Sumpf, zwanzig Kilometer und tausend Jahre von Port-de-Bouc entfernt.

Die *André Malraux* tuckerte unter einer stählernen Eisenbahnbrücke hindurch, dann unter den Betonstelzen einer absurd hohen

Autobahnkonstruktion, der Wahn einer technokratischen Epoche, in der Ingenieure noch hofften, dass Wagen irgendwann fliegen würden, und in der man deshalb, solange das noch nicht möglich war, wenigstens schon einmal die Fahrbahn bis in den Himmel hob.

Blanc blickte sich um, nachdem sie den Schatten der Brücke passiert hatten. Er sah die Tankerterminals, die kastenförmige Eisenbahnbrücke, die Autobahn über seinem Kopf, am Horizont standen die Schornsteine einer Raffinerie. Aus einem Schlot loderten Flammen und schwarzer Rauch. Von dort, wo er stand, sah es aus, als würde der Brand aus dem Kamin die Autobahnbrücke von unten anzünden.

Und dann, ganz plötzlich, glitt Blanc aus den schrecklichen Siebzigerjahren ins mittelalterliche Venedig: Sie steuerten Martigues an. Schmale Kanäle durchzogen die Altstadt. Die Häuser standen Wand an Wand fast direkt am Wasser. Manche Fassaden leuchteten gelb, ockerrot und elfenbeinweiß, andere waren ausgebleicht wie Wäsche, die jemand zu lange in der Sonne hatte trocknen lassen: ausgewaschenes Blau, fleckiges Beige, ein Haus hatte die grüne Farbe von Algen angenommen, die an einem Felsen klebten. Über den Dächern wachten drei wuchtige Kirchtürme, einer am linken Ufer, einer am rechten und einer auf der Insel, um die Kanäle strichen.

An den steinernen Piers dümpelten offene, hölzerne Fischerboote, die Rümpfe weiß gestrichen, die Decks leuchteten türkisblau. Blanc sah alte, hölzerne Segler in bunten Farben, mit niedrigem Mast und langer, gebogener Gaffel – Boote, wie sie schon Vincent van Gogh auf seinen Bildern vom Strand von Saintes-Maries-de-la-Mer gemalt hatte. Neben ihnen dümpelten schnittige Motorboote aus weißem Plastik, Jachten aller Größen und ein altes Segelboot, dessen Rumpf lilafarben lackiert war. Ein würziger Duft nach Salz und Fischen und starkem Kaffee aus den Bars an den Piers strömte über das Wasser. Nargeolet steuerte das Forschungsschiff in ein schmales, lang gestrecktes Hafenbecken, das auf der einen Seite von der Altstadt, auf der anderen von modernen Vierteln gesäumt war.

Auf einem Pier aus Beton vor einem modernen Verwaltungsbau standen mehrere Gestalten. Hinter ihnen parkten ein Krankenwagen, ein Mégane der Gendarmerie, ein dunkelblauer Porsche 911 – und ein verbeulter, weißer Jeep Cherokee. »Unsere Gerichtsmedizinerin ist pünktlich«, sagte Blanc zu Marius.

Doktor Fontaine Thezan war Mitte dreißig und hatte eine Vorliebe für Brillen im Stil von Audrey Hepburn, Sichan-Tee und Zigaretten mit nicht ganz legalen Inhaltsstoffen. Sie stand neben ihrem Jeep, trug einen Arztkoffer in der Linken und gestikulierte mit der Rechten, während sie mit sechs Männern sprach – zwei Gendarmen in Uniform, zwei Rettungssanitätern, einem sportlichen Mann ihres Alters und einem jungen Kerl mit übergroßer Nerdbrille aus schwarzem Kunststoff.

»Ist das der Typ, mit dem sie im letzten Monat bei uns auf der Station aufgekreuzt ist?«, fragte Blanc und deutete auf den Brillenträger.

»Das ist ein Neuer«, antwortete Marius seufzend. »Wenn du jünger bist als fünfundzwanzig und noch nicht im Bett von Doktor Thezan gelegen hast, dann stimmt irgendetwas nicht mit dir. Sie schleppt ständig junge Kerle ab. Hat wahrscheinlich mit ihrem Beruf zu tun. Wenn ich jeden Tag Kadaver aufschneiden müsste, würde ich mich auch nach Frischfleisch sehnen.«

Sobald die Matrosen eine Planke von der *André Malraux* zum Pier geschoben hatten, betrat die Gerichtsmedizinerin das Schiff. Sie nickte Marius zu, küsste Blanc auf die Wangen und umhüllte ihn mit ihrem Hauch von Grüntee und Marihuana. »Ich habe die Herren gebeten, zunächst an Land zu bleiben. Ich sehe mich gerne ungestört um«, sagte sie zur Begrüßung.

»Wer sind die beiden Männer in Zivil?«, fragte Blanc.

Fontaine Thezan deutete mit einer lässigen Handbewegung auf die sportliche Gestalt. »Er ist vom Gemeinderat, seinen Namen habe ich schon wieder vergessen. Er ist für den Hafen zuständig und unglücklich, weil Sie ihm ein Totenschiff an den Pier schleppen.« Sie lächelte spöttisch und machte sich nicht die Mühe, den jüngeren Mann mit der Brille vorzustellen.

Blanc deutete auf die Matrosin. »Sie sollten sich ausnahmsweise zuerst um die Lebenden kümmern, Doktor.«

»Soll ich ihr ein Beruhigungsmittel geben?«

»Eins für den Magen wäre auch nicht schlecht.«

Fontaine Thezan nickte und ging zu der jungen Frau, die noch immer am Bug stand, als wäre sie auf Deck festgeschraubt. Sie redete kurz auf Dufour ein und führte sie zu den Kabinen unter der Brücke. Dann überquerte sie mit energischen Schritten das Achterdeck und schlug die Plane über dem leblosen Körper zurück.

Blanc ließ die Gerichtsmedizinerin ungestört arbeiten. Unauffällig musterte er den Mann vom Gemeinderat: athletisch und braun gebrannt – so tief gebräunt wie der tote Taucher. Er sah nicht gerade aus wie ein typischer Lokalpolitiker, eher wie jemand, der lieber auf dem Wasser als im Rathaus seine Zeit verbrachte. Vielleicht gar nicht so schlecht, dass der hier aufgekreuzt ist, dachte er. Er würde ihm ein paar Fragen stellen. Später.

Nach einer halben Stunde kam Doktor Thezan auf ihn zu und streifte sich im Gehen die Gummihandschuhe ab. »Wollen wir uns den Toten nun gemeinsam ansehen, *Messieurs*?«

»Geh du mal. Ich halte hier die Stellung«, sagte Marius.

Blanc verzog das Gesicht und nickte der Gerichtsmedizinerin zu. »Haben Sie eine Überraschung für mich, Doktor?«

»Das glaube ich kaum.« Fontaine Thezan führte ihn zur Leiche und deutete auf das linke Auge, das aussah, als hätte es ein Boxer bearbeitet. »Das ist ein Brillenhämatom«, erklärte sie. »Hervorgerufen durch Einblutungen im Ober- und Unterlid. Typisch für ein schweres Schädelhirntrauma. Die Harpune ist durch das rechte Auge bis ins Gehirn gedrungen. Das Blut verursacht das Hämatom am linken Auge. Um Einzelheiten zu erkennen, werde ich ihn röntgen müssen. Und das Geschoss kann ich erst entfernen, wenn wir den Schädel öffnen, der Widerhaken ist zu stark.«

»Landen auf Ihrem Seziertisch häufiger Menschen mit einer Harpune im Körper?«

»Das bleiben meist Fälle für die Kollegen von der Notaufnahme. Die Schnorchler verletzen sich in der Regel an Armen oder Beinen mit ihren Harpunen. Tödliche Unfälle sind selten. Ich hatte zuletzt vor drei Jahren einen Mann mit einer Harpune in der Kehle.«

»Unfall oder Mord?«

»Sehen Sie eigentlich in jedem Toten ein Mordopfer?«

»Manchmal lasse ich mich vom Gegenteil überzeugen.« Blanc dachte nach. »Der Taucher sah aus wie ein Profi«, erklärte er. »Würde ein erfahrener Mann sich selbst eine Harpune ins Auge schießen?«

»*Mon Capitaine*, der Begriff ›erfahrener Mann‹ ist ein Widerspruch in sich.«

Blanc räusperte sich. »Wie lange, glauben Sie, hat er im Wasser gelegen?«

»Einige Stunden, vielleicht einen Tag. Nach der Leichenöffnung kann ich Ihnen wahrscheinlich Genaueres sagen. Er hat keine Algen am Körper, die Fäulnis hat noch nicht eingesetzt, die Meerestiere haben sich noch nicht an ihm zu schaffen gemacht.« Fontaine Thezan lächelte dünn. »Es gibt sonst nur wenig zu sehen. Das Opfer hat Schürfwunden an den Knien. Keine Unterblutungen im Gewebe, die Wunden sind ihm also erst nach dem Tod zugefügt worden, typisch für Wasserleichen, die von der Strömung gegen Felsen oder andere harte Gegenstände gedrückt werden. Eigentlich müsste man solche Schürfwunden auch an der Stirn sehen, doch wahrscheinlich hat ihn die Tauchermaske davor bewahrt.«

»Der Tote trieb nicht weit entfernt von seiner Jacht. Das Wasser war dort mehrere Meter tief. Wie soll er sich die Knie aufgeschürft haben?«

»Vielleicht hat ihn eine Welle gegen den Bootsrumpf gedrückt. Vielleicht hat ihn eine Strömung in einer Art Kreis zur Küste und zurück getragen.« Die Gerichtsmedizinerin winkte zum Pier hin. »Die Sanitäter werden ihn ins Krankenhaus bringen.«

»Warum haben Sie keinen Leichenwagen bestellt?«

»Die Fahrer streiken. Aus Protest gegen irgendeine Regierungsreform. Überall im Land müssen Beerdigungen verschoben werden. Die Leute kochen vor Wut. Hören Sie eigentlich kein Radio?«

Marius und Blanc warteten, bis Fontaine Thezan von Bord gegangen war und die Sanitäter den Toten in den Rettungswagen getragen hatten. Als Blanc endlich den Pier betreten konnte, grüßte er die beiden Uniformierten und schickte sie zurück nach Gadet. »Hier gibt es nichts mehr zu tun.«

»Das freut mich zu hören«, mischte sich der sportliche Mann ein, dessen Namen die Gerichtsmedizinerin vergessen hatte. »Claude Figaroli«, stellte er sich vor. »Ich sitze im Gemeinderat. *Les Républicains,* aber ich rede auch mit Ihnen, wenn Sie den *Front* wählen. Oder die Sozialisten. Aber welcher Flic ist schon Sozialist?« Er lachte und schüttelte Blanc und Marius die Hand.

»Sie sind für den Hafen zuständig?«, fragte Blanc.

»Und für alles, was mit Sport und Freizeit in Martigues zu tun hat.«

»Mit Sport und Freizeit hat das wenig zu tun.« Blanc deutete auf die *Pytheas.* »Diese Jacht gilt für einige Tage als Tatort. Niemand darf sie ohne unsere Erlaubnis betreten. Kann man sie irgendwo festmachen?«

»Das Boot kann vorerst hier bleiben. Der Pier gehört der *Mairie.* Was ist mit Luc geschehen? Ich habe einen Anruf von Ihrem Chef bekommen, aber die Sache ehrlich gesagt nicht ganz verstanden. Ein Unfall?«

»Sie kannten Monsieur Mignaux?«

»Klar. Seine Jacht lag schon hier im Hafen, als ich noch Sperma auf dem Weg zur Eizelle war.« Figaroli lachte wieder.

Wer wählt so einen Kerl in den Gemeinderat?, dachte Blanc. Er erklärte knapp, wie sie den Toten gefunden hatten.

»Es wirkt wie ein außerordentlich unglücklicher Unfall«, ergänzte Marius.

Figaroli strich sich über seine blonden Haare. »Also, wenn ich die Leiche vorhin nicht mit eigenen Augen auf der Bahre gesehen hätte, würde ich es nicht glauben. Mignaux war nicht der Typ, der Fehler machte.« Figaroli schüttelte den Kopf. »Luc war professioneller Taucher«, fuhr er fort. »Kein Schönwetterschnorchler. Ein richtiger Profi. Einer, der im Tankerhafen unter die Schiffe gegangen ist oder bei Brückenbauarbeiten die Pfeilerfundamente überprüft hat. Jemand, der auf hundert Meter runtergehen konnte, der bei jedem Wetter draußen war und sich in Hafenbecken zurechtfand, die so trübe sind, dass man die Hand vor den Augen nicht sehen kann. Wenn Luc je leichtsinnig gewesen wäre, dann hätte es ihn längst erwischt.«

»Er war immer noch Profi?«, fragte Marius.

»Luc hat sich vor fünf Jahren in die Rente verabschiedet. Seitdem taucht er nur noch zum Vergnügen und pflügt die Calanques um!« Figaroli ließ sein amerikanisches Lachen hören.

»Umpflügen? Ein seltsamer Ausdruck fürs Tauchen«, sagte Blanc liebenswürdig.

Figaroli räusperte sich. Er wirkte, als bereute er schon, was er gesagt hatte. »Vergessen Sie's«, murmelte er.

»Das sollte man einem Flic niemals sagen«, erklärte Marius.

Der Politiker seufzte. »Wissen Sie, was *Calanques* bedeutet?« Er wartete die Antwort gar nicht erst ab. »Es kommt vom provenzalischen Wort *calanco*: ›steil‹. Die Buchten sind nichts anderes als steile Täler, die Flüsse vor Urzeiten in die Kalksteinfelsen gegraben haben. Inzwischen ist der Meeresspiegel gestiegen, aus den Canyons sind Fjorde geworden. Aber sie haben unter Wasser ihre Form behalten: eng, steil, unübersichtlich. Was Sie und ich heute malerisch finden, das war für Seefahrer lange die Hölle. Hier sind unzählige Schiffe gesunken. In diesen Gewässern liegen Wracks herum wie sonst kaum irgendwo auf der Welt, von der antiken griechischen Galeere bis zum Flugzeug, mit dem Antoine de Saint-Exupéry im Zweiten Weltkrieg abgestürzt ist. Aber weil die Calanques so zerklüftet sind, ist es sehr schwer, diese Reste zu finden.«

Figaroli beugte sich näher zu Blanc. »Nur ... wenn man einmal ein Wrack gefunden hat, dann ist das wie ein Lottogewinn«, flüsterte er. »Münzen, Amphoren, Goldbarren, Kanonen ... Da unten liegen Schätze herum! Und das bloß ein paar Hundert Meter vom Land entfernt. Und in einem Meer, das so warm ist, dass man sogar im Januar dort tauchen kann.«

»Zumindest, wenn man ein Profi ist«, ergänzte Blanc. Er begann zu ahnen, womit der Rentner Mignaux seine Zeit verbracht hatte.

»Richtig!« Figaroli schlug ihm jovial auf die Schulter. »Luc, so munkelt man, hat da unten so viele Schiffe entdeckt, dass er damit den Hafen von Martigues hätte füllen können.«

»Munkelt man das bloß, oder weiß man das?«

»Ich weiß es nicht.«

»Wracktauchen ist illegal«, bemerkte Marius gelassen.

»Ich bin im Gemeinderat. Und hauptberuflich bin ich Segellehrer. Mir gehört *Aventure Voilier* hier in Martigues. Als Politiker und als Geschäftsmann stehe ich selbstverständlich auf der richtigen Seite des Gesetzes.«

»Die Welt wäre ein schönerer Ort, wenn alle Ihre Kollegen so denken würden wie Sie«, brummte Blanc.

»Und Sie wären dann arbeitslos, was, *mon Capitaine*?« Figaroli lachte wieder. »*D'accord*, ich verrate Ihnen, was man so munkelt. Der gute alte Jacques Cousteau hat 1952 vor den Frioul-Inseln das erste antike Wrack entdeckt. Es lag bloß vierzehn Meter tief. Mehr als vierhundert Amphoren hatte es geladen, manche liegen noch heute auf dem Grund! *Eh bien*. Seither suchen hier Taucher nach Wracks. Es sind nicht viele, denn die Sache ist nicht bloß illegal, sie ist auch gefährlich. Wenn du so gut tauchen kannst wie Cousteau, dann kannst du dich zwischen die Felsen wagen. Für alle anderen gilt: Bleib beim Schnorcheln und zähl die Fische!«

»Mignaux hat wohl keine Fische gezählt.«

»Vermutlich nicht. Wissen Sie, der Mann war ein Einzelgänger. Nicht unsympathisch, aber ein einsamer Wolf. Keine Ehefrau, keine

Kinder, keine Freunde – außer Büchern. Er hat alles gelesen, was es über die alten Griechen und Römer in der Provence zu lesen gibt. Er blieb am liebsten für sich und war ständig auf dem Wasser. Er ist mit seiner *Pytheas* noch vor dem Morgengrauen ausgelaufen und erst nachts wiedergekommen. Oder erst nach zwei, drei Tagen. Niemand wusste, wo er sich herumtrieb. Manchmal hat man seine Jacht in irgendeiner Calanque vor Anker liegen gesehen. Aber von Luc selbst keine Spur, der war irgendwo unter Wasser.«

»Hat er nie jemanden auf seine Touren mitgenommen?«, fragte Blanc.

»Nie.«

»Hat Mignaux nie mit einem Fund geprahlt?«, wunderte sich Marius. »Hat er nie in einer Bar eine antike Münze herumgehen lassen? Hat er keinem Mädchen einen uralten Ring geschenkt? Solche Sachen?«

»Luc hat sich unter Fischen wohler gefühlt als unter Menschen.«

»Deshalb hat er auch in La Redonne gewohnt?«, wollte Blanc wissen. »Nahe am Meer?«

»Direkt am Fischerhafen«, erwiderte Figaroli und nickte. »Ich war nie bei ihm, ich kenne das Haus nur von außen. Drei Schritte von der Haustür, und er stand im Wasser.«

Blanc dachte nach. Solche Häuser waren Millionen wert, hatte Marius gesagt. Die *Pytheas* mochte weniger gekostet haben, aber geschenkt bekam man eine solche Jacht auch nicht. Was mochte ein Profitaucher als Rente bekommen, wenn er schon mit Mitte fünfzig aufhörte? Garantiert nicht genug für ein Haus in den Calanques und ein Segelboot aus Holz. »Was machen Wracktaucher mit ihren Funden?«, fragte er Figaroli. »Sind das Besessene, die zu Hause horten, was sie aus dem Meer holen? Oder verkaufen sie ihre Beute an Sammler?«

»Sie können nicht einfach eine Amphore auf dem Flohmarkt verscheuern. Der Handel mit Funden aus den Wracks ist genauso illegal wie das Tauchen nach ihnen.«

»Das treibt doch bloß die Preise in die Höhe.«

Figaroli seufzte, dann lächelte er. Es wirkte, als müsste er seine Gesichtsmuskeln dafür einem rigorosen Krafttraining unterwerfen. Er machte mit der Rechten eine unbestimmte Geste, die sowohl den Hafen als auch die Altstadt von Martigues umschloss. *»Mon Capitaine«*, sagte er in vertraulichem Tonfall, »Sie haben doch sicher von der *André Malraux* aus die Raffinerien gesehen?«

»Sie waren schwer zu übersehen.«

»Noch! Seit 2013 machen die Anlagen rund um den Étang de Berre nämlich dicht: Azur Chimie in Port-de-Bouc, LyondellBasell in Berre, Kem One bei Lavéra. Das Ölzeitalter ist vorbei, zumindest hier. Das Zeug ist zu billig geworden. Manche Fabriken sehen aus, als hätten dort die Amerikaner für den Irak geübt. Da steht nichts mehr! Nichts, verstehen Sie?« Figaroli blickte Blanc an. Er klang überhaupt nicht verzweifelt, sondern euphorisch. »Das ist unsere Chance«, fuhr er fort. »Die Raffinerien verschwinden, aber die Küste hier bleibt! Die Côte d'Azur ist unfassbar teuer geworden, aber die Côte Bleue kennt kaum jemand außerhalb von Marseille. Dabei sind die Calanques viel schöner als dieser Kieselstreifen vor Nizza! Die Häuser in den Calanques sind jetzt schon teuer, aber dann erst ...« Figaroli rieb Zeigefinger und Daumen aneinander. »Und in Martigues sieht es aus wie in Venedig! Die Grundstücke neben den Raffinerien, die Sie heute für zehntausend Euro kaufen können, werden dann zehn Millionen kosten.«

»Schön und gut. Aber was hat das alles mit einem toten Wracktaucher zu tun?«, unterbrach ihn Blanc ungerührt.

»Wir brauchen einen Paukenschlag, der die Leute aufweckt«, erklärte der Politiker beschwörend. »Denn wir brauchen Investoren, die aus der alten Industriewüste ein modernes Freizeitparadies machen. Wenn es erst einmal einen ordentlichen Anschub gibt, dann fließt das Geld anschließend von allein weiter. Und dieser Paukenschlag, das sind die Olympischen Spiele.«

Blanc blickte ihn überrascht an. »Hier?«

»Paris bewirbt sich als Austragungsort für Olympia 2024. Sie können aber auf der Seine nicht segeln. Wo also werden die Segelwettkämpfe stattfinden?«

»Sie wollen die Calanques zur Rennstrecke umfunktionieren?« Marius lachte.

Figaroli blickte ihn nahezu flehend an. »Das Meer vor Marseille ist perfekt! Und auf dem Étang de Berre könnten die Athleten trainieren: Ruderer, Windsurfer, Jollen.« Figaroli atmete tief durch, seine Augen leuchteten. »*Alors*, bekommt Paris den Zuschlag, dann laufen die olympischen Segler bei uns ein. Und wenn *das* hier geschieht, was glauben Sie, was dann aus dieser Küste wird? Die Investoren werden uns anbetteln, ihr Geld bei uns anlegen zu können. Das ist das, was wir brauchen!«

Blanc lächelte. »Und das, was Sie auf keinen Fall brauchen, ist ein Skandal während der Bewerbungsphase.«

»Sie wissen selbst, welches Image Marseille hat! Sie wissen auch, dass man mit dem Étang de Berre vor allem die Raffinerien verbindet. Das sind schon zwei Dinge, die das Projekt belasten. Eine Riesengeschichte um einen harpunierten Taucher und illegalen Antikenhandel würde unsere Kandidatur versenken.«

»Ich kann Monsieur Mignaux nicht einfach in den Calanques versenken und die Sache vergessen.«

»Ermitteln Sie, *mon Capitaine*, ermitteln Sie selbstverständlich! Aber es muss ja nicht zu viel davon in die Zeitung kommen, oder?« Figaroli zwinkerte. »Denken Sie an Olympia. Denken Sie daran, wie schön diese Küste wird, wenn die Raffinerien fort sind. Das Paradies, *mon Capitaine*, liegt am Meer!« Er schüttelte ihnen die Hand und ging zu dem dunkelblauen Porsche 911.

Blanc blickte Figaroli hinterher, als er davonbrauste. »Sieht so aus, als hätten die Investoren den Startschuss längst gehört«, sagte er zu Marius.

Das Haus am Meer

»Warst du schon einmal in La Redonne?«, fragte Marius Blanc, nachdem sie sich von Nargeolet und seiner Crew verabschiedet hatten und auf ihren Wagen zuschlenderten.

»Ich wusste bis heute Morgen nicht einmal, dass es diesen Ort gibt.«

»Dann fahre ich.«

Blanc dachte an den »Kaffee«, den Marius während der Bootstour getrunken hatte. »Ich kann mich auch hinter das Steuer setzen.«

»Du wirst mir noch dankbar sein.«

Eine Viertelstunde später war Blanc geneigt, seinem Freund beizustimmen. Denn nachdem sie einige Kilometer über eine Schnellstraße gefahren waren, steuerte Marius den Mégane über immer engere Wege. Das Asphaltband schlängelte sich an felsigen Abhängen vorbei, über die eine Decke aus Buschwerk und Gräsern gebreitet war. Der Wagen quälte sich im zweiten Gang Serpentinen hinauf und hinunter, über die man früher wahrscheinlich Maultiere hatte prügeln müssen. Einmal führte die Route départementale steil auf den Kamm einer Anhöhe und knickte dahinter so abrupt in die Tiefe, dass sich Blanc unwillkürlich am Sitz festklammerte. »Das ist wie auf einer Achterbahn!«, keuchte er.

»Auf einer Achterbahn hast du keinen Gegenverkehr.« Marius hupte vor jeder Kurve. Auf seiner Stirn hatte sich ein feiner Schweißfilm gebildet.

Endlich weitete sich der Blick zum Mittelmeer, das im Sonnenlicht wie eine goldene Scheibe bis zur Unendlichkeit strahlte. Der Mégane bezwang die letzten Serpentinen und rollte unter einer Brücke hindurch, deren steinerne Bögen wirkten, als trügen sie ein Aquädukt aus römischer Zeit. Doch es rumpelte in diesem Augenblick bloß ein graffitibesprühter Zug vorbei.

Der Hafen von La Redonne war ein von Molen umfasstes, kleines Becken. Einige alte Fischerkähne aus Holz sowie Zodiacs und Kunststoffmotorboote waren an den Piers vertäut. Der felsige Boden schimmerte dicht unter ihren Kielen grünlich. Der Hafen, schätzte Blanc, war nicht einmal einen Meter tief.

Über der Bucht klebten ein paar Dutzend Häuser an den Felshängen, wie Zuschauer, die auf den Reihen eines Amphitheaters Platz genommen hatten. Auf dem winzigen Platz vor dem Hafen standen Tische und Stühle der einzigen Bar im Ort. Alle waren besetzt.

»Wo kommen die Leute her?«, wunderte sich Blanc. »Wir haben unterwegs doch kaum jemanden gesehen.«

»Die meisten fahren zum Abendessen aus Marseille hierher.«

»Und danach über die Serpentinen zurück? Da kotzt du doch das Essen aus dem Seitenfenster!«

Marius lachte und deutete auf den Hafen. »Du nimmst dein Boot! Ein kleiner Flitzer kostet nicht mehr als ein gebrauchter Fiat Panda. Damit bist du in einer halben Stunde vom Vieux Port aus in La Redonne, ganz ohne Serpentinen, Staus und Blitzgeräte. Nur Idioten fahren mit dem Auto in die Calanques.« Marius stellte den Mégane am Fundament eines Pfeilers ab. Blanc blickte auf ein winziges, beige gestrichenes Haus im Schatten der Eisenbahnbrücke. Er verglich dessen Nummer mit dem Eintrag in seinem Notizblock. »Das ist die Bleibe von Mignaux.«

Marius zog sich Gummihandschuhe über und machte sich nicht die Mühe zu klingeln, sondern drückte gleich die Klinke der Tür herunter. »Ist nicht einmal abgeschlossen«, verkündete er.

Sie traten in eine Art Wohnküche. In der Spüle stapelten sich schmutzige Teller, auf einem niedrigen Tisch lagen Dutzende schon angegilbte alte Ausgaben von *La Provence*. An einer Wand hing ein Ölbild, ein Hochformat, dessen schwerer, vergoldeter Rahmen fast so breit war wie das Bild selbst. Blanc, der sich ebenfalls Handschuhe übergestreift hatte, trat näher und betrachtete das Motiv: ein Segelschiff am Pier. »*Vieux Port, Marseille*«, las er, darunter eine nicht zu entziffernde Signatur. Was hätte seine Frau dazu gesagt? Geneviève war Kunsthistorikerin, sie hatte ihn gelegentlich auf Ausstellungen mitgenommen, später allerdings immer seltener. Für sein in dieser Hinsicht nur wenig trainiertes Auge sah das Bild nach neunzehntem Jahrhundert aus, und so schlecht war es nicht gemalt.

»Ein Erbstück?«, mutmaßte Marius, der neben ihn getreten war.

»Oder Mignaux hat sich ein bisschen Kunst gegönnt.« Blanc blickte sich um. Die anderen Wände verschwanden fast vollständig hinter Bücherregalen. Werke über antike Kunst. Die Geschichte der Griechen und Römer. Tauchen. Alte Segelboote.

»Kein Fernseher«, sagte Marius.

»Keine Familienfotos«, ergänzte Blanc.

»Kein Telefon.«

»Kein Computer.«

Eine Holztür, deren türkisfarbener Lack an vielen Stellen abgeplatzt war, öffnete sich in ein winziges Bad, in dem es nicht viel zu sehen gab. Eine enge Treppe führte zum Obergeschoss. Der hölzerne Dachstuhl war unverkleidet, Blanc strich mit den Fingern über seine alten, grob zugehauenen Balken und berührte die Innenseiten der Dachschindeln. *Tuiles canal*, wie in seiner Ölmühle, nur rau und verwittert. Eine große Matratze lag auf dem Fußboden, eine umgedrehte Obstkiste diente als Nachttisch. Neben dem einzigen Fenster standen ein Sekretär und ein lederbezogener Stuhl, zwei so fein gearbeitete Möbelstücke, dass sie nicht recht in das mönchisch anmutende Zimmer passten. Mit raschen Bewegungen durchforschte Blanc die Schubladen des Sekretärs: Rechnungen, Quittungen, der Karton eines Handys, alte Seekarten. Keine Briefe. Kein Tagebuch. »Nichts Illegales hier, nicht einmal etwas Persönliches, gar nichts«, murmelte Blanc.

Marius zuckte mit den Achseln. »Er wäre ja auch bescheuert, wenn er eine Seekarte hierlassen würde, in die er die Position jedes geplünderten Wracks eingetragen hätte.«

Blanc schüttelte misstrauisch den Kopf. »Ich war so viele Jahre Korruptionsermittler, und wenn ich eine Sache dabei gelernt habe, dann die: Die Leute *sind* bescheuert. Kontoauszüge Schweizer Banken, Briefe von Treuhändern auf den Cayman Islands, detaillierte Anweisungen an Notare in Liechtenstein – du glaubst nicht, was die Menschen alles in ihre Schubladen stopfen. Die Kerle, die Millionen einsacken, meinen immer, dass Geld eine Tarnkappe ist. Die rechnen im Leben nicht damit, dass mal jemand durch ihr Haus läuft und genau nachsieht.«

»Mignaux hat vielleicht schon damit gerechnet. Sieht ja auch nicht so aus, als hätte er so viel Geld verdient, dass es für eine Tarnkappe gereicht hätte.«

Blanc erwiderte nichts, sondern zog alle Schubladen ganz heraus, stapelte sie auf dem Boden und nahm sich noch einmal, und diesmal systematisch, ihre Inhalte vor. Blatt für Blatt ging er durch, entleerte einen Karton mit alten Buntstiften, öffnete verklebte Stempelkissen. Am Ende räumte er alles wieder zusammen und ließ nur drei Dinge auf der Schreibplatte zurück: den Karton des Handys, eine durchsichtige Schnellhefterhülle und eine mehrere Jahre alte Rechnung von einem Vercharterer für ein Zodiac.

»Ich will dich ja nicht entmutigen«, brummte Marius, »aber das sieht nicht wie bei einem Nummernkonto in der Schweiz aus.«

Blanc hob den Karton hoch. Es war die Verpackung eines ziemlich neuen Google-Nexus-Handys, ein Mobilfunkvertrag von Bouygues Telecom lag gefaltet darin.

»Wo ist das Handy?«, fragte Blanc.

Marius zuckte mit den Achseln. »Nicht auf seiner Jacht. Die habe ich gründlich durchsucht.«

Blanc nahm sein Nokia, gab die Nummer ein, die auf dem Bouygues-Vertrag angegeben war, und lauschte. Im Haus blieb es still. »Das Handy ist auch nicht hier.« Er blickte auf das Display: Es konnte keine Verbindung hergestellt werden.

»Vielleicht hat der Taucher sein Gerät ausgeschaltet.«

»Wenn es ausgeschaltet ist, dann hat es Mignaux jedenfalls gut versteckt. Es liegt nicht im Sekretär, nicht auf seinem Nachttisch, nicht in seiner Wohnküche, nicht auf den Regalen.«

»Was hat ein verschwundenes Handy mit einer Harpune im Auge zu tun?«

Blanc reagierte nicht darauf und hob die Plastikhülle an. Darin befand sich ein älteres Foto, die Farben hatten schon einen Stich ins Grünlichgelbe bekommen. Man sah zwei Taucher auf dem Gummiwulst eines großen Schlauchbootes. Der eine war ein deutlich jüngerer Luc Mignaux. Darunter hatte jemand mit schwarzem Filzstift gekritzelt: »Zur Erinnerung an unser erstes Goldschiff – Lionel.«

»*D'accord*, der Typ neben Mignaux ist vielleicht ein Freund, der uns mehr über ihn sagen könnte. Aber willst du mithilfe eines verschlissenen Achtzigerjahre-Bildes eine Fahndung nach diesem Lionel ausschreiben? Nkoulou wird Herzrhythmusstörungen bekommen, falls er ein Herz hat. Du hast nicht einmal einen Nachnamen.«

Wortlos reichte Blanc die Rechnung des Vercharterers herüber. Auf dem Dokument wurden zwei Männer genannt, die das Zodiac ausgeliehen hatten: Luc Mignaux. Lionel Bonnot.

»Das muss nicht der Lionel auf dem Foto sein.«

»Wir werden das überprüfen. Vielleicht hatte unser tauchender Einzelgänger doch irgendwo auf dieser Welt einen Freund.«

Nachdem sie wieder im Erdgeschoss angelangt waren, suchte Blanc noch einmal die Regale ab. Eine feine Staubschicht lag auf den Brettern. Nur vor einem Buch war der Staub abgewischt, es war nicht ganz in die Reihe zurückgeschoben worden: J.-François Robert: *En Provence Gallo-Romaine*. Ein großformatiger Band mit Rekonstruktionszeichnungen antiker Städte.

Blanc blätterte durch die Seiten – und auf einmal fiel eine Münze aus dem Schutzumschlag heraus und rollte über den Fußboden. Er hob sie auf, sie war weder besonders groß noch besonders schwer. Ihr Metall schimmerte gräulich. Silber, vermutete Blanc, garantiert kein Gold. Auf der einen Seite erkannte er die Abbildung einer geflügelten Frau, deren Gewand antik wirkte. Sie schien einen Spiegel oder eine Schale an etwas zu befestigen, das aussah wie ein Baum. Eine Göttin? Eine Herrscherin? Die andere Seite zeigte einen Männerkopf im Profil, um ihn herum in Großbuchstaben einen Text: »DEC IUN BRU ALB«. »Klingt irgendwie lateinisch«, sagte Blanc.

»Deine Sprachkenntnisse treiben mir die Tränen in die Augen.«

»Kannst du das etwa übersetzen?«

»Ich habe Tränen in den Augen.«

Blanc lächelte und steckte das Geldstück in seine Brieftasche. »Ich habe keine Ahnung, was das für eine Münze ist. Aber sie scheint sehr alt zu sein. Und warum steckt eine antike Münze in den Seiten eines Buches?«

»Wahrscheinlich, um sie dort zu verbergen«, erwiderte Marius und nickte ergeben. »Also schön: Luc Mignaux war ein Wracktaucher. Er hat Schätze aus dem Meer geholt. Und er war tatsächlich bescheuert genug, eine Spur in seinem eigenen Haus zurückzulassen.«

Wracktaucher

Blanc war erst gegen ein Uhr zu seiner alten Ölmühle zurückgekehrt. Die Nächte gehörten schon dem Herbst. Das Thermometer war auf zehn Grad gefallen und die Luft so klar, dass die Sterne wie Millionen Leuchtdioden funkelten. Er streifte sich einen Fleecepullover über und setzte sich vor das Haus, drinnen hatte er keinen Handyempfang, weil die halbmeterdicken Steinmauern alle Funkwellen schluckten. Er googelte mit seinem Handy »Lionel Bonnot Taucher« und bekam ein paar Treffer: Eine Adresse in Saint-César. Eine mehrere Jahre alte Meldung aus dem Archiv von *Var-matin* über eine Trauerfeier in Toulon: Eine Marie Bonnot war nach einem »tragischen Verkehrsunfall« zu Grabe getragen worden. Sie hinterließ keine Kinder, aber den Witwer Lionel. Kein Foto im Netz von diesem Lionel Bonnot, keine Facebook-Seite, kein Twitter-Account. Blanc war sich trotzdem ziemlich sicher, dass es sich lohnte, Monsieur Bonnot einen Besuch abzustatten.

Er hörte Radio, während er im Dunkeln vor seinem Haus saß. Die meisten Stationen hatten nichts über den Toten in den Calanques gebracht. *Radio Maritima* meldete bloß einen »Badeunfall mit tödlichem Ausgang«. Für die Dienstagsausgabe der *La Provence* war die *André Malraux* zu spät in Martigues eingelaufen. Bonnot konnte also weder aus dem Radio noch aus der Zeitung von Mignaux' Tod wissen. Wenn Blanc morgen früh genug bei ihm aufkreuzte, könnte er ihn vielleicht mit der Nachricht überraschen – und sehen, ob Bonnot unter Schock etwas preisgeben würde; Auskünfte, die ein gefasster Mann niemals herausrücken würde, über illegale Wracktauchgänge zum Beispiel.

Erst spätnachts ging Blanc rein, in die Küche. Die Tür des Schranks, in dem er sein Geschirr aufbewahrte, gab beim Öffnen einen seltsam klagenden Laut von sich und ließ sich anschließend nicht mehr richtig zudrücken. Er zuckte mit den Achseln. Morgen würde er sich darum kümmern – oder irgendwann. Er machte sich mit altem Baguette und nicht ganz so altem Schinken ein Sandwich, dazu trank er Kaffee, eine Mahlzeit im kulinarischen Nirgendwo zwischen Abendessen und Frühstück. Diese Nacht würde er sowieso nicht schlafen können, denn sobald er die Augen schloss, würden in seinem Kopf die Bilder der zersplitterten Tauchermaske auftauchen und die von dem Gesicht dahinter.

Um sieben Uhr morgens saß Blanc hinter dem Steuer seines alten grünen Renault Espace. Die Karosserie des Minivans war unübersichtlich, und der kapriziöse Motor schien so viel Durst zu haben wie sonst nur Marius; wenn es auf den engen Straßen der Provence ein unpraktisches Auto gab, dann seins. Doch Blanc konnte seine langen Beine ausstrecken. Und außerdem war beinahe das Einzige, was ihm von seiner Familie noch geblieben war, diese angerostete Familienkutsche.

Ein Dienstagmorgen im Oktober – in Paris würde er jetzt im Stau stehen und die Regentropfen auf der Windschutzscheibe zählen. (Die Scheibenwischer im Espace funktionierten oft nicht, wenn es feucht war.) Hier wurde er auf der Route départementale nach Saint-César einmal von einem wahnsinnigen Motocross-Fahrer überholt, der sein Nummernschild abmontiert hatte, glitt ansonsten aber unbehelligt durch Kurven, die ihn über eichenbewachsene Hügel führten. Kein Gehupe. Keine Dieselwolken. Keine rote Ampel. Ein Elsternpaar tanzte am Straßengraben. Die Sonne hatte es gerade erst bis über den Horizont geschafft, der Asphalt glänzte golden. Irgendeine Station, die sein Autoradio nur rauschend einfangen konnte, spielte Leonard Cohen. Blanc summte »Suzanne« mit.

Als er kurz darauf Saint-César erreichte, brachte der Sender die Lokalnachrichten: Zweieinhalb sarkastisch durchtränkte Minuten über den Streik der Leichenwagenfahrer und dreißig dürre Sekunden über einen »Tauchunfall mit tödlichem Ausgang in den Calanques«. Noch immer kein Name, keine Einzelheit. Blanc stellte zufrieden das Radio ab.

Er fand Bonnots Adresse, die er in der Nacht gegoogelt hatte, ein Haus direkt am Jachthafen. Türmchen, Erker, Giebel, grau verputzte Wände, Sprossenfenster, ganz und gar nicht mediterran, eher eine Sommerfrische, wie sie sich wohlhabende Bürger um 1900 in der Normandie oder der Vendée errichtet hatten. Wer mochte so etwas einst in Saint-César erbaut haben? Im verwilderten Vorgarten erhob sich ein Gestell aus Bambusrohren, über dem ein Neoprenanzug trocknete. In der Garagenauffahrt stand ein verbeulter dunkelgrüner Ford Mondeo Kombi, auf dessen Ladefläche zwei Pressluftflaschen in der Morgensonne Reflexe warfen.

Er musste nicht lange vor der Tür warten. Eine ältere Frau in grauem Arbeitskittel und mit Kopftuch öffnete ihm. Blanc blickte sie einen Moment lang verblüfft an. Die Arbeitskluft der braven Hausfrau aus der Mitte des letzten Jahrhunderts – so hatte er seine Großmutter in Erinnerung, am Tag des »Großreinemachens«, das musste dreißig, fünfunddreißig Jahre her sein. Er grüßte höflich und stellte sich und sein Anliegen vor.

»Ich bin Lionels Schwester«, erwiderte sie und machte keine Anstalten, ihn ins Innere zu bitten. »Mein Bruder ist hier gemeldet und legt seinen Krempel in unserem Vorgarten ab. Aber eigentlich lebt er auf seinem Boot.«

»Monsieur Bonnot lebt auf einem Hausboot?«

»Das dürfen Sie ihm nicht ins Gesicht sagen, da ist er sehr empfindlich.« Sie lachte auf, hart und kurz. »Er hat eine Jacht. Drüben.« Sie deutete über die Straße hinweg auf den Hafen. »Offiziell ist es verboten, auf seinem Boot zu wohnen. Aber ein paar Kerle tun es trotzdem. Verkappte Obdachlose, wenn Sie mich fragen.«

»Auf welcher Jacht finde ich Ihren Bruder?«

Die Frau trat in den verwahrlosten Vorgarten hinaus und führte ihn einige Schritte auf eine Terrasse mit Blick auf den Hafen und die grünen Steilklippen des gegenüberliegenden Ufers. Die Terrasse war in den Dreißiger- oder Vierzigerjahren aus Beton gegossen worden, jetzt war sie an den Rändern abgebröckelt und schwarzfleckig. Darüber wölbte sich ein Magnolienbaum, seine fleischigen Blätter kratzten bei jedem Windstoß über die Dachschindeln. Seine Gastgeberin deutete mit der Rechten auf den längsten Pier. »Sehen Sie die Jacht aus Aluminium?«

Blanc, der sich nicht besonders gut mit Jachten auskannte, schüttelte den Kopf.

»Es ist das einzige Boot aus Metall. Das können selbst Sie nicht verfehlen.«

Blancs Blick folgte ihrer ausgestreckten Hand. Große Motorboote und Segeljachten, die Rümpfe weiß oder blau gestrichen. Nur bei einem Segler schimmerte der Rumpf stumpfsilbern. »*Merci beaucoup*«, sagte er und verabschiedete sich mit einem Kopfnicken.

»Ich weiß nicht, ob mein Bruder da ist. Der fährt manchmal in aller Herrgottsfrühe mit dem Schlauchboot zum Tauchen raus«, rief sie ihm noch hinterher.

Er blickte noch einmal Richtung Pier. Niemand war auf der Jacht zu sehen. Doch an einer vom Mast bis zum Bug gespannten Leine trocknete Wäsche, die Luken waren zum Lüften hochgeklappt, auf dem Vordeck war ein Mountainbike an der Reling festgebunden, an zwei Haken am Heck baumelte ein Zodiac. »Ich werde nicht umsonst anklopfen«, versicherte er der Schwester.

Fünf Minuten später betrat Blanc über eine hölzerne Planke, die mit einem Kunstrasenteppich beklebt war, das Deck der Jacht. Der Name *Fantomas* war kaum noch zu entziffern, an beiden Seiten war der Rumpf von Dellen und Kratzern gezeichnet, braune Dreckschlieren waren am Bug festgetrocknet, unter Wasser waren am Rumpf und am Ruderblatt Pflanzen gewuchert, dicht und lang wie ein Prophetenbart, die Persenning über dem Großsegel war von der Sonne spröde geworden. Blanc fragte sich, ob diese Jacht überhaupt noch seetüchtig genug war, um heil aus dem Hafen zu kommen. »Monsieur Bonnot?«, rief er.

Der Mann, der in der Luke zur Kajüte erschien, sah nicht so aus, als wäre er erst von Blanc aus der Koje gescheucht worden: Lionel Bonnot war ein kompakter, muskulöser Mittsechziger, ein Mann fast ohne Fett an Armen, Beinen oder im Gesicht, doch mit einem gewaltigen fassförmigen Bauch. Sein volles, kurz geschnittenes Haar schimmerte eisengrau, sein Gesicht war von Sonne und Salz ledrig gegerbt. »Sie sind ein Flic«, begrüßte er ihn, nicht sonderlich überrascht.

Blanc sah ihn erstaunt an. »Meistens kommt den Leuten diese Erkenntnis erst, wenn ich ihnen meinen Dienstausweis unter die Nase halte.«

»Ich habe in meiner aktiven Zeit so oft für euren Verein geschuftet, dass ich jeden Flic erkenne. Selbst wenn er vor dem Frühstück und ohne Uniform auf meinem Boot steht.«

»Sie haben als Taucher für die Gendarmerie gearbeitet?«, fragte Blanc und stellte sich vor.

Bonnot lachte. »Ich habe in den Calanques und im Étang de Berre Leichen gesucht. Und weggeworfene Knarren aus so ziemlich allen Flüssen der Provence geholt. Und einmal habe ich sogar im EDF-Kanal bei Lançon nach einem gestohlenen Mercedes getaucht, den ein Drogenboss dort versenkt hatte.«

»Solche Jobs erledigen meistens die Taucher der Feuerwehr.«

»Heute schon. Als ich jung war, haben die Flics aber noch jeden genommen, der sich ein Mundstück zwischen die Zähne klemmen konnte. Kommen Sie herein. Sie sehen aus, als könnten Sie einen Kaffee gebrauchen.«

Blanc folgte ihm in die dunkle Kajüte: weiße Stoffpolster auf poliertem Mahagoniholz, eine Öllampe aus Messing baumelte an der Decke. Zu viele und zu alte Zeitungen bedeckten in Schichten den Tisch. An den Wänden hingen Fotos, neben der Kochnische standen gerahmte Bilder. Die meisten zeigten eine füllige, lachende, lockenköpfige Frau.

»Meine Gattin«, erklärte Bonnot kühl, der Blancs Blick bemerkt hatte, während er am Gasherd hantierte und zwei Tassen Kaffee aufbrühte. Der würzige Duft gerösteter Bohnen verbreitete sich in der Kajüte, draußen kreischten Möwen, die *Fantomas* schaukelte leicht in einer Welle, und Blanc konnte plötzlich verstehen, warum jemand beschloss, den Rest seines Lebens auf einem vertäuten Boot zu verbringen. Bonnot setzte sich ihm gegenüber an den Tisch, schob ein paar Zeitungen zusammen und reichte ihm eine der beiden Tassen. Er sparte sich die Mühe, Milch und Zucker anzubieten.

»Mein Beileid«, erwiderte Blanc und deutete auf die Fotos der Gattin.

»Der Unfall ist schon fünf Jahre her.« Bonnot fragte nicht, woher Blanc vom Tod der Frau wusste. Er blickte sein Gegenüber bloß aufmerksam an.

»Ich bin hier, weil ich Ihnen leider schon wieder eine Unfallnachricht überbringen muss«, erklärte Blanc und deutete auf ein Foto an der Wand. Es war dasselbe Bild, das er bei Mignaux gesehen hatte, bloß ohne Widmung. Er erklärte seinem Gastgeber, was gestern in der Calanque des Roches Sanglantes geschehen war.

Bonnot ließ sich schwer gegen die Lehne sinken und starrte eine lange Zeit ins Leere. »Das ist kaum zu glauben«, flüsterte er schließlich.

»Kaum zu glauben, dass Monsieur Mignaux gestorben ist?«, fragte Blanc behutsam. »Oder dass er auf *diese Art* gestorben ist?«

»Sind Sie deshalb hier?«

Blanc hob entschuldigend die Hände. »Es ist reiner Zufall, dass ich mich um Monsieur Mignaux kümmere. Seine Leiche ist mir gewissermaßen in den Weg getrieben. Aber da ich mich nun einmal mit seinem tragischen Ende befassen muss, habe ich nach Angehörigen geforscht, die ich informieren kann. Ich habe dabei allerdings nur Sie gefunden.« Er verzichtete darauf, zu erklären, wie er auf Bonnot gestoßen war.

»Ich bin kein Angehöriger«, brummte der alte Taucher. »Ich bin nicht einmal sicher, ob ich ein Freund von Luc war.« Er atmete tief durch. »Sehen Sie, ich kenne mich hier weniger gut aus, als Sie vielleicht denken. Ich bin Bretone und nur der Liebe wegen im Süden hängen geblieben – obwohl der Wind über dem Mittelmeer einfach Mist ist. Entweder weht er nicht oder zu stark oder aus der falschen Richtung, und die ändert sich auch noch andauernd. Am Atlantik, da …« Er lachte kurz auf, wurde wieder ernst. »*Eh bien*. Ich war Berufstaucher und hatte meine eigene kleine Firma in Toulon. Ein-Mann-Unternehmen. Besser gesagt: Eine-Frau-ein-Mann-Unternehmen, ohne Rose hätte ich nicht eine Rechnung stellen können. Na, jedenfalls hast du als Taucher mal hier, mal da zu tun. Mal gehst du aus dem Büro und springst in das Hafenbecken von Toulon. Ein anderes Mal fährst du hoch bis in die Alpen und inspizierst eine Talsperre. Diese Welt ist klein; wenn du regelmäßig unter Wasser bist, dann lernst du bald alle Profis kennen. So habe ich Luc getroffen. Keine Ahnung, wie lange das schon her ist, vielleicht fünfunddreißig, vierzig Jahre.«

»Sie haben zusammen gearbeitet?«

»Manchmal, wenn es größere Jobs in Häfen gab oder auf Baustellen. Es war immer gut, mit Luc runterzugehen.«

»Warum?«

»Er war der Beste. Nicht in dem Sinne, dass er tiefer getaucht ist als jeder andere oder dass er kräftiger war oder so etwas. Aber er war umsichtig, ruhig, gewissenhaft. Der hat auf seine Ausrüstung aufgepasst und auf die der Kameraden gleich mit. Der hat stets die Uhr im Auge gehabt, war nie zu lange unten, ist nie so schnell aufgetaucht, dass ihn die Taucherkrankheit erwischt hätte. Luc hat selbst bei zehn Zentimeter Sicht noch genau gewusst, wo er sich befand. Wenn du mit Luc unten warst, dann konntest du dich auf alles verlassen.«

»Aber jetzt hat Monsieur Mignaux eine Harpune im Auge.«

Bonnot schüttelte den Kopf. »Das ist wirklich kaum zu glauben«, wiederholte er. »Luc hatte vor zehn, fünfzehn Jahren Krebs. Die Ärzte haben ihm den halben Darm herausgeschnitten, oder vielleicht war es der halbe Magen, ich weiß es nicht genau. Jedenfalls hat er seither weniger gegessen und keinen Alkohol mehr getrunken, zumindest, soweit ich das mitbekommen habe. Also betrunken war Luc garantiert nicht. Und ich habe nie mitbekommen, dass er mit der Harpune gejagt hätte. Das war nicht sein Stil. Luc hatte es nicht so mit Menschen. Aber mit den Fischen, da war er ein Clown! Der hat mit denen gespielt und Witze gemacht, der hätte die niemals mit einer Harpune abgeknallt. *Alors*, dass Luc mit einer Harpune hantiert hat, das kann ich ja schon kaum glauben. Aber dass er auch noch so blöd gewesen sein soll, sie sich selbst in den Kopf zu schießen, das geht zu weit. Sind Sie sicher, dass Sie Luc Mignaux aus dem Wasser gefischt haben? Wenn jemand eine Zeit lang im Meer getrieben hat, dann kann man sich schon einmal irren, oder?«

»Ich bin nicht unfehlbar, aber hier bin ich mir so sicher wie der Papst«, erwiderte Blanc. »Wann haben Sie Monsieur Mignaux zuletzt gesehen?«

Bonnot verzog sein Gesicht zu einer bedauernden Grimasse. »Ich habe Ihnen ja gesagt, dass ich nicht einmal weiß, ob ich sein Freund war. Als meine Rose … nun ja. Ich habe meinen Laden dichtgemacht und bin aus Toulon fortgezogen. Ich wollte am Mittelmeer bleiben, weil Rose hier geboren wurde und hier beerdigt ist. Aber die Côte d'Azur ist mir zu schick und Marseille zu kriminell. Und die Calanques …« Er schüttelte den Kopf. »Die Einheimischen in den Fischerdörfern nennen sich *les Calanquais*. Alle anderen sind nicht einfach Fremde, das sind die *étrangers de dehors*, die ›Fremden von außerhalb‹. Verstehen Sie? Die errichten nicht bloß eine Schutzmauer um sich herum, sondern gleich zwei. Wäre ich dahin gezogen, dann würde ich jetzt ein sehr schweigsames Leben führen. Also bin ich in Saint-César bei meiner verwitweten Schwester hängen geblieben. Netter Hafen, nette Leute, und so weit ist das Meer auch nicht entfernt.«

»War Monsieur Mignaux ein *Calanquais*?«

Der alte Taucher zuckte mit den Achseln. »Er hat früher in Marseille gewohnt. Er war einer der wenigen Profis, die in der Stadt gearbeitet haben. Ich glaube, Luc hat sich seine Bude in La Redonne gerade deshalb gekauft, *weil* dort niemand mit ihm geredet hat! Der war gerne für sich.«

»Also kennen Sie sein Haus«, stellte Blanc fest.

Bonnot räusperte sich. »Er hat sich ungefähr zur gleichen Zeit zur Ruhe gesetzt wie ich. Ich war hin und wieder bei ihm, so weit ist es ja nicht bis La Redonne. Ich tauche immer noch gern, und Luc war sowieso stets mehr unter als über Wasser. Aber er wollte, nachdem er Rentner geworden war, nie mehr mit mir oder irgendjemand anderem tauchen. Und nach und nach habe ich den Kontakt einschlafen lassen. Ist wohl schon ein Jahr her, dass ich mit Luc das letzte Mal geredet habe. Manchmal, wenn ich mit dem Zodiac in den Calanques unterwegs bin, habe ich seine *Pytheas* ankern sehen. Aber ihn …« Er machte eine bedauernde Geste.

»Dieses Foto von Monsieur Mignaux und Ihnen habe ich auch im Haus von La Redonne gesehen. Mit einer Widmung. *Zur Erinnerung an unser erstes Goldschiff – Lionel.* Was bedeutet ›Goldschiff‹?«

»Was hat das mit einer Harpune im Auge zu tun?«, erwiderte Bonnot und blickte in seine Kaffeetasse.

»Das frage ich mich auch.«

»Das Bild ist vor zwanzig Jahren gemacht worden.«

»Es hängt bei Ihnen an der Wand, eines der wenigen Fotos, das nicht Ihre Gattin zeigt. Und bei Mignaux ist es das einzige private Foto, das ich finden konnte.«

Bonnot seufzte. »Ich hätte nicht mit Ihnen reden sollen«, murmelte er.

»Diesen Satz höre ich nicht zum ersten Mal«, erwiderte Blanc.

»Sie denken an das Wracktauchen, habe ich recht? Luc ist in den ganzen Calanques als Wracktaucher verrufen. Der Alte, der mit niemandem redet. Der immer unter Wasser ist. Der alle diese Geschichtsbücher studiert. Und der jetzt eine Harpune im Kopf hat. So ist es doch, oder?«

»Man merkt, dass Sie eine Weile mit Flics gearbeitet haben.«

»Das ist ja mal ein ganz neues Kompliment.« Bonnot seufzte. »*D'accord.* Das Foto hat ein Kumpel von uns gemacht. Luc und ich hatten damals in Sausset-les-Pins zu tun, Bauarbeiten am Jachthafen, langweilige Routine. An einem Wochenende haben wir uns ein Zodiac geschnappt und sind in eine der Calanques gefahren, um zu tauchen. Nur so zum Spaß. Wir waren noch keine fünf Minuten unten, da haben wir ein Dutzend Amphoren entdeckt. Keine Münze, kein Schatz, keine Holzplanke, kein Mast, nichts, was noch von einem gesunkenen Schiff übrig gewesen wäre. Nur diese Amphoren. Jeder von uns hat sich eine geschnappt und dann sind wir aufgetaucht. Mann, was waren wir stolz! So ist das Foto entstanden, und ich habe ihm später diesen dämlichen Text darauf gekritzelt.«

Bonnot stand auf, öffnete ein Schapp und kramte in einem Stapel Papieren herum. Er kam mit drei ausgeblichenen Fotos wieder, die ihn neben einem muschelüberwucherten Objekt zeigten. »Das war meine Amphore«, erklärte er. »Sehen Sie die typische Form? Unten schmal zulaufend wie ein Trichter, oben bauchig mit zwei Henkeln. Diese Form erkennt man selbst mit einer Maske in zwanzig Metern Tiefe und selbst unter einem Pelz aus Muscheln.«

»Es war Ihr erstes Wrack?«

»Moderne Schiffe hatte ich schon oft gesehen. An manchen Stellen, vor den Häfen etwa, sieht der Meeresgrund aus wie ein Schrottplatz.« Bonnot schnalzte mit der Zunge.

»Was haben Sie mit der Amphore gemacht?«

»Meine Frau hätte mir eine Ohrfeige verpasst, wenn ich mit diesem Ding nach Hause gekommen wäre. Wenn die Muscheln an der Sonne sind, dann fangen die an zu stinken ... Ich habe die Amphore dem Hafenkapitän von Sausset-les-Pins gegeben. Ich glaube, die steht dort heute noch im Heimatmuseum.«

»Und Mignaux? War es auch für ihn das erste Wrack?«

»Gut möglich. Er hat sich gefreut wie ein Kind.«

»Und da ist er auf den Geschmack gekommen und hat angefangen, gezielt nach Wracks zu suchen?«

Bonnot machte eine vage Geste. »Das erzählt man sich so.«

Blanc lehnte sich zurück und musterte seinen Gastgeber. »Sie haben mir selbst gesagt, dass die Welt der Profis klein ist. Und Sie haben noch Kontakt zu Monsieur Mignaux gehalten, wenn auch vielleicht immer seltener. Er war praktisch Ihr Nachbar. Und Sie wissen nichts?«

»Ich weiß nichts.«

»Schade. Dann muss ich Sie bitten, mir in die Gerichtsmedizin des Hospitals von Salon-de-Provence zu folgen, um die Leiche von Monsieur Mignaux formell zu identifzieren. Ich konnte bislang noch niemand anderen finden, der ihn gekannt hat.«

»Hat er noch die Harpune im Auge?«

»Sofern die Gerichtsmedizinerin noch nicht den Kopf aufgesägt hat: ja.«

»Ich werde Albträume bekommen.«

»Dagegen helfen Medikamente. Oder aber umfassende Aussagen.« Blanc lächelte.

»*Merde*, was sind Sie denn für einer?!« Bonnot starrte ihn verärgert an. »Was machen Sie, wenn Sie nicht alte Taucher in die Zange nehmen – sind Sie Mafiajäger oder so etwas?«

»Das würde mir gefallen.«

Bonnot blickte lange aus dem Fenster und schüttelte schließlich resigniert den Kopf. »Also schön, in meinem Alter schluckt man eh schon zu viele Pillen.« Er atmete tief durch. »Wracktauchen war lange überhaupt nicht verboten, wussten Sie das? Bis 1989 bekam jeder Taucher, der den Behörden ein altes Wrack gemeldet hat, ein Drittel der verkauften oder geschätzten Summe vom Staat. Der Taucher war froh über das Geld, der Staat war froh über alte Schätze, die ihm quasi frei Haus geliefert wurden. Aber dann haben die *connards* in Paris das Gesetz geändert. Jetzt ist jedes Wrack ein ›nationales Erbe‹ und damit so etwas wie ein Heiligtum. Rühr es nicht an! Hol nicht einen Nagel von unten hoch! Melde den Fund innerhalb von achtundvierzig Stunden bei der Polizei! Du willst eine Belohnung haben? Du kannst einen Fußtritt bekommen!« Bonnot lachte verächtlich auf. Er stand auf und holte für sich und seinen Gast noch einmal Kaffee. »Seither müsstest du als Taucher bescheuert sein, wenn du ein Wrack melden würdest. Du handelst dir bloß Scherereien ein und siehst nicht einen Centime. Aber wenn du ein altes Schiff entdeckst und das für dich behältst, dann wird dein Bankberater zu deinem Freund.«

»Ist Ihr Bankberater Ihr Freund?«

Bonnot schüttelte den Kopf. »Sieht dieser Kahn hier danach aus? Mein Ehrgeiz ist nicht größer als meine Rente. Wenn Rose noch da wäre ... wir haben immer von einer Weltreise auf unserer *Fantomas* geträumt, wissen Sie. Dann sähe die Sache vielleicht anders aus. Aber so? Ich würde Ärger mit den Flics riskieren und womöglich in den Knast wandern. Ich tauche nur noch zum Vergnügen. Und wenn ich unten mal was entdecke, dann rühre ich es nicht an.«

»Melden Sie es den Autoritäten?«

»Ein Schiff, das seit Jahrhunderten da unten liegt, kann das von mir aus noch ein paar weitere Jahrhunderte tun.«

»Monsieur Mignaux dachte anders darüber?«

»Gerüchte. In den Calanques gibt es weniger Wracktaucher als Dealer in einem einzigen Hochhaus in Marseille, fünf oder sechs Profis suchen den Meeresboden ab, mehr nicht. Die alten Schiffe, die in zehn, zwanzig Metern Tiefe liegen, wurden längst alle gefunden. Jetzt musst du tiefer hinunter, da kommst du körperlich an deine Grenzen und mit der Ausrüstung auch. Du brauchst große Pressluftflaschen, du brauchst starke Lampen, denn in der Tiefe wird es dunkler, du brauchst Boote, um deine Ausrüstung zu transportieren. Außerdem gehst du nicht im Sommer runter.«

»Warum?«

Bonnot lachte. »Weil dich dann jeder beobachten kann. Die Calanques sind voller Segelboote. Jeder Wanderer, der durch die Felsen streift, kann dich sehen, jeder Kajakfahrer, jeder, der in seinem Ferienhaus auf der Terrasse hockt und an seinem Rosé nippt. Alle sehen sie dein Boot, das irgendwo ankert, und die auffällige Ausrüstung. Und sie sagen sich, *alors*, das sehe ich mir doch mal aus der Nähe an ... Ein echter Wracktaucher ist sehr früh morgens unten oder sehr spät abends und auf keinen Fall im Hochsommer. Die Saison der Profis beginnt dann, wenn die Saison der Touristen endet.«

»Zum Beispiel im Oktober.«

»Zum Beispiel.«

»Was holen die Taucher hoch?«, fragte Blanc.

Bonnot zuckte mit den Achseln. »Alles, was die Zeiten überdauert hat: Amphoren, Münzen, Geschirr. Wenn du ein Wrack aus dem siebzehnten oder achtzehnten Jahrhundert findest und Helfer hast, dann schaffst du sogar bronzene Kanonen nach oben oder gar einen Anker. Aber die wichtigsten Funde sind die Amphoren. Massalia ist von den Griechen gegründet und von den Römern übernommen worden. Die haben dort tausend Jahre lang in Amphoren Wein und Olivenöl verschifft, das waren die Plastiktüten der Antike. Diese Tongefäße sind hübsch, und sie sind groß – manche so groß wie ein Mann. Die findest du dort unten viel leichter als eine Münze.«

»Im Haus von Monsieur Mignaux habe ich keine Amphore gefunden«, entgegnete Blanc. Die Münze erwähnte er nicht.

Bonnot hob die Hände. »Wenn Luc wirklich ein Wracktaucher gewesen ist, dann wird er seine Beute wohl verkauft haben.«

»An wen?«

»Keine Ahnung.«

»Ich bitte Sie!«

»Ich weiß es wirklich nicht. Es gibt Sammler für antike Funde, aber so viele sind es nicht. Wer gibt schon einen Haufen Geld für einen alten Tonkrug aus? Wenige Taucher, wenige Sammler – das ist eine sehr kleine Szene, *mon Capitaine*. Wer nicht dazugehört, der gehört nicht dazu, so einfach ist das. Und ich gehöre nicht dazu.«

Blanc lehnte sich zurück und dachte nach. »Klingt wie Drogenhandel«, murmelte er schließlich. »Nur mit weniger Dealern und weniger Junkies. Jeder kennt jeden. Dealer regeln ihre Meinungsverschiedenheiten mit der Kalaschnikow. Vielleicht greifen Wracktaucher lieber zur Harpune?«

»Ich tauche seit mehr als vierzig Jahren, aber davon habe ich noch nie gehört.« Bonnot erhob sich und verschwand in der Achterkajüte. Nach ein paar Augenblicken kam er wieder und hielt ein Messer in der Hand. Die Klinge war beinahe unterarmlang und schimmerte so mörderisch wie ein Bajonett. »Jeder Profi hat ein Tauchermesser dabei«, erklärte Bonnot. »Also, wenn *ich* mich jemals unter Wasser mit irgendeinem Kerl streiten würde, dann würde ich das hier ziehen. Aber eine Harpune, mit der du normalerweise auf Tintenfische anlegst? Viel zu unhandlich, wenn Sie mich fragen.«

»Vielleicht gibt es jemanden, der anderer Meinung ist als Sie. Hatte Monsieur Mignaux Feinde?«

»Luc war viel zu verschlossen, um Feinde zu haben. Nur …« Bonnot hustete verlegen.

»Nur was?«

»*Eh bien.* Seit einigen Jahren wollen Naturschützer die Côte Bleue zu einem Nationalpark machen, so wie die Calanques östlich von Marseille. Keine Raffinerien mehr und keine Tanker. Weniger Tourismus. Buchten, die für Badende und ankernde Boote gesperrt sind. Solche Sachen. Für diese Leute sind Wracktaucher das, was Holzfäller für die Kerle sind, die sich an Bäume ketten, wenn Sie verstehen, was ich meine. Es gibt da eine Politikerin, die hat Luc in aller Öffentlichkeit angegriffen. Die hat ihn vor allen Leuten als Wracktaucher denunziert.«

Blanc zog sein Notizheft heraus. »Können Sie mir ihren Namen nennen?«

»Christin Antunes wohnt in Méjean, einem Fischerdorf, das zur Gemeinde Ensuès-la-Redonne gehört. Sie sitzt dort für die EELV im Gemeinderat. Und sie hat eine Initiative gegründet: *Non aux*

Pillards. ›Nein zu den Plünderern‹, das predigt sie in jeder Rede, das verkündet sie im Internet, das sagt sie in jedem Interview. Und jedes Mal nennt sie Lucs Namen. Vielleicht, weil sie tatsächlich irgendetwas gegen ihn in der Hand hat. Vielleicht aber auch nur, weil Luc zufällig nebenan wohnt. Wenn es jemanden gibt, der bei Lucs Tod eine Flasche Champagner öffnet, dann jedenfalls diese Madame.«

Blanc schrieb den Namen auf und nickte. »*Merci beaucoup.*«

»Da ist noch etwas.«

»Ja?«

»Diese Antunes macht den Öko-Kram in ihrer Freizeit. Sie ist eigentlich Fischerin. Sie hat ihr eigenes Boot und kennt jeden Stein in jeder Calanque.«

Blanc blickte den alten Taucher nachdenklich an. »Fischer werfen Netze aus. Die jagen nicht mit Harpunen.«

»Wenn Sie diese Frau gesehen haben, werden Sie sich da nicht mehr so sicher sein, *mon Capitaine.*«

Die Kollegin aus dem einundzwanzigsten Jahrhundert

Blancs Büro in der Gendarmeriestation von Gadet war überhitzt. Er fluchte und riss das Fenster auf. Die Klimaanlage in dem flachen Betonbau aus den Siebzigerjahren ließ sich zwar auch als Heizung einstellen, doch quoll dann so viel feuchte Warmluft aus ihren Lüftungsschlitzen, dass nach ein paar Stunden die Kleidung und sogar Haut und Haare muffig rochen. Also hatten die Flics den Kasten abgestellt und sich Elektroheizkörper besorgt. Marius hatte einen angerosteten, schief stehenden Radiator zwischen die Schreibtische gestellt. Er verlieh dem Büro die Atmosphäre eines Baustellencontainers, in dem sich schwerstiefelige Poliere mit Thermoskannen in den Händen über Pläne beugten. Blanc, der schon wieder einen Kaffee gebrauchen konnte, schaltete mit fahrigen Bewegungen die Heizung aus.

»Jacques Cousteau brauchte keine bescheuerten Heizkörper, um sich zu wärmen. Der hatte eine rote Mütze auf dem Kopf.« Im Türrahmen stand eine junge Frau in einer rot-weißen Motorradmontur. Sie hatte ihre langen, braunen Haare zu einem Pferdeschwanz gebunden und blickte ihn provozierend an.

Sous-Lieutenant Fabienne Souillard war Blanc die liebste Kollegin, sie war die einzige Computerspezialistin der Gendarmerie in Gadet – und sie sprach seit zwei Wochen kein Wort mit ihm, weil er bei ihrem letzten gemeinsamen Fall zu einer nächtlichen Verfolgungsjagd aufgebrochen war, ohne sie mitzunehmen. Vielleicht ist es ja ein gutes Zeichen, dass sie hier aufkreuzt, hoffte Blanc. »Du hast also schon von dem harpunierten Taucher gehört«, erwiderte er vorsichtig.

»Der Chef hat es mir gerade auf dem Flur erzählt.« Sie bot ihm nicht die Wange zum Kuss an.

»Nkoulou hat Marius und mir die Ermittlungen in den Calanques übertragen.«

»Du kannst doch eine Bucht nicht von der anderen unterscheiden. Du wirst dich verirren und jämmerlich verhungern.«

»Ich werde rohe Seeigelschließmuskel ausschlürfen.«

Fabienne trat in das Büro und schloss die Tür hinter sich. »Du brauchst jemanden, der auf dich aufpasst.«

»Ich brauche jemanden, der mit mir nachdenkt. Ich habe ein komisches Gefühl bei der Sache. Ich glaube einfach nicht, dass der Typ so blöd gewesen ist, sich die Harpune selbst durch das Auge zu schießen. Da hatte jemand anderer den Finger am Abzug. Aber wer? Ich habe keinen Verdächtigen und kein Motiv. Noch nicht.«

Fabienne musterte ihn lange, bevor sie durchatmete. »Solltest du mich wieder wegschicken, wenn es spannend wird, dann reiße ich dir die Eier ab.«

»Ich habe das nur getan, um dich zu schützen!«

»Du wirst das hohe C treffen.«

»Ich konnte doch nicht deinen Hals riskieren, du heiratest in ein paar Tagen!«

»Gläser werden zerspringen, wenn du singst.«

»D'accord!« Blanc hob die Hände. Er dachte einen Augenblick lang an das zerstörte Gesicht des Tauchers, doch dann nickte er seiner Kollegin zu. »Du bleibst von Anfang bis Ende dabei. Selbst wenn es gefährlich wird.«

Fabienne lächelte. »Deine jetzige Stimme gefällt mir auch viel besser.«

In diesem Moment wurde die Bürotür aufgestoßen und Marius stapfte hinein. Er kaute auf einem Croissant, sah die beiden an und verschluckte sich. »Du grinst diesen Kerl an, als wolltest du ihn heiraten«, begrüßte er Fabienne. »Stehst du etwa nicht mehr auf Frauen?«

»Ich werde meine Roxane am Sonntag heiraten. Ihr habt hoffentlich nicht vergessen, dass Ihr eingeladen seid?«

»Ein Fest mit hundert Frauen und zwei Männern! Wie könnte ich so etwas vergessen?«, rief Marius.

»Schön, dass dein Erinnerungsvermögen intakt ist. Du kannst dein Hirn gleich eingeschaltet lassen«, knurrte Blanc. Er berichtete den Kollegen von seinem Besuch bei Bonnot und fasste für Fabienne zusammen, was sie in Mignaux' Haus vorgefunden hatten. Er reichte ihr die Münze. »Wenn Mignaux tatsächlich ein Wracktaucher war, dann hat er seine Beute nicht im Haus versteckt«, erklärte er. »Nichts, bis auf diese Münze. Es könnte sein, dass sie etwas Besonderes ist – selbst für einen Profi, der seit Jahren antike Schätze birgt.«

Fabienne nahm das Geldstück in die Hand und betrachtete es ehrfürchtig. »Ich kenne mich nicht einmal mit neuen Münzen aus«, murmelte sie, »dafür bin ich zu pleite.« Sie las die Inschrift. »Mal sehen, ob ich im Netz etwas dazu finde.«

»Wenn du nichts entdeckst, dann sprich mit einem Wissenschaftler. Die Provence ist voller antiker Ruinen. An irgendeinem Museum muss es einen Münzspezialisten geben.«

»Diese Spezialisten heißen ›Numismatiker‹, und der Beste von ihnen ist Doktor Jacques Kojfer am Musée départemental Arles antique. Ich würde ihn direkt fragen, das erspart dir Google und eine Menge Herumtelefoniererei«, warf Marius ein.

Seine Kollegen blickten ihn überrascht an. »Seit wann bist du denn Geldexperte?«, fragte Blanc.

»Das fühlt sich an, als müsste es Mitte des letzten Jahrhunderts gewesen sein«, erklärte Marius kauend. »Ein Cousin meiner damaligen Frau ist nach einem Gewitter durch den Wald bei Miramas spazieren gegangen. Dort verläuft eine alte Römerstraße – und der Kerl ist praktisch über eine antike Münze gestolpert, die der Regen freigeschwemmt hatte. Ich dachte, mein angeheirateter Cousin ist der größte Idiot der ganzen Familie. Und ich dachte mir, wenn so ein Versager einen Schatz findet, dann kann ich das auch. Also habe ich zwei kluge Bücher gelesen, mir einen Metalldetektor gekauft und bin an den Wochenenden durch die Hügel gezogen.«

»Ist das nicht illegal?«, unterbrach ihn Fabienne.

»Ich bin in Uniform gegangen, jeder Wanderer hat gedacht, ich suche Spuren. Ich habe jede Menge verrostete Patronenhülsen von Jägern gefunden und Nägel und zweimal sogar Hufeisen – und einmal, ein einziges Mal, eine Münze. Die war so korrodiert, dass ich nichts erkennen konnte und einen Spezialisten gefragt habe. Der gute Doktor Kojfer war schon damals im Museum in Arles und da ist er auch heute noch. Er hat mir gesagt, dass andauernd Bekloppte zu ihm kommen und ihm rostige Münzen unter die Nase halten. Mein antiker Schatz stellte sich als Zwanzig-Centimes-Stück von 1958 heraus und war ungefähr so viel wert wie ein Hühnerfurz. Seitdem weiß ich, dass nicht mein Cousin der größte Idiot der Familie ist.«

Fabienne nickte. »Ich fange trotzdem im Internet an. Und dann bestelle ich diesem Doktor Kojfer einen schönen Gruß von dir.« Sie wandte sich zur Tür.

»Ich rufe dann bei Doktor Thezan an, vielleicht hat sie bei der Leichenöffnung noch etwas herausgefunden«, sagte Blanc. »Und danach besuche ich Christin Antunes in Méjean.«

Fabienne drehte sich noch einmal um. »Denk an deine Eier!«, rief sie so laut, dass es die Kollegen in den anderen Büros hören konnten.

»*Wir* besuchen Madame Antunes«, korrigierte sich Blanc seufzend.

»Der tote Taucher muss etwa vierundzwanzig Stunden im Meer getrieben haben, plus oder minus drei Stunden«, sagte ihm die Gerichtsmedizinerin fünf Minuten später am Telefon.

Blanc rechnete nach. »Es hat ihn gegen Sonntagmittag erwischt.«

»Wahrscheinlich. Die Röntgenaufnahmen von Mignaux' Kopf kann man sich in ein Lehrbuch über Schädel-Hirn-Traumata kleben«, fuhr Fontaine Thezan fort.

»Was ist mit seinem Darm?«, fragte er.

Die Gerichtsmedizinerin hustete überrascht. »Woher wissen Sie, dass Mignaux der Enddarm fehlt?«

»Das hat mir ein Freund von ihm verraten. Wie es scheint, sein einziger Freund. War Mignaux krank?«

»Nicht mehr. Ich habe zumindest keine weiteren Tumoren entdeckt.«

»Also haben wir hier keinen Selbstmord eines unheilbar Krebskranken vor uns.«

»Wenn Mignaux sich wirklich selbst getötet haben sollte, dann jedenfalls nicht, weil er voller Metastasen war. Im Gegenteil: Für einen Mann seines Alters war er erstaunlich gesund. Außerdem habe ich in der Fachliteratur noch nie von einem Suizid gelesen, bei dem sich der Täter mit einer Harpune ins Auge schießt.«

»Haben Sie noch etwas für mich?«

»Was halten Sie von fehlenden Paltauf'schen Flecken?«

»Was immer das für Flecken sind, ich möchte sie nicht haben.«

»Kluger Mann. Das sind verwaschene rötliche Flecken unter dem durchsichtigen Häutchen, das die Lunge umhüllt – ein typisches Zeichen fürs Ertrinken. Das Opfer verschluckt viel Wasser, seine Lunge ist balloniert. Das Organ ist aufgebläht, weil die Luft durch den Druck des Wassers nicht mehr herauskann. In den Atemwegen und vor Mund und Nase bildet sich Schaum. Es sieht wie Seifenwasser aus, wenn Kinder in der Badewanne plantschen.«

»Netter Vergleich.« Blanc versuchte, sich an alle Einzelheiten auf dem Schlauchboot zu erinnern. »Als wir Mignaux aus dem Meer gezogen haben, habe ich keinen Schaum bemerkt«, ergänzte er.

»Eben. Mignaux hat auch keine Paltauf'sche Flecken auf der Lunge. Er ist nicht ertrunken.«

»Er hatte eine Harpune im Schädel. Das reicht zum Sterben.«

»Aber nicht sofort.« Fontaine Thezan hörte sich an wie eine Frau, die sehr zufrieden mit sich ist. »Das Schädel-Hirn-Trauma durch die Schussverletzung ist selbstverständlich so massiv, dass Mignaux in kürzester Zeit gestorben ist. ›In kürzester Zeit‹ bedeutet jedoch nicht: ›sofort‹.«

»*Alors?*«

»Wenn sich Mignaux im Meer mit der Harpune verletzt hätte, wäre er sofort bewusstlos geworden. Wasser wäre dann in seine Lunge eingedrungen. Paltauf'sche Flecken hätten sich gebildet. Es wäre der Tod durch Ertrinken eingetreten, denn das wäre noch rascher gegangen als der Tod infolge der Hirnverletzungen. Also …«

»… hat ihn die Harpune außerhalb des Wassers erwischt«, vollendete Blanc leise. »Mignaux ist an der Luft gestorben. Und erst danach gelangte die Leiche irgendwie ins Meer.«

»Wenn das Unglück auf Mignaux' Jacht passiert ist, dann mag eine einzige zufällige Welle ausgereicht haben, und der Körper des Toten ist von Deck gerutscht.«

»Oder es hat ihn jemand über Bord geworfen«, murmelte Blanc. Er bedankte sich und legte auf.

Marius sah erschöpft aus, obwohl er erst seit einer Stunde im Büro saß. »Worauf tippt deine bekiffte Freundin?«

Blanc räusperte sich. »Doktor Thezan wundert sich über fehlende Flecken.« Er fasste die Ergebnisse der Gerichtsmedizinerin rasch zusammen.

»Und wenn schon? Also hat sich Mignaux die Harpune noch an Bord seines Bootes ins Auge gejagt«, erwiderte Marius und zuckte mit den Achseln. »Er hat schon seine Tauchersachen an. Er will nur noch schnell die Harpune spannen, bevor er über Bord springt, und – zack. Er stirbt auf seiner Jacht, später rutscht die Leiche über Bord. Denk an seine aufgeschürften Knie.«

»Bonnot hat ausgesagt, dass Mignaux ein ganz besonders umsichtiger Taucher gewesen ist. Und so einer passt am helllichten Tag auf seinem eigenen Boot nicht auf? Bei perfektem Wetter? Und ausgerechnet mit einer Harpune, obwohl er sonst nie eine Harpune in die Hand nimmt?«

»Bonnot behauptet zwar, dass sein alter Kollege niemals mit der Harpune gejagt habe. Er hat aber auch gesagt, dass Mignaux immer allein unter Wasser gewesen sei. Woher soll er also eigentlich wissen, dass Mignaux keine Harpunen benutzt hat?«

Blanc ignorierte den Einwand, erhob sich und ging mit großen Schritten durch das Büro. »Mignaux ist auf seinem Segelboot, wie immer ist er allein«, spekulierte er. »Ein Sonntag im Oktober, niemand ist mehr in den Calanques – niemand, bis auf einen Unbekannten …«

»Du kannst es nicht lassen, was?«

»Mignaux macht sich zu einem Tauchgang fertig. Er hat schon seinen Neoprenanzug an und die Maske auf dem Gesicht. Da nähert sich ihm eine Gestalt, vielleicht auf einem anderen Boot. Mignaux denkt sich nichts dabei, womöglich kennt er den Neuankömmling. Der Unbekannte kommt an Bord der *Pytheas*, hebt plötzlich eine Harpune und schießt … Mignaux stirbt auf seinem Segelboot. Der Täter schiebt die Leiche ins Wasser, damit es wie ein Unfall aussieht.«

»Großartig. Jetzt fehlen uns bloß noch ein richtiger Beweis, ein richtiges Motiv und ein richtiger Täter. Hört sich so an, als würden wir heute Abend fertig werden.«

Blanc hielt inne und lachte auf. »Bis zum Abend schaffen wir es zumindest nach Méjean und zurück.«

»Mach dich mal auf den Weg. Ich klemme mich währenddessen ans Telefon und versuche herauszufinden, ob Mignaux nicht doch noch irgendwo einen Verwandten hat.«

»D'accord«, erwiderte Blanc. Marius sah wirklich müde aus. Im Hinausgehen drehte Blanc sich noch einmal um und fragte: »Weißt du, wo ich in Gadet einen Film entwickeln kann?«

»Einen richtigen Film für eine Fotokamera? So wie früher?«

»Jeder Mann muss ein Hobby haben.«

»Dein Glück, dass du hier schon der zweite bist. Im Keller bei den Kollegen der Spurensicherung gibt es noch einen Typen, der für uns früher die Bilder vom Tatort entwickelt hat. Er hat den Vergrößerer und die Chemikalien behalten, als wir die alten Nikons ausgemustert haben. Saad Ben Rouijal.«

»Wie erkenne ich ihn?«

»Er ist der Einzige im Keller, der aussieht, als könnte er lesen und schreiben.«

Blanc hob die Hand zum Abschied und klopfte anschließend an Fabiennes Büro. »Wir machen einen Umweg durch das Untergeschoss«, erklärte er.

Saad Ben Rouijal war beinahe sechzig Jahre alt und so schmächtig, dass ihn die wuchtige, viereckige Hornbrille, die er auf der Nasenspitze balancierte, bereits gefährlich aus dem Gleichgewicht zu bringen schien. »Der Kollege fotografiert analog«, rief er überrascht aus, als Blanc ihm die Filmpatrone auf den Schreibtisch legte. Seine Stimme klang nach vielen Zigaretten oder den Chemikalien im Labor.

»Ich habe gehört, Sie können damit etwas anfangen.«

»Nicht, wenn der Kollege die rosigen Wangen seiner Tochter oder orangefarbene Sonnenuntergänge leuchten lassen möchte. Aber wenn der Kollege schöne Abzüge in Schwarz-Weiß schätzt, matt oder glänzend, ganz nach Belieben, mit allen Grautönen und feinsten Nuancen … damit kann ich etwas anfangen. Vorausgesetzt, die Negative sind korrekt belichtet. Der Kollege fotografiert häufig?«

»Ich starte mein Comeback«, sagte Blanc und bedankte sich.

»Eine Filmpatrone? Schwarz-Weiß-Abzüge aus dem Kellerlabor?« Fabienne stieß ihm beim Hinaufgehen den Ellenbogen in die Seite. »Du bist wirklich so zwanzigstes Jahrhundert!«

»Hast du etwas über die Münze herausgefunden?«, fragte Blanc und hielt ihr die Tür des Streifenwagens auf.

»Ich habe mir die Augen aus dem Kopf gegoogelt, bis ich Bilder gefunden habe mit dem Männerkopf auf der einen und der Frauenstatue auf der anderen Seite. Die geflügelte Dame ist Victoria, die römische Göttin des Sieges, sie hängt einen Soldatenschild als Trophäe auf. Das Sinnbild eines Triumphes, ich habe aber keine Ahnung, wer da gegen wen gewonnen hat. Der Herr auf der anderen Seite hat sich mir leider nicht vorgestellt. Wenn ich mich nicht sehr täusche, dann hatte Mignaux einen Denar in seinem Haus versteckt, eine antike Silbermünze. Ich habe recherchiert, dass ein Denar um die vier Gramm wiegt, und die Münze auf unsere Briefwaage gelegt – das passt.«

»Vier Gramm Silber sind nicht gerade ein Schatz.«

»Denare waren so eine Art Euro, mit denen Cäsar und Augustus damals die Schläger ihrer Legionen bezahlt haben. Die gab es überall im Römischen Reich und die wurden anscheinend auch überall verloren. Heute kannst du Denare ganz legal bei Münzhändlern kaufen, die billigsten kosten kaum dreißig Euro.«

»Holst du davon eine Kiste vom Meeresgrund hoch, dann lohnt sich ein Tauchgang schon.«

»Aber eine einzige Münze? Warum sollte Mignaux eine Münze verstecken, die du mit zwei Klicks im Internet kaufen kannst?«

»Du siehst mich an, als hättest du noch eine Pointe für mich.«

Fabienne lachte. »Es gibt allerdings Denare, die kosten mehr als dreißig Euro«, erklärte sie in versonnenem Ton. »Seltene Exemplare, einmalige Stücke, solche Sachen. Dafür legen Sammler einige Tausender hin. Und dieser Text auf Mignaux' Münze, der scheint bisher unbekannt zu sein! ›DEC IUN BRU ALB‹ findest du in keinem Museumskatalog und bei keinem Münzhändler. Zumindest nicht online. Noch nie ist offenbar ein Denar mit einer derartigen Umschrift aufgetaucht. Was immer das lateinische Geschreibsel bedeutet: Die Münze ist auf jeden Fall ein einmaliges Stück!«

»Jemand wie Mignaux, der sich mit alter Geschichte befasst hat, wird das geahnt haben.«

»Vielleicht hat er deshalb die Münze versteckt«, mutmaßte Fabienne. »Der Wracktaucher hat genau gewusst, dass er ein Geldstück geborgen hatte, das ein Vermögen wert ist.«

»Niemand weiß, wie lange er die Münze schon in seinem Haus versteckt hatte«, überlegte Blanc. »Vielleicht hat Mignaux schon längst den einen oder anderen Sammler diskret kontaktiert?«

»Und irgendjemand ist gierig geworden, hat ihm in den Calanques aufgelauert und ihm eine Harpune in den Kopf geschossen, um an die wertvolle Münze zu kommen!«, rief Fabienne und schnippte mit den Fingern. »Aber der Mörder hat sie nicht bei ihm gefunden, weil Mignaux sie versteckt hatte.«

»Seltsam, nicht wahr?«, erwiderte Blanc nachdenklich. »Mignaux hat bis zur Entdeckung seiner Leiche einen Tag lang tot im Wasser getrieben. Und Marius und ich haben danach noch einmal länger als einen halben Tag gebraucht, bis wir in seinem Haus waren. Die Bude des Tauchers war nicht einmal abgeschlossen. Ein Mörder hätte also mindestens sechsunddreißig Stunden Zeit gehabt, Mignaux' Haus zu durchwühlen, wenn er gewollt hätte. Aber die Behausung sah nicht so aus, als hätte sie jemand vor unserem Besuch auch nur oberflächlich durchsucht. So einfach ist die Sache nicht.«

Fabienne lehnte sich im Beifahrersitz zurück und verzog das Gesicht. »›Die einfachste Lösung ist immer die beste.‹ Das hat mir mein Lehrer eingetrichtert.«

»Schade um den Trichter.«

»Hey! Ich war im *Centre national de formation aux systèmes d'information et de communication de la gendarmerie* in Rosny-sous-Bois! Das ist einundzwanzigstes Jahrhundert, nicht zwanzigstes!«

»Harpunen sind zwanzigstes Jahrhundert.« Blanc lächelte versöhnlich. »Der Mörder hat Mignaux aus allernächster Nähe genau ins Auge geschossen. Stell dir die Szene einmal vor! Dafür muss man schon kaltblütig sein. Sehr, sehr kaltblütig. Nachdem du erst einmal *das* getan hast, bist du auch kaltblütig genug, in sein Haus einzubrechen – wenn du es denn willst. Es war aber niemand im Haus. Schlussfolgerung: Der Mörder hat die Münze gar nicht gesucht, er muss ein anderes Motiv gehabt haben.«

Seine Kollegin lachte. »Scheiß zwanzigstes Jahrhundert! Soll ich den Denar in die Asservatenkammer bringen?«

Blanc schüttelte den Kopf. »Wir geben noch nicht auf. Vielleicht irre ich mich ja. Was meint denn der Spezialist zu der Münze? Dieser Doktor aus Arles?«

»Jacques Kojfer. Er wird erst übermorgen wieder im Museum sein. Zurzeit ist er in Kopenhagen auf einem wissenschaftlichen Kongress. Seine Sekretärin sagte mir, dass er dort unerreichbar ist. Er hebt im Hotel niemals ab, weil er Angst vor dem Zimmertelefon hat. Und er hat in seinem Leben noch nie ein Handy angefasst.«

Sie brauchten eine Dreiviertelstunde, bis sie die halsbrecherischen Straßen erreicht hatten, die sich nach Méjean hinunterwanden. Das Fischerdorf lag am Saum einer kleinen Bucht, kaum mehr als eine Reihe Häuser am Ufer. Wie in La Redonne, so hoben auch hier hohe, braungelbe Steinpfeiler die Eisenbahnlinie der Côte Bleue weit über die Dächer, wie eine massive Achterbahn, die man in absurder Höhe über das Dorf gespannt hatte. Blanc hatte auf der Karte gesehen, dass zwei Hafenbecken vor dem Ort lagen, die *»Petit Méjean«* und *»Grand Méjean«* genannt wurden. Als er den Wagen vor dem einzigen Restaurant am Platz abstellte, schüttelte er verwundert den Kopf. »Was ist der Unterschied zwischen Petit Méjean und Grand Méjean? Die beiden Häfen sind gleich groß.«

»Gleich klein«, verbesserte ihn Fabienne. »Das hier *›Grand Méjean‹* zu nennen ist schon verschärfte Angeberei.«

Das Wasser zwischen den Fischerbooten schimmerte grünlich und war so flach, dass man die runden Kieselsteine auf dem Grund hätte zählen können. An den beiden Kais dümpelten noch nicht einmal zwanzig Boote: einige Zodiacs und kleine Motorjachten, ein paar Fischerkähne. Sechs Angler hockten auf der Mole, ihre gebeugten Rücken so unbeweglich, als wären sie ausgestopft. Auf einem staubigen Geviert links neben den Kais spielten vier alte Männer Pétanque.

»Ein friedlicher Ort«, meinte Fabienne.

»So kann man das auch formulieren«, erwiderte Blanc. Er deutete auf das Haus neben dem Restaurant, vor dem ein verbeulter, rostzerfressener roter Citroën AX mit platten Vorderreifen parkte. »Das ist die Adresse, die mir Bonnot gegeben hat. Wir sagen Madame Antunes nicht, dass Mignaux gestorben ist. Vielleicht hat sie noch nichts davon gehört. Dann kitzeln wir möglicherweise Aussagen aus ihr heraus, die sie uns sonst nicht geben würde.«

»Sie wird sich fragen, warum zwei Flics bei ihr aufkreuzen. Willst du sie anlügen?«

»Versuchen wir es mit der halben Wahrheit: Wir stehen am Anfang von Ermittlungen über Wracktaucher. Da Madame Antunes die Initiative *Non aux Pillards* gegründet hat, denken wir, dass sie uns vielleicht Hintergrundinformationen geben kann. Das Gespräch wird wie von selbst auf Mignaux kommen.«

Er fand keine Klingel, also klopfte er an die von der salzhaltigen Luft verwitterte Holztür. Ihnen öffnete ein Mann, den Blanc auf Mitte dreißig schätzte, obwohl schon graue Strähnen in seinem dunklen Haar schimmerten. Er war klein gewachsen, seine Wangen verschwanden unter einem Dreitagebart und dicke Ringe lagen unter seinen Augen.

»Entschuldigen Sie, dass ich Ihnen nicht die Hand schütteln kann«, sagte er. Er trug in jedem Arm ein schlafendes Baby. Es waren Jungen, drei oder vier Monate alt, in weißen Stramplern. Auf den einen war in großen blauen Buchstaben »PABLO« eingestickt, auf den anderen »JUAN«.

»Monsieur Antunes?«, riet Blanc flüsternd, um die Kinder nicht zu wecken.

Der Blick des Angesprochenen wanderte zum geparkten Streifenwagen, er zögerte kurz, nickte dann. »Sandro Antunes. Habe ich etwas ausgefressen?«

»Wir möchten mit Ihrer Gattin sprechen. Es geht bloß um ein paar Auskünfte.«

Antunes lächelte, es war schwer zu entscheiden, ob eher schüchtern oder eher resigniert. »Die Leute wollen immer mit Christin sprechen.« Er seufzte und brachte es fertig, trotz der Zwillinge in seinen Armen mit den Schultern zu zucken. »Meine Frau ist beschäftigt. Aber …«, er blickte an Fabienne und Blanc vorbei zum Hafen,

»... Sie haben Glück. Christin ist noch nicht weg. Sie wollte heute noch einmal raus zum Fischen.« Er deutete mit dem Kinn auf einen Kahn am linken Kai. »Sie macht ihr Boot fertig. Beeilen Sie sich!«

Es war ein sechs oder sieben Meter langes, stählernes Boot mit einem winzigen Steuerstand in der Mitte. Der an mehreren Stellen verbeulte Rumpf war blau gestrichen, am Heck stand rot der Name: *Zaz*. Darunter leuchtete ein Graffiti, in dem Blanc mit einiger Mühe ein Plattencover der Sängerin wiedererkannte.

»Sieht so aus, als wäre unsere Fischerin gern Künstlerin geworden«, sagte Fabienne. Sie winkte der Frau an Bord zu, die bislang neben einer Kiste auf dem Boden gekniet hatte und erst aufstand, als sie näher kamen.

Christin Antunes war Ende zwanzig. Sie hatte ihre langen Haare hellgrau gefärbt, ein Piercing steckte in ihrer linken Augenbraue. Ein ärmelloses, kurz geschnittenes T-Shirt verbarg kaum mehr als Brust und Schultern. Doch dass ihre Haut ansonsten unbedeckt war, fiel Blanc erst auf den zweiten Blick auf, denn ihre Arme, ihr Bauch und ihr unterer Rücken waren voller ineinander verschlungener Tätowierungen. Er erkannte Haie, Thunfische, Kraken, Wale, Delfine, Quallen. »Madame Antunes, dürfen wir an Bord Ihres Schiffes kommen?«, fragte er.

»Sie sind der Erste, der meine *barquette* ein ›Schiff‹ nennt.« Christin Antunes lächelte spöttisch. Ihre Stimme war rau. Sie sog tief an einer E-Zigarette und blies dann eine dünne, blaue Wolke aus, die nach Apfel und irgendeinem Pflanzenaroma duftete.

»Ist das ökologisch korrekt?«, fragte Fabienne.

»Männer sind konsequent. Frauen sind flexibel. Auch wenn sie in der EELV sind.«

Blanc stellte sich vor und erzählte seine Geschichte von den Ermittlungen über Wracktaucher.

Erstaunt registrierte er danach, dass Christin Antunes bloß mit den Schultern zuckte. »Wracktauchen kommt vor«, erwiderte sie lakonisch.

»Eine gelassene Reaktion für eine Politikerin, die in einer Initiative gegen Wracktaucher kämpft«, bemerkte Blanc.

»Ich habe viele Gegner.« Christin Antunes hatte ein ansteckendes Lachen. »Ich liebe das Meer, und ich lebe vom Meer«, erklärte sie und deutete in einer umfassenden Geste auf die Calanques und die See. »Wenn es nach mir ginge, wäre das hier ein Nationalpark, wie bei Cassis. Hier sollen die Einheimischen fischen und die Touristen die Natur bewundern. Deshalb mache ich den Typen die Hölle heiß, die das nicht kapieren.«

»Wie den Wracktauchern.«

Sie nickte. »*Non aux Pillards* soll die Leute sensibilisieren. Die Calanques sind nicht nur Natur, sondern auch Kultur. Jeder, der in einem alten Wrack herumwühlt, zerstört diese Kultur. Das ist vielen einfach nicht klar. Aber das ist nicht unser größtes Problem.«

»Und was ist Ihr größtes Problem?«, fragte Fabienne.

»Paris.«

»Die *étrangers de dehors*«, sagte Blanc.

Die junge Fischerin starrte ihn verblüfft an. »Sie kennen sich ja aus!«, rief sie und führte sie zum Heck ihres Bootes, wo ein dünnes Seil aufgerollt lag. »Ich angle Schwertfische mit der Langleine. Ich lege einige Hundert Meter aus, alle paar Meter hängen Haken in der Leine, auf die ich Köder stecke, dann warte ich eine Zeit lang und hole die Leine wieder ein. Oft zappelt neben den Schwertfischen jedoch auch ein Thunfisch am Haken. Da kann man nichts machen, die gehen auf die gleichen Köder. Thunfische sind allerdings geschützt.«

»Durch Gesetze, die in Paris beschlossen worden sind, nehme ich an.«

»In dem ganzen Département haben bloß sechsundzwanzig Fischer eine AEP, eine *Autorisation européenne de pêche*, um Thunfische zu fangen. Fischer wie ich hingegen«, fuhr Christin Antunes fort, »müssen jeden verdammten toten Thunfisch sofort per Funk bei der Behörde melden. *Direction départementale des territoires et de la mer.* Klingt großartig, oder? Und danach muss ich im Hafen einen gigantischen Stapel Formulare ausfüllen. Wenn ich das nicht tue …« Sie sog so heftig an ihrer E-Zigarette, als wollte sie deren gesamtes Reservoir auf einmal leeren. »Zwei junge Kollegen haben neulich vor Marseille vier Thunfische in ihrem Kühlraum unter den Schwertfischen versteckt und sind von der Küstenwache kontrolliert worden. Sie kommen demnächst vor Gericht.«

»Ich habe mir Reden von grünen Politikern immer ganz anders vorgestellt«, gestand Blanc.

Christin Antunes klopfte auf den Rand ihres Bootes. »Wir Fischer hüten die Küste, verdammt! Wir holen mit unseren Booten wenige Fische heraus. Es sind die Fangflotten weit draußen, die mit ihren riesigen Netzen das Meer leeren! Und es ist die Industrie, die das Meer verdreckt. Wussten Sie, dass es immer noch Firmen gibt, die mit Pipelines Abwässer in die Calanques leiten? Das Aluminiumwerk *Bauxiterre* pumpt ihren *boue rouge* vor diese Küste, ihren ›roten Schlamm‹. Das ist ihr Abraum – und den laden sie hier mit Erlaubnis der Regierung ab! Wir Fischer kämpfen gegen *Bauxiterre*, doch Paris bekämpft uns Fischer, ist das nicht irre?! Wenn der letzte von uns pleitegeht, wer soll dann noch auf die Calanques achten?«

»*Bon*«, sagte Blanc, ein wenig ungeduldig. »Die Fischer sind Umweltschützer, die Firmen sind Umweltsünder, ich habe es kapiert. Was ich nicht kapiere: Welche Rolle spielen die Wracktaucher dabei?«

Christin Antunes hob die Hände, es war eine halb aggressive, halb entschuldigende Geste. »Sie zerstören auch die Umwelt, auf ihre Weise. Deshalb habe ich *Non aux Pillards* gegründet, um ihnen das Handwerk zu legen.«

»Zum Beispiel Luc Mignaux.«

»Ach, der …« Sie machte eine wegwerfende Handbewegung.

»Sie haben ihn wiederholt öffentlich angegriffen, Madame Antunes. Ist er der schlimmste Wracktaucher von allen?«

»Keine Ahnung. Er wohnt halt hier. Ich kenne ihn. Also habe ich ihn mir vorgenommen. Aber wahrscheinlich ist er nicht besser und nicht schlimmer als die anderen.«

»Bitte entschuldigen Sie mich«, murmelte Fabienne, holte ihr iPhone aus der Tasche und ging auf den Kai.

»Wissen Sie, was Luc Mignaux unter Wasser treibt?«, hakte Blanc nach.

»Na, was schon? Luc holt Amphoren und Münzen vom Meeresboden hoch und zerstört dabei Wracks. Keine Chance für einen Wissenschaftler, das antike Schiff zu untersuchen. Niemand weiß, wie alt es ist. Wo es wohl hergekommen ist. Welche sonstige Ladung es an Bord hatte. Das ist, wie wenn sie an Land römische Ruinen plündern, das ist ja auch verboten. Wracktaucher löschen unsere kollektive Erinnerung aus, gewissermaßen.«

»Haben Sie das schon einmal Monsieur Mignaux ins Gesicht gesagt? Haben Sie sich mit ihm gestritten? Handfest, gewissermaßen?«

»Sie wollen wissen, ob er mir eine runtergehauen hat?« Sie lachte.

»Oder Sie ihm, Madame?«

»Wir haben uns noch nie geprügelt. Ich habe ein paarmal öffentlich über ihn geschimpft, klar. Aber das war dann auch schon alles.«

»Sie haben Monsieur Mignaux nie als Wracktaucher angezeigt? Oder er Sie wegen Beleidigung?«

»Luc und ich mögen ja beim Tauchen unterschiedliche Ansichten haben, aber über Flics und Richter sind wir gleicher Meinung.« Christin Antunes blickte auf ihre Uhr. »Ich muss jetzt los«, sagte sie.

»*Bonne pêche*, Madame«, meinte Blanc.

Er wanderte schweigend mit Fabienne zurück zum Streifenwagen. Erst als sie im Mégane saßen, sagte Blanc: »Christin Antunes hat, als das Gespräch auf Mignaux kam, in der Gegenwart über ihn gesprochen. Sie weiß noch nicht, dass er tot ist.«

»Dafür hat sie ziemlich wenig über den Wracktaucher erzählt. Ich habe mir während eures Gesprächs auf dem iPhone die Seite von *Non aux Pillards* angesehen. Da ist sie, vorsichtig formuliert, weniger zurückhaltend gewesen. Ich glaube, wenn Mignaux sich einen

Anwalt genommen hätte, hätte er die Fischerin wegen Beleidigung verklagen können.«

»Mignaux war ein Wracktaucher. Der hat sich davor gehütet, vor Gericht zu ziehen. Madame Antunes hat gewusst, dass sie gefahrlos über ihn herziehen kann.«

»Was es noch seltsamer macht, dass sie uns gegenüber die Lässige gegeben hat.«

»*Alors*, was ist dir an Christin Antunes noch aufgefallen?«, fragte Blanc.

»Tolle Frau.«

Er rollte mit den Augen. »Du heiratest in fünf Tagen!«

»Jung, flippig, charismatisch. Wilde Haare. Wilde Tattoos. Großartiger Körper. Ich sehe eben gerne genau hin.« Fabienne lächelte ihn unschuldig an.

Blanc seufzte. »Die Uhr, auf die Madame Antunes so theatralisch geschaut hat, um uns von ihrem Kahn zu scheuchen – hast du da auch genau hingesehen?«

Seine Kollegin zuckte mit den Achseln. »Eine Armbanduhr, na und?«

»Das war eine Taucheruhr«, erklärte Blanc nüchtern. »Und neben der Blechkiste, auf der die Langleine für die Schwertfische aufgerollt war, lagen zwei Harpunen.«

Heimlichkeiten

Sie fuhren schweigend über die Serpentinen der Calanques, bis Blanc die Route départementale 9 erreichte. Der Himmel leuchtete in einem wässrigen Blau. Im Norden standen Wolkenbänder, die ein Wind, der wohl nur in der Höhe tobte, zu schaumartigen Gebilden formte. In der tief stehenden Sonne leuchteten sie orangefarben auf, schwefelgelb und altrosa. Blanc kam es so vor, als würde es jenseits der Welt brennen und als wäre der Himmel eine Scheibe, in der sich der Flammenschein brach. Die Wolken verschoben sich von Sekunde zu Sekunde, wechselten Form und Farbe. Florale Gebilde verwandelten sich in Monster und Monster verwandelten sich in Gesichter. Er sah eine einäugige Fratze, die den halben Norden ausfüllte, bevor der Wind sie wieder zerstob. Er fuhr langsamer.

»Du kannst von mir aus in den zweiten Gang zurückschalten«, murmelte Fabienne schläfrig.

Blanc beschleunigte. »Verzeih, du willst nach Hause.«

»Ich will zwar, aber ich darf nicht. Nkoulou hat mir heute den Nachtdienst reingewürgt. Je später ich auf der Station bin, desto kürzer wird die Nacht im Büro.«

»Was willst du tun, um nicht einzuschlafen?«

»Ich surfe im Netz, wie immer. Ich schaue mir Frauen an.«

»Du kannst mir die Links mailen.«

»Ist ja dienstlich.« Sie lachte. »Genau genommen werde ich nur einer Frau hinterherschnüffeln: Christin Antunes.«

»Wegen ihrer Tätowierungen und ihres tollen Körpers?«

»Wegen einer Taucheruhr und zwei dämlichen Harpunen.« Fabienne schloss die Augen und nickte ein. Blanc fuhr vorsichtig und achtete nicht länger auf den Himmel. Die Gebilde am Horizont waren nichts weiter als Wolken, ganz normale, verdammte Wolken.

»Es gibt keinen Neffen, der Mignaux so dringend beerben will, dass er mit der Harpune nachgeholfen hat«, verkündete Marius, als sie das Büro in Gadet betraten. »Die Eltern des Tauchers sind seit Jahrzehnten tot, er hat weder Geschwister noch andere Verwandte. Er war nie verheiratet, hat keine Kinder, von denen man weiß.«

Blanc strich sich nachdenklich durch die Haare. »Wer erbt dann? Das Haus in den Calanques ist ein Vermögen wert. Das Segelboot ist schön. Wem wird das Zeug zufallen?«

Marius zuckte mit den Achseln. »Ich habe mir eine Beule ins Ohr telefoniert, aber keinen Notar aufgetrieben, bei dem der Taucher je ein Testament aufgesetzt hätte. Eigentlich erstaunlich, sein Beruf war ja nicht ganz ungefährlich. *Eh bien.* Mignaux hat keinen Erben eingesetzt. Eine Erbschaft können wir als Mordmotiv ausschließen. Am Ende wird alles zugunsten des Staates versteigert und dann wird es sein, als habe Luc Mignaux niemals gelebt.«

Marius hatte eine alte, braune Architektenlampe an seinen Schreibtisch geschraubt, die einen Lichtkegel auf die Mitte der Unterlage warf und die Umgebung ins Halbdunkel tauchte. Vielleicht lag es daran, dass Blanc die Schatten unter Marius' Augen noch tiefer vorkamen als sonst. Aber vielleicht lag es auch an der geleerten Roséflasche im Papierkorb. »Geh nach Hause«, sagte er. »Wir haben heute genug gearbeitet.«

Nach Dienstschluss klopfte er noch bei Fabienne an, die kaum vom Monitor aufsah, als er ins Büro hineinkam. Er trat hinter sie und blickte ihr über die Schulter: Sie hatte Christin Antunes' Facebook-Seite geöffnet und scrollte durch deren Einträge. »Du bist jetzt mit ihr befreundet?«, fragte er.

»Seit weniger als zwei Stunden.«

»Christin Antunes hat deine Anfrage sofort angenommen?«

»Sie hat mehr als eintausend Freunde auf Facebook. Ihre Seite ist so etwas wie ihre politische Plakatwand. Sie nimmt jeden, der anfragt.« Fabienne deutete auf einen Slogan der EELV, den Antunes geteilt hatte. »Sie postet Berichte aus dem Gemeinderat von Ensuès und Aufrufe zu Demonstrationen gegen die großen Fangflotten der Spanier. Sie kopiert Artikel aus *La Provence* über die Umweltverschmutzung durch Bauxiterre in den Calanques und über die Fischer, die wegen der Thunfische Ärger bekommen haben. Hin und wieder erinnert sie sich daran, dass sie auch *Non aux Pillards* gegründet hat.«

»Gibt es Einträge zu ihrem Privatleben?«

Fabienne lächelte dünn. »Das Gefährliche bei Facebook ist, dass du es einfach nicht lassen kannst, hin und wieder Privates zu posten. Selbst wenn du es eigentlich bloß als Lautsprecher benutzt, um deine Parolen hinauszublasen. Ab und zu juckt es einen in den Fingern, und schon hat man was von sich online gestellt.« Sie scrollte über die Seite. »Hier erfährst du zum Beispiel, dass Christin Antunes die Schule in ihrem vorletzten Jahr auf dem Lycée geschmissen hat. Sie hat ein Jahr lang, wie sie schreibt, ›rumgehangen‹, dann hat sie die Ausbildung zur Fischerin gemacht. Vor einem halben Jahr schrieb sie, dass jemand nachts die Seitenscheibe ihres seit sieben Monaten am Bordstein geparkten Citroën AX eingeschlagen habe, um ein paar Sachen aus dem Auto zu stehlen. Möchte wissen, was sie in dieser Schrottkarre gelassen hat, aber das hat sie nicht gepostet. Dann schreibt sie, dass die E-Zigarette ihre einzige Öko-Sünde ist. Und hier ist ihr Mann Sandro. Eigentlich steht sie nicht so auf richtige Ehen, aber sie wollte schon immer einen ausländischen Namen annehmen. Sandro wollte auch kirchlich heiraten, aber sie ist allergisch gegen Pfaffen und so haben sie sich nur in der *Mairie* trauen lassen.«

»Ich habe mir schon gedacht, dass sie in dieser Beziehung die Hosen anhat.«

»Wirklich schade, dass Christin Antunes auf Männer steht.«

»Wahrscheinlich will deine Freundin deshalb, dass du bei der Gendarmerie aufhörst. Sie hat Angst, dass du dein Herz an eine Verbrecherin verlierst.«

»Roxane hat Angst, dass ich mein Herz an eine Kalaschnikowkugel verliere.«

Blanc schwieg. Es war genau diese Angst, die ihn beim letzten Fall dazu getrieben hatte, Fabienne zur Verfolgung des Verdächtigen nicht mitzunehmen. »Kommt Luc Mignaux oft in den Postings vor?«, fragte er.

»Manchmal.« Fabienne scrollte ein wenig und deutete auf den Bildschirm. »Jedes Mal, wenn es um *Non aux Pillards* geht, erwähnt Christin Antunes ihn: ›Wracktaucher wie unser Mitbürger Luc Mignaux …‹ Es ist so eine Art Mantra. Sie denunziert ihn jedes Mal, aber sie schreibt nie, was genau Luc Mignaux getan hat. Kein einziger Hinweis darauf, welches antike Stück aus welchem Wrack er geholt haben soll. Oder in welcher Calanque er getaucht sein könnte. Oder an wen er seine Beute verkauft haben mag. Ehrlich gesagt glaube ich nicht, dass Christin Antunes viel über das Wracktauchen weiß. Sie schreibt auch viel seltener darüber als über die bedrohte Umwelt und die bedrohten Fischer. Das sieht mir mehr nach einer Art Pflichtprogramm aus. Das erwarten die Leute eben auch von einer engagierten Lokalpolitikerin der EELV und deshalb tut sie es. Gäbe es in Méjean statt Wracktauchern ein Altenheim, dann würde sie irgendein Öko-Zeug über Altenheime schreiben. Wenn du ein Motiv suchst, warum Christin Antunes Luc Mignaux eine Harpune ins Auge geschossen haben könnte, dann wirst du es auf Facebook jedenfalls nicht finden.«

»Offenbar ist Madame Antunes die Unschuld in Person.«

Fabienne blickte ihn für einen langen Moment nachdenklich an, dann nickte sie, als habe sie für sich einen Entschluss gefasst. *»D'accord«*, sagte sie und fuhr wieder mit der Maus über den Monitor. »›Unschuld‹ ist das falsche Wort«, murmelte sie. »Wenn du so viel postest wie Christin Antunes und wenn das so politisch ist, dann bekommst du nicht ausschließlich Likes zu jeder Meldung. Die Leute schreiben dir auch Kommentare unter deine Sachen. Die kann man löschen, wenn man will. Das Problem ist, dass es manchmal so viele Kommentare sind, dass du das eine oder andere übersiehst. Wie das hier.« Sie deutete auf den Monitor.

Blanc las ein knapp vier Wochen altes Posting, in dem Christin Antunes über die von der Europäischen Union festgelegten Fangquoten schimpfte. Sie hatte sehr viele Kommentare bekommen, die meisten offenbar von anderen Fischern, die ihrer Meinung waren. Blanc überflog die Einträge und pfiff leise. »Ein guter Anwalt könnte daraus ein halbes Dutzend Beleidigungsklagen zimmern.«

»Das klingt wie am Bartresen nach einigen Pastis. Da fällt im allgemeinen Gegröle dieser anonyme Kommentar kaum auf: ›Du sollst fischen und nicht vögeln!‹«

»Ein Komiker«, brummte Blanc. »Hätte Christin Antunes das gelesen, hätte sie es wohl gelöscht.«

»Hat sie aber nicht gelesen.« Fabienne schüttelte verwundert den Kopf.

»*D'accord*. Ein Pöbler. Wenn du in die Politik gehst und so aussiehst wie Christin Antunes, dann wirst du wahrscheinlich jeden Tag auf diese Art angemacht.«

»Von Männern, die im Pyjama in der Küche sitzen. Aber das hier ...« Fabienne verstummte und bearbeitete den Computer. »Hier, wieder ein kurzer Kommentar, wieder anonym: ›Weiß dein Mann, was du im Rathaus tust?‹ Und hier: ›Du bist das Freudenmädchen von Méjean!‹ So etwas findest du mal hier, mal dort.«

»Sieht so aus, als würde sich Christin Antunes nicht mehr um die Kommentare kümmern, sobald sie etwas gepostet hat.«

»Möglich. Sie haut fast jeden Tag fünf, sechs Einträge raus. Das ist eine Einbahnstraße: Sie verfasst Postings, aber sie vergibt keinen Like an andere, sie kommentiert nichts. Sie verkündet, was sie zu verkünden hat, der Rest ist ihr scheißegal.«

»Na schön. Sie übersieht also die Beleidigungen. Na und?«

»Ich finde, die sind nicht einfach nur vulgär. Da deutet jemand an, dass Christin Antunes ein Verhältnis hat. Also, ich meine«, Fabienne zögerte, »es wird zwar nie irgendwo ausdrücklich behauptet, dass sie ihren Mann betrüge. Und es wird auch nie gesagt, mit wem. Aber irgendwie wirkt das auf mich, als würde da jemand von einer Affäre wissen und das auch weitersagen wollen.«

Blanc dachte nach. »Vielleicht hast du recht«, gab er schließlich zu. »Aber was fangen wir damit an? Selbst wenn Christin Antunes die eheliche Treue nicht ganz so ernst nimmt – was hat das mit dem toten Taucher zu tun?«

»Christin Antunes vögelt Luc Mignaux. Als die Affäre aufzufliegen droht, bringt sie ihn mit einer Harpune zum Schweigen.« Fabienne blickte ihn triumphierend an. »Das passt doch ins Bild, oder?«

»Das willst du nicht außerhalb dieses Büros wiederholen!«, rief Blanc. »Du kannst nicht Mordermittlungen auf ein paar anonyme Facebook-Postings aufbauen. Nkoulou würde dich mit seinen polierten Lederschuhen in den Boden stampfen. Was Christin Antunes und Luc Mignaux verbunden hat, war garantiert keine außereheliche Affäre! Ich ...« Blanc fiel ein, dass die beinahe einzige außereheliche Affäre, mit der er je zu tun gehabt hatte, die seiner Frau gewesen war. »Also schön«, fuhr er nachdenklicher fort, »ich bin kein Experte.«

»Immerhin nennt Christin Antunes doch immer wieder Mignaux' Namen, ohne dass man so recht einsieht, warum eigentlich«, betonte Fabienne. »Vielleicht war das so eine Art Geheimcode? Vielleicht hat sie Mignaux auf Facebook gar nicht beschimpft, sondern ihm so Nachrichten geschickt. Vielleicht war das eine versteckte Liebeserklärung?«

»Das klingt immer bizarrer.«

»Liebe ist bizarr.«

»Aber du kannst so etwas nicht in die Akten nehmen, ohne den Hauch eines Beweises zu haben.«

Fabienne lächelte müde. »Ich habe ja noch die ganze Nacht, um diesen Hauch zu finden.«

Blanc nickte ihr aufmunternd zu. »Die Nächte hier sind so ruhig, du wirst ungestört suchen können!«

Er ließ den Espace über die Route départementale rollen, weil er keine Eile hatte. Eine ehemalige Ölmühle aus dem 18. Jahrhundert, das klang romantisch. Doch wenn man abends nach Hause kam und kein Licht hinter irgendeinem Fenster leuchtete, dann war das alles bloß ein Haufen Steine. Ein wenig beneidete Blanc Fabienne darum, dass sie diese Nacht etwas zu tun hatte. Er hielt am Straßenrand bei einem Olivenhain und starrte in den Himmel. Blaue Stunde. Die Zeit, in der die Nacht noch nicht ganz gewonnen hat. Die Bäume schoben sich wie japanische Theaterfiguren vor den samtenen Horizont, eine unbewegliche Armee knotiger alter Männer. Silberne Schleier wehten durch die Luft. Wo kam der Nebel her? Blanc kurbelte das Seitenfenster herunter und sog den würzigen Geruch von Asche und Blättern ein: kein Nebel, sondern Rauch. Ein Bauer hatte zwischen den Bäumen Zweige zu einem großen Haufen zusammengetragen und wohl schon vor Stunden angezündet, wie er nun erkannte. Sie waren zu einem glimmenden Haufen zusammengefallen, ein Scheiterhaufen, der eine Hexe verschlungen hatte. Ihr Geist schwebte nun als Qualm zwischen den Olivenzweigen.

Als Blanc endlich in Sainte-Françoise-la-Vallée parkte, hörte er das Wasser der Touloubre neben seiner Ölmühle murmeln. Es hatte in den letzten Wochen kaum geregnet, der Bach war so flach, dass eine Reihe glatt geschliffener Steine von einem zum anderen Ufer führte, als wäre es eine Passage in einem japanischen Garten. Ihm wäre es lieber gewesen, wenn man nicht so leicht von der einen zur anderen Seite hätte gelangen können. Sein Nachbar Serge Douchy hatte für die Nacht seine Ziegenherde in einen wellblechgedeckten Verschlag hinter seinem verfallenen Haus zusammengetrieben. Ihr Gestank mischte sich mit dem des Rauchs vom Olivenhain ein Stück weiter oben auf der Landstraße. Douchys riesiger Schäferhund, ein Haustier, das sich auf den evolutionären Rückweg Richtung Wolf begeben hatte, knurrte, sobald Blanc einen Fuß aus dem Auto setzte. In irgendeiner Nacht würde Douchy vergessen, das Tier anzuketten. Der Schäferhund wäre in drei großen Sprüngen über der Touloubre und dann … Blanc hatte seine SIG Sauer SP 2022 immer dabei. Der dämliche Köter würde eine böse Überraschung erleben – und seine letzte.

Er schloss die frisch gestrichene blaue Holztür hinter sich. Sie roch immer noch nach Farbe und fühlte sich beinahe weich an, doch seit den ersten Herbstnächten wusste Blanc, dass kalte Luft durch ihre breiten Fugen strömte. Er würde innen einen Vorhang anbringen müssen. Irgendwann. Er machte Licht und suchte sich im Kühlschrank ein Abendessen zusammen. Als Blanc den Küchenschrank nach einem Käsemesser durchstöberte, fiel dessen Tür endgültig ab. Die Angeln waren aus der Verankerung gerissen. Im Durcheinander zwischen Kaffee- und Reispackungen entdeckte er ein Matchboxauto: ein alter, grüner Range Rover, an dessen Anhängerkupplung noch ein Trailer hing. Das Segelboot, das man einst daraufstecken konnte, hatte er schon als Kind verloren. Als Junge hatte er Hunderte kleine Spielzeugautos gehabt und sie überall herumliegen lassen. Als er nach dem Tod seiner Eltern das Reihenhaus in Nordfrankreich leer geräumt hatte, um es zu verkaufen, hatte er die Matchboxautos da, wo er sie gefunden hatte, in die Kisten geräumt: zur Wäsche, zum Geschirr, zu den Werkzeugen seines Vaters. Und seither tauchten die winzigen Wagen hin und wieder an den seltsamsten Stellen auf, verbeulte und zerschrammte Erinnerungen an seine Kindheit.

Diesmal jedoch betrachtete Blanc den leeren Bootstrailer und dachte an Mignaux' hölzerne Jacht. Er beschloss, in diesem unverhofften Fund ein gutes Omen zu sehen: Ein Relikt seiner unbeschwerten Jugend passte auf gewisse Weise zu einem Teil seines jetzigen komplizierten Lebens wie Schlüssel und Schloss. Er lehnte die abgerissene Schranktür an die Wand, schnallte sich den Gurt seiner Dienstpistole ab und legte das Spielzeugauto mit dem verwaisten Anhänger daneben. Morgen würde er das Matchboxauto auf seinen Schreibtisch in Gadet stellen und dort so lange präsentieren, bis er diesen Fall gelöst hatte.

Dieser Fall ... Ob an Fabiennes Spekulationen irgendetwas dran war? Luc Mignaux und Christin Antunes, das wäre schon ziemlich unwahrscheinlich. Aber es gab Leute, die gingen noch unwahrscheinlichere Affären ein, dafür musste er bloß in den Spiegel sehen. Aveline. Die beste Untersuchungsrichterin von Aix-en-Provence – und die Gattin des Politikers, der Blanc fertiggemacht hatte. Immerhin würde Jean-Charles Vialaron-Allègre, sollte er je von dem Verhältnis seiner Gattin erfahren, seinen Rivalen nicht mit einer Harpune erledigen. Er würde subtiler vorgehen, und es würde länger dauern.

Blanc wusste, dass er vorsichtig sein musste. Doch er sehnte sich nach dem Duft von Avelines Haut. Sie hatte ihm vor Kurzem klargemacht, dass sie ihn eine Zeit lang nicht einmal sprechen könne. Aus Vorsicht, vielleicht. Aber vielleicht hatte sie auch noch andere Gründe. Die Eifersucht nagte an Blanc. Idiot. Er nahm seine Leica und legte einen neuen Film ein, um sich abzulenken. Aveline. Wie es wohl wäre, sie zu fotografieren? Die dunklen Augen, die etwas zu lange Nase, die geschwungenen Lippen. Idiot. Er konzentrierte sich auf den Fall. Ging im Geiste noch einmal alle Einzelheiten durch. Der Taucher mit der schrecklichen tödlichen Verletzung. Bonnot, der vielleicht einzige Freund. Wracktaucher und ihre illegalen Geschäfte. Figaroli und seine Hoffnung, Olympia nach Martigues zu holen, und sein Wille, dafür jeden Skandal zu vermeiden. Eine römische Münze in einem verlassenen Haus. Christin Antunes, die den Wracktaucher öffentlich denunziert und vielleicht doch nicht so verachtet hatte, wie man glauben könnte. Blanc schloss die Augen. Er wünschte, er könnte Aveline jetzt anrufen. Ganz dienstlich. »Madame le Juge, ich habe ein interessantes Verbrechen ...«

Doch offiziell war das bloß ein ungeklärter Todesfall. Kein Mord. Kein Grund, Aveline anzurufen. Scheiß auf die stinkenden Ziegen und den knurrenden Schäferhund, Blanc musste ins Freie.

In Paris hätte er sich jetzt seine Asics angezogen und wäre im Laternenlicht losgelaufen. Nun musste er sich damit begnügen, in großen Schritten an der Fassade seiner Ölmühle entlangzulaufen.

Sobald er zu weit aus dem Schimmer des erleuchteten Küchenfensters trat, umhüllte ihn die Nacht. Schatten durchzuckten die matt schimmernde Mondsichel: Fledermäuse auf der Jagd nach Faltern und Mücken, die noch nicht wussten, dass Herbst war.

Blancs Nokia klingelte. Für einen Moment durchströmte ihn die absurde Hoffnung, es könnte Aveline sein. Dann erkannte er die Nummer auf dem Display. Die Station von Gadet. Fabienne.

»Deine Vorhersagen waren auch schon mal besser. Du hast gesagt, nachts passiert hier nichts.«

»*Merde.*«

»Gerade ist aus den Calanques die Meldung über einen tödlichen Unfall eingegangen.«

Blanc musste sich gegen die Hauswand lehnen. »Wer?«, fragte er tonlos.

»Christin Antunes.«

»Eine Harpune?«

»Ein Zug. Man hat sie in einem Tunnel gefunden.«

Tod auf den Gleisen

Es war schon nach Mitternacht, als Blanc endlich vor der Toten stand. Er hatte den Espace mit kreischenden Reifen über die Serpentinen der Calanques gequält, obwohl er wusste, dass es sinnlos war, damit ein paar Minuten zu gewinnen. In Méjean hatte ihn Brigadier Barressi erwartet. Der Beamte hatte eine große Stabtaschenlampe in der Hand gehalten und ihn eine Viertelstunde lang von der Straße fort auf einen Wanderweg hoch in die Felsen geführt.

Blanc sah sich um. Das Mittelmeer schimmerte als Silberscheibe hundert Meter unter ihm. Er stand auf der Eisenbahntrasse, die sich durch die Felsen fräste. In Méjean und La Redonne trugen wuchtige Brückenpfeiler die Bahnschienen, doch zwischen den Orten lief der Schienenstrang über viele Hundert Meter beinahe versteckt.

»Die Linie haben sie im Ersten Weltkrieg in den Stein gesprengt«, erklärte Barressi, der seinen Blick bemerkt hatte, »weil sie dachten, dass der Kaiser mit seinen Pickelhauben vielleicht über das Mittelmeer kommt.« Der Brigadier lachte. »Ohne den Krieg hätten sie diese verrückte Bahnstrecke nie gebaut. Wäre vielleicht besser so gewesen.«

Sträucher wuchsen neben den Schienen. Die Luft war kühl und feucht, Blanc fröstelte, denn er hatte sich nicht einmal Zeit genommen, seine Lederjacke mitzunehmen. Beim Aufstieg hatte er den Duft von Pinienharz in der Nase gehabt, doch neben der Bahntrasse stank es nach Teer, der von den alten Holzschwellen ausgeschwitzt wurde. Der Schienenstrang führte auf einen Tunnel zu, aus dem es weiß leuchtete.

»Die Kollegen von der Spurensicherung sind schon da«, fuhr Barressi fort. »Die kennen sich hier aus.«

»Ist der Tunnel so gefährlich?«

»Die Kollegen haben schon mehr als eine Leiche von den Schienen gekratzt. Ich will nicht behaupten, dass so etwas andauernd vorkommt, aber hin und wieder schon.« Der Brigadier gähnte und knipste die Taschenlampe aus.

Blanc trat in den Tunnel und blinzelte in der plötzlichen Helligkeit. Er hatte erwartet, einen gestoppten Zug zu sehen, einen verstörten Lokführer, hysterische Passagiere, Dutzende Beamte, Absperrbänder, Blut überall. Doch in der Lichtblase der mobilen Scheinwerfer bewegten sich bloß Fontaine Thezan und ein paar Techniker in weißen Schutzanzügen, in der Dämmerzone daneben wartete vielleicht ein halbes Dutzend weitere Gendarmen. Und zwischen den Schienen und der Tunnelwand bedeckte eine Plastikfolie eine Gestalt von unbestimmbarer Form.

Wie klein sie ist, dachte Blanc unwillkürlich. Dann sah er, dass Fabienne aus dem Zwielicht hinaus auf ihn zukam, beinahe im Laufschritt.

»Gut, dass du da bist«, sagte sie. Sie war blass, und das lag nicht nur am klinischen Licht der Scheinwerfer.

»Sieht sie so schlimm aus?«, fragte Blanc.

»Schlimm, aber nicht so schlimm.«

»Wer hat sie gefunden?«

»Zwei Teenager aus Méjean. Sie sind hier hochgegangen, um zu, na ja.«

»In einem Tunnel?«

»Hast du noch nie an einem verrückten Ort gevögelt?«

»Haben sie den Unfall gesehen?«

»Nein, der letzte Zug ist längst durchgefahren. Deshalb sind sie ja in den Tunnel gegangen, weil sie dachten, sie sind ungestört. Sie haben die Tote gesehen und sind in Panik bis zu den Eltern des Mädchens gerannt. Von dort haben sie uns angerufen. Ich habe das Pärchen verhört und dann nach Hause geschickt.«

Blanc nickte und wandte sich dann den Leuten von der Spurensicherung zu. »Darf ich?«, fragte er.

»Wir sind gerade fertig geworden«, antwortete einer der Männer.

Behutsam hob Blanc die Plane an und klappte sie zur Seite. In die grau gefärbten Haare von Christin Antunes hatte sich Blut ergossen, das zu schwarzroten Klumpen und Schlieren geronnen war. Ihr Piercing über der linken Augenbraue war in einer Wunde verschwunden. Ihr Sweatshirt war zwischen den Schultern zerrissen, die Ärmel waren hochgekrempelt. Es fiel ihm schwer, auf ihren tätowierten Unterarmen die Schürfwunden zu zählen. Auch ihre Jeans war an den Oberschenkeln und den Knien kaputt. Am rechten Fuß trug sie noch einen Turnschuh, links war sie barfuß. Der zweite Schuh lag einige Meter weiter zwischen den Schienen. Jemand von der Spurensicherung hatte eine gelbe Plastikmarkierung danebengestellt. Die Tote lag in einer so unnatürlich gekrümmten Haltung da, dass Blanc vermutete, auch ihr Rückgrat müsse zertrümmert sein.

»Ich werde in meinem Bericht die Knochen aufzählen, die nicht gebrochen sind, das geht schneller«, sagte Fontaine Thezan, als sie zu ihnen trat.

»Sind Sie auch schon hier fertig?«, fragte Blanc überrascht.

»Ich war zufällig mit einem Freund in einem Restaurant in Sausset-les-Pins, als mich Brigadier Barressi angerufen hat. Es liegt gewissermaßen um die Ecke.« Sie hielt ihren Medizinkoffer in der Rechten. Ihre Hand zitterte leicht.

»Sie müssen nicht die Nacht durcharbeiten, um gebrochene Knochen zu zählen. Das hat Zeit bis morgen«, erwiderte Blanc. »Ruhen Sie sich aus. Oder fahren Sie zurück nach Sausset-les-Pins.«

»Ich bin weder müde noch hungrig, *mon Capitaine*. Meine Eltern sind mit ihrem Auto über einen unbeschrankten Bahnübergang gefahren, als ein Schnellzug kam. Sie waren sofort tot. Ich saß auf der Rückbank und war nicht einmal angeschnallt, aber ich kam ohne einen Kratzer davon. Ich war viel zu jung, als dass ich mich an irgendetwas erinnern könnte. Aber jedes Mal, wenn ich zu einem Zugunfall gerufen werde, ist das sehr irritierend. Zum Glück kommt es nicht so häufig vor.« Sie schenkte ihm ihr kühles Lächeln, nickte Fabienne und den anderen Beamten zu und schritt aus dem Tunnel.

Blanc starrte ihr einige Augenblicke nach, nahm sich schließlich zusammen und blickte Barressi an. »Brigadier, Sie behaupten, das kommt hier häufiger vor?«

Der Uniformierte zuckte mit den Achseln. »Die Bahntrasse ist der schnellste Weg«, antwortete er. »Wenn man auf den Wanderstrecken durch die Calanques geht, muss man endlos rauf- und wieder runtersteigen. Man macht Umwege, umgeht Felsen, klettert über Abhänge. Die Luftlinie zwischen Méjean und La Redonne ist bloß ein paar Hundert Meter lang, aber zu Fuß ist das eine halbstündige Tortur. Und mit dem Auto? Sie kennen die Straßen ja jetzt. Also nehmen viele *Calanquais* die Abkürzung.«

»Sie gehen zu Fuß über die Bahntrasse?«

»Von Schwelle zu Schwelle, ja. Die Strecke hat keine Steigung, kein Gefälle. Wer will, der kann von Marseille bis Martigues die ganze Küste der Côte Bleue entlangspazieren, fast wie auf der Corniche. Ist verboten, machen aber viele.«

»Dann müsste es jeden Tag Tote geben.«

»Alle zwanzig Minuten fährt hier ein Zug vorbei, außerhalb der Berufsverkehrszeiten noch seltener. Und meistens kann man sie ja schon von Weitem sehen, da kann man rechtzeitig zur Seite treten. Das geht eigentlich immer gut. Nur in den Tunneln manchmal nicht ...«

»Warum steht dann der Zug nicht hier, der Madame Antunes erfasst haben müsste?«

Barressi zuckte wieder mit den Achseln. »Wahrscheinlich hat der Lokführer die Frau überhaupt nicht gesehen. Die Züge sind hier einhundertzehn Stundenkilometer schnell, die Tunnel sind ziemlich eng. Vor ungefähr drei Stunden ist der letzte Zug durchgefahren. Mit Sicherheit hat Madame Antunes ihn gehört, aber er war viel zu schnell, sodass sie es nicht mehr ins Freie geschafft hat. Also drängt sie sich so eng wie möglich an die Wand. Nur: In dieser Röhre saugt der Fahrtwind eines rasenden Zuges Menschen an. Da kann man nichts machen. Wo hätte sie sich hier auch festhalten sollen? Wahrscheinlich hat der Lokführer im Triebwagen die Frau an der Tunnelwand nicht einmal gesehen und gespürt hat er auch nichts, denn die Lokomotive rauscht einfach vorbei. Erst hinter der Lok wird der Sog so stark, dass er Madame Antunes zu den Schienen gezogen hat. Wahrscheinlich ist sie gegen einen der letzten Waggons geprallt. Im Innern hört man da nur einen leichten Schlag. Aber im Tunnel ist es sowieso laut. Und vielleicht war in diesem späten Zug hinten niemand mehr im Abteil.«

»Haben Sie schon den Kollegen der Police nationale in Marseille Bescheid gesagt?«, fragte Blanc.

Barressi wurde plötzlich munter. »Mache ich sofort«, erklärte er.

»Die Jungs aus Marseille sollen mit ihren Spezialisten ins Depot gehen und den letzten Zug des Tages auf Spuren untersuchen: Blut, Haare, Kleidungsfetzen, irgendetwas, das von Madame Antunes stammen könnte. Sobald unsere Gerichtsmedizin Proben hat, schicken wir sie zum Vergleich nach Marseille. Und den Lokführer müssen die Kollegen auch befragen.«

Der Brigadier salutierte und verschwand.

Blanc bemerkte eine Bewegung am Tunneleingang. »Jetzt wird es bitter«, murmelte er, mehr zu sich selbst als zu Fabienne. Sandro Antunes trat in den Lichtkegel der Scheinwerfer und sah noch erschöpfter aus als bei ihrer letzten Begegnung.

»Soll ich es ihm sagen?«, flüsterte Fabienne.

Blanc dachte an die Zwillinge und schüttelte den Kopf. »Das mache ich schon.« In diesem Moment wünschte er sich weit fort.

Drei Minuten später stand Blanc mit Antunes allein in der Nacht. Sie waren den Wanderweg ein Stück hinabgegangen, bis sie die Schienen nicht mehr sehen konnten. Blanc hatte auf das Meer geblickt, auf die Stelle, die vom Mondlicht beschienen wurde, und dem Mann neben ihm bestätigt, dass er nun Witwer sei. Antunes hatte geweint, sehr leise, sehr beherrscht, er hatte keinen Laut von sich gegeben, nur die Tränen waren ihm über die Wangen gelaufen.

»Wie haben Sie davon erfahren?«, fragte Blanc irgendwann behutsam.

Antunes sah ihn verwirrt an. »Was meinen Sie?«

»Sie sind mitten in der Nacht bis zum Tunnel hochgegangen, Monsieur Antunes, obwohl noch kein Gendarm Sie informiert hat.«

»Doch, ein Uniformierter, unten am Hafen. Ich war am Kai, weil ich mir Sorgen gemacht habe, da meine Frau immer noch nicht zu Hause war. Die Jungs haben geschlafen, und ich dachte, da kann ich ja mal im Hafen nachsehen. Aber Christins Boot war da. Seltsam, habe ich gedacht.«

»Sie glaubten, dass Ihre Frau noch auf See wäre?«

»Sie wollte Schwertfische fangen. Manchmal dauert ein Fischzug bis zur Dämmerung. Doch so spät kommt sie eigentlich nie zurück. Und dann habe ich die *Zaz* gesehen. Ihr Boot sah nicht so aus, als ob sie überhaupt fischen gewesen wäre. Die Fangleinen waren trocken. Ich bin an Bord gegangen und habe die Hand auf den Motor gelegt. Der war kalt. Dann bin ich wieder auf den Kai und dort sind mir die Autos der Gendarmerie auf dem Parkplatz neben dem Restaurant aufgefallen. Und der Krankenwagen. Und da kam gerade ein Beamter den Weg aus den Calanques herunter …«

»Barressi«, murmelte Blanc und seufzte.

Antunes wischte sich Tränen aus dem Gesicht. »Er hat es mir gesagt«, flüsterte er. »Kann ich Christin nun sehen?«

»Ihre Frau ist von einem Zug erfasst worden, Monsieur Antunes.«

»Kann man sie noch erkennen?«

Blanc zögerte kurz. »Ja.«

»Dann will ich sie sehen.«

»*Bon.*« Blanc atmete durch und führte den Mann zum Tunnel zurück. Er gab den Beamten der Spurensicherung ein Zeichen, einer von ihnen zog die Plane zurück. Blanc, Fabienne und die anderen Gendarmen zogen sich zurück, warteten am Tunneleingang und ließen Antunes eine Zeit lang allein. Er starrte bloß auf seine tote Frau, bewegte sich nicht, sagte kein Wort, rührte sie nicht an.

»Danke«, murmelte er, als er zu ihnen zurückkam. »Ich muss zu den Kindern.«

»Einen Moment noch, bitte.« Blanc räusperte sich. »Monsieur Antunes, ging Ihre Frau öfter zu Fuß durch den Tunnel?«

»Ja, wie alle hier. Wenn sie nach La Redonne wollte.«

»Haben Sie irgendeine Idee, warum Ihre Frau an diesem Abend nicht aufs Meer rausgefahren ist, sondern hier war?«

Antunes schüttelte bloß den Kopf. »Ich muss jetzt zu den Zwillingen.«

»Manchmal ist unser Job wirklich scheiße«, flüsterte Fabienne. Ihre Augen folgten dem Lichtpunkt einer Taschenlampe in den Calanques: Ein Brigadier geleitete Antunes nach Méjean zurück.

»Ihr Mann hat geglaubt, Christin Antunes ist auf dem Boot«, sagte Blanc. »Und sie hat ihr Boot auch heute Nachmittag bereit gemacht, als wir sie befragt haben.«

»Aber wahrscheinlich hat sie nie abgelegt.«

»Irgendetwas muss dazwischengekommen sein.«

»Oder Christin Antunes hat nie vorgehabt, mit dem Boot rauszufahren.« Fabienne trat mit der Fußspitze einen Stein in die Schwärze. »Es war bloß Show. In Wahrheit hatte sie etwas anderes vor …«

»Die Kommentare auf Facebook?«, fragte Blanc düster.

»Es würde passen, oder nicht? Ihr Mann denkt, dass sie arbeitet, und hockt zu Hause, um die Kinder zu versorgen. Währenddessen trifft sie sich mit einem anderen Kerl!«

»Das hört sich an, als hätte sie selbst Schuld an ihrem Tod.«

Fabienne hob die Hände. »Entschuldige. Ich bin müde.«

»Wir wissen bislang nur, dass Christin Antunes an diesem Abend nicht dort war, wo ihr Mann dachte, dass sie sich aufhielte.« Blanc kam eine Idee. »Habt ihr ihr Handy gefunden?«

Fabienne schüttelte den Kopf. »Nicht in ihren Taschen.«

»Vielleicht hat jemand sie angerufen und das hat ihre Pläne geändert.« Blanc blätterte in seinem Notizblock, bis er Christin Antunes' Mobilnummer gefunden hatte, dann holte er sein Nokia hervor und wählte.

»Ich glaube kaum, dass sie drangeht«, bemerkte Fabienne.

Plötzlich glomm es bläulich im Schotter am Rand des Tunnels, einige Meter entfernt vom Lichtkreis der Scheinwerfer. Zaz wehte durch das Gemäuer, *»Je veux«*.

»Merde«, murmelte Fabienne. »Wo kommt denn das Handy her?«

»Wenn der Sog vom Zug ihr sogar den Schuh vom Fuß gerissen hat, dann kann auch ihr Telefon wegfliegen«, erklärte Blanc.

»Das hätten Sie auch ein bisschen früher machen können«, sagte einer der müden Kollegen der Spurensicherung und zwängte sich wieder in seinen weißen Schutzanzug, den er bereits zur Hälfte ausgezogen hatte. Er zog sich Handschuhe an und hob behutsam das alte, zerschrammte Samsung Galaxy auf.

»Lassen Sie uns das Display sehen, bevor Sie das Gerät ins Labor mitnehmen«, bat Blanc.

Der Beamte hielt das Handy so, dass Blanc und Fabienne draufschauen konnten, dann strich er mit dem Finger über den Touchscreen. Es gab nicht einmal einen Sperrcode. Das Hintergrundbild war ein Foto der beiden lachenden Kinder. Blanc überflog die ein- und ausgehenden Anrufe der letzten Tage, doch die Nummern sagten ihm nichts. Sollten sich die Experten darum kümmern. »Jetzt noch die Kurzmitteilungen«, murmelte er.

Der Mann im Schutzanzug seufzte theatralisch, gehorchte jedoch.

»*Mon Dieu*«, murmelte Fabienne.

Der Spezialist hatte eine SMS vom 24. September geöffnet: *Wir sollten uns einmal treffen. Es geht um B.* Der Absender war Luc Mignaux gewesen.

»Hat Christin Antunes darauf geantwortet?«, fragte Blanc.

Der Kollege von der Spurensicherung hantierte mit dem Handy herum und schüttelte schließlich den Kopf. »Wie es aussieht, nicht. Oder sie hat ihre Antwort wieder gelöscht. Das finden wir vielleicht im Labor heraus. Auf die zweite Nachricht hat sie allerdings geantwortet.«

»Eine zweite Nachricht von Luc Mignaux?!«, rief Blanc verblüfft.

»Ja. Heute, 18.53 Uhr.«

»Luc Mignaux hat *heute* eine SMS gesendet?« Fabienne war so laut geworden, dass sich alle Gendarmen im Tunnel nach ihr umdrehten. »Aber Mignaux ist seit mehr als zwei Tagen tot!«

»Doch wir haben sein Handy nie gefunden …«, flüsterte Blanc. »Was steht in der SMS?«

Der Techniker blickte auf das Samsung und las vor: »*Wir müssen uns unbedingt heute Abend treffen. Um 21 Uhr bei mir. Es ist dringend. Wir können B stoppen.* Christin Antunes hat vier Minuten später geantwortet: *Ok, ich komme.*«

»Nehmen Sie dieses Handy auseinander!«, befahl Blanc. »Sofort. Telefonieren Sie Ihre Kollegen aus den Betten. Ich will jeden Anruf, jede SMS, jede Mail, jede verdammte Aktivität auf diesem Mobiltelefon haben!«

»Ist schon so gut wie erledigt«, versicherte der Beamte. Er klang nicht sehr glücklich.

»*Alors*«, sagte Blanc zu Fabienne, als sie wieder allein waren. »Heute am späten Nachmittag, als wir auf ihrem Boot waren, wusste Christin Antunes noch nicht, dass Luc Mignaux gestorben war. Auch als sie etwas später diese SMS bekam, hat sie wahrscheinlich noch geglaubt, sie stammt vom Taucher.«

»Wer auch immer dieser ›B‹ ist«, sinnierte Fabienne. »Er ist Christin Antunes so wichtig, dass sie zusagt. Sofort. Sie fährt nicht zum Fischen hinaus. Sie sagt nicht einmal ihrem Mann Bescheid. Sie macht sich auf den kürzesten Weg nach La Redonne. Durch den Tunnel.«

Blanc nickte. »Irgendjemand hat das Handy von Mignaux. Irgendjemand hat damit diese SMS abgeschickt. Irgendjemand hat gewusst, dass er damit Christin Antunes anlocken konnte. Irgendjemand …«

»… hat ihr eine tödliche Falle gestellt«, vollendete Fabienne tonlos.

Männer erinnern sich

Am Mittwochmorgen war Blanc so früh in Gadet, dass er an die Schaufensterscheibe der noch geschlossenen *boulangerie* klopfen musste. Eine junge Bäckerin reichte ihm durch die Tür zwei ofenwarme Croissants heraus. Sie war rundlich, fröhlich und sah so aus, als sei sie noch nie um halb sechs Uhr morgens müde gewesen. »Wir haben eine Kaffeemaschine in der Backstube«, sagte sie. »Ich hole Ihnen einen Becher.«

Blanc nickte dankbar. Er war so spät aus Méjean zurückgekehrt, dass die Zeit nur gereicht hatte, um sich zu duschen und die Kleidung zu wechseln. Später saß er in seinem Büro und spürte, wie das Koffein den Nebel langsam aus seinem Schädel blies. Er wählte eine Nummer der Police nationale in Marseille.

»Djendelli.«

Blanc hatte den Commissaire der Brigade Antigang bei seinem letzten Einsatz kennengelernt. »Gut, dass du Frühaufsteher bist, Kad.«

»Bin ich nicht. Gestern Abend gab es eine Schießerei in der Cité de la Busserine, und wir haben die ganze Nacht lang die Scheiße weggeräumt. Es war unser Hochzeitstag; meine Frau ist so wütend, ich glaube, ich bleibe die nächsten vier Wochen besser im Büro.«

»Ich habe letzte Nacht einen Brigadier zu euch geschickt, um …«

»Schon klar«, unterbrach ihn Djendelli. »Dein Mann hat sich auf den Gängen der *Évêché* verirrt, bis er zufällig einem meiner Jungs über den Weg gelaufen ist. Der wollte ihn schon an die Luft setzen, aber dann hat der Brigadier seine Geschichte erzählt.« Djendelli lachte schon wieder. Der macht sich nicht wirklich Sorgen um seine Frau, dachte Blanc neidisch. »Ich habe ein paar Leute vom Nachtdienst drangesetzt«, fuhr der Commissaire fort. »Sie haben den Lokführer befragt. Der hat nichts gesehen und nichts gehört, und er schwört, dass er im Tunnel niemanden überfahren hat. Im Depot der SNCF haben Kriminaltechniker den Zug untersucht und nichts Außergewöhnliches entdeckt. Keinen Tropfen Blut, keine Gewebespur, keine Stoffreste, gar nichts. Es kann sein, dass die Kollegen einfach zu spät gekommen sind. Der Zug wurde gerade von Graffiti gereinigt und war schon zum größten Teil sauber gespritzt worden, als sie eintrafen. Es kann aber auch sein, dass deine Tote diesen Zug niemals geküsst hat.«

»Hast du Lust, dir meinen Fall anzuhören?«, fragte Blanc.

»Je später ich aus diesem Büro komme, desto besser.«

Blanc fasste die Ermittlungen zusammen. »Hast du schon mal was mit Wracktauchern zu tun gehabt?«, schloss er. »Vor allem mit Luc Mignaux?«

»Nicht dass ich wüsste. Ich sehe mal nach.« Man hörte das Klappern einer Computertastatur. »Mignaux, Luc, da ist er tatsächlich. Wir haben vor elf Monaten einen *Kaïd* hochgenommen, einen der großen Dealer im dreizehnten Arrondissement. Wie immer haben wir dabei seine Sachen konfisziert: einen Ferrari, eine goldene Rolex, ein iPhone, das übliche Bling-Bling. Und dazu zwei antike Amphoren, das haben wir nicht alle Tage. Wir haben den *Kaïd* gefragt, woher seine Schätze stammen, und er hat angegeben, alles bar bezahlt zu haben: die Karre bei einem Autohändler, die Rolex bei einem Juwelier, das Handy bei Darty – und die Amphoren bei, ich zitiere, ›Monsieur Mignaux, Luc, wohnhaft La Redonne, Antiquitätenhändler‹.«

»Und?«

»Nichts ›und‹. Die Aussage steht im Verhörprotokoll. Keiner von uns hat das weiterverfolgt, warum auch? Wir haben die Drogendeals des Typen rekonstruiert, das war mühsam genug. Er ist verurteilt worden, seine Habseligkeiten sind zugunsten der Staatskasse versteigert worden, dann haben wir die Akte geschlossen. Wer interessiert sich schon für alte Tonkrüge?«

»Das«, erwiderte Blanc gedehnt, »wüsste ich auch gerne.«

Kurz darauf blinkte eine Mail der Spurensicherung auf seinem Monitor auf. Die Kollegen schickten ihm den Inhalt von Christin Antunes' Mobiltelefon. Fotos: einhunderteinundzwanzig Bilder, von ihrem Boot, von Fischen auf ihrem Boot, von ihren Zwillingen, keines von ihrem Mann Sandro. Musik: alle Alben von Zaz. Mails: keine. Navigation: nie benutzt. Browserverlauf: Seiten der EELV, der Gemeindeverwaltung, ihre eigene Facebook-Seite und der Spitzenreiter: die Seite von *Météo France* mit der regionalen Wettervorhersage, die sie jeden Morgen und Abend aufgerufen hatte. SMS: einige Namen, die Blanc nicht kannte, zwei Nachrichten an ihren Mann, an zwei verschiedenen Abenden versendet, jeweils mit gleichem Wortlaut: *Es wird später. Küss die Kinder!* Außer den beiden Meldungen von Mignaux, die er bereits gesehen hatte, keine weitere von dem Taucher.

Blanc nahm sich zuletzt die Liste der angenommenen und abgehenden Anrufe vor: mehrmals ihr Hausanschluss. Der vom Handy ihres Mannes. Häufiger ein Großhändler und ein Restaurant – Kunden für die gefangenen Fische, vermutete er. Daneben einige Namen, mit denen er noch nichts anfangen konnte, und schließlich noch ein bekannter: Claude Figaroli. Blanc stutzte. Der Porschefahrer aus Martigues. Er zuckte mit den Achseln. Auch Figaroli war Lokalpolitiker. Vielleicht waren die meisten Gesprächspartner von Christin Antunes politische Kollegen.

Blanc leitete die Mail der Spurensicherung an Marius weiter, mit der Bitte, die Namensliste zu überprüfen. Zur Sicherheit klebte er noch ein Post-it mit der gleichen Aufforderung an den Monitor seines Kollegen, weil man nie sicher sein konnte, wann Marius es für notwendig hielt, mal wieder in seinen Posteingang zu sehen.

Es war Zeit, den Fall der Untersuchungsrichterin vorzutragen. Endlich.

Er wählte die Nummer von Aveline Vialaron-Allègre im Justizpalast von Aix-en-Provence. Der Hörer wurde nach dem ersten Läuten abgehoben. »Ihre Nummer habe ich schon eine Zeit lang nicht mehr auf dem Display gesehen.« Er lauschte ihrer von Gauloises angerauten Stimme und glaubte, einen Misston herauszuhören. Spott? Langeweile? Verärgerung?

»Es ist dienstlich, *Madame le Juge*«, erklärte Blanc und vermied dann bei seinen Ausführungen jedes überflüssige Wort.

Aveline ließ sich mit der Erwiderung so viel Zeit, dass er einen Moment lang befürchtete, sie sei gar nicht mehr in der Leitung. »Haben Sie einen konkreten Verdacht, *mon Capitaine*?«, fragte sie schließlich. Sie klang nicht sonderlich interessiert.

»Nein«, gab Blanc zu. »Es könnten zwei tragische Unfälle gewesen sein. Ein unachtsamer Schnorchler in den Calanques. Eine unachtsame Wanderin in den Calanques. So etwas kommt vor. Wenn nur diese SMS nicht wäre ...«

»... dann würde ich Sie gar nicht erst ermitteln lassen.«

Er lächelte erleichtert. Die Untersuchungsrichterin gab ihm grünes Licht für Ermittlungen. Er würde fortan wieder öfter mit ihr sprechen können. Offiziell, selbstverständlich. Doch vielleicht auch ... Blanc nahm sich zusammen. »Luc Mignaux war Wracktaucher. Christin Antunes hat gegen Wracktaucher gewettert. Die beiden waren anscheinend verfeindet. Doch womöglich gab es doch eine heimliche Verbindung. Ich werde mir also erst mal diese Halbwelt der Wracktaucher vornehmen.«

»Ich hätte nicht gedacht, dass es Halbwelten gibt, von denen ich noch nie gehört habe.«

»Es ist ein seltenes Vergnügen, Sie zu überraschen, *Madame le Juge*.«

»Sie haben das Talent, Ihre Mitmenschen zu überraschen. Ein nicht ganz ungefährliches Talent.« Aveline legte auf.

Blanc schaute aus dem Fenster, aber er sah nicht den Himmel, sondern ein Paar dunkle Augen und schwarze Haare. Irgendwann wurde ihm klar, dass er wie ein Idiot in seinem Büro hockte. Er schlug seinen Notizblock auf und machte sich eine Liste: *Kann man das Handy von Mignaux noch orten? Was kann der Spezialist aus dem Museum zur antiken Münze aus dem Haus des Tauchers sagen? Wie kann man den Gerüchten um Christin Antunes auf den Grund gehen? Lohnt sich ein zweites Verhör von Lionel Bonnot?* Bonnot ... Blanc unterstrich das »B« von dessen Nachnamen so oft, bis sein Kugelschreiber das Blatt des Blocks einriss.

Er rief Fabienne zu Hause an: »Wir machen weiter.«

»Ich hatte einen harten Nachtdienst.«

»Und ich will meine Eier behalten.«

»Ich bin in einer Viertelstunde da.«

Fabienne kam vierzehn Minuten später in sein Büro gestürmt. Blanc hatte gerade genug Zeit gehabt, noch einmal zur *boulangerie* zu gehen, um für seine Kollegin Croissants und Kaffee zu besorgen, und für Marius gleich mit, wann immer der auftauchen würde. Während sie das Gebäck im Stehen hinunterschlang, blickte sie über seine Schulter auf den Computermonitor und überflog den Bericht der Spurensicherung. Blanc erzählte von seinem Gespräch mit Djendelli und erwähnte, dass Aveline Vialaron-Allègre einer Ermittlung zugestimmt habe.

»Du siehst deine Richterin nicht mehr so häufig«, stellte Fabienne fest und nahm einen großen Schluck.

Deine Richterin, dachte Blanc alarmiert. Fabiennes Gesichtszüge blieben hinter dem Kaffeebecher verborgen, und ihm kam der Verdacht, dass dies kein Zufall war. Aveline und ich müssen vorsichtiger sein, sagte er sich, noch vorsichtiger, wenn wir uns das nächste Mal sehen. Falls wir uns noch einmal sehen. Verdammt. »Wir nehmen uns zuerst Mignaux' Handy vor«, erwiderte er. »Vielleicht können wir es orten.«

»Der Mörder hat uns da leider keinen Gefallen getan«, antwortete Fabienne. »Das habe ich gestern Nacht noch überprüft. Es wurde, eine Minute nachdem die letzte SMS von Christin Antunes einging, ausgeschaltet. Aber wir haben einen Freund und der heißt *Fluxvision.*«

»Klingt wie eine Toilettenspülung.«

»Das ist ein Telefon-Überwachungsprogramm, das ich schon während meiner Ausbildung studiert habe. Die Verwaltung vom Parc national Calanques bei Cassis nutzt es schon seit Jahren. Und seit ein paar Wochen hat auch das Tourismusbüro der Côte Bleue Fluxvision installiert.«

»Nie davon gehört.«

»Und der Mörder hoffentlich auch nicht.« Fabienne schnippte mit den Fingern. »Das, was du für eine Toilettenspülung hältst, registriert in Wahrheit mithilfe des Mobilfunkproviders jedes Handy an der Küste, jederzeit, an jedem Ort. Es ist eine Geolokalisation, die dir sekundengenau anzeigt, wie viele Nutzer sich gerade wo genau befinden. Viel präziser als die normalen Funkdaten, die uns sonst zur Verfügung stehen. Da wüsstest du bloß, was du eh schon ahnst: Dass sich das Handy von Luc Mignaux am Funkmast der Côte Bleue angemeldet hat.

Im Nationalpark erfassen sie mit Fluxvision Menschenmassen. Das System gibt sofort Alarm, wenn sich irgendwo zu viele Besucher aufhalten. Die Verwaltung schickt dann Ranger hin, um nachzusehen. So schützen sie die empfindliche Natur. Außerdem greift das System alle Hinweise auf die eigentliche Herkunft des Handys ab: Kommt der Nutzer aus Marseille? Oder aus Helsinki? Aus Tokio?«

»Klingt gruselig für mich.«

»Weil du altmodisch bist. Die Nationalparkverwaltung sperrt mithilfe von Fluxvision einzelne Buchten, wenn sich dort zu viele Badende vergnügen, oder sie blockiert einen ganz bestimmten Wanderweg, über den zu viele Leute marschieren. So präzise ist es. Die Herkunftsdaten verraten der Verwaltung, ob es sich lohnt, Hinweisschilder auf Finnisch in die Landschaft zu stellen. Oder auf Japanisch. Deshalb interessieren sich jetzt auch die Mitarbeiter des Tourismusbüros der Côte Bleue dafür: Woher kommen unsere Besucher? Was machen sie bei uns? Sie hoffen, dass sie mit diesen Informationen ihre Olympiabewerbung gezielt auf die Juroren aus den verschiedenen Ländern ausrichten können: Sie schneiden Bilder von einer Calanque, die besonders bei japanischen Touristen beliebt ist, in den Werbefilm für den japanischen Juror. Und falls Finnen besonders auf La Redonne stehen, dann schneiden sie Bilder von La Redonne in die finnische Version. Voilà!«

»Und deshalb verfolgen sie jedes einzelne Handy. Auch …«

»… die der Bewohner, klar. Das System ist allumfassend, es registriert alle Apparate, die der Besucher genauso wie die der Einheimischen. Du kannst nicht einfach bestimmte Handys dafür sperren. Deshalb ist auch kein Politiker wild darauf, Fluxvision an die große Glocke zu hängen, es könnte ja den einen oder anderen Wähler beunruhigen. Wenn du heimlich zu deiner Nachbarin schleichst, dann weiß Fluxvision das. Und wenn du vom Wanderweg abbiegst, um hinter dem nächsten Busch einen Strauch Thymian aus dem Boden zu reißen, dann weiß Fluxvision das auch.« Fabienne strich sich mit der Hand müde über die Augen. »Ich habe dem Administrator von Fluxvision schon eine Mail geschickt und um die Daten von Luc Mignaux' Handy gebeten. Das System ist erst seit ein paar Wochen in den Calanques installiert, wir können ihn also leider nicht sehr weit zurückverfolgen. Aber die letzten Tage vor seinem Tod werden wir immerhin rekonstruieren können – und die Bewegungen seines Handys nach seinem Tod auch.«

»Hast du schon eine Antwort bekommen?«

»Ja, dass sie vierundzwanzig Stunden für die Zusammenstellung brauchen.«

»Also doch nicht so sekundenschnell.«

»Sie reden vorher mit einem Anwalt. Aber das ist bloß eine Formalie. Morgen haben wir die Daten. Wenn Mignaux sein Handy auf die Toilette mitgenommen hat, dann werden wir wissen, wo er geschissen hat.«

»Ich schicke dich dann hin, um die Spuren zu sichern.«

»Das nenne ich eine Belobigung.«

In diesem Moment kam Marius ins Büro, ließ sich schwer auf seinen Stuhl fallen, packte die Papiertüte, holte das Croissant heraus, biss herzhaft hinein und blickte seine Kollegen müde an. »Ich hatte eine harte Nacht«, erklärte er schmatzend. »Meine Katze ist die ganze Zeit gegen die Schlafzimmertür gelaufen. Ich glaube, mit ihr geht es zu Ende.«

»Mit Madame Antunes ist es auch zu Ende gegangen«, brummte Blanc und schob Marius auch noch den Kaffeebecher hinüber. Bis er mit seinem Bericht fertig war, waren Croissant und Kaffee verschwunden.

»Glaubt ihr ernsthaft, dass dieses Mädchen die Calanques nicht kannte?«, fragte Marius.

»Nach allem, was wir wissen, kannte Christin Antunes dort jeden Stein«, erwiderte Fabienne.

»*Alors*«, fuhr Marius fort. »Diese zweite SMS, die angeblich von Mignaux stammt, bestellt sie für einundzwanzig Uhr in sein Haus in La Redonne ein. Vom Fischerhafen in Méjean bis zur Bude des Tauchers geht man eine halbe Stunde, wenn man die verbotene, aber ungemein praktische Abkürzung über die Schienen nimmt, bei Dunkelheit vielleicht etwas länger.«

»*Eh bien*?«

»Also würde Christin Antunes ungefähr um 20.30 Uhr durch den Tunnel gehen, um nach La Redonne zu gelangen, möglicherweise sogar ein paar Minuten später. Ich bin die Linie der Côte Bleue früher oft mit meinen Kindern gefahren, wenn wir im Meer baden wollten. Den Fahrplan habe ich noch im Kopf. Der letzte Zug fährt um 20.21 Uhr in den Bahnhof von La Redonne ein. Zwei, höchstens drei Minuten danach durchquert er den Tunnel. Die Zeiten des letzten Zuges vergisst niemand, denn wenn du diesen Zug verpasst, kommst du bis zum nächsten Morgen nicht mehr aus den Calanques weg. Also, wenn *ich* abends von Méjean nach La Redonne gehen würde, dann würde ich mich um kurz nach zwanzig Uhr aufmachen und den Wanderweg bis zur Bahnlinie hochgehen. Dort würde ich warten, bis der 20.21-Uhr-Zug vorbeigerauscht wäre, und könnte dann entspannt durch den Tunnel schlendern, denn ich wüsste, dass die nächsten neun Stunden kein Zug mehr kommt. Nur ahnungslose Touristen würden kurz vor 20.20 Uhr in den Tunnel gehen, aber niemals ein *Calanquais*. Das Croissant war übrigens köstlich. So etwas könntest du jeden Morgen besorgen.«

»*Merde*«, murmelte Fabienne.

»Aber Christin Antunes war in diesem verdammten Tunnel, der verdammte letzte Zug muss sie erwischt haben. Ich habe ihre Leiche gesehen!«, rief Blanc.

»Vielleicht war sie nicht freiwillig dort«, erwiderte Marius. »Jemand hat sie gezwungen hineinzugehen.«

»Oder sie ist vor jemandem geflohen und hat in ihrer Angst nicht mehr auf die Uhrzeit geachtet«, mutmaßte Fabienne.

Blanc rieb sich die Augen. Statt ein Matchboxauto mit einem leeren Anhänger auf seinen Schreibtisch zu stellen, hätte er lieber daran denken sollen, endlich einmal eine Packung Doliprane in einer Schublade zu deponieren. »Wissen wir noch etwas über Christin Antunes?«, fragte er.

Fabienne nickte. »Ich habe sie mir im Netz noch einmal gründlich angesehen, wie versprochen. Jedenfalls bis die Nachricht von dem Unfall reinkam. Christin Antunes hat neben ihrer persönlichen Seite auch eine Facebook-Gruppe gegründet: *Pêcheurs du Midi*. Sie ist für die Fischer an der Côte Bleue und am Étang de Berre. Die Leute warnen sich dort vor Kontrollen der Küstenwache oder vor Wracks, die ihre Netze zerreißen könnten. Sie diskutieren Großhandelspreise für Schwertfische oder Reparaturkosten für Außenbordmotoren. Alles sehr professionell und sehr langweilig. Aber mitten zwischen den Kommentaren steht das hier. Darf ich?« Fabienne schob Blanc beiseite und übernahm die Kontrolle über seinen Computer. Nach wenigen Sekunden deutete sie auf einen Facebook-Kommentar: »Du hast einen Thunfisch aus Spanien an der Langleine und einen Thunfisch von hier. Wenn das die Küstenwache sieht … ;-)«

»Ist das nicht seltsam?«, fragte Fabienne. »*D'accord*, dieses ›Du‹ steht einfach so im Kommentar. Du kannst die Seite rauf- und runterscrollen, es wird nirgendwo klar, auf wen sich das bezieht. Und natürlich steht hier nur etwas von Thunfischen. Aber, hey, Christin Antunes hat die Facebook-Seite gegründet. Und ein spanischer Thunfisch …«

»Sandro Antunes«, sagte Blanc. »Und der andere Thunfisch an der Leine wäre demnach ein Liebhaber von hier. Wieder eine versteckte Denunziation.«

»Wer hat den Kommentar gepostet?«, fragte Marius.

Fabienne lächelte müde. »Dieses eine Mal war es kein anonymer Typ. Einer aus der Facebook-Gruppe, der sich *le Grand G* nennt. Ich hatte gestern Nacht keine Zeit mehr zu checken, wer sich dahinter verbirgt, aber …«

»Gildas Lagarde!«, rief Marius. »Das war schon in der Schule sein Spitzname. Wenn du ihn siehst, dann weißt du, warum.«

»Du kennst die Fischer der Côte Bleue?«, warf Blanc erstaunt ein.

»Gildas ist Fischer am Étang de Berre. Er wohnt irgendwo in Saint-César. Er war in meiner Parallelklasse. Wir waren nie dicke Freunde, aber in Saint-César kannst du niemanden aus den Augen verlieren, dafür ist das Kaff zu klein. Ich sehe Gildas hin und wieder im Restaurant am Hafen. Er isst dort mit seinen Kollegen, wenn sie mittags vom Meer zurückkommen.«

»Warum sollte ein Fischer aus Saint-César eine Fischerin aus Méjean denunzieren?«, fragte Fabienne.

»An der ganzen Küste arbeiten höchstens noch zweihundertfünfzig Fischer«, erklärte Marius. »Da kennt jeder jeden. Aber das heißt ja nicht, dass jeder jeden mag.«

»Also fahren wir nach Saint-César!«, rief Fabienne.

»Morgen vielleicht«, bestimmte Blanc. »Heute fahren wir noch einmal nach Méjean. Wir müssen Sandro Antunes ein zweites Mal befragen. Behutsam. Wir müssen noch mehr über seine Frau herausfinden. Und wir müssen ihm irgendwie schonend beibringen, dass der Tod seiner Frau wahrscheinlich kein Unfall war.«

Blanc nahm sich einen Mégane der Gendarmerie. Fabienne kurbelte den Beifahrersitz zurück und war dreißig Sekunden später eingeschlafen. Marius war in Gadet geblieben, um die Namen auf der Telefon- und SMS-Liste der Toten zu überprüfen. Blanc nahm die Route départementale 113 und bog nach einer Viertelstunde auf die Autobahn ein. Das Asphaltband führte sie halb um den Étang de Berre herum. Zu seiner Rechten fiel das Land bis zu dem riesigen Brackwassersee ab. Ein Air-France-Jet glitt dicht, und, wie es ihm vorkam, absurd langsam über die Wellen, bis er auf der in den Étang hineingebauten Landebahn des Flughafens Marignane aufsetzte. Kilometerweit um den Airport erstreckte sich ein Brei aus Lagerhallen, Läden und hässlichen Wohnhäusern. Zu seiner Linken warfen sich die Hügel steil auf: nackte Felsen, Garrigue, an manchen Abhängen waren Buschwerk und Erdboden noch schwarz von einem Feuer des vergangenen Sommers. Auf der Spitze eines Felssporns thronte eine Burgruine. Blanc dachte, dass die Autobahn eine Grenze markierte, ein Streifen Niemandsland zwischen archaischer Wildnis und trostloser Zivilisation.

Ein paar Minuten darauf nahm er die Abzweigung zu einer Landstraße, die ihn durch die kargen Hügel bis zur Côte Bleue führte. Als er den Streifenwagen mit quietschenden Reifen über die Serpentinen zwang, schreckte seine Beifahrerin auf.

»Gut geschlafen?«

»Ich habe von einem Zug geträumt.«

Gegen Mittag standen sie Sandro Antunes schließlich gegenüber. Fabienne strich sich immer wieder durch die Haare. Ihre Hände zitterten dabei leicht. Blanc vermutete, dass es nicht nur vor Müdigkeit war.

»Monsieur Antunes«, erklärte er, »es tut mir außerordentlich leid, aber wir werden einige Spezialisten der Spurensicherung zu Ihnen schicken müssen.« Antunes ging mit kurzen, hektischen Schritten durch den winzigen Vorgarten. Das Wasser im Hafen von Méjean schimmerte silbern. Auf drei Booten hockten Fischer und taten so, als würden sie Netze flicken. Blanc spürte ihre Blicke genauso wie die Sonnenwärme im Nacken. Er wünschte, sie könnten hineingehen, doch eine ältere, dunkelhaarige Frau hatte sie mit energischen Gesten vor die Tür gescheucht. Vielleicht die Mutter des Witwers. Er hatte von ihren französisch-spanischen Sätzen nur so viel verstanden, dass sie sich um die schlafenden Zwillinge kümmerte. Sie hatte Blanc so finster angeblickt, als hätte er ihre Schwiegertochter in den Tod geschickt.

»Ich verstehe das nicht mit der Spurensicherung. In den Fernsehkrimis machen sie das nur, wenn ein Verbrechen passiert ist«, erwiderte Sandro Antunes.

Blanc räusperte sich und berichtete von den beiden Textnachrichten, die von Mignaux' Apparat abgegangen waren – und davon, was er aus der zweiten SMS geschlossen hatte.

»Sie glauben, jemand hat Christin in eine Falle gelockt?«, fragte ihr Mann ungläubig. »In den Fernsehkrimis ...«

»Monsieur Antunes, hier steht keine Kamera!« Fabienne hatte ihre Hände zu Fäusten geballt, dann atmete sie tief durch. »Ihre Gattin muss einen schrecklichen Feind gehabt haben«, fuhr sie ruhiger fort. »Jemand, der den Taucher Mignaux umgebracht hat und der auch Ihre Frau auf dem Gewissen hat. Der Mörder muss ein Motiv gehabt haben. Welches könnte das sein?«

Antunes blickte seine beiden Besucher verwirrt und alarmiert an.

»Könnte es sein, dass sich Ihre Frau mit einem anderen Mann getroffen hat?«, fragte Blanc. Er bemühte sich, seiner Stimme einen neutralen Klang zu geben. Manchmal hasste er seinen Job.

Antunes sagte noch immer nichts.

»Hatte sie möglicherweise ein Verhältnis? Es ist wichtig, dass Sie die Wahrheit sagen!« Alle Geduld war aus Fabiennes Gesten gewichen.

Antunes schien auf einmal die Fischer auf den Kähnen zu bemerken. Er blickte zur Haustür. »Natürlich habe ich von den Gerüchten gehört«, murmelte er schließlich. Er klang besiegt.

»Was haben Sie gehört?«, fragte Blanc behutsam.

»Was die Leute flüstern, wenn ich in der Bar einen Kaffee bestelle. Oder wenn ich in Ensuès in der Schlange an der Supermarktkasse warte.« Antunes strich sich über die Augen. »Aber das ist alles gelogen!«, fuhr er lauter fort. »Ich habe Christin darauf angesprochen, doch sie hat nur darüber gelacht. Ich soll nicht glauben, was die Leute reden. Das kommt nur, weil sie in der Politik ist. Hier sind nicht alle für den Nationalpark.«

Blanc nickte verständnisvoll. »Haben Sie mitbekommen, mit wem sie sich angeblich getroffen haben soll?«

Antunes schüttelte den Kopf. »Ich habe nie einen Namen gehört, nie. Glauben Sie denn etwa das Gerede?«

Blanc warf Fabienne einen raschen Blick zu. »Wir müssen jede Spur verfolgen, sogar wenn sie dem Andenken des Opfers vielleicht schaden könnte«, erklärte er vage.

»Welche Beziehung hatte Ihre Gattin zu Monsieur Mignaux?«, warf Fabienne ein.

»Meine Frau hatte keine Beziehung!«, rief Antunes. Er blickte wieder zum Hafen und atmete tief durch. »Ich hatte keine Ahnung, dass dieser Taucher meiner Frau eine SMS geschickt hat. Kann denn nicht schon die erste Textnachricht eine Falle gewesen sein?«

»Möglich«, gab Blanc zu.

»Meine Frau hat manchmal auf die Wracktaucher geschimpft. Aber sie hat Mignaux, glaube ich, höchstens ein Mal persönlich getroffen.«

»Ein Mal?«, fragte Fabienne eine Spur zu laut.

Antunes schluckte. »Der Kerl war ja auch immer mit seinem Segelboot in den Calanques und hat sich bei uns in Méjean oder in den anderen Fischerhäfen schon manchmal blicken lassen. Einmal habe ich von unserem Haus aus beobachtet, wie Mignaux über den Pier bis zu Christins Boot gegangen ist. Das war vor ein paar Tagen, genau weiß ich das nicht mehr.«

»Und was hat er gemacht?«, drängte Blanc.

»Nichts!«, rief Antunes aufgebracht. »Ich meine, es sah so aus, als hätte er mit ihr gesprochen. Ganz kurz nur!«

»Worüber?«

»Das konnte ich doch vom Haus aus nicht hören.«

»Haben Sie mit Ihrer Frau später nicht darüber geredet?«, wollte Fabienne wissen.

»Wenn Christin mir etwas sagen wollte, dann hat sie es mir immer gesagt. Und wenn sie über etwas nicht reden wollte, dann hat man sie auch besser nicht danach gefragt.«

»*D'accord*«, sagte Blanc und hob beruhigend die Hände. »Vielleicht führen uns die üblen Gerüchte auf eine falsche Spur. Vielleicht müssen wir ganz woanders suchen. Sie sagten selbst, dass Ihre Frau als Politikerin nicht nur Freunde hatte. Wer war ihr größter Feind?«

Antunes dachte einen Moment lang nach. »Bauxiterre«, antwortete er schließlich.

»Die Aluminiumfirma?« Blanc erinnerte sich an das, was ihm Christin Antunes erzählt hatte: *boue rouge*, »roter Schlamm«.

»Das Unternehmen war schon immer hier. Die Verwaltung ist in Martigues, das eigentliche Werk steht irgendwo bei Aix-en-Provence. Ich weiß, dass meine Frau sich fürchterlich über Bauxiterre aufgeregt hat. Sie sagte, dass sie ihre Abwässer über eine lange Pipeline bis in die Calanques leiten. Christin hat gesagt, dass darin Blei und Chrom und sogar radioaktive Stoffe sind und dass man davon Krebs und Alzheimer bekommen kann.«

»Krebs und Alzheimer?« Blanc blickte auf das stille Meer zwischen den Felszungen der Calanques und fragte sich, wo dort roter, Alzheimer auslösender Schlamm abgeladen werden könnte.

»Ich habe das ehrlich gesagt auch nicht geglaubt«, gestand Antunes. »In den Siebzigerjahren, oh ja! Da haben die hier alles in die Luft und ins Wasser gepumpt, was giftig war. Aber Sie sehen ja, wie das hier jetzt aussieht. Ich glaube, dass das längst vorbei ist. Christin hat die alte Geschichte nur ausgegraben, weil es sonst gar keine Umweltverschmutzung gibt. Gegen was soll eine Politikerin von der

EELV hier schon protestieren?« Er brachte ein wehmütiges Lächeln zustande. »Aber Christin wurde wütend, wenn ich das erwähnte. Viel wütender, als wenn ich sie auf … na, auf diese Gerüchte ansprach. Sie hat geflucht und gesagt, dass es ein Skandal ist, dass Fischer für vier Thunfische vor Gericht gestellt werden, aber eine Firma wie Bauxiterre jahrzehntelang Gift in unsere Calanques pumpen darf, ganz legal.«

Vor dem Haus stoppte ein unauffälliger weißer Lieferwagen.

»Die Kollegen von der Spurensicherung sind da«, erklärte Blanc. »Monsieur Antunes, haben Sie und Ihre Kinder einen Platz, an dem Sie zwei oder drei Stunden warten können, bis das Haus untersucht worden ist? Es könnte auch schneller gehen, aber das weiß man nie.«

Der Mann blickte ihn unglücklich an. »Meine Mutter wohnt hundert Meter weiter«, erklärte er.

Blanc zwang sich zu einem Lächeln. »Dann ist ja alles gut.«

»Nichts ist gut«, erwiderte Sandro Antunes. Er verabschiedete sie nicht, sondern blickte mindestens das dritte Mal schon zum Hafen. Die Fischer waren mit ihren Netzen nicht weitergekommen.

»Bauxiterre könnte zu dem ›B‹ in der SMS passen«, sagte Fabienne, als sie wieder im Streifenwagen saßen. »Das ist noch kein richtiges Motiv für irgendjemanden, aber ein Puzzlestück, das irgendwie passen könnte.«

»Ein Ehemann, der ahnt, dass ihm Hörner aufgesetzt werden, sieht auch wie ein passendes Puzzlestück aus«, erwiderte Blanc.

»Sandro Antunes wirkt auf mich viel zu sanft für einen Mörder.«

»Ein sanfter Mann, der still leidend alles in sich hineinfrisst, bis er es nicht mehr aushält und explodiert.«

Fabienne nickte nachdenklich. »Möchte wissen, was die beiden an dem Pier zu bereden hatten. Und ob das wirklich das einzige Mal war, dass sich Mignaux und Christin getroffen haben. Der Taucher war über sechzig. Antunes ist kaum halb so alt. Das muss einen

Mann besonders fertigmachen, von einem alten Typen ausgestochen zu werden.«

Blanc gab heftiger Gas, als er wollte. Genevièves Neuer war auch über sechzig. »Wir machen noch einen kleinen Umweg über Martigues«, erklärte er knapp, »und sprechen mit Claude Figaroli.«

»Weil dieser Porschefahrer auf der Handyliste von Christin Antunes stand?«

»Das auch. Aber vor allem, weil er sich um das Segelboot von Mignaux kümmert. Er soll dafür sorgen, dass es auch weiterhin niemand anrührt. Wir müssen noch einmal die Spurensicherung an Bord schicken.«

»Was haben wir vergessen?«

»Sie sollen nachsehen, ob es Spuren von Christin Antunes auf der Jacht gibt. Sie fuhr immer mit ihrem Fischerboot in die Calanques. Er fuhr immer mit seinem Segler in die Calanques. Vielleicht haben sie sich irgendwo in einer stillen Bucht getroffen?«

Fabienne nahm ihr iPhone. »Ich wecke Marius aus seinem Mittagsschlaf«, erklärte sie. »Er soll ein zweites Team von Kriminaltechnikern zusammenstellen. Und er soll herausfinden, wo wir Figaroli um diese Zeit auftreiben.«

Sie sprach zehn Minuten lang, hörte zu und gab schließlich etwas in ihr Handy ein. »Marius hat in der *Mairie* angerufen und die haben gesagt, Figaroli hat sich heute freigenommen. Er ist bei sich zu Hause. Quai des Anglais in Martigues«, sagte sie. »Ich gebe es ins Navi ein.« Sie starrte auf das Display und pfiff leise. »Direkt am Wasser.«

»Wenn du Porsche fährst, dann wohnst du nicht im Gewerbepark.«

Als Blanc endlich auf den Quai des Anglais einbog, erinnerte ihn der an einen der Haussmann'schen Boulevards in Paris, nur kleiner, sanfter, mediterraner. Die Straße führte am Ufer jenes breiten Kanals entlang, der den Étang de Berre mit dem Mittelmeer verband. Junge Platanen wuchsen vor den Häusern, auf dem Mittelstreifen des Boulevards wölbten sich breite Palmenwedel hoch über den Asphalt. Zwei bunte Fischerkähne tuckerten durch die Wellenringe, jenseits des Wassers glänzten die Fassaden alter Häuser vor einem bleistiftdünnen Kirchturm. An der Landseite des Quai des Anglais formten die Fassaden bürgerlicher Häuser aus dem 19. Jahrhundert einen Wall aus Wohlstand und Gediegenheit. Figarolis Domizil war drei Geschosse hoch und schmal, wohl erst vor Kurzem neu weiß verputzt worden, schmiedeeiserne, geschwungene Balkongitter umrankten die Fenster der oberen Etagen. Neben der Eingangstür glänzte ein großes Messingschild: »*Cabinet d'avocat Hélène Figaroli*«.

»Ich habe unterwegs noch etwas gegoogelt«, sagte Fabienne. »Claude Figaroli ist fünfunddreißig Jahre alt. Er ist 470er-Segler, was immer das ist. Auf jeden Fall hätte er sich damit beinahe mal für Olympia qualifiziert. Behauptet er zumindest auf der Website seiner Segelschule. Seit zwei Jahren sitzt er im Gemeinderat. Seine Frau ist Rechtsanwältin. Sie ist im sechsten Monat schwanger.«

»Das steht auf der Seite seiner Segelschule?«

»Das steht auf der Seite der Stadt Martigues, auf der sich alle Gemeinderatsmitglieder persönlich vorstellen. Man ist immer wieder erstaunt, was die Leute da so schreiben.«

Blanc parkte den alten Mégane umständlich am Bordstein hinter dem blauen Porsche 911 ein.

»Ich denke, Männer können einparken«, spottete Fabienne. »Boxt man sich in Paris nicht seine Parklücke frei?«

»Dieser Sportwagen kostet mehr als die ganze Ruine, die ich bewohne. Und die Frau des Sportwagenfahrers ist Rechtsanwältin. Das ist eine ganz gefährliche Kombination«, erklärte Blanc und stellte den Motor ab, als er sich endlich eingezirkelt hatte. »Ich muss in ein paar Tagen wegen meiner Scheidung vor Gericht erscheinen. Auf einen zweiten Termin wegen einer verbeulten Stoßstange kann ich gut verzichten.« Er stieg aus und blickte den Boulevard hinunter. Ein leichter Wind rauschte in Palmwedeln und Platanenblättern, Wellen schlugen glucksend an das gemauerte Ufer. Es duftete nach Salz und

Teer. Auf der ganzen Länge des Quai des Anglais waren die Fassaden in hellen, heiteren Farben neu gestrichen. »Wenn am Étang de Berre wirklich die letzten Raffinerien dichtmachen und wenn sie tatsächlich Olympia hierhin holen, dann ist diese Straße endgültig eine Goldader«, sagte er.

»Ich wünschte, ich würde ein einziges Mal in meinem Leben rechtzeitig erkennen, dass ein Viertel hip wird«, seufzte Fabienne. »Roxane und ich wohnen zur Miete in einer Dreizimmerwohnung in Vitrolles, Achtzigerjahre, vom Balkon aus hast du einen wundervollen Blick auf den Supermarktparkplatz gegenüber. Sieht nicht so aus, als würde vor unserer Bude jemals ein Porsche parken.« Sie drückte etwas zu lang auf den Klingelknopf aus poliertem Messing.

Claude Figaroli öffnete ihnen. Seine tiefe Sonnenbräune wirkte heute wie geschminkt. Darunter sah er blass aus. »Ihr Kollege hat gesagt, dass Sie mit mir sprechen wollen«, begrüßte er sie. »Kommen Sie herein.«

»Lieutenant Tonon?«, fragte Blanc.

»Seinen Namen habe ich mir nicht gemerkt. Er wollte sichergehen, dass ich hier bin. Als wenn ich heute arbeiten könnte!« Er rieb sich die Augen.

Blanc und Fabienne folgten ihm in ein Büro, das offenbar die Anwaltskanzlei war. »Meine Frau hat einen Termin am Gericht in Nîmes«, erklärte Figaroli. »Wir können hier reden.« Das Büro war so weiß, dass es beinahe in den Augen schmerzte. Der Schreibtisch war eine alte stählerne Werkbank, die jemand mit dem Sandstrahler so hingebungsvoll bearbeitet hatte, dass sie wie aus gehämmertem Silber schimmerte. An der dem Fenster gegenüberliegenden Wand hing ein großes, gerahmtes Foto, das zwei Segler auf einer Rennjolle im schäumenden Meer zeigte. Erst auf den zweiten Blick erkannte Blanc, dass der Mann an der Pinne sein Gastgeber war.

»Sie haben vom Tod von Madame Antunes erfahren?«, fragte Blanc.

Figaroli nickte. »Schrecklich.«

»Und erstaunlich. Der Fall ist im Radio ohne jede Namensnennung gemeldet worden.«

Figaroli blickte ihn einen Moment lang verwirrt an, dann lächelte er gezwungen. »Ein Beamter der Police municipale hat heute Morgen im Rathaus angerufen. Er ist mit einem der Gendarmen befreundet, die in der Nacht Dienst hatten. Und ... na ja.« Er machte eine hilflose Geste. »Man kennt sich halt.«

»Woher kannten Sie Madame Antunes?«, fragte Fabienne.

»Christin macht Politik. Machte Politik. So viele Politiker leben hier nun auch nicht.«

»La Redonne gehört zur Gemeinde Ensuès, sie saß dort im Rat. Sie wohnen in Martigues. Sie war in der EELV. Sie sind bei den *Républicains*«, warf Blanc ein.

»Klar, die hat uns manchmal die Hölle heiß gemacht!« Figaroli lachte kurz auf, dann strich er sich wieder über die Augen. »Auch wenn Sie es kaum glauben mögen«, fuhr er fort, »wir waren manchmal Verbündete. Sie wollte die Côte Bleue schützen und ich auch. Ihr ging es um den Naturkram und die Fangquoten ihrer Fischer. Mir geht es um Olympia. Aber wir wollten beide, dass die alte Industrie von der Küste verschwindet. Wir haben uns manchmal bei überregionalen Initiativen getroffen und Informationen ausgetauscht. Manchmal haben wir auf denselben Veranstaltungen Reden gehalten. Die wilde Fischerin mit dem eintätowierten Hammerhai auf dem rechten Arm und der Porschefahrer aus Martigues. Ich weiß ja nicht, wie es für Christin in der EELV war, aber ich habe mir von meinen Parteifreunden hin und wieder etwas anhören müssen deshalb! Aber wir hatten nun mal dieselben Gegner.«

»Bauxiterre, zum Beispiel«, sagte Blanc.

Sein Gegenüber sah ihn irritiert an. »Die auch, ja. Ich persönlich habe mehr gegen die Raffinerien gearbeitet. Die sieht man ja – und man kann sie riechen. Bauxiterre gibt es hier schon ewig. Das Werk ist weit von der Küste entfernt. Und was soll bei Aluminium schon giftig sein?«

»Madame Antunes schien anderer Ansicht zu sein.«

»Ja, sie hat auf Bauxiterre geschimpft, als wäre das der Teufel persönlich.« Figaroli zuckte mit den Achseln. »Wie gesagt: Manchmal waren Christin und ich verbündet, aber nicht immer. Politisch, meine ich.«

»Und privat?«, hakte Fabienne nach.

»Nein, privat habe ich sie nicht gekannt.« Das kam sehr schnell und sehr bestimmt.

Fabienne holte Luft, um etwas zu sagen, doch Blanc stieß sie unauffällig mit dem Fuß an. »Wir sind eigentlich hier, weil das Segelboot von Monsieur Mignaux noch unter Ihrer Verantwortung steht«, erklärte er. »Sie müssen es bitte noch einige Zeit an seinem Platz im Hafen lassen. Wir werden noch einmal Kriminaltechniker dorthin schicken.« Er sagte nicht, warum.

Figaroli nickte bloß, offenbar schien er darüber nicht weiter nachzudenken. »Ich kümmere mich darum.« Er führte sie zur Tür, öffnete, hielt dann inne. »Das mit Christin …«, murmelte er. »Das war wirklich ein Unfall?«

Blanc blickte ihn aufmerksam an. »Warum fragen Sie das?«

»Der Beamte von der Police municipale hat behauptet, sie sei im Tunnel vom Zug angefahren worden.«

»Es sieht so aus.«

Figaroli schüttelte den Kopf. »Christin hat sich immer für den Zug an der Côte Bleue eingesetzt«, erklärte er. »Sie wissen ja, wie die Leute von der EELV sind: immer mit der Eisenbahn, wenn es möglich ist. Christin wollte, dass die Linie besser wird, dass mehr Züge fahren, dass sie pünktlicher kommen. Sie wollte, dass man weniger mit dem Auto durch die Calanques fährt. Und deshalb hat sie auf alle Leute geschimpft, die die Schienen als Abkürzung gegangen sind. Jeder Unfall verschlechtert das Image der Bahn. Die Leute sind schockiert, außerdem fallen Züge aus, bis die Linie wieder freigegeben wird. Am Ende fahren weniger Menschen mit der Bahn, nicht mehr. Deshalb ist Christin immer über die Wanderstrecken gegangen, auch wenn es Umwege waren. Das hat ihr gar nichts ausgemacht. Aber sie ist niemals über die Schienen gegangen. Niemals.«

»Der Typ hat immer von ›Christin‹ gesprochen und niemals von ›Madame Antunes‹!«, rief Fabienne, als sie auf dem Quai des Anglais standen. »Der hat die Tote viel besser gekannt, als er uns weismachen wollte.«

Blanc nickte zustimmend. »Figaroli wusste, dass Christin Antunes auf ihrem rechten Unterarm einen Hammerhai tätowiert hatte. Dieses Detail hätte ich nicht nennen können. Ihr ganzer Oberkörper und beide Arme waren voll mit Meeresungeheuern, wer achtet da noch auf einzelne Figuren? Für den Hai muss Figaroli schon sehr genau hingesehen haben.«

»Warum hast du mir dann einen Fußtritt verpasst?«

»Er hat es geleugnet und er hätte es weiterhin getan. Das hätte zu nichts geführt. Aber wir haben ihn ja noch nicht vom Haken gelassen.«

»Glaubst du, dass er vielleicht der zweite Thunfisch an der Leine ist?«

»Zuerst Luc Mignaux. Jetzt Claude Figaroli. Du dichtest Christin Antunes ziemlich viele Liebhaber an.«

»Zwei sind nicht ›ziemlich viele‹.«

»Das würde ihr Ehemann wohl anders sehen.«

In diesem Moment klingelte Blancs Nokia. Ein Beamter der Spurensicherung, der aus dem Haus der Toten anrief. Blanc stellte den Lautsprecher an, damit Fabienne mithören konnte. »Die Bude sieht aus wie die meiner halbwüchsigen Tochter«, sagte der Kriminaltechniker. »Hier möchte niemand Putzfrau sein, aber das ist ja noch nicht illegal. Keine Drogen, keine Waffen, nichts Verbotenes. Ihr Notebook nehmen wir mit ins Labor. Obwohl es nicht mal passwortgeschützt war.«

Blanc dachte kurz nach. »Kein Tagebuch, keine Briefe?«

»Die Antunes war unter dreißig, die hat Papier nur noch auf dem Klo benutzt.«

»Fotos an den Wänden? In Rahmen auf der Anrichte? Angepappt am Kühlschrank? So etwas?«

»Ihre Zwillinge hängen überall. Dazu ein, zwei Bilder von ihrem Mann.«

»Haben Sie sich auch Notizhefte, Schmierzettel, Post-its und solche Sachen vorgenommen? Vielleicht hat sie irgendwo Mignaux' Namen aufgeschrieben? Oder seine Telefonnummer? Oder ein Datum notiert, einen Treffpunkt, irgendwas? Und gilt das auch für Monsieur Claude Figaroli? Kennen Sie ihn? Sie könnten ihn rasch googeln und …«

»Ich wohne in Martigues. Warum sollte die sich die Nummer von dieser Föhnfrisur aufschreiben?«

»Hat sie oder hat sie nicht?«

»Hat sie nicht.«

Blanc seufzte. »Haben Sie alte Münzen gefunden? Oder eine Amphore? Einen Anker? Irgendetwas, das aus einem Wrack stammen könnte?«

»Ihr Citroën ist ein Wrack.«

»Gibt es Kontoauszüge? Wie viel hat sie auf dem Girokonto? Hat sie Geld angelegt?«

»Wir haben einen Ordner mit Auszügen gefunden. Die hat ihr Geld im Tätowierstudio angelegt, den Überweisungen nach zu urteilen. Ansonsten ist so wenig Geld auf dem Konto, dass man sich Sorgen machen muss, ob die Kinder verhungern.« Der Beamte lachte.

»*Connard*«, murmelte Blanc, nachdem er das Gespräch beendet hatte.

»Er kann nichts dafür, dass das Haus sauber ist«, sagte Fabienne. »Glaubst du, es stimmt, was Figaroli über Christin Antunes behauptet hat? Dass sie niemals die Bahnstrecke entlanggegangen wäre?«

»Figaroli war sich auf jeden Fall sehr sicher.«

»Ihr Mann hat das Gegenteil behauptet: dass sie immer diese Abkürzung nahm.«

Blanc hob die Hände. »Vielleicht hat Christin Antunes auf ihren Reden gelogen? Eine grüne Politikerin muss alles für die Eisenbahn tun. Aber heimlich ist sie, wie jedermann hier, über die Schienen gegangen. Sie hat auf Facebook selbst gepostet, dass ihr schrottreifer Citroën seit sieben Monaten nicht mehr bewegt worden sei. Wenn du also alle Wege, die du nicht mit deinem Fischerkahn zurücklegen kannst, zu Fuß gehen musst, dann ignorierst du schon mal deine eigenen Prinzipien. Ihr Mann wird das gewusst haben. Oder …«, Blanc zögerte, »… Figaroli hat doch recht. Und Sandro Antunes hat irgendeinen Grund, uns weiszumachen, dass es ganz normal sei, dass seine Frau im Tunnel gewesen ist …«

Fabienne ließ sich auf den Beifahrersitz sinken und schloss die Augen. »Langsam spüre ich den Nachtdienst«, sagte sie. »Gewöhnt man sich irgendwann an den Schlafmangel?«

»Welchen Schlafmangel?«

Sie lachte und stieß ihm in die Seite. »Du darfst wieder langsam fahren. Dann kann ich noch eine Runde pennen, bis wir in Gadet sind.«

Marius war schon fort, obwohl es erst später Nachmittag war. Auf seinem Schreibtisch fand Blanc die Namensliste der Telefon- und SMS-Kontakte von Christin Antunes. Sein Kollege hatte in seiner krakeligen Kinderschrift hinter jeden Namen eine Bemerkung geschrieben: Es waren einige Fischer, dazu drei Nachbarn aus Méjean, die Schwiegermutter, ein Tätowierstudio in Marseille, ein gutes Dutzend Gemeinderatsmitglieder der EELV aus Ensuès, Martigues und anderen Städten der Côte Bleue.

»Was man erwarten konnte«, murmelte Blanc. »Nur Mignaux und Figaroli passen nicht in dieses Muster.« Er studierte die Unterlagen. »An ihrem Todestag hat sie einen Anruf von Figaroli bekommen, um 17.03 Uhr. 53 Sekunden. Solche kurzen Gespräche führt man meistens mit Menschen, die man ganz gut kennt. Du bestätigst nur einen Termin, fragst, ob du auf dem Rückweg noch ein Baguette kaufen sollst, sagst, dass es heute im Büro später wird, solche Sachen.«

Fabienne starrte ihn an, sagte jedoch nichts.

»Jetzt weiß ich, was ›Schlafzimmerblick‹ wirklich bedeutet«, fuhr Blanc fort. »Soll ich dich nach Hause fahren? Ich habe Angst, dass du unterwegs von der Ducati fällst.«

»Und wie komme ich dann morgen wieder her?« Fabienne raffte sich zu einem Lächeln auf und schüttelte den Kopf. »Die Maschine kennt den Weg nach Vitrolles, wie ein gutes Pferd.« Sie winkte ihm müde zu und verschwand.

Er ließ sich Zeit auf dem Rückweg. In einem Olivenhain hatte schon wieder jemand Äste zusammengekehrt und angezündet. Ein paar Hundert Meter weiter qualmte ein Haufen brauner Platanenblätter. Blanc atmete den würzigen Rauch ein, der nach Herbst und ehrlicher Arbeit schmeckte. Er müsste es genauso machen. Serge Douchy, sein verrückter Nachbar, hatte ihm gesagt, dass Platanenblätter nicht verrotteten – und er hatte das so gesagt, dass es wie eine Aufforderung geklungen hatte, sein verdammtes Laub endlich zu verbrennen. Er dachte daran, dass er den alten, gusseisernen Ofen in seiner Ölmühle noch nie befeuert hatte. Ob der Kamin überhaupt zog? Und wo bekam er Holz her? Musste er das selbst schlagen? Womit? Und in der Küche stand die ausgerissene Schranktür neben den anderen Möbeln. *Merde*, dachte er, alle machen ihre Häuser winterfest, nur meine Bude zerfällt.

Er ließ das Abendessen ausfallen, suchte in einem heruntergekommenen Schuppen hinter dem Haus herum und fand einen verrosteten Rechen. Nach einer Stunde brannte Schweiß in seinen Augen, die Arme schmerzten, er hatte einen Laubberg zusammengekehrt, der so hoch war wie er selbst – und auf dem steinigen Boden vor seiner Ölmühle lag immer noch ein dicker Teppich handgroßer Platanenblätter. Das mussten Millionen sein, die konnten doch nicht alle von den vier Bäumen in seiner Einfahrt niedergesegelt sein? Er schnippte mit seinem Feuerzeug am Laub herum.

»Nimm einen Grillanzünder oder schütte einen Liter Benzin darüber.« Paulette Aybalen. Seine Nachbarin war näher gekommen, ohne dass er sie gehört hatte: vierzig Jahre alt und durchtrainiert, die Haut glatt und sonnengebräunt, die Haare so dick und schwarz, dass man mit beiden Händen hineingreifen wollte. Blanc wollte sie zur Begrüßung auf die Wangen küssen, doch im letzten Moment zuckte er überrascht zurück, denn ihre linke Gesichtshälfte war geschwollen und über ihrem hohen Jochbein schimmerte die Haut blaugrün. Sie bemerkte es und lachte. »Das war ein Pferdehuf«, erklärte sie. »Ich habe einen Nagel aus dem Horn gezogen und dabei hat sich der Gaul beschwert. Meine Schuld. Es tut nicht mehr weh, du darfst küssen.«

»Ich habe keine Lust, einen Liter Diesel aus meinem Espace zu saugen«, sagte er. »Und Grillanzünder habe ich nicht. Glaube ich. Meine Küche ist nicht wirklich aufgeräumt.«

Sie blickte über seine Schulter durch ein Fenster in den Raum. »Die könntest du auch gleich anzünden.«

»Ich brauche einen guten Schreiner. Aber ich bin so gut wie pleite.«

»Ich kenne einen Schreiner für Leute, die so gut wie pleite sind. Bruno Fleur. Ein Genie in Bezug auf Holz. Und er arbeitet ohne Rechnung.«

»So etwas darf man einem Flic nicht sagen.«

»Bruno will keine Steuern hinterziehen. Er hasst nur den Papierkram. Meistens vergisst er, dir eine Rechnung zu stellen, du musst ihm das Geld geradezu aufzwingen. Ein Wunder, dass er noch nicht verhungert ist.«

»Klingt, als wäre das mein Mann.«

»Ich habe irgendwo seine Visitenkarte. Und Grillanzünder.«

Blanc blickte ihr nach. Paulette Aybalen wohnte auf der anderen Straßenseite in einem großen, verschachtelten Haus neben einer

Weide. Sie lebte dort mit ihren beiden fast erwachsenen Töchtern und drei Camargue-Pferden. Und es gab einen Exmann, der zu viel trank und die Töchter häufiger sehen wollte, als es ihm das Gericht erlaubt hatte. Blanc hatte schon dafür gesorgt, dass hin und wieder ein Streifenwagen durch Sainte-Françoise-la-Vallée fuhr, aber vielleicht war das nicht häufig genug.

»Gehen deine Pferde immer so ruppig mit dir um?«, fragte er, nachdem Paulette zurückgekehrt war.

Sie drückte ihm die Visitenkarte des Schreiners in die Hand und machte sich dann mit einem Stück Grillanzünder am Laubhaufen zu schaffen. Vielleicht, weil sie ihm nicht zutraute, den Paraffinblock richtig zwischen den Blättern zu platzieren. Vielleicht aber auch, weil sie ihn nicht anblicken wollte. »Das passiert bloß alle hundert Jahre einmal«, erwiderte sie. »Ein dummer Unfall, nichts weiter.«

»*Mais oui*«, versicherte Blanc. Schon wieder ein Unfall.

Monsieur Hurault und die Fischerin

Als Blanc am Donnerstagmorgen erwachte, blendete ihn silbriges Licht, das durch das Fenster flutete. Er trat vor das Haus. In der Nacht war Regen gefallen, er war jedoch zu müde gewesen, um den Guss zu hören. Nun hingen unzählige Wassertropfen im Bambus, der das Ufer der Touloubre säumte. Der Südwind strich durch die Pflanzen, die Sonne brach durch die Wolken, und so reflektierten die nassen Perlen das Licht im Rhythmus der Böen: Wenn diese den Bambus niederdrückten, funkelte er silbern, richtete er sich wieder auf, verwandelte er sich in eine schwarzgrüne Wand. Der Laubhügel, den er mit Paulettes Hilfe angezündet hatte, schwelte. Die äußeren Blätter waren feucht und schwer, doch durch das Innere mussten sich noch Flammen wühlen, deren Rauch durch eine Lücke abzog, wie bei einem kleinen Vulkan.

Blanc ging zurück in die Ölmühle, brühte Kaffee auf und schritt dabei unruhig durch die Küche. Sein Fuß stieß gegen die abgestellte Schranktür, die krachend auf die alten Fliesen schlug. Er holte die Visitenkarte des Schreiners aus seiner Brieftasche und griff nach dem Handy. Waren Handwerker nicht immer früh munter? Bruno Fleur war, seiner Stimme nach zu urteilen, jedenfalls gut ausgeschlafen.

»Ich brauche eine neue Küche in einem alten Haus. Aber sie darf nicht viel kosten«, erklärte Blanc.

Fleur seufzte wie ein Mann, der so einen Spruch schon häufig gehört hatte. »Ich werde es mir ansehen.«

»Wann?«

»Demnächst.«

Blanc rührte gedankenverloren in seiner Tasse, bis sich auf dem Kaffee eine spiralförmige Blasenbahn gebildet hatte. Er bemerkte, was er tat, und schüttete ihn in einem Zug hinunter. Wahrscheinlich schmeckte Teer so ähnlich. Wenn er seine Küche renovierte, dann könnte er sich auch gleich eine neue Kaffeemaschine anschaffen. Seine alte hatte ihm Geneviève zum fünften Hochzeitstag geschenkt und dabei ... Werd nicht sentimental, ermahnte er sich.

Ihm wäre nie auch nur der Gedanke gekommen, gegen Geneviève die Hand zu erheben – selbst an jenem letzten Tag in Paris nicht, als sie ihm in einem grauenhaft verständnisheischenden Ton von ihrem Liebhaber erzählt hatte. Doch dann dachte er an Christin Antunes und einen Zug. An Paulette Aybalen und einen Pferdehuf. Seltsame Unfälle. Und seltsame Ehemänner. Er musste mehr auf seine Nachbarin achtgeben. Noch mehr.

Eine Viertelstunde später parkte er den Espace vor der *boulangerie* von Gadet und besorgte sich zwei Croissants und einen vernünftigen Kaffee. Als Blanc kurz darauf in der Gendarmeriestation eintraf, wäre er im Flur vor seinem Büro beinahe über einen Putzeimer gestolpert, den wohl der Nachtdienst dort platziert hatte, weil die Betondecke an dieser Stelle leckte. Blanc fuhr seinen Rechner hoch und ging, während der alte Computer keuchend seine Festplatte rotieren ließ, in Fabiennes Zimmer. Sie sah so munter aus, als hätte sie zwölf Stunden lang geschlafen.

»Ich habe schon Ergebnisse«, begrüßte sie ihn fröhlich.

»Von der Toilettenspülung?«

»Noch spottest du. Der Administrator von Fluxvision hat mir in einer Mail eine Aufstellung der Daten von Mignaux' Handy geschickt. Und ich habe noch ein paar andere Daten abgegriffen.« Fabienne deutete stolz auf ihr iPad. »Mignaux war oft in La Redonne in seinem Haus, er hat in Ensuès im Supermarkt eingekauft. Er war mehrmals in Martigues, wahrscheinlich ist er jedes Mal direkt zu seiner Jacht gefahren. Denn Fluxvision zeigt, dass Mignaux anschließend von Martigues aus stets die Küste entlanggekreuzt ist, immer einige Hundert Meter vom Land entfernt und mit einer Geschwindigkeit von fünf oder sechs Stundenkilometern, das spricht für sein altes Segelboot.«

»Wohin ist er gesegelt?«

»In den letzten Wochen seines Lebens immer in die Bucht, in der ihr ihn gefunden habt. Er fuhr ein- oder zweimal pro Woche bis zur Calanque des Roches Sanglantes, danach hat sich das Handy für vierundzwanzig oder achtundvierzig Stunden nicht mehr bewegt, dann ist er zurück nach Martigues gesegelt.«

»Er hat also dort geankert«, vermutete Blanc.

»Und wahrscheinlich ist er getaucht, aber das kann uns Fluxvision nicht zeigen. Du nimmst dein Handy ja nicht mit unter Wasser.«

»Von wo aus hat Mignaux die erste SMS an Christin Antunes gesendet?«

»Wenn man die Uhrzeit der Textmitteilung mit den Zeitangaben von Fluxvision abgleicht, dann muss er sie von seinem Haus in La Redonne aus kontaktiert haben. Zuvor war Mignaux allerdings etwa sechsunddreißig Stunden lang in der Calanque des Roches Sanglantes.«

»Wie sehen die Angaben für seinen Todestag aus?«

»Sonntag, 30. September: Mignaux verlässt noch vor sechs Uhr morgens sein Haus und fährt nach Martigues, das er ungefähr eine halbe Stunde später erreicht. Dort bleibt er eine weitere halbe Stunde. Vermutlich macht er sein Segelboot fertig. Dann läuft er aus und erreicht am späten Vormittag die Calanque. Danach bewegt sich das Handy nicht mehr.«

»Hat Fluxvision zum gleichen Zeitpunkt ein anderes Mobiltelefon in der Bucht geortet?«

Fabienne schüttelte den Kopf. »Kein anderes Handy, bis zum Montagvormittag. Da haben sie dein Handy auf dem Schirm.« Sie lachte, als sie Blancs verblüfftes Gesicht sah. »Und das von Marius und einigen Marineangehörigen.«

»Als wir auf der *André Malraux* in die Bucht gefahren sind …« Blanc dachte nach und schüttelte enttäuscht den Kopf. »Den Daten von Fluxvision zufolge war Mignaux also an seinem Todestag alleine in der Calanque?«

Fabienne tippte triumphierend auf den Touchscreen. »In all den Wochen, die Mignaux' Handy bei Fluxvision registriert wurde, hat er es niemals ausgeschaltet. Es war nicht eine Minute lang vom Schirm, nicht eine einzige Sekunde, auch nicht nachts. Doch an seinem Todestag stirbt es mit ihm: Um 13.06 Uhr wird es abgeschaltet.«

Blanc blickte aus dem Fenster. »Doktor Thezan schätzt, dass Mignaux gegen zwölf Uhr gestorben ist, plus oder minus eine Stunde«, murmelte er nachdenklich. »Also entweder hat Mignaux unmittelbar vor seinem Tod das Gerät selbst ausgeschaltet – etwas, was er sonst nie getan hat. Oder …«

»… das Mobiltelefon wurde nach seinem Tod ausgeschaltet. Von seinem Mörder.« Fabienne streichelte ihr iPad wie einen Hund, der sie zu einem Schatz geführt hatte.

»Und danach?«

»Am Dienstag, den 2. Oktober, ist das Handy von Mignaux plötzlich wieder da: Martigues, Avenue Louis Sammut. Das ist direkt am Jachthafen und neben der *Mairie*. Jemand könnte das Gerät auf der Straße eingeschaltet haben. Oder auf einem Boot. Oder theoretisch auch in einem Büro im Rathaus. Zunächst geschieht jedenfalls zwei Stunden lang nichts: kein Anruf, keine SMS, kein Zugriff auf das Internet. Das Handy bewegt sich auch nicht von der Stelle.«

»Der Mörder studiert seinen Inhalt«, vermutete Blanc. »Er sieht sich an, mit wem Mignaux Kontakt hatte.«

»Möglich, aber das kann dir Fluxvision leider nicht verraten. Am frühen Abend wird von dem Gerät plötzlich die SMS an Christin Antunes gesendet. Antunes bestätigt sie kurz darauf. Danach wird das Mobiltelefon abgeschaltet. Und seither ist es verschwunden.«

»Schade«, sagte Blanc. »Ich wünschte, Fluxvision hätte das Handy bis zu einem bestimmten Boot im Hafen von Saint-César verfolgt.«

»Von einem Besitzer, dessen Name mit ›B‹ anfängt, schon klar.« Fabienne schüttelte bedauernd den Kopf. »Lionel Bonnots Daten habe ich auch abgefragt. Sein Handy ist in den letzten Wochen ebenfalls im System aufgetaucht, aber nur gelegentlich. Offenbar hat Bonnot hin und wieder die Calanques besucht. Er war in Martigues und in verschiedenen Buchten. Einmal war er auch mehrere Stunden lang in der Calanque des Roches Sanglantes – allerdings ausgerechnet an einem der Tage, an denen Mignaux nicht da war. Soweit du das mit Fluxvision feststellen kannst, sind sich Mignaux und Bonnot in den letzten Wochen nie näher als ein oder zwei Kilometer gekommen.«

»Was sagt Fluxvision zum Handy von Christin Antunes?«

»Nichts, das uns sehr überraschen würde: Sie war meistens in Méjean oder vor der Küste, wahrscheinlich zum Fischen. Ein paarmal in Martigues. Hin und wieder hat sie den Bereich von Fluxvision verlassen, weiß Gott, wo sie da war. Sie war aber nie länger als einige Stunden fort. Manchmal hat Christin Antunes ihr Handy allerdings auch ausgeschaltet, vor allem nachts. Und«, Fabienne lächelte, »ich weiß, was du mich fragen willst: Hat Fluxvision Mignaux und Antunes einmal zusammen erwischt?«

»Hat es?«

»Hat es: sechs Tage vor Mignaux' Tod, im Hafen von Méjean.«

»Wie Sandro Antunes behauptet hat.«

»Ja. Und Mignaux hat sich nach zwölf Minuten wieder entfernt. Wenn die beiden nicht gerade einen Quickie im Hafen gehabt haben, dann kann es wirklich nur ein kurzes Gespräch gewesen sein. Ein zweites Mal sind sich die beiden nicht nahe gekommen.«

»Christin hat ihr Handy öfter für Stunden ausgeschaltet. Und Mignaux hat immer wieder ganze Nächte in irgendwelchen Buchten geankert. Sie könnte zu seiner Jacht gefahren sein, ohne dass diese Toilettenspülung sie angepeilt hat.«

»Wenn Christin Antunes denn überhaupt von Fluxvision gewusst hat.«

»Sie war Politikerin. Vielleicht hatte sie von dem System gehört.« Blanc lächelte. »Gute Arbeit, Fabienne. Zur Belohnung lade ich dich ins Restaurant ein. Wir fahren zum Essen nach Saint-César und treffen *le Grand G* – mal sehen, ob der uns vielleicht verraten kann, wer Christin Antunes in den letzten Wochen näher als ein oder zwei Kilometer gekommen ist.«

Saint-César kam Blanc an diesem Oktobermittag vor wie ein gut versorgter Frührentner: tiefenentspannt und leicht verwahrlost. Ein paar Hundert Meter hinter Kirche und Cafés dümpelten zwei Dutzend Stahlkähne im Fischerhafen. Neben dem Pier trockneten schwarze Netze und ausrangierte orangerote Bojen auf einer staubigen Betonplatte, daneben dampfte eine Asphaltfläche unter der Sonne, bei der Blanc nicht ganz klar war, ob es sich um eine aus dem Leim gegangene Uferpromenade oder bloß um einen planlos angelegten Parkplatz handelte. In manchen Häusern am Rand des Hafens waren die Fenster vernagelt, und Tauben flatterten in den offenen Dachstühlen. Bei anderen waren die Wände neu verputzt, die hölzernen Fensterläden glänzten optimistisch: blau, grün, lachsrosa. Zwischen den Häusern und dem Kai glitzerte eine neue Sporthalle im Licht, turmhohe Fenster, blau lackierte Stahlträger, Basketballkörbe im Innern – eine Arena, die in einem Fischerhafen so grotesk fehl am Platze war, dass bei ihrer Planung irgendein böser Wille oder ein Subventionsbetrug im Spiel gewesen sein musste. Jenseits der Sportanlage perforierten im Jachthafen die Masten der Segler den Himmel. Auf einer maschendrahtumspannten Brache daneben rotteten aufgegebene, wettervernarbte Boote ihrem endgültigen Verfall entgegen. Über der blauen Wasserscheibe des Étang de Berre stand ein heller Dunst, der das steile gegenüberliegende Ufer umschmeichelte, sich in den Kronen der Pinien verfing und die dort halb im Grün versteckten Villen verhüllte. Für die Claude Figarolis dieser Welt musste Saint-César wie eine Ölquelle sein, die noch niemand angebohrt hatte.

Blanc und Fabienne betraten das *»L'Anguille«*, ein Restaurant, das verschwinden würde, wenn Projektentwickler die Stadt entdeckten: Die Küche dampfte in einem umgebauten Fischerhaus, dessen Putz vielleicht Mitte des letzten Jahrhunderts zum letzten Mal gestrichen worden war. Über die Tische auf der Terrasse wölbte sich ein Wintergarten aus weißen Aluminiumfertigelementen, eine Konstruktion, die wie ein Sonderangebot vom Baumarkt wirkte. Alle Tische waren besetzt.

Marius, der nur wenige Schritte vom Fischerhafen entfernt wohnte, hatte einen Tisch reserviert und dafür gesorgt, dass der Fischer, den er als *le Grand G* identifiziert hatte, mit ihnen aß: ein kahl rasierter Kerl, der Körper aufgepumpt wie der eines professionellen Rugbyspielers. Er saß auf einem Stuhl, der viel zu klein für ihn war, und Blanc dachte, wenn der Typ aufsteht, dann drückt er mit seinem Kopf eine Beule ins Gestänge des Wintergartens. Auf dem Tisch standen zwei Gläser, eine Wasserkaraffe und eine bereits zur Hälfte geleerte Flasche Pastis. Marius saß neben dem Fischer und rieb sich behaglich seinen Bauch.

»Monsieur Lagarde?«, fragte Blanc der Höflichkeit halber, als er zu ihnen trat. Er stellte Fabienne und sich vor.

Der Fischer musterte ihn aus dunklen Augen und reichte ihnen zur Begrüßung eine Hand, die so groß war wie ein Schraubstock und sich auch so anfühlte. »Wenn Sie mich ›Monsieur Lagarde‹ nennen, müssen Sie jede Frage wiederholen. Darauf reagiere ich nämlich nicht. Jeder nennt mich Gildas.« Seine Stimme hätte jeden Sänger in einer Heavy-Metal-Band neidisch gemacht.

»Dann sind wir jetzt beim ›Du‹«, erwiderte Blanc.

Mit einer lässigen Handbewegung rief Gildas die Kellnerin herbei.

»Gibt es keine Speisekarte?«, fragte Fabienne.

»Wer braucht denn Speisekarten, wenn er Hunger hat?«, antwortete der Fischer. »Viermal *anguille à l'aneth* und eine Flasche Weißwein von Bernard«, bestellte er.

»Ich bin im Dienst«, sagte Blanc.

»Ich mag keinen Aal«, sagte Fabienne.

»Scheiß drauf«, sagte Marius.

»Schon mein Großvater hat Aale aus dem Étang de Berre geholt«, sagte Gildas.

»Ich habe noch nie gehört, dass Aal eine Spezialität der Provence ist«, wunderte sich Blanc.

»Wenn du mit einem Fischer isst, dann muss es Aal in Dillsoße und Weißwein sein. Früher haben wir unseren Fang auf den Märkten verkauft. Heute essen die Leute lieber Kebab, da kann man nichts machen. Der größte Teil meines Fangs geht jetzt an ein paar Edelrestaurants in Italien. Na, die zahlen immerhin gut. Und einige Aale nehmen uns zum Glück auch noch die Restaurants hier ab.«

Blanc dachte daran, dass noch nicht alle Raffinerien um den Étang de Berre dichtgemacht hatten. Vielleicht würde der Weißwein den Aal desinfizieren.

Am Nebentisch redeten zwei ältere Männer auf einen jungen Kerl ein, der höchstens zwanzig Jahre alt war. Der Junge war arbeitslos, seit er die Schule verlassen hatte, und seine beiden Tischgenossen sprachen so laut, dass das ganze Restaurant die Details diverser gescheiterter Bewerbungen mitverfolgen konnte. Die Kellnerin mischte sich ein und dann noch jemand von einem anderen Tisch und schließlich machte die Hälfte der Gäste dem Jungen Vorschläge, wie und wo er einen Job ergattern könnte. Manche Hinweise waren banal, andere schlicht hirnrissig. Armes Schwein, dachte Blanc. Er war froh, als sich die Kellnerin aus dem Palaver löste und ihnen endlich den Aal reichte.

Fünfzehn Minuten und ein Weinglas später wusste er, dass er keinen Fehler gemacht hatte. Selbst Fabienne hatte tapfer damit begonnen, ihren Fisch zu zerteilen und hatte dann mit jedem Bissen herzhafter zugelangt. »Gar nicht übel«, verkündete sie.

Marius lachte bereits so laut, dass sich die Gäste an den anderen Tischen trotz des allgemeinen Geredes über Jobs als Mechaniker bei Renault und eine Stelle als Nachtwächter in einer Behinderteneinrichtung nach ihnen umdrehten. Er hatte schon fünf Gläser getrunken. Und die Pastisflasche war auch leer.

»Wir haben auf der Facebook-Seite von *Pêcheurs du Midi* einen Eintrag gelesen, der ...«, begann Blanc schließlich die ernsthafte Befragung und versuchte dabei, nicht so laut zu werden, dass nun ihre Unterhaltung von allen Gästen verfolgt wurde.

»Das war eine *connerie*«, unterbrach ihn Gildas kauend und hob seine mächtigen Schultern. »Marius hat mir schon erklärt, warum mich plötzlich drei Flics zum Essen einladen. Arme Christin. Ich hätte mein Maul halten sollen.«

»Stammen alle diese …«, Fabienne zögerte, »… diese zweideutigen Kommentare auf Facebook von dir?«

»Das war mein einziger. Und ich bin wahrscheinlich auch der einzige Idiot, der so etwas mit seinem Namen unterzeichnet.«

Blanc räusperte sich. »Damit wir uns richtig verstehen: Wir reden hier über mehr oder weniger offene Denunziationen dahingehend, dass Madame Antunes ein außereheliches Verhältnis gehabt haben soll?«

»Das hast du aber toll gesagt.« Gildas lachte und schien nicht im Mindesten verlegen zu sein. Dann wurde er wieder ernst. »*D'accord*, reden wir Klartext: Die meisten Fischer erben den Beruf vom Vater; du übernimmst das Boot und die Fanggründe von deinem Alten. Wie bei mir. Wie bei praktisch jedem in Saint-César und an der Côte Bleue. Seit einigen Jahren sind es auch die Töchter, die das übernehmen. Da haben wir uns dran gewöhnt, wir sind ja bloß von gestern und nicht mehr von vorgestern. Aber nur selten, wirklich, wirklich selten wird ein Neuling Fischer. Jemand, der keine Alten hat, die schon ewig dabei sind. Verstehst du?«

»Christin Antunes ist die Ausnahme«, murmelte Blanc. Er dachte an ihre Andeutungen auf Facebook: die abgebrochene Schullaufbahn, ein Jahr rumhängen … Und er dachte an den Ausdruck *étrangers de dehors*.

»Die Christin hat sich irgendwie ein Boot besorgt und einen Platz in Méjean ergattert. Keine Ahnung, wie sie das geschafft hat. Du hast bestimmt gesehen, dass es da im Hafen nicht sehr viele Plätze gibt. Sie tätowiert sich ihren ganzen Körper voll mit Meerestieren und färbt sich die Haare so wie meine Oma. *Putain*, das allein hätte schon gereicht, dass der eine oder andere Kollege sie schräg angesehen hätte! Aber dann lässt sie sich in den Gemeinderat wählen, macht Politik, startet alle diese Initiativen, schwingt große Reden. Weiß der Himmel, wer diese Frau überhaupt gewählt hat! Na, in den Calanques wohnen auch mehr und mehr Typen aus Marseille, und die waren ja schon immer ...« Gildas hob die Hand und klopfte sich bezeichnend an die Stirn. »Einerseits war das gut so, dass eine wie Christin was angepackt hat. Sie brachte Schwung in den Laden, hatte neue Ideen, hat sich für Fischer eingesetzt, die Ärger mit der Küstenwache hatten. Du konntest sie einfach nicht ignorieren. Andererseits ...« Gildas lachte. »Andererseits ist sie uns Alten gewaltig auf den Sack gegangen!«

»Und da fängt irgendjemand an, Gerüchte zu streuen«, warf Fabienne ein.

»Ihr Mann trägt doch die größten Hörner in den Calanques! Der Sandro war viel zu sanft. Eine wie Christin, die hätte man jede Nacht ...«

»Und wer war weniger sanft?«, unterbrach ihn Blanc, der gar nicht so genau wissen wollte, was Gildas gerne nachts mit Christin getrieben hätte.

»Keine Ahnung.«

Fabienne schnaubte empört. »Das glaube ich nicht.«

»Dein Pech. Ich weiß es wirklich nicht. Alle haben über die Christin geredet, wirklich alle! Die hat einen Liebhaber, die muss einen Liebhaber haben! Und hin und wieder, wenn jemandem von uns bei irgendeiner ihrer Reden oder ihrer verdammten Facebook-Seiten der Kragen geplatzt ist, dann hat man so einen Spruch abgelassen. Als Schuss vor den Bug gewissermaßen. Eine Warnung, dass sie den Mund nicht so voll nehmen soll. Das hat die Christin aber nie interessiert. Die hat einen bloß ausgelacht, wenn mal jemand gewagt hat, das in ihrer Gegenwart anzudeuten. Na, als sie schließlich gefordert hat, dass Fischer aus Naturschutzgründen nur noch mit Elektromotoren fahren sollten, da habe ich eben auch mal einen rausgehauen. Weißt du, wie weit ich mit meinem Kahn käme, wenn ich so eine Küchenmühle mit Strom einbauen würde? Und wie viel mich das kosten würde?«

»Du hast Christin Antunes beleidigt, weil du dich über Außenbordmotoren geärgert hast?«

»Du hast als Flic bestimmt schon dümmere Sachen gesehen!«

»Aber nicht viele.« Blanc rieb sich die Augen. »Es geht um einen Außenbordmotor, *mon Dieu!*«

»Du bist eine Landratte, was?« Gildas bestellte vier Espressi und wartete, bis die Kellnerin außer Hörweite war. »Als Fischer verdienst du gar nicht so schlecht«, gestand er halblaut. Zum ersten Mal schien er zu bemerken, dass ihnen andere Leute zuhören könnten. »Wir sind wie Bauern: Wir demonstrieren bei jeder Gelegenheit vor dem Rathaus und zünden Autoreifen an. Aber du kannst mit deinem Boot dreitausend Euro im Monat machen, sogar mehr. Das sagt natürlich niemand laut. Aber dafür gehst du auch ein Risiko ein: kein Fisch am Haken, kein Geld auf dem Konto. Und bei schlechtem Wetter riskierst du draußen auf dem Wasser dein Leben. In den letzten Jahren sind deshalb einige Kollegen auf die Idee gekommen, im Sommer nicht mehr zu fischen. Die schippern während der Saison jetzt Sportangler und Taucher durch die Calanques. Das bringt noch mehr Geld und ist viel weniger anstrengend. Aber wenn die Côte Bleue zum Nationalpark wird wie die Küste bei Cassis, dann wird der Zugang für Touristen reglementiert. Weniger Taucher, gar keine Angler. Und dein einträgliches Sommergeschäft ist für'n Arsch.«

»Aber genau das hat Christin Antunes gefordert«, fiel Fabienne ein. »Sie wollte die Côte Bleue in einen Nationalpark verwandeln.«

»Ja. Sie war ein bunter Vogel, der unsere Fanggründe durcheinandergewirbelt hat. Einige Kollegen waren echt angepisst. Aber du kannst als Fischer ja schlecht laut sagen, dass du gegen den Naturschutz bist. Dann machen dich die Bürokraten in Paris endgültig fertig! Also musste jeder in der Öffentlichkeit nicken und das Maul halten.«

»Gildas«, sagte Blanc ruhig, »niemand dreht dir hier einen Strick. Das ist keine Anklage, kein Verhör, ich habe nicht einmal vor, dich als Zeugen vorzuladen. Wir essen Aal, das ist alles. Ich will nur einen Hinweis, einen klitzekleinen Hinweis, *merde*! Wer ist der Kerl, mit dem sich Christin Antunes angeblich traf?«

»Keine Ahnung, wirklich. Obwohl ...« Gildas holte tief Luft und rührte so viel Zucker in seinen Espresso, dass Blanc sich unwillkürlich wunderte, dass die Tasse nicht überlief. »Also, es gibt da einen Typen. Ich weiß nicht, ob er Christin gevögelt hat. Aber geredet hat er mit ihr. Heimlich. Aber wiederum nicht heimlich genug, wenn du verstehst, was ich meine. Der Typ heißt Alain Hurault. Er wohnt in Martigues und ist ein Schlipsträger.«

»Ein Politiker?«

»Ein Manager. Bei Bauxiterre.«

Fabienne pfiff leise. »Das ist doch mal eine Überraschung.«

Blanc holte die Liste der Spurensicherung mit den Handydaten der Toten aus seiner Tasche. Ein »Hurault, Alain« aus Martigues hatte tatsächlich dreimal bei ihr angerufen, seine Nummer war einer der wenigen Privatanschlüsse auf der Liste. Christin Antunes selbst hatte ihn allerdings nie angerufen, sondern war stets von ihm angerufen worden, zuletzt acht Tage vor ihrem Tod. Blanc lehnte sich in seinem Stuhl zurück. Der Espresso schmeckte ihm auf einmal doppelt so gut. Das ist etwas, dachte er, endlich! »Das Aluminiumwerk«, sagt er. »Sandro Antunes hat gesagt, dass seine Frau wie besessen dagegen gekämpft hat.«

»Bauxiterre war Christins Lieblingsfeind«, stimmte Gildas zu. »Und da waren wir ausnahmsweise alle einer Meinung mit ihr. Die haben früher ihren Abraum auf eine Müllkippe bei Aix-en-Provence gekippt. ›Roter Schlamm‹, klingt nach Kindergarten, nicht wahr? War aber so giftig, dass die Leute in der Umgebung krank geworden sind. Die Politiker auch. Also haben sie das verboten, schon vor langer Zeit. Seit den Sechzigerjahren pumpt Bauxiterre deshalb den Abraum mit einer langen Pipeline irgendwo ins Meer. Keiner von uns weiß, wo. Das müssen aber Zehntausende Tonnen sein. Alle haben dagegen protestiert: Fischer, Politiker, Wissenschaftler. Irgendwann wurde das dann auch endlich verboten. Jetzt leiten sie nur noch geklärtes Wasser durch die Pipeline. Sauberer als das, was in einem Haushalt durch die Waschmaschine kommt. Behaupten sie.«

»Aber Christin Antunes hat Bauxiterre nicht geglaubt?«, fragte Fabienne.

»Sie hat jedem, der es hören wollte, verkündet, dass das Schweine sind. Dass sie uns und den Staat und überhaupt alle bescheißen. Nehmen Subventionen, aber pumpen heimlich ihren Dreck ins Meer. Sie nutzen die Vereinbarung mit der Regierung, die ihnen die Ableitung des geklärten Wassers erlaubt, um mit der gleichen Leitung illegal auch ihre rote Scheiße abzulassen. Behauptete Christin. Bewiesen hat das nie jemand. Und die Typen von Bauxiterre waren selbstverständlich empört und haben mit Prozessen gedroht.«

»Nur einer nicht – und der traf sich mit Madame Antunes?« Blanc hatte längst seinen Notizblock neben der Espressotasse liegen und schrieb mit.

»Alain Hurault. Ein Hobbysegler. Er hat eine kleine Jacht in Martigues und kreuzt damit auf dem Étang de Berre. Ich kenne ihn vom Sehen. Netter Kerl, für einen Schlipsträger. Also, er und Christin haben sich manchmal getroffen, in den Häfen von Martigues oder von La Redonne oder Méjean. Zufällig machen die Boote am selben Kai fest und da redet man halt … Es gibt da Gerüchte – Gerüchte, klar, du zerrst mich damit nicht als Zeuge vor Gericht! –, also, Gerüchte, dass Hurault ihr dabei Informationen gesteckt hat.«

»Über den *boue rouge* und die Pipeline?«, wollte Marius wissen.

»Über das Wetter werden sie wohl nicht geredet haben. Wie gesagt: Ich kenne den Typen so gut wie gar nicht. Aber der scheint sich auf dem Wasser wohlzufühlen, der mag das hier. Würde mich nicht wundern, wenn so einer ein schlechtes Gewissen hätte, weil seine Firma eine heimliche Schweinerei verursacht. Und dann trifft er sich eben mit der Politikerin, die der Pipeline den Hahn abdrehen will, ebenfalls heimlich. Wäre doch möglich, oder?«

»Du hast nicht zufällig die Adresse von Monsieur Hurault?«, meinte Blanc.

»Ein bisschen Arbeit musst du noch selbst erledigen.«

»Was hältst du davon?«, fragte Blanc, als sie im Streifenwagen nach Gadet zurückfuhren. Sie hatten Marius mit dem Fischer im Restaurant zurückgelassen. Die beiden wollten noch, wie Marius es formuliert hatte, »einen zweiten Espresso kippen«. Es fiel Blanc schwer, das zu glauben.

»Ich werde Gildas Lagarde im Netz noch etwas abklopfen«, erwiderte Fabienne. »Nur, um ganz sicher zu sein, dass er online wirklich so naiv ist, wie er behauptet hat. Vermutlich wird er mich nicht überraschen.«

»Endlich haben wir den Namen eines Mannes, der sich angeblich mit Christin Antunes getroffen hat.«

»Ich kümmere mich auch um Alain Hurault.« Sie konzentrierte sich auf ihr iPhone. »Hurault ist nicht bei Facebook, zumindest nicht unter seinem Klarnamen. Und nicht bei LinkedIn, obwohl er Manager ist. Wenn das ein Mann ist, den ein großes Kontaktbedürfnis treibt, dann versteckt er das gut.«

»Sieht so aus, als müssten wir Bauxiterre einmal gründlich überprüfen.«

»Ich frage mich nur«, sagte Fabienne nachdenklich, »ob es auch eine Verbindung zu Mignaux gibt. Ob Bauxiterre wirklich das ›B‹ in der ersten SMS des Wracktauchers war. Es wäre zu schön: Mignaux hat den Dreck aus der Pipeline von Bauxiterre entdeckt und will das der größten Gegnerin der Firma verraten. Deshalb schießt ihm jemand eine Harpune ins Auge.«

»Aber wer könnte dieser ›jemand‹ sein?«, gab Blanc zu bedenken.

»Wir brauchen mehr Leute, um den Fall zu untersuchen.«

»Wir haben Marius.«

Fabienne lachte bitter. Danach war es sehr lange still im Auto.

»*Merde*«, gab Blanc schließlich zu. »Es nützt nichts, dass wir ewig die Augen zumachen und das Maul halten. Marius trinkt einen über den Durst.«

»Der trinkt ein Dutzend über den Durst.«

»Willst du ihm das so sagen?« Blanc hieb auf das Lenkrad. »Er ist mein Kollege. Er ist mein Freund! Er hat mir einmal das Leben gerettet. Ich kann ihm nicht einfach ins Gesicht sagen, dass er ein Alkoholiker ist.«

»Irgendwann wird er richtig Scheiße bauen. Deshalb will niemand in Gadet mit ihm raus. Deshalb hat Nkoulou ihn zu deinem Partner gemacht, denn du bist der *connard* aus Paris, soll der sich mit dem alten Säufer herumschlagen.«

»Du schlägst dich auch mit Marius herum, und du bist freiwillig dazugekommen.«

»Ich bin die Lesbe mit dem iPad. Für die meisten Kollegen bin ich eine Außerirdische. Ihr seid die einzigen, die mich auf einen Espresso einladen. Oder einen Aal.«

»Marius macht einen guten Job. Ohne ihn …«

»… stecken wir in der Scheiße. Ja. Aber mit ihm stecken wir auch in der Scheiße. Wir können nicht immer Zeugenbefragungen mit zwei Flaschen Pastis und Aal führen. Oder ihn im Büro lassen, wenn wir irgendwohin fahren. Oder so tun, als sei alles normal, wenn er morgens nicht in der Station aufkreuzt.«

»Und was machen wir jetzt?«

Fabienne schaute ihn an und lächelte schwach. »Lass dir etwas einfallen. Du hast ein paar Streifen mehr auf der Schulter als ich.«

Im Büro las Blanc eine Mail der Kriminaltechniker: keine Fingerabdrücke, keine DNA-Spur, nichts, was darauf hindeutete, dass Christin Antunes jemals an Bord der *Pytheas* von Luc Mignaux gewesen war. Er starrte auf den Monitor und danach auf den leeren Stuhl am Schreibtisch gegenüber, auf dem eigentlich Marius sitzen sollte. Irgendwann wurde es dunkel, und er hatte nichts erledigt.

Er fuhr zur alten Ölmühle in Sainte-Françoise-la-Vallée und hielt kurz vor dem Haus seiner Nachbarin Paulette. Tiefe Stille. Nur ein Licht in einem Fenster, im ersten Stock, vielleicht ihr Schlafzimmer. Kein unbekanntes Auto am Straßenrand, kein Schatten hinter einer Hecke. Möglicherweise war es doch ein Pferdehuf gewesen, der ihre Wange verletzt hatte. Schließlich bog er in die Allee zu seiner Bleibe ein und kochte sich in der baufälligen Küche irgendetwas zusammen. Während er das halbherzig gewürzte Essen hinunterschlang, suchte er auf seinem Handy nach dem nächstgelegenen Fernbahnhof, dann buchte er online ein TGV-Ticket von Miramas nach Paris, Gare de Lyon. Demnächst stand der Scheidungstermin an. Er zögerte lange, schließlich rief er doch einen Pariser Anwalt an, der ihm noch einen Gefallen schuldete. Es wurde Zeit, dass Blanc das eine oder andere seiner Probleme löste.

Das Geheimnis der Münze

Freitag, 5. Oktober, acht Uhr morgens. Blanc hatte Fabienne zu sich gerufen. Sie hatte sich einen Besucherstuhl genommen, ein altes Ding in der Farbe von Erbrochenem, aus einem Plastik, das im Sommer an den blanken Schenkeln kurzbehoster Zeugen oder knapp bekleideter Prostituierter kleben blieb. Sie setzte sich zwischen die beiden Schreibtische, blickte abwechselnd Blanc und Marius an. Wie bei einer Therapiesitzung, dachte Blanc, jetzt könnten wir über die Sucht reden und über Behandlungen und Auszeiten. Doch Marius war frisch geduscht und pfiff die Melodie irgendeines alten Chansons, während er Zucker in den öligen Automatenkaffee einrührte, und Blanc brachte es nicht fertig, ihn jetzt auf Wein und Pastis anzusprechen.

»Wir fahren nach Arles«, verkündete er, »ins Museum. Der Münzexperte ist wieder da.«

»Der Numismatiker«, korrigierte Marius ihn nachsichtig.

»Der Typ, der sich vor Telefonen fürchtet«, sagte Fabienne.

»Ich bleibe hier und schaue, ob ich etwas über diesen Hurault von Bauxiterre herausfinden kann«, verkündete Marius lächelnd. »Vielleicht haben wir ja eine Akte über ihn.«

Um das herauszufinden, braucht man zwei Minuten, dachte Blanc. Marius mit seinem Elefantengedächtnis hätte längst etwas gesagt, wenn dieser Hurault in den letzten zwanzig Jahren bei der Gendarmerie aufgefallen wäre. »Gut«, sagte er trotzdem, »dann treffen wir uns heute Nachmittag wieder im Büro.«

Auf dem Flur flüsterte Fabienne: »Einen Augenblick lang dachte ich, du würdest ihn auf sein Du-weißt-schon-was ansprechen.«

»Das habe ich auch einen Augenblick lang gedacht«, brummte Blanc.

Er war noch nie zuvor in Arles gewesen. Die Route nationale 113 durchschnitt die südlichen Stadtviertel und war so schlecht asphaltiert wie eine Autobahn in der Dritten Welt. Im Vorbeifahren erblickte Blanc ockerfarbene Häuser und schiefe Dächer, alte Kirchtürme und Platanenkronen und dahinter ein silbernes Band: die Rhône. Schön, dachte er, trotz der Billighotels und Lagerhäuser hinter dem Standstreifen, Arles ist schön. Das Musée départemental Arles antique war ein modernes Gebäude am südlichen Stadtrand, gewölbt wie eine Riesenmuschel direkt neben dem großen Fluss.

Blanc hatte ihren Besuch der Sekretärin von Doktor Jacques Kojfer angekündigt. Sie hatte versprochen, er werde da sein. »Kojfer bleibt!«, hatte sie etwas kryptisch verkündet.

Der Wissenschaftler hauste in einem Zimmer, in dem er sich alle Mühe gegeben hatte, die Absicht des Architekten zu sabotieren. Der hatte das Musée départemental Arles antique hell und luftig entworfen, überall Fenster, raffinierte Lichtführung, Platz. Kojfer hatte seinen Raum jedoch mit schwarz lackierten Bücherregalen zugestellt und vor das mannshohe Fenster Barrieren aus aufgetürmten Aktenordnern und staubgepuderten Zimmerpalmen errichtet. Das ausgesperrte Sonnenlicht wurde durch das Leuchten einer drahtgeschützten Neonröhre ersetzt. Kojfer war mindestens sechzig Jahre alt und etwa 1,85 Meter groß, schätzte Blanc, nicht direkt dick, aber massig, seine dunklen, nur leicht angegrauten Haare waren ungekämmt, die teigigen Wangen nachlässig rasiert, vor den ungewöhnlich hellen Augen balancierte eine Brille mit einem verbogenen Stahlgestell. Er saugte mit einem leicht schlürfenden Geräusch an einer Pfeife, aus der süßlich duftender Rauch quoll. Wann habe ich zuletzt einen Pfeifenraucher gesehen?, fragte sich Blanc unwillkürlich. Wahrscheinlich in Paris in seinem Appartement, wenn manchmal im Fernsehen – mitten in der Nacht, wenn er nicht einschlafen konnte – politische Thriller aus den Siebzigerjahren geguckt hatte, Lino Ventura, Alain Delon.

»Das ist das zweite Mal in meinem Leben, dass ich mit der Polizei zu tun habe«, begrüßte sie Doktor Kojfer. »Das erste Mal vor Jahren: ein Trottel, der eine Centime-Münze nicht von einem Sesterz unterscheiden konnte.«

»Der Trottel hat Sie uns empfohlen.« Blanc nahm sich zusammen. »Wir brauchen die Auskunft einer anerkannten Kapazität«, fuhr er freundlicher fort. »Die Expertise eines ...«, er suchte nach dem richtigen Begriff, »... Numismatikers kann uns möglicherweise bei der Aufklärung eines schwierigen Falls weiterhelfen.« Er reichte Kojfer die Münze über den Tisch.

Der Wissenschaftler nahm den Denar, in seiner Haltung lagen Resignation und mehr als eine Spur Verachtung, er knipste eine alte Schreibtischlampe mit braun lackiertem Blechschirm an, beugte sich über das Objekt – und plötzlich schien es, als seien Blanc und Fabienne für Kojfer verschwunden. Der Numismatiker schnaufte auf einmal los und paffte kleine Qualmwolken in die Luft wie eine Spielzeugeisenbahn, er kramte hektisch eine Lupe unter den Papieren auf seinem Schreibtisch hervor, hielt die Münze ins Licht, beugte sich darüber, als wollte er sie einatmen.

Minuten verstrichen.

»Decimus Iunius Brutus Albinus«, verkündete er schließlich und blickte auf. Kojfer sah glücklich aus. Er hielt die Münze zwischen Daumen und Zeigefinger und deutete auf die Umschrift: »DEC IUN BRU ALB«. Er wiederholte den Namen. Er schüttelte verwundert den Kopf. Er saugte heftig an seiner Pfeife und gab glucksende Laute von sich.

Blanc ließ ihm Zeit, die Fassung wiederzugewinnen. »Den Namen werde ich wohl kaum in der Datenbank von Interpol finden«, sagte er schließlich.

»Den Namen finden Sie in Cäsars *De bello civili*«, erklärte Kojfer lächelnd.

Blanc ging ein Licht auf. »Cäsar? Der Brutus mit dem Dolch? Der Auch-du-mein-Sohn-Brutus, der Julius Cäsar ermordet hat?«

Der Wissenschaftler kicherte wie ein Junge, dem ein Streich geglückt war. »Ein weitläufiger Verwandter des berühmten Brutus. Auch Decimus Brutus war ein enger Gefolgsmann Cäsars, bevor er seinem Boss einen Dolch in den Leib rammte. Brutus war Legat, als Cäsar im Bürgerkrieg gegen seinen Rivalen Pompeius um die Macht in Rom kämpfte, einer der wichtigsten Truppenführer. Und«, Kojfer schnippte tatsächlich mit dem Finger, »Brutus hat vor Massalia gefochten!«

Auf einmal lächelte auch Fabienne: »Brutus hat auf Galeeren gekämpft, so wie Asterix mit den Piraten.«

Kojfers Züge entgleisten ein wenig. »In der Tat«, gab er zu. »Cäsar ließ Massalia belagern, das zu seinem Gegner Pompeius hielt. Um die Stadt auszuhungern, wollte er sie auch vom Meer her einschließen. Das Problem: Die Massalioten waren seit jeher gute Seefahrer, und Pompeius hatte auch noch einige Schiffe zur Verfügung. Decimus Brutus kommandierte Cäsars Flotte, doch er war zahlenmäßig hoffnungslos unterlegen. Eigentlich. Im Sommer des Jahres 49 vor Christus trafen die Galeeren aufeinander – und wider alle Erwartungen siegte Brutus. Ein großer Triumph! Massalia fiel kurz darauf an Cäsar, ganz Gallien gehörte ihm, bald hatte er den Bürgerkrieg gewonnen. Aber niemand …«

»… niemand weiß bis heute, wo diese entscheidende Seeschlacht ausgefochten wurde«, unterbrach ihn Blanc. Er fühlte sich mindestens so großartig wie Kojfer, wenn auch aus anderen Gründen.

»Richtig«, sagte der Wissenschaftler. »Irgendwo in den Gewässern vor Marseille, auf jeden Fall nah an der Küste.«

»In den Calanques?«

»Gut möglich. Laut den antiken Berichten müssen damals mehrere Galeeren versenkt worden sein, große Kampfschiffe mit Hunderten Mann an Bord. Aber man hat die Wracks von Cäsars und Pompeius' Flotten nie gefunden.«

»Könnte so eine Münze wie diese auf einer der Galeeren gewesen sein?«, fragte Fabienne.

»Selbstverständlich. Decimus Brutus war damals auch eine Zeit lang dafür verantwortlich, Münzen zu prägen, um die Legionäre zu bezahlen.«

»Also: Wenn man eine Münze von Decimus Brutus im Meer nahe bei Marseille findet, dann kann sie eigentlich nur während der legendären Seeschlacht verloren worden sein«, stellte Blanc fest. »Und wer weiß, wo diese Münze auf dem Meeresgrund gelegen hat, der weiß auch, wo die antiken Galeeren liegen.«

»Eine Galeere von Julius Cäsar!«, rief Kojfer. »Diesem ›Jemand‹ würde ich gerne einige Fragen stellen.«

»Ich auch«, versicherte Blanc. »Aber dafür ist es bedauerlicherweise zu spät.« Er berichtete dem Numismatiker vom Tod des Wracktauchers. »Kannten Sie Monsieur Mignaux?«, schloss er.

Kojfer lehnte sich enttäuscht so weit in seinem Stuhl zurück, dass dessen Lehne klagende Laute von sich gab. »Dem Namen nach, mehr nicht. Gesehen habe ich ihn nie, zumindest nicht bewusst. Ich habe gehört, dass er gelegentlich hier im Museum war, um Ausstellungsstücke zu studieren. Aber da ich nicht weiß, wie Mignaux aussieht, ist er mir nie aufgefallen. Nicht, dass ich häufig durch das Museum ginge, solange Besucher dort sind.« Er hüstelte.

»Wenn Sie sich nicht für Besucher interessieren – wieso kannten Sie dann Mignaux?«, hakte Fabienne nach.

»Kenne deinen Gegner. Wissenschaftler schützen das antike Erbe. Wracktaucher plündern es. Jede Plünderung ist eine Zerstörung. Taucher vernichten Objekte, und sie vernichten auch Informationen.«

»Tauchen Sie selbst, Doktor Kojfer?«

»Sehe ich so aus?« Er lachte.

»Also sind Sie auf Taucher angewiesen, um neue Objekte zu bergen?«

»Aber doch nicht auf solche Taucher!« Kojfer hob abwehrend die Hände. »Wracktaucher sind nicht besser als die Kerle, die mit einem Metalldetektor und einem Spaten durch das Land ziehen. Nur dass man die Plünderer an Land leichter erwischt.«

»Haben Sie einmal einen Wracktaucher erwischt?«

Der Wissenschaftler schüttelte den Kopf. »Wir hören uns um, auf Kongressen, auf Antiquitätenmessen, auf Empfängen in Arles: Gibt es Gerüchte über neue Objekte? Einen Marmorkopf? Eine Amphore? Eine Münze? Man schnappt manchmal etwas auf: den Namen eines Sammlers. Oder den Namen eines Wracktauchers ... Aber wir kommen nie an die heran. Wissen Sie, was ein Sammler für eine römische Amphore der Zeitenwende auf den Tisch legt? Zweitausend Euro oder mehr. Eine seltene Amphore aus dem griechischen Massalia oder eine etruskische Arbeit aus dem sechsten vorchristlichen Jahrhundert bringen jeweils fünftausend Euro!«

»Wir haben im Haus von Mignaux nicht eine Amphore gefunden. Nichts, außer dieser Münze.«

Kojfer lachte bitter. »Kein Wracktaucher lagert solche Schätze im Schuppen, wo die Gendarmerie sie finden kann. Wissen Sie, was diese Typen machen? Sie lassen die Amphoren und alles andere unten, bei den Wracks. Dann streuen sie Gerüchte: Ich habe da Amphoren aus dem zweiten Jahrhundert ... und Silbermünzen aus dem ersten Jahrhundert ... und bronzene Götterstatuen. Und erst, wenn ein Sammler ein Objekt bestellt, wird es geborgen. Man bestellt eine Amphore, der Taucher holt sie hoch, legt sie in einer Badewanne einen Monat lang in Süßwasser ein, um das Salz zu lösen, und dann erhält der Sammler seine Amphore. Das funktioniert wie im Katalog, nur dass es illegal ist. Aber fast risikofrei. Im schlimmsten Fall würde ein Taucher mit einer einzigen Amphore erwischt werden. Dafür wandert niemand ins Gefängnis.«

»Wenn schon eine Amphore fünftausend Euro kostet, dann müssten Relikte einer legendären Seeschlacht von Julius Cäsar doch noch viel begehrter sein?«, fragte Fabienne.

»Es gibt sicher Sammler, die bereit wären, für solche Stücke Fantasiepreise zu zahlen. Es gibt ja auch welche, die geben Hunderte Millionen für Bilder aus.«

Blanc versuchte vergebens, durch das zugestellte Fenster einen

Blick auf die Sonne zu erhaschen. »Angenommen«, sagte er nachdenklich, »Luc Mignaux hätte die legendären Galeeren gefunden. Ein Schatz, wie er nie zuvor in den Calanques entdeckt worden ist. Aber er könnte nichts bergen. Er hat kein Lager und außerdem wäre es viel zu gefährlich. Er müsste Sammler finden, die bereit wären, bei ihm diese einzigartigen Fundstücke zu bestellen – zu sehr, sehr hohen Preisen. Fundstücke, die sie noch gar nicht zu Gesicht bekommen haben, von Schiffen, die in den letzten zweitausend Jahren niemand mehr gesehen hat. Würde ein Sammler ein so großes Risiko eingehen?«

»Jeder Sammler würde einen Beweis sehen wollen«, mutmaßte Fabienne. »Einen Beweis dafür, dass Mignaux diese Galeeren tatsächlich gefunden hat.«

»Also zeigt er die Münze mit dem Namen von Cäsars Flottenführer herum. Einem Namen, der selbst schon legendär ist: Brutus.«

»Ich würde diese Münze wirklich gerne behalten«, sagte Kojfer. »Das Museum würde diese Münze gerne behalten«, korrigierte er sich schnell.

Blanc lächelte. »Erst einmal ist sie ein Beweisstück. Vielleicht danach …« Seine Stimme verklang, während er den Denar wieder in eine Plastiktüte steckte und in seiner Jeanstasche verschwinden ließ.

Kojfer sah aus, als würde ihm jemand einen Zahn ziehen.

»Welche Sammler hätten so viel Geld, um derartige Objekte zu kaufen?«, fragte Fabienne, die sich bereits erhoben hatte.

Kojfer atmete tief durch und zuckte mit den Achseln. Plötzlich war er wieder ein Berg fleischgewordener Verachtung. »Hier in der Region? Nur einer, von dem ich wüsste: Jérôme Plessier. Für den ist Geld kein Problem. Er ist Vorstandsvorsitzender von Bauxiterre.«

Strommarken

Auf Blancs Schreibtisch lag die Kreuzworträtselseite von *La Provence*, die Marius als Notizzettel zweckentfremdet hatte. In die Kästchen hatte er in Großbuchstaben hineingeschrieben: *HURAULT HAT KEINEN EINTRAG IM VORSTRAFENREGISTER ER IST NIE ALS ZEUGE BEFRAGT WORDEN ER WAR NIE OPFER EINES VERBRECHENS DER MANN HAT KEINE PROBLEME.* Dazu seine Adresse und seine Handynummer. Marius selbst war nirgendwo zu sehen.

In seinem Postfach blinkte eine Mail der *Mairie* von Martigues auf. Claude Figaroli. *Ich will ja nicht drängeln,* mon Capitaine. *Aber kann das Segelboot von Monsieur Mignaux nicht verlegt werden? Müssen Sie das überhaupt noch weiter untersuchen? Der Hafen ist voll belegt. Und bald kommt eine Delegation vom Nationalen Olympischen Komitee aus Paris, um die Bewerbung mit uns zu organisieren. Und da dachte ich …* Blanc las nicht weiter.

Das Telefon klingelte. Er erkannte die Nummer von Fontaine Thezan.

»War das Ihre Idee, mir den Brigadier ins Hospital zu schicken, *mon Capitaine?*«

»Was ist mit Barressi?«, fragte Blanc vorsichtig. Bei jeder Leichenöffnung musste ein Gendarm anwesend sein. »Der Kollege kommt selten aus dem Büro. In Marseille hat er sich in der *Évêché* verlaufen, wahrscheinlich der erste Flic, der sich jemals im Polizeipräsidium verirrt hat. Da dachte ich, ein paar Einsätze in freier Wildbahn würden ihm guttun.«

»Bei Ihren therapeutischen Ideen gibt es noch Luft nach oben.«

»Barressi ist umgekippt?«

»Er sah schlimmer aus als die Tote, die ich auf dem Tisch hatte.«

»Was können Sie mir zu Christin Antunes sagen?«

»Haben Sie etwas, um mitzuschreiben?«

»Eine herausgerissene Kreuzworträtselseite.«

»Besser als Ihr zerfledderter Notizblock. Madame Antunes ist ohne Zweifel vom Zug erfasst worden: vielfache Frakturen, schwere innere Verletzungen, ich werde Ihnen die Details mailen. Aber: Den Verletzungen nach kann der Triebwagen sie nicht im Stehen erfasst haben, sie muss an der Bahnlinie gelegen haben. Nicht quer zu den Schienen, wie es Selbstmörder tun. Sondern parallel zu den Schienen, außerhalb der Stränge, mit dem Kopf in die Richtung, aus der der Zug kam.«

»Niemand, der in einem Tunnel einem Zug ausweichen will, legt sich auf diese Weise an die Schienen!« Blanc kam ein Gedanke. »Kann es sein, dass Madame Antunes geschlafen hat? Es mag absurd klingen, aber ... vielleicht stand sie unter Drogen?«

»Ich habe keine Spuren von verbotenen Substanzen entdeckt. Sie hatte einen sehr geringen Restalkoholwert im Blut, kaum 0,1 Promille. Vielleicht hat sie mittags ein Glas Wein getrunken. Aber das wird sie nicht umgehauen haben. Das nicht.«

»Aber etwas hat sie umgehauen?«

»Ein Stromschlag.« Fontaine Thezan inhalierte tief. Als sie fortfuhr, klang sie müde. »Die Tote ist von dem Zug übel zugerichtet worden, Sie haben sie ja gesehen. Die Strommarken an ihrer rechten Hand waren nur noch schwer zu erkennen.«

»Mir ist nichts aufgefallen.«

»Sie brauchen dafür das helle Licht in der Gerichtsmedizin. Ich maile Ihnen auch ein paar Fotos. Es sind bräunliche Verbrennungen, um die sich ein porzellanartiger Randwall gelegt hat. Sieht fast so aus wie eine Mumie, die sehr lange in der Badewanne gelegen hat; nur bestimmte Hautstellen sind glatt und hart wie der Rand einer Teetasse.«

»Kann das der Strom vom Zug gewesen sein? Die Oberleitung?«

»Dafür sind die Verbrennungen zu wenig ausgeprägt. Ich vermute, es war ganz normaler Haushaltsstrom.«

»In diesem verdammten Tunnel gibt es keine Steckdosen, in die man einen defekten Toaster stecken könnte!«

»Das macht den Fall interessant.«

Blanc dachte nach. »Doktor Thezan, sind diese Strommarken dem Opfer vor oder nach den Verletzungen durch den Zug beigebracht worden?«

»Eindeutig davor: zuerst der Strom, dann der Zug.«

»War Christin Antunes also schon tot, als sie an der Bahnlinie lag?«

»Das ist nicht so zweifelsfrei zu sagen. Ein Stromschlag kann zum Herzstillstand und damit zum Tod führen. Aber er kann auch bloß Bewusstlosigkeit oder vorübergehende, partielle Lähmungen oder bloß eine Art Benommenheit hervorrufen. Das kann man bei der Leichenöffnung kaum erkennen, schon gar nicht, wenn der Körper in einem solchen Zustand ist wie bei Madame Antunes.«

»Aber sie wäre nach dem Stromschlag auf keinen Fall mehr in der Lage gewesen, aus eigener Kraft bis in den Tunnel zu gehen?«

»Wohl kaum.«

»Dann hat jemand Christin Antunes neben die Schienen gelegt, damit es wie ein Unglück aussieht. Ein typischer Unfall von Wanderern. Der Täter muss gehofft haben, dass die Verletzungen die Spuren des Stromschlags verdecken. Oder dass niemand so genau nachsieht. Sie sind fantastisch!«

»Dieses Kompliment höre ich hin und wieder. Ich schicke Ihnen den Bericht, sobald mein Assistent ihn getippt hat. Und Sie schicken mir einen Streifenwagen ins Hospital.«

»Gibt es Ärger?«

»Irgendjemand muss Ihren Brigadier abholen. Auch er kann noch nicht aus eigener Kraft gehen.«

Später kam Fabienne in das Büro. »Wenn mein Job so einfach bleibt, dann kann ich Roxane doch noch bei der Hochzeitsvorbereitung helfen«, verkündete sie.

»Langsam wird es ernst«, erwiderte Blanc ein wenig neidisch. Geneviève und er hatten seinerzeit nur den Freunden Bescheid gesagt, die Trauzeugen werden sollten. Sie waren noch Studenten gewesen und so arm, dass es nach der Zeremonie in der *Mairie* nur zu einem Essen in einem einfachen Restaurant gereicht hatte.

»Ich habe mir unsere Manager von Bauxiterre vorgenommen«, erklärte Fabienne.

»Huraults Leben passt in ein Kreuzworträtsel.«

»Hast du was in deinen Kaffee getan?«

»Hör nicht auf mich. Sag mir, was du hast.«

Fabienne zeigte ihm ein Foto auf ihrem iPad. »Alain Hurault, achtundfünfzig Jahre alt, verheiratet, drei Kinder, von denen zwei in Marseille studieren und die Jüngste kurz vor dem *baccalauréat* steht.« Das Bild zeigte einen mittelgroßen Mann, der seine lichter werdenden Haare schwarz färbte, doch versäumt hatte, den grau glänzenden Haaransatz nachzudunkeln. Auf dem Foto trug er eine altmodische braune Hornbrille. »Der wirkt so was von bieder«, meinte sie.

»Nur nicht die Rolex an seinem linken Handgelenk«, sagte Blanc.

»Da spricht der Korruptionsermittler. Ist mir nicht aufgefallen. Hurault wohnt in der schicksten Gegend von Martigues, direkt am Wasser. Er hat dort eine Jacht. Die ist zwar unspektakulär im Vergleich zu dem, was da sonst noch an den Piers dümpelt. Aber ihr Liegeplatz ist nicht unspektakulär: Ein Platz im Hafen von Martigues ist begehrt. Wenn du dich heute auf die Warteliste setzen lässt, wird dir vielleicht in zehn Jahren einer zugeteilt.«

»Oder man hilft nach«, sinnierte Blanc.

»Möglich. Rolex – schickes Haus – begehrter Liegeplatz. Klingt für mich nach einer ordentlichen Karriere. Hurault segelt oft auf dem Étang de Berre. Und«, Fabienne hob triumphierend die Stimme, »er segelt auch gerne in den Calanques.«

»Gibt es Verbindungen zwischen ihm und dem Wracktaucher? Oder zu Christin Antunes?«

»Zu Mignaux habe ich nichts gefunden. Aber zu Christin Antunes: Hurault hat sie, wie wir wissen, in den letzten vier Wochen dreimal auf dem Handy angerufen, aber nie auf dem Festnetzanschluss. Es gab auch keinen Mailwechsel zwischen den beiden, keine SMS, keinen Chat auf WhatsApp. Nur diese drei Anrufe.«

»Und Jérôme Plessier?«

Fabienne wischte über das Display und zauberte ein anderes Foto hervor: ein asketisch aussehender Mann mit ultrakurz geschnittenem Haar und einer eleganten, randlosen Brille. »Monsieur Plessier ist ebenfalls achtundfünfzig, aber auf der Karriereleiter noch etwas fixer hochgeklettert als Hurault. Er ist seit fünf Jahren Vorstandsvorsitzender von Bauxiterre. Seine Gattin ist Ärztin, er hat zwei erwachsene Töchter, die längst aus dem Haus sind. Zusammen mit seiner Gnädigsten vergibt er jedes Jahr ein Stipendium an einen hoffnungsvollen jungen Pianisten. Und er spendet an Hilfsorganisationen, die sich um afrikanische Bootsflüchtlinge kümmern.«

»Verbindet Plessier sonst noch irgendetwas mit Schiffen?«

Fabienne schüttelte den Kopf. »Keine Jacht in irgendeinem Hafen, kein Tauchschein. Weder seine Firmen- noch seine diversen Privatnummern findest du in Christin Antunes' Handy. Außer Kojfers Aussage, Plessier sei der reichste Antikensammler der Region, verbindet ihn anscheinend nichts mit Mignaux. Aber das muss wenig bedeuten: Die beiden könnten sich jederzeit im echten Leben treffen, ohne dass man das über Spuren im Handy oder Computer nachvollziehen könnte. Plessier wohnt nämlich mitten in den Calanques: Méjean, Allée du Rocher. Und Fluxvision hat die Mobiltelefone von Plessier und Mignaux immer mal wieder zur gleichen Zeit in Méjean verortet. Allerdings haben die beiden nie miteinander telefoniert.«

Blanc nickte anerkennend. »Plessier könnte sich auf einen Kaffee mit Mignaux getroffen haben, ohne dass dies je jemandem aufgefallen wäre.«

»Er könnte sich, rein theoretisch, ebenso gut mit Christin Antunes getroffen haben. Die beiden wohnen ebenfalls nur ein paar Hundert

Meter auseinander. So klein, wie Méjean ist, bin ich mir ziemlich sicher, dass sie sich hin und wieder gesehen haben müssen, auf einer der Straßen, an den winzigen Häfen, im Restaurant, auf einer Wanderroute – die können sich gar nicht ständig aus dem Weg gegangen sein.«

»Ich nehme an, Plessier ist so sauber, dass man weder in unseren Rechnern noch im Internet einen winzigen Hinweis auf eine Sammlung illegaler Antiken findet.«

»Plessier hat im Vorwort des letzten Geschäftsberichts von Bauxiterre Seneca zitiert. Das ist das einzig Antike, was es bei ihm zu entdecken gibt.«

»Wir werden Monsieur Plessier trotzdem einen Besuch abstatten.«

»Da ist noch etwas …« Fabienne lächelte unsicher. »Der Politiker, der dich in Paris fertiggemacht hat, das ist doch dieser Staatssekretär im Innenministerium mit dem bescheuerten doppelten Doppelnamen?«

Blanc richtete sich sehr gerade auf. »Jean-Charles Vialaron-Allègre.«

»Vialaron-Allègre und Plessier sind beide Enarchen. Sie waren im selben Jahrgang auf der *École nationale d'administration.* Sie müssen ziemlich eng befreundet sein, wenn man den Fotos glauben kann, die in den letzten Jahren bei diversen Parteiveranstaltungen in Paris gemacht worden sind.«

»*Merde.*«

»Willst du Plessier immer noch befragen?«

»Warum nicht?«

Später saß Blanc vor seinem Computer und starrte auf die Muster des Bildschirmschoners, bis seine Augen flimmerten. Stromverletzungen an der Hand der Toten. Der Mörder von Christin Antunes war raffinierter, als er gedacht hatte, und noch brutaler. Blanc fragte sich, was jemand fühlte, der eine junge Frau an die Schienen legte, damit sie vom Zug erfasst werden würde. Ob sie da wenigstens schon tot war? Oder war sie gelähmt gewesen und hilflos und hatte kommen sehen, was mit ihr geschehen würde? Er hieb mit der Faust auf den Schreibtisch. Bauxiterre. Das ›B‹ in der SMS. Ein Manager, der heimlich Informationen über einen Umweltskandal an eine grüne Politikerin weitergibt? Ein anderer Manager, der von einem Taucher heimlich Schätze kauft? Und jetzt sind die Poltikerin und der Taucher tot. Plessier. Vialaron-Allègre. Enarchen. Alte Freunde. *Merde, merde, merde.*

Blanc griff zum Telefon und rief im Justizpalast von Aix-en-Provence an. Er würde Aveline über die neuesten Erkenntnisse unterrichten. Er würde sie nach ihrer Einschätzung fragen, wie weit ihr Mann gehen würde, um diesen Freund zu schützen. Würde ihm die Untersuchungsrichterin freie Hand geben, um bei Bauxiterre zu ermitteln? Oder würde sie es ihm verbieten? Und: Würde er sich daran halten? Vielleicht, wenn sie sich träfen …

»*Madame le Juge* ist in Paris«, erklärte ihm eine Sekretärin. Ihre Stimme klang extrem herablassend.

»Es ist Freitagnachmittag.«

»Sie besucht ihren Gatten. Kann ich Madame etwas ausrichten? Oder wollen Sie es am Montag wieder versuchen?«

Blanc bemerkte, dass seine Gesprächspartnerin ihm nicht anbot, ihm die Handynummer der Untersuchungsrichterin zu geben. Selbstverständlich hatte er die längst, auch wenn die Sekretärin das nicht wissen konnte. Doch wenn Aveline ihre Mitarbeiterin angewiesen hatte, die Handynummer nicht einmal den Gendarmen weiterzugeben, die während ihrer Abwesenheit anriefen, dann bedeutete das, sie wollte in Paris nicht gestört werden. Blanc bedankte sich und legte auf. Er schloss die Augen. Normalerweise kam ihr Mann über das Wochenende in die Provence. Es war das erste Mal, seit er sie kannte, dass Aveline in die Hauptstadt gefahren war. Er fühlte sich wie durchgeprügelt. Er hatte Hunger, aber seine Küche war ein Trümmerhaufen. Außerdem hatte er mal wieder vergessen einzukaufen.

Also ging Blanc ins »*Le Soleil*«. Über die Terrasse wölbten sich Platanen, deren handgroße Blätter auf die Tische rieselten. Er atmete den feuchten Hauch der nahe vorbeifließenden Touloubre ein, die Luft schmeckte nach Herbst und Kälte. Viele Gäste kannte er inzwischen vom Sehen. Blanc war der einzige, der allein an einem Tisch speiste. Der übergewichtige, altersschwache Hund des Kochs schlurfte zu ihm und legte sich quer über seine Füße. Blanc konnte sich denken, dass er ein pathetisches Bild abgab. Er wünschte, er wäre irgendwo in Salon-de-Provence in einen Schnellimbiss gegangen. Er bestellte Steak und Pommes frites bei der Kellnerin, weil das am schnellsten ging. Die Frau lächelte ihn an und bemühte sich zugleich, ihren Blick auf den Bestellblock zu fokussieren. Sie liebte es, mit ihren Gästen anzustoßen, und war zu dieser Zeit stets etwas angetrunken, sodass sie sich konzentrieren musste, um unfallfrei zwischen den Tischen herumzugehen.

»Passen Sie auf den Schwanz des Hundes auf, Madame!«, warnte Blanc.

»Machen Sie sich mal keine Sorgen um diesen Schwanz, *mon Capitaine.*« Sie kicherte und ging bedächtigen Schrittes zur Küche. Blanc sah ihr nach und wünschte sich, er hätte bereits gegessen, könnte ein paar Euroscheine auf den Tisch werfen und gehen, einfach in der Dunkelheit verschwinden.

Der Reiz von Segelbooten

Am Samstagmorgen stand Blanc früh auf. Er hatte sich ein Schlafzimmer im ersten Stock der alten Ölmühle eingerichtet, ein weiß gekalkter Raum, karg wie eine Mönchszelle. Er hatte wie immer die Fensterläden offen gelassen, weil er es liebte, von der aufgehenden Sonne geweckt zu werden. Er zog sich Joggingschuhe, Sporthose und ein leichtes Sweatshirt an. Noch war es kühl, aber das würde sich schnell ändern.

Im Wald war es, als liefe er durch Vorhänge. Die Wärme presste den Tau aus dem Boden, der in Nebelschleiern einige Meter bis über die Wipfel aufdampfte und verging. Auf den Eichenblättern glänzten Tropfen wie Brillanten, jeder tiefe Atemzug beim Laufen wurde vom Duft nach Pinienharz und Laub gewürzt. Ein Kaninchen sprang erst davon, als er schon ganz nahe herangekommen war – wahrscheinlich eines jener Käfigtiere, die die Jäger, wie in jedem Jahr vor Beginn der Saison, aussetzten, damit sie später genügend Beute abknallen konnten.

Nach zehn Kilometern in den Hügeln, nach einer kalten Dusche und einer großen Schüssel *café au lait* blickte Blanc auf den Küchenschrank und fragte sich, ob er nicht selbst schon ein paar Reparaturen vornehmen sollte. Gerade neun Uhr, ein langes Wochenende lag vor ihm wie ein Berg, dessen Flanke er mühsam erklimmen musste. *Merde.* Er blätterte in seinem Notizblock, bis er die Privatnummer von Alain Hurault gefunden hatte.

Blanc stellte sich vor. »Störe ich Sie gerade?«, fragte er.

»Ehrlich gesagt: ja.« Hurault hatte eine weiche, resignierte Stimme.

»Ich ermittle im Todesfall von Madame Antunes.«

»Ich dachte mir schon, dass jemand früher oder später mit mir reden wollen würde.«

»Sie haben hin und wieder vertrauliche Informationen mit Madame Antunes ausgetauscht.«

»Ich frage Sie nicht, woher Sie das wissen. Es war jedenfalls ein sehr einseitiger Tausch: Ich habe gegeben, sie hat genommen.«

»Können wir uns treffen? Mir wäre es lieber, wenn wir uns am Wochenende sehen würden, sozusagen privat, als wenn wir uns am Montag in Ihrem Büro unterhalten würden.«

Hurault seufzte. »Das wäre mir auch lieber.«

»Dann komme ich bei Ihnen vorbei.«

»Mir wäre es ebenfalls lieber, wenn meine Frau nichts von unserem Treffen erführe.«

»Schlagen Sie einen Treffpunkt vor.«

Hurault zögerte einen Moment. »Wir können uns in Martigues am Hafen treffen. Dort liegt mein Boot. Wir segeln eine Runde, dann kann uns niemand zuhören. Kennen Sie den Étang de Berre?«

»Wir segeln nicht durch die Calanques?«

»Ich muss mit meiner Frau heute Abend nach Marseille fahren. Irgendein Musical. Sie ist ganz wild darauf. Ich habe ihr vorgeschlagen, dass wir die Calanques entlang bis zum Vieux Port segeln könnten. Aber Sie kennen das: Madame will sich schick machen, und mein Boot ist nicht gerade die *Titanic*. Also habe ich jetzt nur Zeit für eine kleine Runde über den Étang de Berre.« Er lachte. »Wir treffen uns also in einer Stunde im Hafen von Martigues?«

»Ich bin da«, versprach Blanc. Er griff nach dem Wagenschlüssel – und nach seiner alten Leica. Das Wochenende fing an, ihm Spaß zu machen.

Blanc stellte seinen Espace auf dem Parkplatz zwischen dem Hafen und dem Stadion Francis-Turcan ab. Es gab an diesem Tag kein Heimspiel in Martigues, an einem Samstagmorgen im Oktober waren auch nicht mehr sehr viele Hobbysegler auf ihren Booten – er war ungestört und musste nicht lange warten, bis ein gelber VW Polo vorfuhr. Alain Hurault stieg aus und achtete nicht auf den alten

Minivan, in dem Blanc saß. Der Manager von Bauxiterre trug eine Plastikkiste zum Pier, Werkzeuge vielleicht, vermutete Blanc, oder Angelsachen. Die Jacht lag am hinteren Ende des Hafenbeckens, dort, wo es sich zu einem der Kanäle verengte. Hurault ging an Bord, verschwand unter Deck, kehrte zurück zum Wagen und holte diesmal einen Sack aus Segeltuch aus dem Kofferraum. Blanc beobachtete ihn: Hurault war dicklich, sein Gang hatte etwas Schwankendes, wie ein übergewichtiger Schimpanse, der sich auf seine Hinterbeine aufgerichtet hatte und gerade eben das Gleichgewicht hielt. Er war mühselig aus dem Polo ausgestiegen, er hatte sich umständlich zum Kofferraum hinuntergebeugt, um den Sack herauszuwuchten. Doch auf seinem Segelboot, das nicht besonders groß war, vielleicht sieben oder acht Meter lang, schätzte Blanc, da glich Hurault mit jedem Schritt automatisch die taumelnden Bewegungen der Wellen aus und kletterte behände durch die schmale Luke unter Deck. Ein Mann, der sich auf dem Wasser sicherer fühlte als an Land. Blanc fragte sich, ob Hurault wohl mit seinem Bürojob glücklich war.

Als der Mann zum dritten Mal zu seinem Auto ging, stieg Blanc aus und stellte sich vor. Hurault schüttelte ihm die Hand, wuchtete zwei Rollen Tau heraus und schlug die Heckklappe zu. »Einen Diesel-Volkswagen darf man ja eigentlich nicht mehr fahren«, sagte er entschuldigend, »aber mein Leasingvertrag läuft noch acht Monate.«

»Im Vergleich zu meinem Auto ist Ihres ein Parfumspender«, entgegnete Blanc und nahm ihm eine Rolle Tau ab. »Ist ein Öko-Gewissen in Ihrem Job nicht eher hinderlich? Sie leiten ein Aluminiumwerk.«

Hurault lächelte nachsichtig. »Ich leite bloß die Buchhaltung. Und so schlimm ist Bauxiterre nicht. Wir pressen nicht einfach irgendwelche Dosen aus Aluminium, wir sind die größte Spezialfirma der Welt. Unsere Produkte finden Sie in Touchscreens oder Fernsehern. Oder in Zahncremes. Aluminium macht das Gebiss schön weiß.«

»Aluminium in Zahnpasta?«

»Manchmal ist es so einfach, seine Mitmenschen zu überraschen.«

»Konnten Sie Madame Antunes auch überraschen?«

»Sie war wie ein Kind vor dem Weihnachtsmann.« Hurault lachte, dann straffte er sich. »Wir reden später weiter über Bauxiterre. Meine Frau kommt. Wahrscheinlich hat sie etwas vergessen.« Er deutete auf ein silbernes BMW-3er-Cabrio, das mit deutlich zu hoher Geschwindigkeit auf den Parkplatz rauschte. Am Steuer saß eine blonde Frau Mitte vierzig, die beinahe erfolgreich versuchte, wie Mitte zwanzig auszusehen. Sie stoppte nicht beim Polo ihres Mannes, sondern etliche Meter davon entfernt, als hätte der Kleinwagen eine ansteckende Krankheit. Sie stieg aus, kam auf sie zu und begrüßte Hurault, wobei sie eher die Luft als seine Wange küsste. Für Blanc hatte sie bloß ein angedeutetes Nicken übrig.

»Leihst du mir dein iPhone?«, fragte sie ihren Mann.

»Meine Frau Milène«, stellte Hurault liebenswürdig vor. Er nannte auch Blancs Namen, verzichtete jedoch darauf zu erklären, wer er war oder warum sie sich trafen.

»Ja, ja«, sagte Milène Hurault und blickte Blanc nicht einmal an. »Darf ich nun dein Handy haben, oder nicht?« Sie streckte fordernd die Hand aus. »Anaïs hat gerade angerufen. Wir treffen uns auf den *Terrasses du Port.* Sie eröffnet heute eine neue Boutique.«

»Hast du dein Handy wieder verlegt?« Hurault fingerte seines aus der Tasche seiner Leinen-Segelhose und reichte es ihr.

»Meins ist leer. Ich kann das Ladegerät nicht finden.« Es klang, als machte sie das ihrem Gatten zum Vorwurf. Ihre Aussprache war etwas verwaschen, und Blanc dachte im ersten Moment, sie habe trotz der frühen Stunde schon ein paar Gläser getrunken, aber dann erkannte er, dass ihre porzellanweißen Zähne von einer nahezu durchsichtigen, doch ziemlich kompliziert aussehenden Spange auf Linie gehalten wurden.

Hurault seufzte, nachdem seine Frau ohne Abschiedskuss davongerauscht war, doch es klang eher erleichtert als bedrückt.

»Wenigstens ist es bloß eine Boutique«, murmelte er, »und nicht wieder ein Zahnarzt. Milène lässt sich ihr Richtfest einiges kosten.«

Blanc vermutete, dass es Huraults Geld war, mit dem dieses Richtfest finanziert wurde, aber er sagte bloß: »Wir haben ja noch mein Handy.«

»Und ich habe ein gutes altes Funkgerät an Bord. Wir verschwinden schon nicht im Schwarzen Loch.«

Sie gingen zu Huraults Jacht. Blanc half dabei, eine Persenning vom Segel zu zerren und Leinen zu lösen. Die Luft im Hafen duftete nach Salzwasser und Teer, obwohl das Boot, auf dessen leicht schwankendem Deck er stand, bloß eine ältere, nachlässig gepflegte Konstruktion aus weißem GFK war, die in der aufgehenden Sonne einen Hauch Kunststoff ausdünstete. Zwei Möwen kreischten, weil sie sich um das Endstück eines Baguettes stritten. Blanc fiel zum ersten Mal auf, wie groß und aggressiv diese Vögel waren. Räuber, Piraten, ganz sicher keine Feiglinge. Irgendwo klapperte ein Draht gegen einen Mast. Er spürte eine angenehme Wärme auf den Schultern. Blanc fühlte sich großartig. »Das könnte mir gefallen«, sagte er.

Hurault lachte. »Sie sind nicht gerade der Erste, der die Freuden des Segelns entdeckt!« Er deutete mit einer unbestimmten Geste den Pier hinunter. »Da liegt eine Golif von einem Freund von mir, der es jetzt mit dem Rheuma hat. Er sucht einen Käufer. Wenn Sie wollen, frage ich mal nach. Vielleicht macht er Ihnen einen guten Preis.«

»Ich bin kein Millionär.«

Der Manager lachte noch lauter. »Sie haben die Zähne meiner Frau gesehen. Glauben Sie, da bleibt noch viel für eine Jacht übrig?« Er schüttelte den Kopf. »Meine *Sangria* ist ja schon alt und billig. Aber eine Golif ist so etwas wie ein 2CV mit Segel: skurril, hässlich, lahm, aber mit Charakter. Das erste Großserienboot aus Plastik, original Sechzigerjahre. Das will heute kein Mensch mehr haben. Mein Freund würde Ihnen das für ein paar Hunderter überlassen.« Hurault verschwand unter Deck. Blanc hörte, wie er dort herumwühlte. Schließlich erschien er wieder und blickte sich enttäuscht um. »Haben Sie meinen Bootshaken gesehen?«

»Wie sieht der aus?«

»Eine Stange mit einer Art Haken an der Spitze, so groß wie ein Besen. Sie holen damit Bojen heran oder stoßen sich von Nachbarbooten ab. Die meisten haben Dinger aus Aluminium und Plastik. Ich bin der Einzige hier, der sich seinen Bootshaken selbst gebaut hat: glatt poliertes Holz, darauf ein Haken aus Messing. Alle Stegnachbarn sind neidisch. Wahrscheinlich hat mein Bootshaken deshalb Beine bekommen.« Obwohl Blanc Hurault ansah, dass ihn dieser Verlust betrübte, klang er kein bisschen wütend, sondern bloß ein wenig resigniert.

Blanc dachte an irgendeinen Typen hier in Martigues, der sich einfach den handgefertigten Bootshaken von der *Sangria* genommen hatte. Er dachte an ein silbernes Cabrio und eine durchsichtige Zahnspange und Milènes fordernd ausgestreckte Hand. Hurault, dachte er, gehört zu den Menschen, die sich nicht wehren. Auch diese Typen hatte er früher in Paris oft genug getroffen: Typen, die sich klaglos überrollen, an die Wand drücken, beiseiteschieben und ausnutzen ließen, immer und immer wieder, bis sie irgendwann zu den Flics gingen und auspackten – über unterschlagene Summen, umgeleitete Subventionen, diskrete Konten in Liechtenstein. Es waren Typen wie Hurault, die sich für die eine Demütigung zu viel rächten, indem sie Insider-Informationen über ihre Bosse nach draußen gaben, an die Gendarmerie oder manchmal auch an die Presse. Oder vielleicht an eine vorlaute Politikerin der EELV.

Hurault warf den Außenbordmotor an. »Dann schaffen wir das halt eben auch ohne meinen Bootshaken!«, rief er über den Zweitakterlärm hinweg. Langsam glitt die *Sangria* vom Steg. Blanc stand am Bug und hielt eine Leine in der Hand, aber das tat er eigentlich nur, um nicht komplett überflüssig auszusehen. Tatsächlich schaffte es Hurault sehr gut alleine, seinen Segler aus dem engen Hafen zu manövrieren. Mit jedem Meter, den sie sich vom Land entfernten, wirkte er selbstsicherer und heiterer. Sie bogen in den Canal Galliffet ein, der den Étang de Berre mit dem Mittelmeer verband. Blanc erkannte das Domizil von Figaroli wieder. Vom Boot aus sah es noch ein wenig begehrenswerter aus, ein Stadthaus am Wasser … Die Segelschule musste sehr gut laufen. Oder die Anwaltskanzlei von Madame Figaroli. Oder es gab diskrete Nebeneinnahmen als Lokalpolitiker. Oder mussten schon alle drei Quellen gleichzeitig angezapft werden, um sich so eine Bleibe leisten zu können? Olympiasegler vor der Haustür. Ein uraltes Aluminiumwerk, das die Küste verdreckt. Ein frustrierter Manager, der seinem Boss ein Bein stellen will. Eine engagierte Politikerin, die das Werk schließen will. Ein örtlicher Multifunktionär, der vom Meer profitieren möchte. Und alle telefonieren sie miteinander, ist erst wenige Wochen her. Blanc hatte den wohligen Eindruck, er müsste nur am Bug der Jacht stehen bleiben und würde von ganz alleine bis zur Lösung des Falls gesegelt werden.

»Das ist meins!«, rief Hurault und deutete nach links.

Sie hatten den Quai des Anglais passiert. Dahinter öffnete sich der Zugang zu einem weiteren schmalen Kanal. Seine Ufer wurden dicht an dicht von bunt verputzten Häusern gesäumt. Fotos davon hatte er schon einmal irgendwo in einer Illustrierten gesehen: *Das Venedig der Provence.* Sein Blick folgte dem ausgestreckten Arm des Managers bis zu einem ockerfarbenen Haus mit meerblauen Fensterläden. Es sah so frisch renoviert aus, dass man es ohne Retuschen in einer Architekturzeitschrift hätte würdigen können. *Das Venedig der Provence*, das war es: ein Artikel in einer Einrichtungszeitschrift, die Geneviève abonniert hatte. Das Gebäude passte zu einem BMW-Cabrio, dachte er, aber nicht zu einem VW Polo. »Nette Hütte«, antwortete er.

Hurault lachte bloß. Er steuerte die *Sangria* auf eine Brücke zu, die sich quer über den Canal Galliffet wölbte. An den Ufern neben der Stahlkonstruktion blinkten rote Lichter. Blanc blickte zur Brücke, zum Mast der *Sangria*, wieder zur Brücke. Da passen wir niemals durch, sagte er sich, ist der Kerl wahnsinnig geworden? Doch als das Segelboot bis auf ein paar Dutzend Meter herangekommen war, wölbte sich plötzlich die Fahrbahn vor ihm auf, als würde sie von einem Erdbeben hochgedrückt werden. Dann lösten sich die beiden Hälften der Klappbrücke, die Fahrbahnen schwenkten in majestätischer Langsamkeit nach oben. Hurault gab Gas, bis der Zweitakter röhrte, trotzdem kamen sie nur zäh voran. Wogen schwappten gegen die steinerne Einfassung des Kanals, die *Sangria* taumelte, Blanc kam es so vor, als führen sie durch einen Topf kochenden Wassers.

»Das ist die Strömung!«, tönte Hurault fröhlich über den Lärm hinweg. »Gleich sind wir durch.«

Blanc erinnerte sich endlich an seine Leica und fummelte an Blendenring und Zeitenrad herum. Dann schoss er ein Bild, als sie sich genau zwischen den geöffneten Brückenflügeln hindurchkämpften.

Zehn Minuten später beruhigte sich sein Puls. Die Brücke hatte sich hinter der *Sangria* wieder geschlossen, der Zweitakter war verstummt, Hurault hatte die Segel gesetzt. Die Jacht glitt auf den Étang de Berre hinaus. Winzige Wellen zogen über den See, der aussah wie zerknittertes blaues Packpapier. Das Plätschern der Wellen war nun das lauteste Geräusch an Bord. Einmal sprang ein fetter Fisch in die Luft und schlug klatschend auf die Oberfläche. Von einer fernen Landstraße wehte für ein paar Sekunden das Wummern eines schweren Motorrads herüber. In einigen Zentimeter Tiefe tanzten winzige, durchsichtige Quallen Ballett. Zwei Möwen kreischten über ihren Köpfen, drehten dann ab und verschwanden Richtung Meer. Zur Linken endeten die letzten Häuser von Martigues an einem steilen, grün überwucherten Hügel, der fast lotrecht in den Étang de Berre abfiel. Zur Rechten tauchte ein Flugzeug von Air France aus dem Hitzedunst über dem Flughafen in Marignane auf und stieg steil in den Himmel. Das Triebwerksgrollen hörte Blanc erst, als die Maschine schon fast am Horizont war. Einige andere Boote kreuzten bereits auf dem Wasser. Ihre Segel leuchteten im Morgenlicht weiß und rot. Er nahm die Leica und knipste. »Ich hätte nicht gedacht, dass ich mal romantische Jachtfotos schießen würde«, gestand Blanc.

»Mein Vater hat den Étang de Berre immer geliebt«, erwiderte Hurault. »Selbst in den Siebzigern, als er für die Leute von hier die nasse Hölle war. Er hat mir davon erzählt, dass er als Kind noch in Istres oder sogar drüben in Berre am Strand war und den ganzen Sommer über gebadet hat. Als ich ein Kind war, wäre das in dem verdreckten See Selbstmord gewesen. Heute leben hier wieder Aale und zu jeder Sommersaison öffnen die Gemeinden mehr Strände als im Jahr davor. Das Wasser ist inzwischen sauberer als an der Côte d'Azur. Man muss nur ordentlich aufräumen, dann kommt das Leben von ganz allein zurück.«

»Haben Sie sich deshalb an Christin Antunes gewandt? Damit sie Ihren Arbeitgeber zwingt, einmal ordentlich aufzuräumen?«

»So kann man das sagen«, gab Hurault zu. »Sehen Sie, ich bin seit mehr als zwanzig Jahren bei Bauxiterre und garantiert nicht illoyal, aber ...« Er machte eine vage Geste Richtung Wasser. »Ich liebe das hier, verstehen Sie? Die meisten Leute halten mich für verrückt: Der Étang de Berre mit allen seinen Raffinerien? Martigues mit den ganzen Arabern und den Dealern aus Marseille? Bist du bescheuert? Zieh doch auf die andere Seite von Marseille, nach Cassis oder La Ciotat! Aber mein Vater ist in Martigues geboren worden. Ich bin das ganze Jahr über auf dem Étang de Berre gewesen. Und wenn ich nicht dort war, dann war ich in den Calanques. Méjean, La Redonne; Mann, was war mir auf der Rückbank schlecht, wenn mein Vater mit seinem R4 über die Serpentinen nach unten gewankt ist! Ich will, dass hier alles wieder so sauber wird wie zu der Zeit, als mein Vater klein war. Nennen Sie es Nostalgie.«

»Madame Antunes wirkte nicht wie eine Nostalgikerin, als ich sie kennengelernt habe. Was haben Sie ihr verraten?«

»Ehrlich gesagt glaube ich, sie war enttäuscht von mir.« Hurault hob die Schultern. »Das scheint mein größtes Talent zu sein: Frauen zu enttäuschen. Als ich die Antunes das erste Mal angesprochen habe, ist sie ganz wild geworden. Sie hat gedacht, ich würde ihr den Öko-Skandal des Jahrhunderts verraten. Aber so schlimm ist Bauxiterre gar nicht. Als ich ihr Einzelheiten genannt habe, war sie nicht gerade dankbar.«

»Wofür hätte sie denn dankbar sein sollen?«

»Für den alten Abfall. Sehen Sie: Bauxiterre importiert eine Million Tonnen Bauxit aus Guinea. Das Erz wird im Hafen von Marseille gelöscht und an das Werk geliefert. Daraus gewinnen wir jährlich vierhundertvierzigtausend Tonnen Aluminium.«

»Was machen Sie mit den restlichen fünfhundertsechzigtausend Tonnen?«

»Die kippen wir in die Provence.«

Blanc sah Hurault verwundert an. »Sie laden mehr als eine halbe Million Tonnen Abfall im Jahr hier ab? Seit wann?«

»Seit 1893.«

Blanc ließ die Leica sinken und ging vom Bug aus nach hinten, um sich neben Hurault auf die Bank neben dem Steuerruder fallen zu lassen. »Mehr als einhundertzwanzig Jahre lang jedes verdammte Jahr eine halbe Millionen Tonnen?«

»Früher war die Produktionsmenge geringer.«

»Wir reden hier trotzdem noch von einem Himalaya aus Dreck.«

Hurault schüttelte ernsthaft den Kopf. »Wir reden hier nicht von einem Gebirge, sondern von einer Soße. Sie dürfen bei ›Erz‹ und ›Abraum‹ nicht an Steine denken. Wir nennen das, was bei der Produktion übrig bleibt, *boue rouge*, ›roter Schlamm‹. Es ist ein Gemisch aus Wasser, Erde, Eisen- und Titanoxiden und«, er zögerte, »nun ja, leider auch Blei, Quecksilber, Nickel und Arsen. Was eben so in dem Erz steckt. Wir haben den roten Schlamm jahrzehntelang auf eine Müllkippe in der Nähe von Aix-en-Provence gekippt. Ein weiterer Teil wurde über eine fünfundfünfzig Kilometer lange Pipeline über das Land und bis ins Meer gepumpt.«

»Sie kippen einen roten Schlamm mit Arsen direkt über die Fische?! Wenn Sie das einer grünen Politikerin sagen und sie nicht ausflippt, wann flippt sie dann aus? Das glaube ich Ihnen nicht!«

Hurault seufzte. »Der alte Schlamm war ihr nicht genug, sie

wollte neuen Dreck sehen. Den kann ich ihr aber nicht bieten.« Er hob entschuldigend die Hände. »Die Sache ist kompliziert. Wissen Sie, was die Konvention von Barcelona ist? Ein Abkommen aller Anrainerstaaten des Mittelmeers, in dem sie sich verpflichten, zum 31. Dezember 2015 jede Müllverklappung im Mittelmeer einzustellen. Seither dürfen keine festen Abfälle mehr in die See gekippt werden, nirgendwo und von niemandem. Bauxiterre hält sich selbstverständlich daran. Wir haben neue Filter gebaut und leiten bloß noch klares Abwasser ins Meer. Wir versiegeln Müllkippen. Wir sind bei null Schadstoffen. Das hat uns auch die ANSES zertifiziert, die nationale Gesundheitsbehörde. Bauxiterre ist heute eine Firma, wo Ihre Kinder auf dem Boden Sandburgen bauen könnten. Diese Filter haben uns einen Himalaya an Euros gekostet, *mon Capitaine*! Die meisten Kollegen im Management glauben, dass das nun reicht.«

»Aber Sie haben mit diesem Glauben ein Problem.«

»Mein Problem ist in der Tat der alte rote Schlamm auf der alten Müllkippe aus den Sechziger-, Siebzigerjahren. Der ist toxisch, seine Werte, zum Beispiel für Arsen, liegen bis zum Tausendfachen über dem nicht gesundheitsgefährdenden Limit. Das hat die ANSES ebenfalls in einem vertraulichen Gutachten gemessen. In einem sehr vertraulichen Gutachten, das kaum jemand gelesen hat, außer einigen unserer Manager und zwei oder drei Ministern in Paris – und einer Fischerin in Méjean. Denn genau dieses ANSES-Gutachten habe ich Madame Antunes zugespielt. Niemand in meiner Firma kümmert sich um den Müll, den sie 1960 oder 1970 mal irgendwo weggekippt haben. Und niemand in der Regierung kümmert sich. Alle behaupten, die alte Müllkippe sei versiegelt. Es sei unmöglich, dass Regenwasser die Schadstoffe ausspülen könnte.«

»Aber falls Regen das Arsen aus dem Müll spült, dann …«

»… landet er im Étang de Berre.« Hurault nickte traurig. »Genau. Endlich ist das Wasser hier sauber. Aber wie lange noch? Wenn doch irgendwann mal ein Leck in der Müllkippe auftritt … Sie haben damals den Untergrund mit Plastikplanen versiegelt. Aber hält Plastik ewig? Ich will, dass meine Firma sich um das Problem kümmert, bevor hier die Fische mit dem Bauch nach oben auf den Wellen dümpeln. Sagen wir: Meine Loyalität zu Bauxiterre ist groß, aber meine Loyalität zu den Erinnerungen meines Vaters ist größer.«

Der See hatte sich geweitet. Die Küsten zu beiden Seiten waren zurückgewichen, fünf, zehn Kilometer weit, schätzte Blanc: unregelmäßige, dunkelgrüne Striche, über denen die Luft flirrte. Vier große, schlanke Vögel zogen dicht über das Wasser. Flamingos, erkannte er, als sie nahe an ihnen vorüberstrichen. Sie mussten aus der Camargue herübergekommen sein, dem großen Sumpfland im Westen.

Blanc sah sein Gegenüber nachdenklich an. »Mich schaudert es, wenn ich Ihnen zuhöre«, gestand er. »Eine Fischerin wie Christin Antunes, die vom Meer lebt, muss sich doch erst recht fürchten.«

»Das dachte ich auch. Doch die Frau hat mir nicht geglaubt. Madame Antunes hat mir gesagt, dass der alte Müll, der seit dreißig Jahren irgendwo herumliegt, dort noch ein wenig länger liegen bleiben kann, bis sie sich darum kümmern wird. Sie wollte sich erst um den *neuen* Müll kümmern. Irgendwie hat sie sich in den Kopf gesetzt, dass Bauxiterre die Konvention von Barcelona ignoriert. Sie hat mir gesagt, dass wir den roten Schlamm immer noch ins Meer pumpen. Sie wollte Beweise dafür haben, dass wir lügen und Gesetze brechen. Als ich ihr gesagt habe, dass Bauxiterre keine Hinterhofklitsche ist, die einfach ein paar Gummireifen illegal verbrennt, sondern ein Großunternehmen, das internationale Gesetze einhalten muss, wenn man uns nicht die Hölle heißmachen soll, da hat sie bloß gelacht. Und als ich ihr gesagt habe, dass unser Abwasser inzwischen so weit geklärt ist, dass man es theoretisch sofort trinken kann, da hat sie mir Sachen an den Kopf geworfen, die ich hier lieber nicht wiederholen will.«

»Warum glaubte Madame Antunes, dass Bauxiterre noch immer Dreck ins Meer kippt? Hat sie Ihnen etwas gesagt? Hat sie roten Schlamm gesehen oder kranke Fische oder so etwas?«

»Das habe ich sie auch gefragt: ›Wo sind Ihre Beweise?‹ Sie hat bloß gesagt, die würde sie mir bei passender Gelegenheit unter die Nase reiben. Aber das ist bloß Geschwätz.«

»Wenn es keine Beweise für neue Müllverklappung gibt, dann bleibt immer noch die alte Sauerei. Warum reichte Christin Antunes der alte Müll von Bauxiterre nicht?«

»Weil der alte Müll den Étang de Berre vergiften würde und nicht die schönen Calanques. Und weil sich selbst grüne Aktivisten einen Dreck um den Étang de Berre scheren. Den haben die Politiker einfach aufgegeben. Ich habe meinen Job riskiert, um Christin Antunes Informationen zuzuspielen. Sie war die lauteste und frechste Politikerin an der Küste, die einzige, der ich zugetraut habe, dass sie sich um den alten Dreck kümmert. Ich war naiv. Die hat auch nur an ihre Calanques gedacht. Der war der Étang de Berre scheißegal. Ob er verdreckt wird oder nicht, das interessiert keinen Wähler.«

Blanc blickte auf das Wasser. Kleine Wellen plätscherten um den Bug, das Ruderblatt zog gurgelnd eine Schaumspur hinter sich her. Er zählte inzwischen mindestens zwanzig leuchtende Segel auf der Silberscheibe des Étang de Berre. Er dachte an Figaroli und seinen Traum von Olympia. An internationale Regatten. An die frisch renovierten Häuser zu beiden Seiten des Canal Galliffet. Martigues, das »Venedig der Provence«. An verschwindende Raffinerien, an neu eröffnete Badestrände, an die schroffen, grün überwucherten Klippen am Ufer. Es gab Tausende Menschen, die von einer Wiederauferstehung des Étang de Berre träumten. Die davon profitierten. Tausende Wähler. Irgendetwas stimmte an Huraults Geschichte nicht. Oder, was er für wahrscheinlicher hielt: Huraults Geschichte stimmte – aber irgendetwas an Christin Antunes' Reaktion stimmte nicht. Warum sollte eine Politikerin, die sich darüber erregte, wenn ein Taucher eine einzige Amphore aus einem uralten Wrack barg, bei Millionen Tonnen Gift, die in den Étang de Berre zu fließen drohten, gleichgültig mit den Schultern zucken? Bloß weil der Étang de Berre in ihren Augen eben nicht so wertvoll wie die Calanques war? Würde das eine Gewässer vergiftet werden, dann wäre doch auch die Küste bedroht. Christin Antunes hätte ihre schönen Felsbuchten vergessen können, wenn nebenan der Étang de Berre umgekippt wäre. Und das hatte sie sicherlich auch gewusst.

Irgendetwas passte nicht.

Als die Sonne schon beinahe im Zenith stand und der Wind nur noch schwach und unregelmäßig über den Étang de Berre strich, steuerte Hurault die *Sangria* zurück Richtung Martigues. Blanc hatte einen Film verschossen und spulte ihn mit der Hand zurück. Der Manager beobachtete ihn dabei, sagte jedoch nichts.

»Weiß Ihr Chef von dem alten Müll?«, fragte Blanc. Er dachte an Jérôme Plessier, der in einem Geschäftsbericht Seneca zitierte und junge Pianisten förderte und sich vielleicht ein wenig mehr als gesetzlich erlaubt für alte Schätze aus dem Meer interessierte. Wäre interessant zu erfahren, wie sein Mitarbeiter ihn einschätzte.

Hurault warf einen nervösen Blick über die Schulter, als wollte er sich vergewissern, dass ihnen auf der riesigen Wasserfläche tatsächlich niemand nahe genug gekommen war, um sie zu belauschen. »Monsieur Plessiers persönliche Meinung ist ähnlich wie meine. Glaube ich zumindest, wir haben selbstverständlich nie über die Problematik geredet. Oder höchstens in Andeutungen. Unsere Hauptaktionäre sind gegen unproduktive finanzielle Ausgaben. Sie legen uns Fesseln an. Monsieur Plessier kann natürlich nicht dagegen handeln. Nicht so wie ich.« Er lächelte verlegen.

»Plessier ahnt, dass Sie das Gutachten der ANSES an Madame Antunes weitergegeben haben?«

»Nein, nein!« Hurault blickte sich schon wieder um. »So weit gingen die Andeutungen nicht. Monsieur Plessier darf das gar nicht wissen! Ich dachte, dass Christin Antunes Druck machen würde. Und wenn erst einmal die Politik Druck auf unser Unternehmen ausüben würde, dann würde Monsieur Plessier sich nicht bis zum Äußersten wehren, da er ja eigentlich derselben Meinung ist, das nur nicht laut sagen kann – aus Rücksicht auf unsere Aktionäre.«

»Welche Andeutungen haben Sie denn gemacht, Monsieur Hurault?«, wunderte sich Blanc. »Was macht Sie so sicher, dass Ihr Vorgesetzter heimlich auf Ihrer Seite steht? Und dass er Sie nicht feuert, wenn er erfährt, dass Sie für Bauxiterre unangenehme Informationen nach draußen geben?«

»Es ist nur ein Gefühl«, gab Hurault zu. »Monsieur Plessier ist erst vor einigen Jahren zu Bauxiterre gekommen. Er ist deshalb für die alte Müllentsorgung nicht persönlich verantwortlich, also müsste er sich auch nicht davor fürchten, wenn das jemand in der Öffentlichkeit diskutieren würde. Er könnte immer sagen: ›Ich kümmere mich um das Problem, das mein Vorgänger mir hinterlassen hat.‹ Man würde ihn dafür eher loben als kritisieren. Außerdem hat er mir einmal erzählt, wie sehr er das Meer liebt. Und er ist ein überaus kultivierter Mann, ein Mann mit einem Sinn für gesellschaftliche Verpflichtungen, wenn Sie verstehen, was ich meine: Monsieur Plessier ist nicht einfach alles egal, was um ihn herum passiert, wenn nur die Bilanz stimmt. Er ist sehr ...«, Hurault suchte nach dem richtigen Begriff, »... sehr engagiert.«

Blanc lächelte. Dieses Wort hatte er in seiner Pariser Zeit häufiger aus dem Mund eines eingeschüchterten Büroleiters oder Kabinettssekretärs vernommen, wenn sie damit ihre Minister und Staatssekretäre beschrieben. »Sie meinen, wenn Monsieur Plessier etwas durchsetzen will, dann setzt er es auch durch.«

»So wird man Vorstandsvorsitzender.«

Ob Hurault wirklich glaubte, dass sein Chef eigentlich auf seiner Seite stand? Oder ob er es bloß vorspielte? Blanc musterte den Manager verstohlen. Hurault war zu sanft, um jemals ganz nach oben zu kommen. Er war genau der Typ Mitarbeiter, der von einem »engagierten« Boss überrollt wurde – und der sich vielleicht dafür irgendwann rächte, indem er seinem Boss ein Bein stellte. Ein Müllskandal war ein Müllskandal, ob Plessier nun dafür persönlich verantwortlich war oder nicht. Er war der Kopf von Bauxiterre, und wenn dieser Skandal publik wurde, womöglich in einer Zeit, in der sich die ganze Region auf Olympia vorbereitete, dann würde man diesen Kopf abschlagen.

Als sie wieder in den Hafen einliefen, sah Blanc, wie Claude Figaroli in seinen Porsche stieg. Der Sportwagen war am Kai der *Mairie* geparkt, nur ein paar Meter neben dem dort vertäuten Segelboot von Luc Mignaux.

»Da braust er davon, unser Monsieur Olympia«, kommentierte Hurault. »Vielleicht hält er wieder irgendwo eine Werberede. Oder er trifft sich mit einem seiner Gläubiger.« Er lachte milde.

Blanc starrte ihn überrascht an. Für einen Mann wie Hurault war das geradezu ein Ausbruch an Gehässigkeit. »Figaroli ist in Schwierigkeiten?«

»Seine Segelschule läuft nicht so, wie sie laufen müsste, sagt man. Es sind nur Gerüchte. Aber bis vor zwei Jahren hatte Figaroli kein Interesse an Politik und nur seine Rennjollen im Kopf. Dann steigt er auf einmal mit voller Kraft ein und lässt sich in den Gemeinderat hieven. Jetzt ist er für den Hafen, den Sport und die Freizeit zuständig. Und schon organisieren die Schulen von Martigues kurz vor den Sommerferien einwöchige Segelkurse für alle Kinder. Das hilft natürlich seiner Segelschule. Noch mehr würde es helfen, wenn Olympia zu uns käme. Wenn die Stars durch unsere Stadt stolzieren, dann werden die Kids leuchtende Augen bekommen und auch segeln wollen. Ein nettes Geschäftsmodell – wenn Olympia denn zu uns kommt.«

»Sie sind kein Freund der Olympischen Spiele?«

»Ich sehe sie mir gerne im Fernsehen an.«

»Sie wären nicht nur gut für eine bestimmte Segelschule, sondern für die ganze Region, behauptet Monsieur Figaroli.«

»Klar. Der träumt davon, die Raffinerien am Étang de Berre durch Villenviertel und Bettenburgen zu ersetzen.«

»Es wäre nicht mehr der Étang de Berre Ihres Vaters«, sagte Blanc.

Hurault atmete durch und hob resigniert die Hände. »Ich mache mir eben nicht bloß Sorgen um den Müll der Vergangenheit, sondern auch um den Müll der Zukunft.«

Blanc nickte bloß und entschuldigte sich, dass er nicht beim Anlegen half. Sobald die *Sangria* nahe genug am Pier war, sprang er an Land und eilte zum Kai bei der *Mairie*. Zu spät. Figaroli war gerade davongefahren. Er blickte auf das hölzerne Segelboot von Mignaux. Die *Pytheas* lag genau so da, wie er sie in Erinnerung hatte. Blanc sprang an Deck und sah sich um. Keine Luke stand offen, nichts schien zu fehlen. Das Siegel der Gendarmerie, das den Zugang unter Deck verschloss, war nicht aufgebrochen. Kein Indiz dafür, dass Figaroli womöglich auf der Jacht gewesen sein könnte. Vielleicht hatte er bloß hier geparkt, weil er nebenan im Rathaus zu tun gehabt hatte? Denn was hätte er auf dem Boot des toten Wracktauchers zu suchen gehabt? Nachdenklich ging Blanc zurück und half Hurault nun doch mit den Leinen und Fendern, bis die *Sangria* sicher festgemacht war.

»Wollen Sie sich das Segelboot meines Freundes ansehen?« Hurault wartete nicht auf eine Antwort, sondern ging etwa zwanzig Meter den Pier hinunter. Sie standen vor einer sechseinhalb Meter langen Jacht. Der Rumpf war blau gestrichen, doch hatten Salz und Sonne die Farbe zu einer Art Kreideton verwittern lassen. Das Deck aus weißem, geriffeltem Plastik musste, den Hinterlassenschaften nach zu urteilen, ein beliebter Landeplatz für Möwen sein. Am Heck leuchtete in gelben Buchstaben der Name *»Aotearoa«*.

»Das Land der langen, weißen Wolke«, übersetzte Hurault. »Der polynesische Name für Neuseeland. Je kleiner das Boot, desto größer der Name.«

Die Jacht war tatsächlich kürzer als alle anderen Boote am Pier, heruntergekommener auch – und Hurault hatte recht: Ihre Formen erinnerten Blanc an einen Citroën 2CV, Rumpf und Aufbauten wölbten sich in denselben skurrilen und entschieden unsportlichen Schwüngen wie bei der legendären Ente. Er verspürte den mächtigen Wunsch, dieses Wrack zu besitzen. Die hölzerne Ruderpinne mit dem abblätternden Lack zu packen, die zerschlissenen Segel zu setzen, auf das riesige, silberne Wasser hinauszugleiten ... Er konnte gar nicht richtig segeln. Seine gesamte seemännische Erfahrung bestand aus der eben beendeten Runde auf dem Étang de Berre und einer Tour durch die Calanques mit einem harpunierten Taucher an Bord. Sein Job fraß sich bis in seine karge Freizeit. Er wohnte in einer zweihundert Jahre alten Ruine, die unablässig sündteure Renovierungen forderte. Ihm stand eine genauso sündteure Scheidung bevor. Und wenn Aveline je diesen Kahn sehen würde ... Es war der totale Irrsinn. »Ein paar Hundert Euro, sagten Sie?«

»Wenige Hundert«, versicherte Hurault. »Ich muss meinen Freund noch einmal fragen. Aber das Boot kostet definitiv weniger als ein Fahrrad. Und seine Substanz ist gut«, setzte er zögernd hinzu und klang dabei so, als könne er selbst kaum glauben, dass er das gerade gesagt hatte.

»*Aotearoa*«, murmelte Blanc, »an den Namen muss man sich erst einmal gewöhnen.«

Ein kultivierter Manager

Blanc hatte sich vorgenommen, die Befragung der beiden leitenden Angestellten von Bauxiterre am Wochenende hinter sich zu bringen. Samstage und Sonntage waren sowieso die einzigen Tage, an denen man sich mit Managern unterhalten konnte, ohne dass alle fünf Minuten eine Sekretärin hereinkam.

Nachdem er sich von Hurault verabschiedet hatte, wollte er noch Plessier erreichen, doch niemand hatte abgehoben. Also hatte Blanc im ersten Supermarkt, an dem er auf der Rückfahrt von Martigues vorbeigekommen war, ein Steak und Reis gekauft. Er hatte in seiner verwüsteten Küche mehr schlecht als recht gekocht und lustlos sein Essen verschlungen. Zum ersten Mal, seit er in der Provence wohnte, hatte er es bedauert, keinen Fernseher zu haben. Ihm wäre die schwachsinnigste Show recht gewesen, wenn sie ihn bloß abgelenkt hätte. Er hatte es mit einem Buch versucht, bis er sich dabei ertappt hatte, wie er dieselbe Seite zum vierten Mal las. Immerzu hatte er an Christin Antunes denken müssen und an das, was Hurault ihm an diesem Tag gesagt hatte, und gedacht, dass irgendetwas hier nicht stimmte. Schließlich hatte er nach draußen geblickt und bemerkt, dass der Halbmond zumindest hell genug am Himmel stand, um die Landstraße auszuleuchten. Also war er, statt wie sonst durch den Wald, über die Route départementale gejoggt, bis er sich endlich zwar nicht besser, aber immerhin müde gefühlt hatte.

Noch am Frühstückstisch griff Blanc jetzt zum Telefon. Jérôme Plessier hob diesmal nach dem ersten Läuten seines Hausanschlusses ab und war ganz entspannt, obwohl es erst neun Uhr am Sonntag war – und er blieb es auch, als er hörte, dass ihn ein Flic besuchen wollte. »Wenn Sie vor meinem Haus parken, vergessen Sie die Handbremse nicht«, riet er, »sonst rollt Ihr Wagen ins Meer.«

Als Blanc eine Stunde später die letzte Kurve der Allée du Rocher in Méjean genommen hatte, sah er, was Plessier damit gemeint hatte: Die Straße senkte sich in einem wahnwitzigen Winkel. Genau an ihrer steilsten Stelle leuchtete eine moderne, weiß verputzte Villa. Das Haus sah nicht aus, als sei es auf den Felsen erbaut worden, sondern als habe man es an die nahezu lotrechte Felswand gedübelt wie ein übergroßes Kunstobjekt. Blanc zog die Handbremse an, doch er misstraute seinem alten Renault Espace, also suchte er sich am Straßenrand einen kopfgroßen Stein, den er zur Sicherheit unter dem linken Vorderreifen verkeilte. Dann blickte er die steile Treppe hoch, die zum Anwesen führte. Die Villa wirkte, als habe ein Architekt mehrere Kisten halb ineinandergeschoben und mit dem Laser schmale Fensterbänder in die Wände gebrannt. Eckige Mauern umwallten das Haus, und es war nicht klar, ob sie bloßer Sichtschutz waren oder ob sich hinter ihnen technische Anlagen, ein paar Mülltonnen oder die Limousinen des Besitzers verbargen. Alle Flachdächer waren mit jenen silbrig glänzenden, nichtrostenden Stahldrähten umspannnt, die eine Reling auf einem klassischen Kreuzfahrtschiff imitieren sollten.

»Kommen Sie herein!« Plessiers Stimme, von irgendwoher.

Versteckte Überwachungstechnik, dachte Blanc und versuchte vergebens, Kameras und Mikrofone zu entdecken. Die Anlage war so gut, dass die Stimme nicht elektronisch verzerrt klang, sondern so, als stünde der Hausherr direkt neben ihm. Die Eingangstür war eine massive, polierte Metallplatte ohne Griff, Klingel und Schloss. Summende Elektromotoren zogen sie nach innen auf. Blanc befühlte die Tür. Aluminium.

Plessier kam ihm auf einem Flur entgegen. Er trug eine helle Jeans und ein blau-weiß gestreiftes Polohemd, war aber barfuß. Zusammen mit dem Fußboden aus lackiertem Teakholz, den weißen Wänden, den Fensterbändern und der schimmernden Terrassenreling wirkte das alles auf Blanc wie eine Inszenierung: Ein Kapitän auf seiner Jacht hieß ihn an Bord willkommen, kein schnöder Hausbesitzer. Er stellte sich vor und verzichtete darauf, seinen Gendarmerieausweis zu zücken.

Plessier führte ihn durch einen großen Salon: ein weißes Rolf-Benz-Sofa, ein Glastisch mit Aluminiumrahmen, abstrakte Bilder an der Wand – und zwei halb mannshohe, schlanke Gebilde aus rotem Ton: Amphoren.

Blanc erkannte ihre typische, nach unten spitz zulaufende Form sofort wieder, die gleiche Form wie auf dem Foto von Bonnot, nur ohne Muschelbewuchs: Das bauchige Oberteil, fast wie der stilisierte menschliche Oberkörper, zwei Haltegriffe wie angewinkelte Arme, eine weite Öffnung als Hals. Die Amphoren wurden von schmalen Metallgestellen gehalten und standen vor der Wand. Sie leuchteten in dem einzig warmen Ton in einem ansonsten kaltweißen Raum, sie waren die einzige alten Objekte in einer modernen Umgebung – sie waren schreiend auffällig.

»Schöne Antiken«, sagte Blanc.

Plessier hielt inne und deutete mit Besitzerstolz auf das rechte Gefäß. »Eine massaliotische Arbeit aus dem fünften Jahrhundert vor Christus«, erklärte er. »Das andere Stück ist ungefähr genauso alt, stammt aber aus einer etruskischen Werkstatt. Sie sind meine wertvollsten Stücke.«

»Sie sammeln Amphoren?«

Plessier machte eine vage Geste. »Die übrigen Amphoren stehen in den anderen Räumen. Zwei römische Massenwaren aus dem ersten nachchristlichen Jahrhundert zieren sogar unsere Gästetoilette. Unsere Putzfrau hasst die antiken Krüge, weil sie so empfindlich sind. Meine Frau erträgt sie gerade eben, weil ich ihr gesagt habe, sie soll doch froh sein, dass ich keine Waffen sammle.« Er lachte und führte Blanc auf eine Terrasse: Bootsstühle aus Teak und dazu passende Tische. Ein übergroßer Sonnenschirm aus einem Hightechmaterial, das aber aussah wie Leinen. Ein blank polierter Weber-Gas-Grill. Hier hätte es Geneviève gefallen. Er hätte seine Leica mitnehmen sollen, um ihr lässig einen Abzug überreichen zu können. Demnächst in Paris. Vor Gericht. *Merde.*

»Kaffee? Cappuccino? Espresso?« Plessier war zu einer Sommerküche am Rand der Terrasse gegangen und hantierte mit einer silbrigen, wuchtigen Jura-Kaffeemaschine herum.

»Es ist noch früh genug für einen Cappuccino, danke«, erwiderte Blanc. Er wartete, bis sein Gastgeber die Prozedur mit dem heulenden Mahlwerk und dem zischenden Milchschäumer beendet hatte und mit zwei Tassen zurückkam, aus denen es unverschämt gut duftete. Während er über den Milchschaum blies, ließ Blanc von seinem Stuhl aus den Blick schweifen. Von der Terrasse hatte man eine Aussicht wie im Kino: Das Meer reichte bis zum Horizont, dahinter das Versprechen von Afrika. Weit, weit links leuchteten die Kalkberge von Marseille gelblich aus dem Morgendunst. Und rechts öffneten sich die Felsarme einer Calanque.

Der Bucht, in der Mignaux gestorben war.

»Warum sind Sie hier?«, fragte Plessier.

Blanc ließ sich Zeit mit der Antwort. »Ich ermittle die Todesumstände eines Wracktauchers.«

»Luc Mignaux. Ich habe von seinem Unfall gehört.«

»Sie kannten Monsieur Mignaux?«

»Sind Sie deshalb hier?«

»Die Umstände von Mignaux' Ende sind so bizarr, dass ich nicht von ›Unfall‹ sprechen will. Deshalb habe ich Ermittlungen aufgenommen. Und dabei habe ich erfahren, wie Monsieur Mignaux sein Geld verdient hat.«

Plessier musterte ihn einige Sekunden lang, dann zwang er sich zu einem Lächeln. »Und jetzt wollen Sie wissen, woher ich die Amphoren habe, die in meiner Villa stehen?«

Blanc lächelte ebenfalls. »Das würde meine Ermittlungen erleichtern.«

Der Manager verschwand im Haus und kehrte nach einigen Augenblicken mit einem Aktenordner wieder. »Ich habe jedes einzelne Stück legal erworben«, erklärte er. »Hier sind die Rechnungen und Zertifikate.«

Blanc blätterte die Dokumente durch. Belege von Händlern aus

Genf, Nizza, München, Den Haag, London, New York. Gutachten der Universität Aix-en-Provence, der Sorbonne, aus Cambridge. Einfuhrdeklarationen beim französischen Zoll. Das sah alles echt aus. Aber wer sich so eine Villa leisten konnte, der konnte sich auch perfekt gefälschte Papiere leisten. Plessier hatte den Ordner mit den Rechnungen schon nach wenigen Augenblicken hervorgeholt. Er musste ein sehr ordentlicher Mensch sein. Oder er hatte nach Mignaux' Tod damit gerechnet, dass früher oder später ein Flic bei ihm auftauchen würde.

Blanc hätte die Unterlagen gerne mitgenommen, doch er hatte keinen Durchsuchungsbefehl, er durfte nichts beschlagnahmen, er war hier nur zu einem privaten Gespräch. »Monsieur Plessier«, sagte er, »Sie kennen die Gerüchte, dass Mignaux Wracktaucher war, und Sie kennen die Gerüchte, dass Sie einer seiner Kunden waren. Ich frage Sie ganz naiv: Ist da irgendetwas dran?«

»Ich schätze Ihre Naivität, *mon Capitaine*. Ich war kein Kunde von Mignaux und bin es auch von keinem anderen Wracktaucher. Und was hat das überhaupt mit Lucs Tod zu tun? Es war doch ein Harpunen-Unfall, habe ich gehört.«

Blanc ignorierte die Frage. »Sie kannten ihn gut?«

»Er war ja beinahe ein Nachbar.« Plessier hob die Hände. »Wir verstehen uns doch richtig, *mon Capitaine*? Dies ist kein offizielles Verhör, ich muss mir keinen Anwalt nehmen, nichts wird protokolliert?«

Blanc nickte bloß und unterdrückte den Wunsch, seinen Notizblock zu zücken.

»*Bon*«, fuhr Plessier fort. »Selbstverständlich habe ich Geschichten über Mignaux gehört. Dass er alte Wracks gefunden, aber nie gemeldet hat. Dass er von dort unten Sachen heraufgeholt hat, die rechtmäßig in Museen gehören. Und selbstverständlich hätte ich das als rechtschaffener Bürger dieser Republik melden müssen. Habe ich aber selbstverständlich nicht.« Er lächelte dünn. »Auch mich beschäftigt die Antike sehr, wie Sie ja sehen. Aber so viele Altertumsspezialisten wohnen nicht in den Calanques. Meine Gattin interessiert sich sehr für Kultur, aber nur, wenn sie Geräusche macht: Sie liebt klassische Musik mehr als klassische Scherben. Meine Kinder …« Er lachte. »Und in meiner Firma kann ich auch keinen Mitarbeiter zu einem Fachgespräch über etruskische Amphoren verdonnern. Ich bin mit meiner Leidenschaft also recht allein. Deshalb war ich geradezu dankbar für Mignaux. Mit Luc konnte ich mich hin und wieder treffen und fachsimpeln. Er wusste erstaunlich viel – ganz besonders, wenn man bedenkt, dass er niemals eine Universität von innen gesehen hatte. Wirklich schade, dass er mit der Harpune nicht aufgepasst hat.«

»Haben Sie ihn mal auf einem Tauchgang begleitet?«

»Ich bin nicht schwindelfrei.«

Blanc hob fragend die linke Augenbraue.

»Haben Sie sich schon einmal eine Maske übergezogen und sind losgeschwommen?«, fragte Plessier und klang leicht resigniert, so als habe er das schon viel zu oft erklären müssen. »Sie gleiten über einen Felsen wie ein Flugzeug – und plötzlich öffnet sich der Meeresgrund unter Ihnen, Sie blicken fünf, zehn, fünfzehn Meter in den Abgrund. Es ist mir schon klar, dass man als Taucher nicht einfach abstürzen kann. Aber Phobien folgen nun einmal nicht logischen Gesetzen. Wenn das Wasser tiefer ist als zwei Meter und ich den Kopf unter die Wellen halte, dann werde ich beinahe ohnmächtig vor Höhenangst. Da kann man nichts machen.«

»Hat Ihnen Monsieur Mignaux von seinen Tauchgängen erzählt?«

»Er hat viel berichtet und mir Tausende Fotos gezeigt: Fische, Seesterne, Seeigel. Luc war ganz vernarrt in Meeresgetier, ich glaube, er war mit jeder Qualle in den Calanques per Du. Aber Wracks?« Plessier schnalzte bedauernd mit der Zunge. »Manchmal habe ich diskret versucht, unsere Gespräch in diese Richtung zu lenken. Aber Luc war zu clever. Niemals ein Wort über die Wracks, niemals! Über antike Seefahrt und Münzen und Bauten und überhaupt alles, was man sich anlesen kann – darüber hat er gerne mit mir geredet. Über

Amphoren ganz besonders! Aber er wollte von mir wissen, was ich als Sammler darüber wusste. Luc hat mich nach Informationen ausgehorcht, nicht ich ihn. Ich habe von ihm nie etwas bekommen, kein Sterbenswort zu Amphoren unter Wasser, und erst recht keine echte Amphore.«

»Hat er Ihre Sammlung bewundert?«

»So tief war unsere Freundschaft dann doch nicht, dass ich ihn eingeladen hätte oder er mich. Wir haben uns meistens in Méjean am Hafen getroffen. Oder in Martigues, wenn ich einen Termin in der *Mairie* hatte und seine *Pytheas* zufällig gerade am Steg lag. Kam ja nicht so häufig vor.«

»Kennen Sie denn einen anderen Sammler, der ein Kunde von Mignaux gewesen sein könnte?«

»*Mon Capitaine*, ich kenne Lucs Kundenliste nicht – falls es je solche Kunden gegeben hat.«

»Hat Ihnen Monsieur Mignaux einmal eine antike Münze gezeigt?«

»Ein- oder zweimal. Er hat behauptet, er habe eine kleine Privatsammlung. Aber, wie gesagt, ich war nie bei ihm.«

»Hat er Ihnen eine Münze von Brutus gezeigt?«

»Von dem alten Cäsarmörder? Nein, nicht dass ich wüsste. Aber das muss nichts bedeuten, denn ich sammle keine Münzen. Münzsammler sind Männer, die bei der Post arbeiten und einen Hobbykeller haben.«

Blanc erinnerte sich daran, dass Doktor Kojfer Plessier als den einzigen Münzsammler der Region bezeichnet hatte. Und dass Fabienne behauptet hatte, dass seltene Denare viel Geld kosteten – ganz sicher mehr, als ein Beamter der Post ausgeben konnte. Er wünschte, er könnte sich einen Durchsuchungsbefehl für diese Villa besorgen. Aber Plessier galt nicht als Verdächtiger, das würde Aveline niemals mitmachen. »Haben Sie schon einmal von der Seeschlacht gehört, die Decimus Brutus im Auftrag Cäsars vor Massalia gewonnen hat?«, fragte er bloß.

»Selbstverständlich. Die verschwundene römische Flotte von 49 vor Christus. Faszinierend wie die *Titanic*, bloß mit Rudern an der Seite. Hat nie jemand gefunden, falls die Galeeren denn je untergegangen sind. Meiner Meinung nach haben die antiken Seeleute ihre beschädigten Schiffe bis zur Küste gerudert, so weit war das ja nicht. Dann wurden die Galeeren entweder repariert oder abgewrackt. Holz war kostbar. Da kann man noch lange in den Calanques umhertauchen, um sie zu finden!«

»Möglicherweise hat Mignaux die Galeeren gefunden.«

Plessier lachte auf, es klang belustigt und ein wenig gelangweilt. »Wenn Sie abends lange genug in der Bar am Hafen hocken, dann wird Ihnen irgendwann jeder verdammte Fischer hier zuraunen, dass er die Galeeren des Cäsar gefunden hat!«

»Mignaux war kein betrunkener Fischer.«

»Aber Luc war schon ein wenig seltsam. Verschroben. Immer unten bei seinen Fischen und Quallen. Niemals unter Menschen. Besonders niemals unter Frauen. *D'accord*, vielleicht hat er ja tatsächlich die Wracks gefunden. Aber vielleicht war er auch nur einmal zu oft zu lange unter Wasser, wenn Sie verstehen, was ich meine.«

»Es scheint Sie nicht zu kümmern, dass Ihr Bekannter die legendären Galeeren entdeckt haben könnte.«

»Das bewegt mich nicht mehr als ein Stein, der in die Calanques fällt. Ich interessiere mich für Amphoren. Das ist meine Macke: griechische Amphoren, etruskische Amphoren, römische Amphoren! Fragen Sie meine Frau. Doch Amphoren wurden immer auf Handelsschiffen transportiert. Decimus Brutus hat seinerzeit aber Kriegsschiffe in eine Seeschlacht geführt. Selbst wenn Luc die Wracks entdeckt haben sollte – Amphoren würde er dort nicht finden.«

Blanc nickte und blickte hinaus auf die Calanque des Roches Sanglantes. »Letzten Sonntag hat Mignaux in dieser Bucht geankert«, sagte er. »Ist Ihnen seine Jacht aufgefallen? Sie ist ja recht auffällig. Ein hölzernes Boot, das …«

»Ich kenne die *Pytheas* ganz gut«, unterbrach ihn Plessier ungehalten. »Machen Sie Scherze, *mon Capitaine*? Wollen Sie mein Alibi überprüfen?«

»Vielleicht sind Sie ein Zeuge und ahnen es nicht einmal? Am letzten Sonntag ist Monsieur Mignaux in dieser Calanque gestorben. Das Wetter war gut, von Ihrer Terrasse aus hat man freie Sicht auf die Bucht. Womöglich haben Sie, rein zufällig, eine wichtige Beobachtung gemacht.«

»Wollen Sie mich auch in aller Unschuld fragen, ob ich, rein zufällig, Schießübungen mit einer Harpune gemacht habe?«

»Haben Sie?«

»Sie sind ganz schön dreist. Ich war letzten Sonntag in Davos. Meine Frau hatte einen Ärztekongress in der Schweiz, und wir haben das Wochenende drangehängt. Wir sind erst spät am Sonntagabend zurückgekehrt, als es schon dunkel war. Ich hätte von der Terrasse aus nicht einmal mehr einen Flugzeugträger in der Calanque gesehen.«

»Es gibt selbstverständlich Menschen, die das bestätigen können.«

»Selbstverständlich. Meine Frau. Ein befreundetes Ehepaar, mit dem wir in Davos waren. Das Personal vom Hotel. Geben Sie mir Ihre Karte, ich maile Ihnen deren Namen und Adressen.«

Blanc reichte ihm seine Visitenkarte. »Rufen Sie mich an, wenn Ihnen noch etwas zu Mignaux einfallen sollte«, bat er und erhob sich. An der Eingangstür wandte er sich um, als sei ihm gerade noch etwas in den Sinn gekommen. »Ich ermittle auch im Fall des Todes von Madame Antunes«, sagte er. »Ich weiß, dass Sie damit nichts zu tun haben«, setzte er rasch hinzu, »doch sie war gewissermaßen Ihre Nachbarin. Kannten Sie Madame Antunes? Haben Sie eine Idee, warum sie an jenem Abend durch den Tunnel gegangen sein könnte?«

»Ein tragischer Unfall. Ganz Méjean war gestern auf ihrer Beerdigung, auch meine Frau und ich waren da. Obwohl wir Madame Antunes nicht gerade nahestanden.«

Blanc nickte verständnisvoll. »Madame Antunes war eine Politikerin der EELV. Sie leiten ein Aluminiumwerk. Sie sind natürliche Gegner. Madame Antunes hat nicht immer freundlich über Sie geredet.«

Plessier starrte ihn mehrere Sekunden lang an. Wahrscheinlich war es dieser Blick, den sein Untergebener Hurault als »engagiert« beschrieben hätte. »Hören Sie mir jetzt einmal genau zu, *mon Capitaine*«, sagte Plessier schließlich. Er lächelte und seine Stimme klang freundlicher als je zuvor, doch seine Augen waren kalt wie die eines Scharfschützen. »Wenn ein Baby in die Windeln pinkelt, dann ist das schmutziger als unser Abwasser. Wir haben noch einen etwas hohen PH-Wert, und den bekommen wir auch noch in den Griff. Die Umweltministerin hat uns die Genehmigung erteilt, die Abwässer weiter ins Meer zu leiten. Wissen Sie, für wie viele Jahre diese Genehmigung gültig ist? Für dreißig Jahre! Sie kennen die Ministerin aus Ihrer Zeit in Paris, nehme ich an. Dann wissen Sie auch, dass sie solche Genehmigungen nicht leichtfertig erteilt. Also: Madame Antunes war bei der EELV, ich leite Bauxiterre, aber das heißt noch lange nicht, dass wir uns jeden Tag gestritten haben. Nicht über Abwässer und nicht über irgendetwas anderes. Ich mochte bloß ihre Tätowierungen nicht, das ist alles.«

Sie kennen die Ministerin aus Ihrer Zeit in Paris, nehme ich an … Merde. Blanc kickte den Stein unter dem Reifen fort und stieg in seinen Espace. Er hatte um neun Uhr bei Plessier angerufen, gegen zehn Uhr war er bei dessen Villa angelangt. In dieser einen Stunde musste der Typ bereits Erkundigungen über ihn eingezogen haben.

Er war erst einige Minuten unterwegs, als sein Nokia klingelte. Blanc quetschte den Minivan in einer Serpentine so nahe wie möglich an den Abgrund und betete, dass kein weiteres Auto vorbeifahren würde. Als er die Nummer auf dem Display sah, war er nicht mehr sonderlich überrascht. »Herr Staatssekretär«, sagte er, »was kann ich für Sie tun?«

»Tun Sie gar nichts, *mon Capitaine*, tun Sie zur Abwechslung mal einfach rein gar nichts.« Jean-Charles Vialaron-Allègre hatte eine Stimme, die wahrscheinlich selbst dann herablassend klingen würde, wenn er ein Telefonbuch vorläse.

»Hat sich Monsieur Plessier über mich beschwert?«

»Dafür ist Monsieur Plessier viel zu höflich. Es gibt in dieser Republik tatsächlich noch Menschen mit Manieren. Und Menschen, die bereit sind, Verantwortung zu tragen, viel Verantwortung. *Mon Capitaine*, ist Ihnen überhaupt bewusst, welche Last es heutzutage ist, ein französisches Unternehmen zu leiten? Wir haben in den letzten Jahren die Hälfte unserer industriellen Kapazität abgebaut. Und wie es der anderen Hälfte geht ... nun ja, Sie fahren ja selbst einen Renault. Bauxiterre ist da ein Leuchtturm in finsterer Nacht: Weltmarktführer in seinem Segment, Hunderte Angestellte, ein solider Gewinn vor Steuern und, *mon Capitaine*, diese Steuern, die Bauxiterre alljährlich zahlt, sind ein Segen für die Region und für ganz Frankreich!«

»Ich habe keine Steuerprüfung vorgenommen.«

»Werden Sie nicht zynisch. Sie wissen genau, wovon ich spreche.«

»Ich muss einen Mord aufklären. Bei dem Toten handelt es sich um einen Wracktaucher, der wahrscheinlich illegal antike Schiffe geplündert hat. Es gibt Gerüchte, dass Amphoren, wie Monsieur Plessier sie sammelt ...«

»Wer interessiert sich schon für Tonkrüge? Wenn Monsieur Plessier Amphoren sammeln will, dann soll er das tun. Ich bin sicher, dass die antiken Objekte bei ihm besser aufgehoben sind als auf dem Meeresgrund. Und ich bin mir sicher, dass Sie das auch so sehen. Verschwenden Sie Ihre Zeit und unsere Steuergelder nicht länger mit der Suche nach irgendwelchen Amphoren. Verstanden?«

»Sie wollen, dass ich die Ermittlungen einstelle?«

»Ich will, dass Sie noch ganz andere Ermittlungen einstellen. Was fällt Ihnen ein, Monsieur Plessier auf den Tod irgendeiner ausgeflippten Öko-Aktivistin anzusprechen? Machen Sie mir nicht weis, dass Monsieur Plessier auch in diesem Fall ein Zeuge ist. Und was fällt

Ihnen ein, bei Ihrem Verhör auch noch anzudeuten, dass Bauxiterre die Küstengewässer verschmutzt, obwohl die Umweltministerin persönlich dem Unternehmen gerade für die nächste Generation eine Genehmigung erteilt hat? Das, *mon Capitaine*, ist schlichtweg empörend. Und dumm. Und geradezu staatsgefährdend. Was wollen Sie mit solchen Ermittlungen erreichen? Wollen Sie den Unfalltod einer jungen Frau um jeden Preis mit einem eingebildeten Umweltskandal verbinden? Wollen Sie eine Affäre inszenieren, bis wir, sozusagen als Kollateralschaden, auch noch unsere Olympiabewerbung zurückziehen müssen? Was soll ich dem Premierminister sagen? Dass Paris einen der größten Steuerzahler der Nation demoliert und außerdem die Olympischen Spiele nicht ausrichten kann, weil in der Provence eine tätowierte Dame gegen einen Zug gelaufen ist?«

»Monsieur Plessier ist für mich ein Zeuge, mehr nicht«, erwiderte Blanc und atmete tief durch, um nicht laut zu werden. »Ein Mann, der zufälligerweise einen Taucher kannte, der auf rätselhafte Weise gestorben ist. Wer sollte daraus einen Skandal um Bauxiterre machen und warum? Es ist Sonntagmorgen, es war kein offizielles Verhör, es gab kein Protokoll, nicht einmal meine Kollegen wissen, dass ich dort war.«

»Und das wird auch so bleiben. Machen Sie mit Ihrem toten Taucher und dem unglücklichen Mädchen, was Sie wollen. Aber den Namen Bauxiterre will ich in den Ermittlungsakten des einen wie des anderen Falls nicht lesen!« Der Staatssekretär hatte aufgelegt, bevor Blanc noch ein Wort erwidern konnte.

Vialaron-Allègre, verdammt! Ob Aveline bei ihm war? Ob sie das Gespräch mitgehört hatte? Er hieb auf das Lenkrad. Hinter ihm hupte der Fahrer eines weißen Twingos. Französische Industrie. Arbeitsplätze. Ein Aluminiumwerk als Leuchtturm. »Du mich auch!«, rief Blanc, als der Twingo-Fahrer ein zweites Mal hupte. Er trat aufs Gas und quälte den unhandlichen Minivan so gewaltsam über die Serpentinen, dass der Kleinwagen schon bald nicht mehr im Rückspiegel zu sehen war.

Plessier lügt, dachte Blanc, selbstverständlich lügt der Kerl, *merde*! Der hat jede einzelne seiner bescheuerten Amphoren von Mignaux gekauft. Der sammelt Münzen. Aber alle seine schönen Zertifikate und Rechnungen würden ungeprüft bleiben, denn die Gendarmerie würde niemals eine Genehmigung zur Beschlagnahmung erhalten, um sie auf ihre Echtheit untersuchen zu lassen. Das würde Aveline nicht erlauben, nicht nach diesem Telefongespräch gerade. Dann noch Christin Antunes. Sie hatte Bauxiterre in aller Öffentlichkeit für die Abwässer kritisiert. Und sie hatte Belege für aktuelle Umweltverschmutzungen des Unternehmens gesucht. War Plessier ein Manager, der sich laute Kritik von einer wilden Jungpolitikerin gefallen lassen hätte? Wenn das Einzige, was Plessier an Christin Antunes missfiel, ihre Tätowierungen gewesen wären, dann hätte er nicht sofort zum Hörer gegriffen, um einen Staatssekretär in Paris anzurufen, sobald Blanc die Villa verlassen hatte. Plessier ging jetzt sicherlich davon aus, dass er sich und Bauxiterre aus der Schusslinie genommen hatte.

Der Typ würde sich noch wundern, *merde*!

Er nahm nicht die direkte Route Richtung Sainte-Françoise-la-Vallée, sondern bog auf eine Landstraße ab, die am Ostufer des Étang de Berre entlangführte. Er hatte die Straße für sich allein und hätte das Gaspedal bis zum morschen Bodenblech des Espace durchdrücken können. Stattdessen rollte er mit nicht einmal vierzig Stundenkilometern dahin und sah sich um. Anfangs glitt er durch den schilfbestandenen Saum des Gewässers. Grüne und braune Stängel, drei, vier Meter hoch, die Spitzen noch immer silbrig vom Tau und so dicht stehend, dass er zu beiden Seiten kaum ein paar Schritte weit blicken konnte. Einmal passierte er eine staubige Fläche aus Kies und mürbem Beton. Mitten im Schilf stand eine Industriehalle, die einmal weiß verputzt gewesen war. Jetzt schimmerten Ziegel und angerostete Stahlträger durch die Wände, Löcher klafften im Dach, in den Fensterrahmen steckten bloß noch Glassplitter. Aus einigen

Spalten im Beton quetschten sich Schilfstängel heraus. Ein Stück weiter stieg die Route départementale leicht an. Das Land wurde trockener, felsiger. Garrigues. Weinreben legten ein Muster auf die Flanke eines Hügels, mittendrin stand ein zypressenumstandenes Landgut, vielleicht ein kleines Schloss, die ockerverputzten Wände fleckig, zwischen den Dachschindeln wuchsen Gräser. Blanc bog auf die Route départementale 10 ein, groß wie eine Rennstrecke. Er hatte auch sie für sich allein und blieb bei seinem gemächlichen Tempo. An einem Parkplatz zwischen einem Kraftwerk und dem Ufer des Étang de Berre hielt er an. Der Mittagsdunst schwebte wie eine zweite Scheibe über dem Wasserspiegel. Pinien am Ufer, zwischen ihren knotigen Wurzeln schimmerten Chipstüten und Bierflaschen. Die Natur holt sich zurück, was man ihr gestohlen hatte. Blanc konnte verstehen, warum man diese bizarre Landschaft mochte.

Er hatte noch keine Lust, in seine Ölmühle zurückzukehren. Stattdessen steuerte er den Minivan nach Saint-César. Auf dem Parkplatz neben dem Jachthafen hatte eine Familie einen Grill aufgestellt. Auch auf vielen Booten hockten Leute beisammen und aßen. Der Duft von gegrilltem Lamm und Wein mischte sich unter den Geruch des Brackwassers. Blanc merkte, wie hungrig er war. Er hatte sich den Zugangscode zum Steg von Bonnots Segler gemerkt und ging auf die vernachlässigte Aluminiumjacht zu. Schon auf einige Schritte Entfernung erkannte ihn der alte Taucher und winkte ihn zu sich an Bord.

»Wir müssen noch einmal über Mignaux reden«, sagte Blanc.

»Haben Sie eigentlich nie frei?« Bonnot bot ihm Platz im Cockpit an. Blanc setzte sich neben das große Steuerrad aus Edelstahl. Das Rad war mit Lederstreifen umwickelt, die über die Jahre von Sonne und Salz zu einer knotigen Masse zerkocht worden waren, die Blanc an Baumrinde erinnerte. Er strich darüber und träumte für einen Moment davon, an diesem Steuer zu stehen und eine schnittige Jacht durch die Wogen des Ozeans zu jagen. Absurd, sagte er sich und zog die Hand wieder weg. Er berichtete von der Brutus-Münze, die sie im Haus von Mignaux gefunden hatten, und was das möglicherweise zu bedeuten hatte.

»Die Galeeren Cäsars, eh?«, sagte Bonnot und lachte. »Seit der gute Jacques Cousteau seine ersten Tauchgänge in unseren Calanques gemacht hat, werden diese Galeeren einmal im Jahr von irgendjemandem gefunden. Mal ist es ein Fischer, der sie entdeckt haben will, mal ein Taucher, mal ein Schnorchler. Jedes Mal macht das Gerücht die Runde in den Hafenbars, und dann gewinnt Olympique das Heimspiel, und niemand redet mehr darüber. Bis zum nächsten Mal.«

»Eine Münze ist handfester als ein Gerücht.«

Bonnot nickte nachdenklich. »Wenn diese verdammten Galeeren tatsächlich irgendwo da unten liegen, dann gibt es in den ganzen Calanques nur einen, der sie finden könnte. Dann *gab* es nur einen«, korrigierte er sich. »Luc kannte jede Bucht. Und er kannte sich mit dem antiken Zeugs aus. *Alors*, wenn Luc mir gesagt hätte, dass er die Galeeren gefunden habe, dann hätte mich das auch noch nach dem Heimspiel interessiert!«

»Hat er aber nicht? Nicht einmal eine Andeutung?«

»*Mon Capitaine*, Luc war kein Angeber und kein Dummkopf. Weil er kein Angeber war, wäre er nie mit so einer Geschichte durch die Bars gezogen. Und weil er kein Dummkopf war, hätte er so eine Entdeckung garantiert nicht einem anderen Taucher erzählt, nicht einmal unter vier Augen. Luc mag ja der Einzige von uns gewesen sein, der solche Wracks finden konnte. Aber wenn man erst einmal weiß, wo ein altes Schiff auf dem Meeresgrund liegt, dann kann da jeder Trottel hinuntertauchen und herumwühlen.«

»Lassen Sie uns diese Trottel sein«, schlug Blanc vor. Er dachte an die freundliche Stimme von Plessier. An Vialaron-Allègres Anruf. An Aveline. Er hatte es satt. »Wir fahren in die Calanque, in der Mignaux gestorben ist, und sehen nach. Unter Wasser.«

»Ist das so eine Art Durchsuchungsbefehl in feucht?«

»Wir machen das nicht offiziell. Finden wir etwas, haben wir immer noch Gelegenheit, den Dienstweg zu gehen. Finden wir nichts, muss davon niemand je etwas erfahren.«

»Jeder kann uns sehen, wenn wir runtergehen.«

»Nicht nachts.«

»Wir sollen bei Dunkelheit in den Calanques tauchen?«

»Nicht wir. Sie sollen tauchen.«

»Das ist gefährlich.«

»Sie sind Rentner. Was ist noch gefährlich in Ihrem Leben?«

Bonnot starrte ihn verblüfft an, dann lachte er. »Warum machen Sie das nicht offiziell? Gendarmerietaucher, ein Boot der Küstenwache, der ganze Scheiß. Warum wollen Sie, dass ich nachts meinen Hals riskiere, um ein morsches Schiff zu finden?«

»Weil es in Paris einen Staatssekretär gibt, der nicht will, dass ich meine Zeit und seine Steuergelder mit toten Tauchern, tätowierten Frauen und antiken Tonkrügen verschwende.«

»Klingt, als würden auch Sie was riskieren, wenn wir in diese Calanque fahren.«

»Wie wäre es mit heute Nacht? Sonntag auf Montag, wer ist da schon draußen? Wir wären ungestört.«

Bonnot fummelte ein älteres Samsung aus seiner Tasche und wischte über den Touchscreen. »*Météo France* sagt gute Bedingungen voraus«, murmelte er. »Nordwind, aber bloß Stärke eins. Kaum Seegang, keine Wolken, Halbmond. Wir könnten bis in die Bucht fahren, ohne Licht zu machen. Nur unter Wasser brauche ich meine Taschenlampe. Bis heute Abend hätte ich meine Ausrüstung zusammen.«

»Wir treffen uns hier?«

Bonnot schüttelte den Kopf. »Wir brauchen allein zwei Stunden, bis wir mit meinem Zodiac von Saint-César aus quer über den Étang de Berre gefahren sind. Wir würden die gesamte Tour niemals in einer Nacht schaffen.« Er bediente wieder sein Handy, dann reichte er es ihm hinüber. Blanc erkannte den Ausschnitt einer Seekarte auf dem Bildschirm. »Das ist der Jachthafen von Sausset-les-

Pins an der Côte Bleue«, fuhr Bonnot fort. »Er ist groß, da liegen Hunderte Jachten. Ich bringe mein Schlauchboot und die Ausrüstung mit dem Auto heute Abend dorthin, das wird niemandem auffallen. Von Sausset sind wir in anderthalb Stunden in der Calanque.«

Blanc rechnete rasch. »Wenn wir uns um Mitternacht treffen, dann müssten wir bis zum frühen Morgen zurück sein.«

»Sie wären rechtzeitig genug auf der Wache, um sich die Kündigung durch den Staatssekretär abholen zu können.«

Nachts unter Wasser

Als er nach Hause kam, hatte Blanc gerade noch Zeit, um sich zu duschen. Er wählte seine beste Jeans, ein T-Shirt, das wunderbarerweise gebügelt war und ein Jackett, das er vor fünf Jahren das letzte Mal getragen hatte. Ihm knurrte der Magen, doch bald würde er sich den Bauch vollschlagen können. Die große Feier. Hundert Frauen, zwei Männer. Blanc blickte auf seine Armbanduhr. Die Zeremonie in der *Mairie* von Vitrolles hatte er jetzt leider schon verpasst. Er hatte Fabienne gar nicht gefragt, ob sie ihren Nachnamen behalten würde.

Fabienne und Roxane hatten für den Abend eine Open-Air-Diskothek in Vitrolles gemietet, am Ufer des Étang de Berre, neben einer Rennstrecke für ferngesteuerte Autos. Das Motorenheulen der schuhkartongroßen Autos durchzuckte die wummernde Housemusik, die von der Tanzfläche dröhnte. Die Seitenscheiben des alten Espace zitterten, als Blanc ihn auf dem Parkplatz abstellte.

Lampions und Lichtorgeln unter Pinien. Eine Art Flakscheinwerfer, der Lichtschwerter in den Himmel schickte. Eine Tanzfläche aus Beton vor dem dunklen Wasser des Étang de Berre. Ein weiblicher DJ. Kellnerinnen. Tanzende Frauen in Outfits, die Blanc seiner Tochter Astrid niemals erlaubt hätte, in jener versunkenen Zeit, als sie noch auf ihn gehört hatte. Viele neugierige Blicke, nicht alle freundlich.

»Bin ich froh, dass du endlich aufkreuzt!« Marius trug eine beigefarbene Leinenhose, ein Hawaiihemd und darüber eine alte schwarze Lederweste. Er sah aus wie ein Frührentner in Urlaubslaune. Das Champagnerglas in seiner Rechten war leer. »Du baggerst fünfzig Mädchen an. Ich bearbeite die andere Hälfte.«

»Ich weiß nicht, ob das eine gute Idee ist.«

Marius lachte. »Ich bin schon seit einer halben Stunde hier. Die meisten Ladies starren mich bloß erstaunt an, wenn ich sie anquatsche. Glaubst du, die kommen alle aus einem anderen Land?«

»Es sind Französinnen wie du und ich!«, rief Fabienne. Sie war von hinten an sie herangetreten und umarmte Blanc. »Ich hatte schon befürchtet, du würdest selbst heute arbeiten!«

Blanc lächelte verlegen. »Du siehst fantastisch aus.«

Fabienne drehte sich einmal um die eigene Achse. Sie trug ein elegantes, kurzes dunkles Kleid. »Das kleine Schwarze von Chanel. Vintage. Vielleicht werde ich doch korrupt, dann kann ich mir so etwas häufiger leisten.« Sie winkte eine Frau mit raspelkurzem, blondem Haar zu sich. Der einzige andere Gast neben Blanc, der ein Jackett trug – allerdings mit dazu passender Hose und weit vorteilhafter geschnitten. Blanc gratulierte Roxane Chelle zur Hochzeit. Die Gattin der Kollegin. Daran würde er sich noch gewöhnen müssen.

»Fabienne und ich hatten eine Wette laufen, ob Sie es zu unserer Hochzeit schaffen oder nicht.« Roxane schüttelte ihm die Hand, ihr Griff war ungewöhnlich fest.

Blanc erinnerte sich dunkel, dass ihm seine Kollegin von irgendeinem asiatischen Kampfsport erzählt hatte. »Wer hat Geld darauf gesetzt, dass ich es schaffe?«

Roxane lachte. »Das war ich! Fabienne hat einen Hunderter gewettet, dass Ihnen eine Leiche dazwischenkommt.«

»Macht nichts. Das Geld bleibt in der Haushaltskasse. Wir sind ja jetzt verheiratet!«, rief Fabienne lachend und küsste ihre Frau.

Später stand Blanc am Rand der Tanzfläche und sah zu. Schöne Frauen. Marius hatte es irgendwie doch geschafft: Er saß an einem Tisch, umringt von fünf Mädchen, alle lachten über das, was er zum Besten gab. Blanc fühlte sich taub, die Musik war so unglaublich laut. Er selbst hatte den ganzen Abend über kaum mit jemandem gesprochen und nur drei Gläser Orangensaft getrunken. Er hoffte, dass das Paar vor Mitternacht zu seiner Hochzeitsreise aufbrechen würde. Dann würde Fabienne nicht bemerken, dass auch er früh gehen würde. Dass er … Er hatte ihr ein Versprechen gegeben: keine Aktion ohne sie. Aber sollte er Fabienne am Abend ihrer Hochzeit bitten, ihre Hochzeitsreise zu verschieben? Für eine nächtliche Schlauchboottour in den Calanques mit einem tauchenden Rentner? Für ein wahnwitziges Unternehmen gegen alle Vorschriften?

Er war erleichtert, als er Fabienne und Roxane auf sich zueilen sah. Beide trugen jetzt lederne Motorradanzüge. »Ihr fahrt mit der Ducati?«

»Barcelona liegt ja praktisch um die Ecke.« Fabienne strahlte. »Zwei Wochen! Seit ich von der Gendarmerieschule fort bin, hatte ich nicht mehr so viel Urlaub.«

Blanc holte ein Päckchen aus seiner Jacketttasche hervor. »Das dürft Ihr erst im Hotel aufmachen«, erklärte er.

»Wozu brauchen wir eine Riesenpackung Kondome?« Fabienne lächelte. Sie hatte mehr als ein Glas Champagner getrunken. Hoffentlich ging die Reise gut.

In dem Päckchen lagen zwei identische Hermès-Tücher, mit Mustern, die an Gaudí erinnerten. Sie hatten weit mehr gekostet, als er vernünftigerweise hätte ausgeben sollen. Blanc küsste Roxane auf die Wangen und umarmte Fabienne. Sie brachte ihre Lippen nahe an sein Ohr und flüsterte: »Mach keinen Blödsinn, während ich fort bin.«

Der vermüllte dunkelgrüne Ford Mondeo mit dem Bootsanhänger am Abschlepphaken fiel auf dem Parkplatz des Jachthafens von Sausset-les-Pins auf wie ein Obdachloser. Über den Piers glommen einige gelbe Energiesparlampen, die meisten Segler und Motorboote wirkten trotzdem wie düstere Totenschiffe. Auf einem Zodiac am äußersten Ende des Kais hantierte eine Gestalt herum und schleuderte mit einer Stabtaschenlampe Lichtblitze über die Wellen.

»Ich komme gerade von einer Open-Air-Party, die nur unwesentlich auffälliger war als das, was Sie hier veranstalten«, flüsterte Blanc verärgert.

Bonnot zuckte mit den Achseln. »Sie können ruhig normal sprechen. Es ist Oktober, kein vernünftiger Mensch verbringt mehr die Nacht auf dem Boot. Der Hafen gehört uns allein.«

»Warum steht Ihre Karre mitten auf dem Parkplatz? Können Sie nicht in einer Seitenstraße parken?«

»Da klaut man mir bloß den Trailer. Willkommen an Bord.«

Blanc kletterte auf das Zodiac. »Soll ich mich nützlich machen?«

»Setzen Sie sich hin und zählen Sie die Sterne. Den Rest mache ich. In fünf Minuten sind wir draußen.«

Als Bonnot den Außenbordmotor anwarf, zuckte Blanc zusammen. Die Maschine dröhnte wie ein Rasenmäher. Doch auf keiner Jacht ging ein Licht an. Die wenigen Gäste, die nach Mitternacht noch auf der Terrasse eines Restaurants ein Stück weit die Straße hinunter saßen, drehten sich nicht einmal um. Ein kurzer Gasstoß, und das Schlauchboot glitt aus den Lichtkegeln der Lampen an den Kais.

Blanc brauchte einige Augenblicke, bis sich seine Augen an die Dunkelheit gewöhnt hatten. Vom erleuchteten Pier aus hatte die Nacht ausgesehen, als sei sie mit Schwärze vollgesogen. Doch in Wahrheit war es, als bewegten sie sich durch eine unfassbar hohe, weite Halle. Die Lichter von Sausset-les-Pins wurden in seinem Rücken kleiner und kleiner, gelbe und weiße Straßenlampen, bunte Neonschilder, bläuliches Schimmern am Hang, dort, wo ein Fernseher durch ein Fenster strahlte. Ein grüner und ein roter Lichtpunkt: die winzigen Leuchttürme an der Hafeneinfahrt. Als er nach Süden blickte, konnte er den Horizont erkennen, eine feine dunkle Linie zwischen dem Blauschwarz des Meeres und dem verwaschenen Schwarz des Himmels. Die Côte Bleue war eine solide, unregelmäßig geformte Wand im Norden mit Silberstreifen dort, wo die Wellen an die Felsen schlugen. Das Zodiac zeichnete zwei silberne »V«s in die See, ein feines »V« mit der Spitze unterhalb des wulstigen Bugs, ein breites, schaumiges »V« von den Wirbeln der Schraube des Außenbordmotors. An der Küste flammten zwei Lichttrichter auf – ein einsamer Wagen, der auf der Straße parallel zu ihnen fuhr.

Bonnots Gesicht wurde vom Display seines Handys erhellt. Er hatte die Navigationsapp aktiviert und starrte die meiste Zeit auf das Display, während er gelegentlich mit der Pinne des Außenbordmotors den Kurs änderte. Einmal hielt er das Mobiltelefon zufällig ein wenig schräg, und in seinem Licht schimmerten zwei Pressluftstahlflaschen auf, die in der Mitte des Schlauchbootes verzurrt waren.

Blanc blickte wieder zur Küste. Der Wagen hatte sie inzwischen überholt. Er sah die roten Rückleuchten, dann sah er gar nichts mehr: Der Fahrer war entweder abgebogen oder er hatte das Auto abgestellt. Oder er fuhr ohne Scheinwerfer weiter. Blanc wünschte, er hätte sich heimlich ein Nachtsichtfernglas der Gendarmerie besorgen können.

»Wir sind da«, sagte Bonnot irgendwann. Seine raue Stimme klang ein wenig gepresst. Nervös, dachte Blanc, auch dieser Kerl ist jetzt nervös. Der Taucher schaltete den Motor aus und klappte ihn aus dem Wasser. Vollkommene Stille. Mit dem restlichen Schwung glitten sie näher an die Küste. Aus der Nähe leuchteten die brechenden Wellen nicht mehr silbern, sondern flaschengrün. Nun hörte Blanc den Lärm der Brandung, ein an- und abschwellendes, immer anderes und immer gleiches Rauschen, der Atem des Meeres.

»Wir bleiben genau hier«, flüsterte Bonnot. »Werfen Sie den Anker außenbords, er wird halten.«

Blanc hob den Anker aus dem Boden des Zodiacs. Er wog mindestens zehn Kilogramm. Er hatte Angst, mit den Flunken die Hülle aufzureißen, also wuchtete er ihn vorsichtig nach draußen und ließ ihn an einem starken Tau Hand für Hand in die Tiefe sinken. Keine Wellen, kein Lärm. Leichter Nordwind trug den Duft von Piniennadeln bis zu ihm. Während Blanc die Ankerleine durch die Hände gleiten ließ, musterte er die Küste und versuchte sich zu erinnern, wo das Haus von Plessier am Hang klebte. Doch es war alles dunkel. Jetzt, da sie still lagen, bemerkte er, dass das Meer aus sich selbst heraus blau zu leuchten schien, ganz schwach nur, wie ein gigantisches Abklingbecken. Er meinte, Schatten irgendwo dort unten zu sehen, Bewegungen, Schemen, Augen, die ihn musterten.

»Ich bin bereit.« Bonnot hatte seinen massigen Leib in einen Neoprenanzug gezwängt, der selbst seinen Kopf umschloss. Er sah darin aus wie eine Witzfigur in einer obszönen Komödie, aber vielleicht war das nur das Handylicht. Pressluft zischte, als er die Flaschen überprüfte. Er griff nach einer starken, wasserdichten Taschenlampe. Dann setzte er sich auf den Rand, spuckte in die Maske und setzte sie sich auf.

Blanc musste an Mignaux' zerstörtes Gesicht denken. »Wie kann ich Sie erreichen, während Sie da unten sind?«, flüsterte er.

Bonnot lachte leise. »Wollen Sie mir den Spielstand von Olympique Marseille durchgeben?«

»Es könnte doch sein, dass uns«, Blanc wägte seine Worte ab, »irgendetwas überrascht.«

»Machen Sie sich keine Sorgen, da unten stehe ich an der Spitze der Nahrungskette.« Bonnot tippte auf das große Tauchermesser, das um sein rechtes Fußgelenk geschnallt war. Dann formte er mit der Rechten das »Okay«-Zeichen, kippte nach hinten und war im Meer verschwunden.

Unter Wasser flammte seine Taschenlampe auf. Blanc hätte gedacht, dass dieses Gerät, so groß wie der Kopf eines Mannes, die halbe Calanque ausleuchten würde, doch ihre gelbe Lichtblase reichte bloß wenige Meter weit. Als Bonnot tiefer hinunterging, war er nur noch ein kleiner, heller Punkt im leeren Ozean und dann war er gar nichts mehr. Eine Zeit lang verfolgte Blanc noch die Blasenspur aus seinen Pressluftflaschen, die sich langsam parallel zur Küste zog, dann war schließlich auch die aus seinem Blickfeld verschwunden.

Blanc blickte auf die Uhr seines Nokias. Fast genau zwei Uhr nachts. Wie lange konnte Bonnot mit den beiden Flaschen tauchen? Zwanzig Minuten? Vierzig Minuten? Eine Stunde? Er hätte ihn fragen sollen. Er blickte auf das Meer. Keine Luftblasen. Kein Licht. Er besah die Küste. Keine Autoscheinwerfer, kein Schimmer in einem Villenfenster. Er starrte wieder auf das Display. Drei Minuten waren vergangen. *Merde*. Er musste sich zwingen, das Handy in die Jeanstasche zu stecken.

Eine Brise war aufgekommen. Die Luft schmeckte nach Salz. Er fröstelte. Er hätte auch ein Sweatshirt mitnehmen sollen. Wie blöd musste man sein, um in Südfrankreich zu frieren? Er war in Paris zum Schreibtisch-Flic geworden. Es war gut, dass er wieder öfter rauskam. Wenn man es so betrachtete, war es gut, dass er in die Provence versetzt worden war. Eigentlich. Er zog das Nokia wieder hervor. Zehn Minuten. *Merde*.

Blanc atmete erleichtert auf, als irgendwann endlich tief unter dem Zodiac ein Lichtschimmer aufglomm. »Komm schon«, flüsterte er, »komm schon hoch.« Das Leuchten schien kaum stärker zu werden. Minuten verstrichen. Hing er da unten fest? Wartete Bonnot da unten freiwillig? Wie hieß das? Dekompression? »Komm schon«, flüsterte er. Irgendwann konnte er den Taucher klarer erkennen, ein Schatten in der Schattenwelt, immerhin. Luftblasen sprudelten an der Wasseroberfläche. Blanc sah Bonnot, vielleicht noch zehn Meter unter ihm. Er blickte auf seine Armbanduhr und machte dann ein Zeichen. Okay? Bonnot kam noch näher. Schließlich durchbrach er prustend die Wellen.

Blanc half ihm an Bord. Der Mann keuchte. Sein nasser Neoprenanzug gab eine Art Quietschen von sich, als er sich über den Gummiwulst des Schlauchbootes hievte. Bonnot nahm sich die Maske ab. »Verdammt, ist das kalt!«, fluchte er. »Früher hat mir das nichts ausgemacht. Alt werden ist scheiße.«

»Und?«, fragte Blanc ungeduldig. »Haben Sie die Galeeren gefunden?«

»Ich habe Scheiße gefunden. Einen riesigen Haufen Scheiße. Nehmen Sie mir die Pressluftflaschen vom Rücken.«

Blanc zerrte ihm die Stahlflaschen vom Körper. Der Taucher zwängte sich aus dem Neoprenanzug.

»Was für eine Scheiße?«, fragte Blanc.

»Vorne im Bug liegt eine Sporttasche. Da finden Sie eine Thermoskanne mit Tee. Ich brauche einen Schluck.«

Blanc unterdrückte einen Fluch, suchte im Zodiac herum und reichte Bonnot schließlich das Getränk. »Was für ein Scheiße?«, fragte er wieder.

Bonnot nahm einen tiefen Schluck, seufzte behaglich und lehnte sich gegen den Gummiwulst. »Ich habe da unten kein Wrack gefunden. Keine Münze. Keine von Cäsars Galeeren. Aber eine Abwasserleitung.«

»Von den Villen?«

Bonnot schüttelte den Kopf. »Die haben seit Jahren alle eine ordentliche Kanalisation. Außerdem war die Leitung fast so breit wie mein Körper. Das da unten ist eine industrielle Anlage: solider Stahl, Betonverankerungen. Darüber muss vor Jahren Sand gekippt worden sein, damit man die Leitung nicht sieht. Ich habe nur ein Stück von ihr gefunden, beinahe am Ende der Calanque, wo sich die Bucht zum Meer hin öffnet. Wahrscheinlich haben die Wellen des letzten Sturms den Sand dort weggespült. Und ich habe das Rohr auch bloß entdeckt, weil ich den Grund gezielt abgesucht habe.«

»Alors?«

»Das da unten ist eine Leitung, die irgendwo von der Küste aus quer durch die Calanque des Roches Sanglantes läuft. Am offenen Meer fällt der Boden steil ab, es ist eine Hunderte Meter tiefe, aber sehr schmale Schlucht. Ein Unterwassercanyon. Wenn man einmal weiß, dass da etwas ist, kann man der Linie aus aufgeschüttetem Sand ganz gut folgen und ahnt, wohin die Leitung führt. Das Rohr knickt an der Schlucht ab und läuft weiter in die Tiefe. An der Knickstelle muss es ein kleines Leck geben. Aus der Sandumhüllung quillt das hier heraus.« Bonnot reichte ihm einen Plastikbeutel.

Blanc hielt sein Handy an den Beutel und betrachtete seinen Inhalt. Es war eine Art Erde, schwer und weich. Sie stank ein wenig faulig und irgendwie nach heißem Metall, obwohl sie so kalt war wie das Meer. Und sie war tiefrot. *»Boue rouge«*, murmelte Blanc.

Bonnot nickte. »Sie sollten Ihre Nase nicht zu tief in den Beutel stecken. Wir haben als Profis mit solchem Zeug zu tun gehabt.«

»Das ist die Leitung von Bauxiterre?«

»Wer sonst pumpt so etwas in die Calanques?«

»Die Manager der Firma behaupten, sie würden nur noch klare Abwässer entsorgen. Ein etwas zu hoher PH-Wert, das sei alles.«

»Der PH-Wert ist hier das geringste Problem.«

»Das ist eine illegale Müllverklappung.« Blancs Gedanken überschlugen sich. »Bauxiterre pumpt tatsächlich den Dreck einfach weiter ins Meer. Sie denken, dass es da unten sowieso niemand sieht. Wenn ich das nach Paris melde ...«

»... werden Sie die Fresse poliert kriegen. Wollen Sie den Rest meiner Geschichte hören?«

»Noch mehr Scheiße?«

»In den Unterwassercanyon, in dem das Rohr verschwindet, kann niemand mehr hineintauchen. Er ist verschlossen worden. Mit einem sehr neuen und sehr massiven Stahlgitter.«

Blanc blickte zum Himmel. Die Sterne waren so klein. »Das Gitter, das die Taucher der *André Malraux* eingesetzt haben«, murmelte er. »Ein Kollege und ich waren dabei. Wir haben gedacht, sie sichern den Zugang zu einer Steinzeithöhle.«

»Sie haben den Zugang zu einer Müllkippe versperrt. Wahrscheinlich hat einer der Typen bei den Arbeiten unter Wasser nicht aufgepasst und dabei das kleine Leck in die Abwasserleitung geschlagen. Wer achtet schon auf so etwas?«

»Mignaux achtete auf so etwas«, murmelte Blanc. »Er hat den Boden der Calanque systematisch nach Wracks abgesucht, systematischer als irgendjemand von Bauxiterre sich das je gedacht hätte. Und Mignaux war ein Profi. Er kannte industrielle Leitungen. Er muss sofort gewusst haben, dass er das Rohr von Bauxiterre gefunden hatte, als er es sah. Und dass die Firma den Abraum immer noch ins Meer pumpt. In eine tiefe Schlucht, einfach weg, dorthin, wo niemand es bemerkt. Eigentlich.«

Blanc dachte an die SMS, die Mignaux an Christin Antunes geschickt hatte: *Wir sollten uns einmal treffen. Es geht um B*. Der Taucher, der die Welt unter Wasser mehr liebte als die Welt der Menschen. Und die Umweltaktivistin, die seit Jahren gegen die Aluminiumfirma kämpfte. Und dann war Mignaux gestorben. Und kurz darauf Antunes. Blanc schloss die Augen. Mignaux hatte Jérôme Plessier gekannt, den Boss von Bauxiterre. Und Antunes hatte sich heimlich mit Alain Hurault getroffen, einem Manager von *Bauxiterre*.

Das Stahlgitter? Die Order dafür war aus Paris gekommen. Eine der wenigen französischen Spitzenindustrien. Weltmarktführer. Arbeitsplätze. Steuern. Vialaron-Allègre war ein alter Studienfreund von Plessier. Es musste einige Tage gedauert haben, so ein Gitter zu schweißen und die Fahrt der *André Malraux* zu organisieren. Mignaux hatte die SMS an Antunes am 24. September gesendet. Ungefähr um diese Zeit musste er die Leitung entdeckt haben. Die *André Malraux* hatte das bereits passend zurechtgeschweißte Gitter am 1. Oktober in die Calanque des Roches Sanglantes gebracht. Eine Woche, eine einzige verdammte Woche bloß. Da hatte jemand sehr rasch gehandelt. Wie hatte irgendjemand in Paris so rasch erfahren können, dass Mignaux die Leitung entdeckt hatte? Und dass er mit Antunes darüber sprechen wollte?

Am Sonntagmittag war Mignaux wieder in der Bucht gewesen. Ob der Wracktaucher geahnt hatte, dass man den Abfluss der Pipeline versperren wollte? Ob er noch einmal hinunterwollte, bevor das Gitter ihm den Weg versperren würde? Um was zu tun? Fotos zu schießen, Beweise zu sammeln? »Mignaux hat die Abwasserleitung entdeckt und musste deshalb sterben«, flüsterte Blanc.

»Und wir haben die Abwasserleitung jetzt auch entdeckt«, erwiderte Bonnot.

Roter Schlamm

Ein Montagmorgen wie früher in Paris. Blanc fühlte sich, als laufe er durch kniehohen Schlamm, jeder Schritt ein Kampf, Schmerzen in den Knochen, Blei auf den Lidern. Es war ihm nur ein schwacher Trost, dass Marius nicht besser aussah.

»Das war Verzweiflungstrinken gestern Abend«, nuschelte sein Kollege. »So viele schöne Schenkel, auf die ich meine Hand nicht legen durfte! Der Präsident sollte Lesbenhochzeiten wieder verbieten, das war eine Scheißidee.«

»Gut, dass Fabienne in Barcelona ist«, erwiderte Blanc. Hoffentlich war sie angekommen. Er spielte kurz mit dem Gedanken, ihr eine SMS zu schicken. Aber eine Nachricht vom Vorgesetzten am ersten Tag der Hochzeitsreise war auch eine Scheißidee.

»Wieso hast du eigentlich Ringe unter den Augen?«, fragte Marius. »Du warst doch früh verschwunden. Hast du es etwa geschafft, eins der Mädchen abzuschleppen?«

»Ich habe die Nacht mit einem Rentner verbracht.« Er erzählte Marius von seinen Befragungen der beiden Bauxiterre-Manager Hurault und Plessier, von seiner Fahrt in die Calanque mit Lionel Bonnot – und von dem, was der Taucher unter Wasser entdeckt hatte.

»Du hast wirklich ein Talent für Dreck«, sagte sein Kollege müde. »Früher war es wenigstens schmutziges Geld. Was willst du werden, wenn sie dich hier feuern? Klempner? *Roger Blanc: Gas-Wasser-Scheiße*. Das ist doch mal ein Firmenname.«

Blanc schloss die Augen. Er hatte immer noch nicht an das bescheuerte Doliprane gedacht. Früher hatte Geneviève immer … *Merde*. »Ich hatte am Wochenende auch noch einen Anruf von Staatssekretär Vialaron-Allègre«, fuhr er fort. »Um es kurz zu machen: Wir dürfen ermitteln, was wir wollen, solange nur Bauxiterre keine Rolle dabei spielt.«

»Wie schön. Wir können wieder nach Hause gehen und ausschlafen. Jetzt, wo beide Fälle erledigt sind.«

»Nichts ist erledigt!«

»Du bist erledigt.« Marius seufzte. »Wenn dich ein Staatssekretär anruft und dir die Ermittlungsergebnisse diktiert, dann ist diese Ermittlung damit beendet. Du bist Capitaine der Gendarmerie. Du schlägst die Hacken zusammen, wenn man dir befiehlt, die Hacken zusammenzuschlagen.«

»Ich bin ein Scheiß-Gendarm mit Scheißideen.«

»Das hätte ich nicht besser sagen können.« Marius rieb sich über die Augen und seufzte. »Was willst du denn tun? Bauxiterre doch in deinen Ermittlungsakten erwähnen? Und danach? Willst du damit zur Untersuchungsrichterin gehen? Die zufällig die Gattin des Staatssekretärs ist. Was wird sie wohl mit diesen Akten tun? Das saubere Ehepaar Vialaron-Allègre wird deine Akten zu Hause aufs Klo legen. Sie werden deine Akten zuerst vor sich haben und dann hinter sich.«

»Ich werde Vialaron-Allègre die Akten so hoch in den Arsch schieben, bis er sie lesen *muss*.«

»Deine erotischen Fantasien sind echt seltsam.«

»Es geht nicht um irgendwelche Fantasien, wir haben zwei Tote!« Blanc schlug auf den Tisch. Jeder Schritt ein zäher Kampf. Ein Königreich für eine *Doliprane*. »Merkst du es nicht?«, fuhr er ruhiger fort. »Plessier versucht alles, um aus der Schusslinie zu kommen. Luc Mignaux war nur ein alter Taucher und Christin Antunes nur eine junge Aktivistin. Aber heute können selbst Rentner und Lokalpolitikerinnen einen Konzern im Internet fertigmachen.«

»Vor allem, wenn sich Frankreich gerade um die Olympischen Spiele bewirbt«, ergänzte Marius. »Da sieht die halbe Welt zu, wenn du es geschickt genug anstellst.«

»Deshalb hat Plessier seinen alten Freund in Paris alarmiert. Der Manager will keinen Skandal um Bauxiterre. Die Regierung will keinen Skandal vor Olympia.«

Das »Bing« einer ankommenden Mail lenkte Blanc ab. Er blickte auf den Monitor. Eine Nachricht der Sekretärin von Plessier. In einem Schreiben erlesenster Kälte teilte sie ihm die Adresse des befreundeten Ehepaares mit, mit dem der Vorstandsvorsitzende und seine Gattin in Davos gewesen waren. In der Anlage fand Blanc zudem ein PDF mit der Meldebestätigung des Schweizer Hotels. Und den Text eines Vortrags über irgendeine neue Diagnosetechnik in der Radiologie, den Plessiers Gattin in Davos gehalten hatte.

»Der Vortrag soll dir zeigen, dass die Plessiers nützliche Mitglieder der menschlichen Gesellschaft sind, geradezu Heilige. Im Gegensatz zu uns«, kommentierte Marius, der ihm über die Schulter geblickt hatte.

»Ich überprüfe die Angaben des Hotels. Du telefonierst mit dem befreundeten Ehepaar«, erwiderte Blanc und griff zum Hörer.

Fünf Minuten später wussten sie, dass Plessier an dem Sonntagmittag, an dem Mignaux in der Calanque die Harpune in den Kopf geschossen wurde, mit hundertprozentiger Sicherheit in der Schweiz gewesen war.

»Dann nehme ich mir Hurault vor«, verkündete Blanc.

»Ein Buchhalter. Das klingt nach einem vielversprechenden Ermittlungsansatz.«

»*Merde.* Hurault hat Christin Antunes schmutzige Geheimnisse seiner Firma verraten. Vielleicht fallen ihm noch ein paar schmutzige Geheimnisse mehr ein, wenn man energisch nachfragt.«

»Muss ich mit?«, fragte Marius.

»Du kannst auf meinem Schreibtisch schlafen und von Lesben träumen.«

Blanc setzte sich in seinen Espace und holte das Handy heraus. Er hielt es für keine gute Idee, im Streifenwagen bei der Firmenzentrale von Bauxiterre vorzufahren und Hurault in seinem Büro zu befragen. Vor den Augen der Kollegen würde er garantiert keine Betriebsgeheimnisse ausplaudern. Und außerdem könnte Plessier ihn entdecken. »*Allô*, Monsieur Hurault?«, sagte Blanc. »Ich bin wirklich an der *Aotearoa* interessiert. Können wir uns auf dem Segelboot treffen?«

»Es ist Montagmorgen.«

»Ich bin Beamter.«

Langes Schweigen. »*D'accord*«, murmelte Hurault schließlich. »Ich sage meiner Sekretärin, dass mir ein dringender Termin reingekommen ist. Aber ich habe nicht viel Zeit. Um vierzehn Uhr beginnt die Montagskonferenz der Abteilungsleiter. Wer die verpasst, fährt zur Hölle.«

»Sie werden nicht im Feuer verbrennen.«

»Ich kann Ihnen nicht versprechen, dass der Freund, dem die Jacht gehört, heute Morgen Zeit findet. Er ist …«

»Bemühen Sie sich nicht, Monsieur Hurault«, unterbrach ihn Blanc. »Ich glaube, Sie können mir auch alles erzählen, was ich wissen möchte.«

Während der Fahrt kramte Blanc im Handschuhfach. Hinter ihm hupte jemand. »Du mich auch!«, rief Blanc. Dann bemerkte er, dass er nur noch mit dreißig Stundenkilometern dahinzockelte und auf die Gegenspur geraten war. Er brachte den Espace wieder auf Kurs und gab Gas. Früher hatte Geneviève immer irgendwo im Auto eine Packung Schmerztabletten deponiert. Jetzt fand er nur eine Plastikdose mit altersrissigen Pfefferminzkaugummis. Vielleicht halfen die ja auch gegen Kopfschmerzen.

»Was ist denn mit Ihnen passiert?«, fragte Hurault wenig später, als sie sich am Pier von Martigues trafen. Er war in einem silberfarbenen Peugeot 508 mit einem kleinen Bauxiterre-Aufkleber am Heck angefahren und trug ein graues Jacket, eine dazu passende Stoffhose, gestärktes weißes Hemd, Krawatte mit dezentem Blumenmuster und braune Schuhe mit glatten Ledersohlen.

»Ich bin nur etwas müde«, erklärte Blanc. »Der Job.«

Hurault lachte. »Sie haben am Sonntag gearbeitet? Wenn wir das bei Bauxiterre wagen würden, hätten wir sofort zehn Typen von der CGT im Büro, die uns die Hemden zerreißen würden!«

»So sorgen die Gewerkschafter dafür, dass selbst Kapitalisten am Sonntag frei haben.«

»Ich hätte nicht gedacht, dass Sie Sozialist sind, *mon Capitaine.*«

Sie schlenderten über den Pier. Sie waren nicht die einzigen Männer, die an den Segelbooten vorübergingen. Blanc betrachtete flüchtig die Flaneure, acht oder zehn Kerle im besten Alter. Auch auf einigen Jachten werkelten Leute oder lagen faul in der Sonne. Haben die alle keinen Job?, fragte er sich. Und ob sich das ändern würde, wenn erst einmal viel Geld nach Martigues strömte?

Hurault deutete vage nach vorn, in Richtung des Seitenkanals, an dem sein Haus stand. »Ich habe die letzten vier Sonntage die Treppe in unserem Haus renoviert. Meine Frau ist lachend ins Cabrio geflüchtet, als ich mit Malerpinsel und Overall aufgekreuzt bin. Diese Sonntagsarbeit hätten sich die CGT-Funktionäre mal ansehen sollen!«

Blanc nickte mitfühlend. »Mit Renovierungen kenne ich mich ein bisschen aus.«

Als sie bei der *Sangria* angekommen waren, sprang Hurault an Bord seiner Jacht. »Ich mache nur kurz die Luken auf, während wir im Hafen sind. Bei Plastikbooten muss man jede Gelegenheit nutzen, um unter Deck zu lüften. Sonst …« Er kniff sich die Nase zu. Blanc trat näher und beobachtete den Manager. Er pfiff eine Melodie, während er auf dem Boot hantierte: *Douce France*. Ein Mann, der mit sich zufrieden war. Blanc wäre schon zufrieden, wenn seine Kopfschmerzen abklingen würden. Sein Blick fiel auf das Vordeck der *Sangria*. Dort blitzte ein Haken aus poliertem Messing in der Sonne auf, der auf einer Holzstange steckte, die vom jahrelangen Gebrauch glatt und dunkel war. »Ist das nicht Ihr schöner Bootshaken, den Sie letztes Mal vermisst haben?«, fragte er.

Huraults Kopf erschien aus einer Luke. Er wurde rot. »Ein Stegnachbar hat ihn sich wohl …«, er zögerte, »… ausgeliehen und vergessen, es mir zu sagen. Ich habe ihn zufällig auf seiner Jacht gesehen und ihm die Mühe erspart, mir den Haken zurückzubringen.«

Sieh an, dachte Blanc, der sanfte Monsieur Hurault weiß sich doch zu wehren. Klaut einem Dieb die Beute einfach zurück. Kurz darauf gingen sie zur *Aotearoa*. Sie sah noch reizvoller aus, als er sie in Erinnerung hatte. »Wollen wir an Bord gehen?«

Sie stiegen zur kleinen, alten Jacht über. »Das Deck ist aus Plastik«, erklärte Hurault, holte ein Papiertaschentuch aus der Jackettasche, wischte damit über eine Bank an der Ruderpinne und setzte sich. »Sehen Sie sich ruhig um. Ich bleibe besser hier, sonst mache ich mir noch mein Jackett dreckig.«

»Wäre schade um den Anzug.«

»Spotten Sie ruhig. Sie können in T-Shirt und Jeans bei jedem Termin aufkreuzen, vor der Gendarmerie hat man ja immer Respekt!« Hurault lachte. »Wenn ich im Freizeitlook erscheine, nimmt man mich nicht ernst.«

»Sie haben konservative Geschäftspartner?«

»Ich habe konservative Kollegen.«

»Monsieur Plessier würde Sie entlassen, wenn Sie im T-Shirt ins Büro kämen?«, fragte Blanc. Er tat so, als begutachtete er irgendwelche blauen und roten Leinen, die von einer Halterung aus Edelstahl zum Mast führten und von deren Bedeutung er nicht die geringste Ahnung hatte.

»Monsieur Plessier führt seine Firma so, dass noch nie jemand auf die Idee gekommen ist, im T-Shirt zur Arbeit zu kommen. Die Schoten und Fallen hat mein Freund übrigens zu Beginn der letzten Saison erneuert. Die halten Jahre.«

»Schoten und Fallen, *mais oui*«, murmelte Blanc. Er stampfte mit dem Fuß einmal kräftig auf. »Die ganze Jacht macht den Eindruck, als würde sie noch Jahre halten.«

Hurault starrte ihn lange an, dann räusperte er sich. »Das ist Ihr erstes Segelboot, nehme ich an?«

»Sie sollten Gendarm werden, Monsieur Hurault.«

»Ich hätte nicht gedacht, dass Ihr Job so simpel ist. Als Sie mit mir gesegelt sind, habe ich nur gedacht, Sie seien etwas außer Übung. Seien Sie mir nicht böse, *mon Capitaine*, aber nun sieht selbst ein blinder Buchhalter, dass Sie eine Landratte sind.«

»Ich bin gerade dabei, einige Dinge in meinem Leben grundlegend zu ändern.«

»Haben Sie überhaupt einen Bootsschein?«

»Ich habe mal irgendwo gehört, dass man nur für Motorboote eine Erlaubnis braucht.«

Hurault seufzte. »Das stimmt, leider. Dann kaufen Sie in Gottes Namen die *Aotearoa*. Sie ist wie eine alte Karre, wenn man gerade den Führerschein gemacht hat. Sie macht Spaß, und es ist nicht schlimm, wenn man noch ein paar Beulen mehr reinfährt. Nach einer Saison mit ihr haben Sie Segeln gelernt.«

»Sagen Sie Ihrem Freund, dass ich fünfhundert Euro zusammenkratzen kann.«

»Für fünfhundert Euro wird mein Freund auch Ihr Freund werden.«

Blanc lächelte, sah auf die Uhrzeit des Handys und setzte sich dem Manager gegenüber auf die Bank. »Wir haben noch Zeit bis zu Ihrer Konferenz. Lassen Sie uns noch etwas plaudern.«

Hurault blickte ihn alarmiert an. »Sie interessieren sich überhaupt nicht für das Boot.« Er seufzte und lehnte sich enttäuscht zurück. »Das war nur ein Vorwand, Ihr Interesse an der alten Jacht, die fünfhundert Euro … Sie wollen mich bloß wieder verhören.«

»Monsieur Hurault«, sagte Blanc liebenswürdig, »die *Aotearoa* ist schön, das Wetter ist mild und wir haben noch etwas Zeit. Das ist alles. *Alors*, warum reden wir nicht noch einmal über die Informationen, die Sie an Madame Antunes weitergegeben haben?«

»Ich habe Ihnen doch schon alles dazu erzählt.«

»Sie glauben gar nicht, wie oft ich diesen Satz schon gehört habe.«

»Ich bin eben ein ganz und gar gewöhnlicher Mensch.«

»Mit einem außergewöhnlichen Umweltgewissen.« Blanc lächelte noch immer, und er meinte es ehrlich. Hurault wischte sich mit dem Papiertaschentuch, mit dem er zuvor die Bank gesäubert hatte, Schweißperlen von der Stirn. Ein Mann, der zu spät gemerkt hat, dass er in eine Falle getappt ist. Zu sanft für seinen Job. Zu gewissenhaft.

Blanc mochte Hurault und wollte nicht, dass er sich unwohler fühlte als nötig. »Ich will offen zu Ihnen sein«, fuhr er fort. »Ich glaube, dass Sie Madame Antunes bei Ihrem Treffen nicht nur Informationen über alte Umweltsünden von Bauxiterre zugespielt haben. Sondern auch über aktuelle Verstöße gegen die Umweltauflagen. Ziemlich grobe Verstöße.«

Hurault schüttelte irritiert den Kopf. »Wir halten uns an die Gesetze. Wir haben uns auch früher immer an die Gesetze gehalten. Das ist doch gerade das Problem: In den Sechziger- oder Siebzigerjahren war es legal, seinen Dreck auf die Müllkippe zu pumpen. Deshalb gibt es für Bauxiterre auch formal gar keinen Grund, sich um den alten Abraum zu kümmern. Niemand hat je etwas Verbotenes getan.«

»Früher vielleicht nicht. Heute schon. Heute ist es verboten, roten Schlamm ins Meer zu leiten. Das haben Sie mir selbst erklärt.«

»Das tun wir auch nicht!«

»Die Pipeline von Bauxiterre führt bis zu einer Unterwasserschlucht vor der Calanque des Roches Sanglantes.«

»Ach, diese Leitung! Die ist schon vor Jahrzehnten stillgelegt worden.«

»Aus ihr quillt tonnenweise roter Schlamm heraus.«

Hurault starrte ihn verblüfft an. »Unmöglich! Wer behauptet denn so etwas?«

»Der Taucher Luc Mignaux hat die Pipeline und den Schlamm zufällig entdeckt. Und jetzt ist er tot.«

»Von dem Unfall mit der Harpune habe ich gehört. Tragisch. Ich kenne Luc nur vom Sehen, weil er sein Boot im Hafen hat.«

»Die Aktivistin Christin Antunes hat nach Beweisen für aktuelle Umweltskandale gesucht. Und jetzt ist sie tot.«

Hurault atmete schwer.

Blanc reichte ihm eine Packung Papiertaschentücher. »Nehmen Sie ein neues. Sonst klebt Ihnen der Dreck der *Aotearoa* auf der Stirn.«

Hurault tupfte sich den Schweiß ab. »Das ist undenkbar«, murmelte er. »Die Konvention von Barcelona und ...«

»Sie sind Abteilungsleiter bei Bauxiterre und haben das mit der Pipeline nicht gewusst?«, unterbrach ihn Blanc skeptisch. »Kein Wort bei irgendeiner Konferenz? Kein Dokument in Ihrem Mail-Eingang? Nicht einmal ein Gerücht in der Kantine, ein dahergesagtes Wort am Kaffeeautomaten?«

Hurault schüttelte den Kopf. »Ich leite das Controlling. Buchhalter sind die natürlichen Feinde leitender Angestellter. Wir kürzen Budgets und fordern Rechenschaftsberichte ein. Mit uns redet niemand am Kaffeeautomaten.«

»Die Regierung hat vor ein paar Tagen ein Stahlgitter über der Schlucht einbetoniert, in der die Pipeline verschwindet. Dort kann jetzt niemand mehr hinabtauchen«, fuhr Blanc fort.

»Die Regierung weiß davon?!«

»Der Befehl für das Gitter kam aus Paris. Es wurde mit einem staatlichen Schiff in die Calanques transportiert und von staatlichen Tauchern unter Wasser installiert. Und es waren sogar Gendarmen abkommandiert, um das Unternehmen zu bewachen.« Blanc lächelte dünn. »Wer von Bauxiterre also hat einen kurzen Draht nach Paris?«

»Monsieur Plessier selbstverständlich. Alle Verhandlungen mit der Regierung laufen über seinen Schreibtisch.«

»Wer noch?«

»Niemand. Wenn es um technische Dinge geht, sprechen wir natürlich mit Beamten, mit dem Präfekten, mit Abgeordneten. Aber die Gespräche mit der Regierung laufen nur auf höchster Ebene. Unser

Vorstandsvorsitzender ist mit dem Premierminister befreundet. Und mit mehreren Ministern und Staatssekretären.«

»Davon habe ich gehört. Wann war Monsieur Plessier zuletzt in Paris?«

»Letzten Dienstag. Er hatte eine Besprechung mit Monsieur Vialaron-Allègre. Sie kennen den Herrn?«

»Flüchtig.« Blanc schloss die Augen. Dienstag. Der Tag, an dem Christin Antunes gestorben war. »Woher wissen Sie so genau, dass es letzten Dienstag war, ohne in Ihrem Kalender nachsehen zu müssen? Haben Sie alle Termine Ihres Chefs im Kopf?«

»Nein.« Hurault lächelte ein wenig wehmütig. »Diesen aber schon. Wir hatten eigentlich ein wichtiges Gespräch mit Investoren aus China anberaumt. Die Herren aus Schanghai waren bereits unterwegs. Dann mussten wir kurzfristig umdisponieren, weil Monsieur Plessier auf einmal nach Paris ins Ministerium fliegen musste. Es wurde ein hektischer Tag, den vergisst man so schnell nicht.«

»Warum musste Monsieur Plessier plötzlich in die Hauptstadt reisen?«

»Das weiß ich nicht.«

»Hat Monsieur Plessier um dieses Treffen gebeten? Oder ist er nach Paris beordert worden?«

»Unser Chef ist nur den Aktionären und dem lieben Gott gegenüber verantwortlich. In dieser Reihenfolge. Ich bin weder Aktionär noch Gott.«

»Ist Monsieur Plessier noch am Dienstagabend zurückgekehrt?«

»O nein! Wir haben die Herren aus China am Flughafen Marseille empfangen, viele Kotaus gemacht, sie in unseren Firmenjet geleitet und nach Paris geflogen, wo sie abends mit Monsieur Plessier im ›*Deux Magots*‹ gespeist haben. Unsere fernöstlichen Gäste waren müde, doch angenehm überrascht. Unser Chef ist erst am nächsten Morgen zurückgeflogen und hatte eine halbe Milliarde Euro Neuinvestitionen im Koffer. Bildlich gesprochen«, fügte Hurault hastig hinzu und wurde rot.

Der weiß auch, dass ich mal Korruptionsermittler war, dachte Blanc. Mittwochmorgen, *merde*. Plessier hat auch für den zweiten Todesfall das perfekte Alibi: ein Essen im Edelrestaurant mit Dutzenden Geschäftspartnern, die das bestätigen könnten. »Waren Sie mit in Paris?«

Hurault schüttelte den Kopf. »In dieser Liga spiele ich nicht. Abends, als wir endlich alles organisiert hatten, habe ich mich allein im Büro verkrochen und die Daumen gedrückt. Denn wenn wir die Sache mit den Chinesen vermasselt hätten, dann …«, er zögerte, »… dann hätte meine Frau ihren Zahnarzt nicht mehr glücklich machen können!« Er tat so, als lachte er über seinen eigenen Scherz, doch Blanc sah ihm an, dass er das völlig ernst gemeint hatte.

Er stand auf und reichte Hurault die Hand. »Schlagen Sie ein, stellvertretend für Ihren Freund. Ich nehme die *Aotearoa*. Wir unterzeichnen den Vertrag morgen Mittag, auf dem Boot?«

Hurault schüttelte überrascht seine Rechte. »Sie wollen die Jacht also doch wirklich haben? Sind Sie sicher, dass Sie keine Proberunde segeln wollen? Ich könnte das arrangieren. Sie hätten genügend Zeit, über den Kauf nachzudenken.«

»Wenn ich darüber nachdenke, bleibe ich eine Landratte. Also denke ich nicht nach.«

»Einfach nicht nachdenken. Klingt gut. Lösen Sie so auch Ihre Fälle?« Huraults Handy piepste, offenbar eine Erinnerung. Der Manager war auf den Pier gestiegen und zog sein Jackett straff. »Ich muss zur Konferenz«, erklärte er entschuldigend. »Wenn Sie …«

»Ich habe keine weiteren Fragen«, beruhigte ihn Blanc.

»Wenn jemals rauskäme, dass ich Madame Antunes Details über die alten Müllkippen verraten habe, dann verliere ich meine Stelle, das ist Ihnen doch klar?«, fragte Hurault.

»Niemand wird von mir ein Wort darüber hören. Aber ich habe eine Bitte.« Blanc beugte sich näher zu ihm, um leise sprechen zu können, obwohl am Pier niemand sonst zu sehen war. »Wenn Sie bei Bauxiterre etwas über den roten Schlamm und diese Abflussleitung hören, eine Andeutung, ein Gerücht, ganz egal, wie unbedeutend oder lächerlich Ihnen das erscheinen mag: Rufen Sie mich an!«

Blanc blieb auf der *Aotearoa* und sah dem Manager nach. Hurault ging auf sein Boot, schloss die Luken und stieg danach in den Dienstwagen, ohne sich noch einmal umzublicken. Blanc war müde und wäre am liebsten unter Deck geschlüpft, um sich auf einer der Kojen lang zu machen. Stattdessen hockte er sich wieder auf die Bank und umfasste die Ruderpinne mit der rechten Hand. Das Holz war warm und weich, doch an der Oberseite war alter Lack aufgeplatzt, darunter zeichneten sich schwarze Flecken ab. Noch eine Renovierung, und dabei fiel seine alte Ölmühle schon an allen Ecken auseinander. Wie zog man überhaupt ein Segel hoch? Wie kam man aus dem Hafen? Er hatte gerade fünfhundert Euro ausgegeben, um in einem winzigen Seelenverkäufer zu hocken und wie ein Trottel im Hafen die Steuerpinne zu umklammern. *Merde*, dachte Blanc, endlich habe ich mal wieder etwas richtig Bescheuertes getan. Er wog den Schlüssel in der Hand, den Hurault ihm dagelassen hatte. Er war für das billige Vorhängeschloss, mit dem die Luke gesichert war, die unter Deck führte. Blanc stand auf, öffnete nun doch die Luke und stieg zwei Stufen hinab. Die Kajüte war höchstens einen Meter dreißig hoch und klaustrophobisch eng. Sie roch wie ein mieses Hotelzimmer, in dem jemand hin und wieder mit Duftspray hantiert hatte. Irgendwoher kenne ich diesen Geruch, sagte er sich und zuckte mit den Achseln. Vielleicht wehte er durch ein Büro der Kollegen, die mit der chemischen Keule gegen den Muff der Klimaanlage ankämpften. Sein Job verfolgte ihn sogar bei seinen kindischen Unternehmungen. Auch das müsste er einmal grundlegend ändern. Er legte sich auf eine Schaumstoffmatratze, der geblümte Stoff darauf war speckig. Dreißig Sekunden später war er eingeschlafen.

Blanc träumte von dem Gespräch. Er sah sich selbst aus Möwenperspektive dabei zu, wie er auf der Bank des Segelbootes Hurault gegenübersaß. »Das Alibi!«, rief der Blanc des Traums dem Blanc auf der Jacht zu. »Du musst ihn auf sein Alibi festnageln!« Doch der Blanc unten vernahm ihn nicht, sondern redete über Amphoren und roten Schlamm. »Hurault war am Sonntagmittag angeblich allein für Renovierungen in seinem Haus. Er war am Dienstagabend angeblich allein in seinem Büro. Keine Zeugen für beide Tatzeitpunkte! Frag ihn nach seinem Alibi!« Doch das war nur das Krächzen einer Möwe und Blanc hörte es nicht in seinem Schlaf. Er hörte auch die gluckernden kleinen Wellen nicht, die von der Strömung um den Plastikrumpf der *Aotearoa* gedrückt wurden, und nicht das Brummen eines Außenbordmotors von einem Boot am Nebensteg und nicht einmal den aufheulenden Zweizylinder eines frisierten Motorrads, dessen Fahrer nur auf dem Hinterrad die Avenue Louis Sammut am Hafen entlangdonnerte. Doch das leise Piepsen seines Nokias, das eine SMS ankündigte, weckte Blanc sofort.

Er griff nach dem Handy. Aveline. Die Hoffnung auf ein Rendezvous, einen Augenblick puren Glücks. Dann las er ihren Text: *Der Tod von Mignaux wird amtlich als Unfall festgestellt. Sein Körper wird zur Bestattung freigegeben, sein Besitz wird von einem Notar bis zur Feststellung der Erbschaftsregelung verwaltet. Keine Ermittlungen mehr. Gibt es etwas Neues bei Antunes? Sonst wird auch dieses Verfahren eingestellt. A.*

Blanc trat auf das Deck hinaus und blinzelte in die Sonne. Früher Nachmittag. Wann hatte er das letzte Mal etwas gegessen? Musste ungefähr vierundzwanzig Stunden her sein. Er zog seinen zerknitterten Block aus der Jeanstasche und notierte: *Alibis von Hurault checken!* Dann dachte er daran, dass er das erste Alibi – für den Sonntagmittag – gar nicht überprüfen durfte. *Keine Ermittlungen mehr.* Er las die SMS noch einmal, in der Hoffnung, dass sich in den Zeilen vielleicht doch irgendwo ein persönliches Wort verbarg. *Merde.*

Blanc fragte sich, was er falsch gemacht hatte. Seine Geliebte, die Untersuchungsrichterin. Die Frau des Staatssekretärs. Schon hundert Mal hatte er sich gesagt, dass ihre Affäre wahnsinnig sei. Dass sie sich nicht mehr sehen dürften. Dass … Aber jetzt, da sich Aveline tatsächlich von ihm zurückgezogen hatte, verzehrte er sich vor Sehnsucht nach ihr. Vielleicht, sagte er sich, dauert das nicht lange. Vielleicht wahrt Aveline ein paar Tage Distanz, einen Sicherheitsabstand gewissermaßen, damit Vialaron-Allègre nicht misstrauisch wird. Und schon bald wird die Luft wieder rein sein, sie wird ihn wieder anrufen, aus heiterem Himmel, wie früher schon öfter, er wird zu ihrem Haus hochfahren und sie endlich wieder in die Arme nehmen. Und wenn es nicht so war? Wenn ihr Mann so viel wusste, dass Aveline nie wieder ein Rendezvous riskieren würde? Oder hatte sie schon das Interesse an ihm verloren? Eine amüsante Affäre, aber nun ist der Sommer vorüber? Oder ob es da gar noch jemand anderen gab? Du brauchst nicht nur eine *Doliprane*, sagte er sich, du brauchst auch ein anständiges Beruhigungsmittel. Aber das einzige Medikament, das er hatte, war dieser verdammte Fall. Wenn er an ihn dachte, dann würde er wenigstens nicht mehr an Aveline denken.

Die Ermittlungsakte zum Fall Mignaux würde im Keller der Gendarmeriestation von Gadet verschwinden und dann in einem Archiv und schließlich ganz. *Sein Besitz wird von einem Notar bis zur Feststellung der Erbschaftsregelung verwaltet.* Irgendjemand würde die Gendarmerie-Siegel vom Segelboot und vom Haus abkratzen und die beiden Besitztümer verscheuern. Ab jetzt durfte er Jacht und Gebäude ohne Erlaubnis des Notars nicht mehr betreten, geschweige denn dort Spuren sichern.

Er sprang auf den Pier und sah sich um. Die *Pytheas* dümpelte immer noch am Kai nahe dem Rathaus. Blanc ging dorthin und schwang sich lässig an Bord, als gehörte ihm das Segelboot. Keiner der Müßiggänger beachtete ihn. Er zerschnitt das Siegel, schob die Luke zurück und verschwand unter Deck. Dasselbe Durcheinander wie bei seiner ersten Durchsuchung, bloß eine Woche und eine abgewürgte Mordermittlung her. Pressluftflaschen, Bleigürtel, die angegammelte Kombüse, Werkzeuge überall, zwei Tauchermasken. Blanc durchwühlte alle Staufächer und leuchtete mit der Taschenlampe seines Handys in jede Öffnung, die er entdecken konnte. Nichts. Er ging wieder hoch und sah sich auf dem Deck um. Irgendetwas war anders, als er es in Erinnerung hatte. Die Segel? Nein. Der Anker, die Leinen? Nein, nein, verdammt noch mal, nein. Er musste dringend einmal ausschlafen, er sah schon Gespenster. *»Merde«*, murmelte Blanc und ging von Bord.

Dann eben das Haus.

An einem Montagnachmittag im Oktober wirkte La Redonne ungefähr so, als läge es in der Sperrzone um Fukushima: Scheue Katzen strichen durch die Vorgärten, irgendwo bellte ein einsamer Hund. Am Straßenrand parkte ein halbes Dutzend Autos. Keine Bewegung hinter Fenstern, kein Wanderer in den Calanques, kein Fußgänger, nicht einmal ein Fischer auf seinem Kahn im Hafen. Die Sommergäste hatten ihre Ferienhäuser längst verrammelt. Und die Einheimischen waren entweder noch in Marseille oder auf dem Meer. Blanc parkte vor dem Haus von Mignaux, stieg aus, sah sich einmal um, ging drei Schritte bis zur Tür, brach das Siegel auf und war drinnen. Das Ganze hatte nicht einmal fünfzehn Sekunden gedauert.

Die Läden waren zugeklappt, doch die Hälfte der Holzlamellen war verrottet oder ganz herausgefallen. Licht und Schatten formten bizarre Scherenschnitte in den Zimmern, aber es war hell genug, sodass Blanc nicht mit seinem Handy leuchten musste. Er sah sich um. Bei ihrem ersten Besuch hatten Marius und er nach Amphoren und Münzen gesucht, nach Dokumenten, die ihnen etwas über Mignaux und mögliche Angehörige und Freunde verraten mochten, nach irgendetwas, das hätte verdächtig wirken können. Diesmal suchte Blanc etwas anderes: Notizhefte, Zettel, Briefe, Post-its – Sachen, die in fast jedem Haus herumlagen und auf die man sonst nie achtete.

Er ignorierte seinen trockenen Mund und das Ziehen im Magen und machte sich daran, noch einmal alle Schränke und Schubladen zu durchwühlen. Er öffnete jede Dose in der Küche und durchblätterte jedes Buch in den Regalen. Nichts. Im Schreibtisch fand er Zettel mit Zahlenreihen, die ihm nichts sagten, Einkaufslisten, Quittungen von Supermärkten, so alt, dass die Schrift schon fast verblichen war.

Irgendwann jedoch hielt er eine Kladde in der Hand, mit starkem Pappumschlag und zwei-, dreihundert karierten Blättern, ein Heft aus jener Zeit, als Buchhalter noch Einnahmen und Ausgaben auf Papier verzeichneten. Er hatte es bei der ersten Durchsuchung flüchtig durchgeblättert. Mignaux hatte es offenbar als Gedächtnisstütze und Aufgabenliste benutzt. Blanc las, systematisch diesmal, Hunderte Einträge, mal mit Bleistift, mal mit Kugelschreiber geschrieben: *8. November: Schlauch Pressluftflasche 1 wechseln / 11. Dezember: Ölwechsel Yamaha-Außenborder, 2–3 L. / 3. August: 15 m Fockschot neu, D 10, F grün.* Die Notizen waren offenbar später durchgestrichen worden, manchmal in anderen Farben, als sie geschrieben worden waren. Mignaux hatte sich alle Aufgaben, die er erledigen musste, notiert und sie wieder getilgt, wenn er sie erledigt hatte. Es passte zu dem, was Bonnot über ihn gesagt hatte: Er war ein gewissenhafter, zuverlässiger Mann gewesen.

Blanc durchkämmte Seite für Seite. Eine seltsame Traurigkeit erfüllte ihn dabei: Ihm war, als würde er mit jedem Umblättern endgültig die Spuren eines in kleinen, systematischen Schritten abgearbeiteten Lebens auslöschen. Doch auf einmal stutzte er. In der Mitte des Heftes standen Notizen, die nicht durchgestrichen waren.

Dieselbe Handschrift, dieselbe nachlässige Mischung aus Bleistift und Kugelschreiber, dasselbe Gewirr hingeworfener Daten, Wörter, Buchstaben und Zahlen. Nein, verbesserte sich Blanc, keine ganzen Wörter auf diesen beiden Seiten – nur Kürzel und Ziffern. Die Notizen waren in mehreren Spalten angeordnet, jede Spalte schien unter einer Überschrift aus jeweils zwei oder drei Großbuchstaben zu stehen. Darunter standen Datumsangaben, neben die Buchstaben und Ziffern gekritzelt worden waren. Nicht ein einziger Eintrag war wieder durchgestrichen worden. Das ist keine abgehakte To-do-Liste, sagte sich Blanc. Aber was dann?

Sein Zeigefinger glitt über eine Spalte mit der Überschrift *JP*. Darunter las er Zeilen wie:

18. Feb.: eA 5v 5000

11. Dez: rA 1n 400.

Er starrte auf diese Spalten, bis ihm die Augen flimmerten. Und plötzlich hatte er eine Vision. Es war wie bei einem dieser bunten Rätselbilder, die vor Jahren einmal Mode gewesen waren: Nur Kleckse und Flecken, doch wenn du lange genug darauf blickst, dann fällt auf einmal alles ineinander und ein verstecktes Bild schält sich heraus.

Blanc setzte sich auf den Stuhl und wusste nicht, ob er lachen oder vor Wut auf die Tischplatte schlagen sollte. Er musste wirklich bald etwas essen. Alles war plötzlich glasklar. Und alles schien ihm zugleich zu entgleiten wie ein Stück nasse Seife.

Die Kladde barg die getarnte Lieferliste des Wracktauchers Luc Mignaux.

Die Überschrift jeder Spalte war der Kundenname: *JP* – Jérôme Plessier. Darunter das Datum des jeweiligen Deals und die wichtigen Einzelheiten. Das Kürzel *eA 5 v* – etruskische Amphore, fünftes Jahrhundert vor Christus; *rA 1n* – römische Amphore, erstes Jahrhundert nach Christus. Die letzte Ziffer: der Preis. Fünftausend Euro für das etruskische Objekt – vielleicht genau das, das er im Salon von Plessier bewundert hatte. Vierhundert Euro für die römische Allerweltsware, die gut genug war für die Gästetoilette.

Ein methodischer Mann, dieser Mignaux.

Blanc starrte auf das Heft. Für sich allein genommen war das nur Geschreibsel. Einige Buchstaben und Ziffern in irgendeinem alten Schmierheft, das konnte alles Mögliche bedeuten. Kein Gericht Frankreichs würde diese Buchstaben- und Zahlenkolonnen als Beweis akzeptieren. Und erst recht keine Untersuchungsrichterin … *Merde*. Codierte Notizen kannte Blanc schon lange: Steuerhinterzieher wollten manchmal mit kryptischen Aufzeichnungen den Überblick behalten. Drogendealer verzeichneten mit ein paar hingeworfenen Zeichen Mengen und Preise ihrer Ware. Solche Handschriften waren vor Gericht erst dann etwas wert, wenn man sie *zusätzlich* zu anderen Beweisen präsentieren konnte. Die Liechtensteiner Kontoauszüge *und* die Zahlenkolonnen des Steuerbetrügers, die sichergestellten Cannabismengen *und* das Heft eines Dealers – das erst ergab einen Sinn, der auch einen skeptischen Richter überzeugte.

Das eine Problem war, dass Blanc neben Mignaux' Heft keine anderen Beweise hatte. Das andere Problem war, dass ein guter Anwalt dafür sorgen würde, dass selbst diese Kladde allein niemals einem Gericht vorgelegt werden könnte – schließlich hatte Blanc gar kein Recht mehr zur Durchsuchung von Mignaux' Haus gehabt, er hatte sich das Heft illegal verschafft.

Blanc wollte es schon zuklappen, als ihm noch etwas auffiel. Der letzte Eintrag unter der Spalte *JP* lautete:

14. Sept: Brf

Keine Alters- und Herkunftsangabe, kein Preis. Das Datum: zehn Tage, bevor Mignaux eine SMS mit dem Hinweis, sie sollten sich treffen, es gehe um B, an Christin Antunes geschickt hatte. Gut zwei Wochen, bevor er mit einer Harpune im Kopf in den Calanques getrieben hatte.

»Du hast am 14. September keine Amphore an Plessier verkauft«, flüsterte Blanc. »Dein letzter Deal mit Plessier war ein Brief. Du hast ihm einen Brief geschrieben.«

Freie Hand, gewissermaßen

Blanc blickte durch einen löchrigen Fensterladen nach draußen. Niemand. Er trat ins Freie, ging zum Espace und warf die Kladde auf den Beifahrersitz. Irgendwann würde jemandem das aufgebrochene Siegel an der Eingangstür von Mignaux' Haus auffallen. Er musste sich davonmachen, doch er fühlte sich zu hungrig und müde, um es mit den Serpentinen aufzunehmen. Dann erinnerte er sich an das Restaurant neben dem Haus von Christin Antunes in Méjean. Nur eine Bucht weiter östlich. Bis dahin würde er es noch schaffen.

Als er im »*Le Mangetout*« angekommen war, fand er gerade noch an einem der langen Tische unter einer Art Zelt auf der Terrasse Platz, zwischen einer lauten Familie, deren drei Kinder sich mit fettigen Papierservietten bewarfen, und einem älteren Ehepaar, das mit grimmiger Inbrunst einen gegrillten Seeteufel vertilgte. Essen die immer noch zu Mittag oder ist das schon das Abendessen?, fragte er sich. Er musterte das Haus von Christin Antunes, doch hinter den Fenstern war keine Bewegung auszumachen. Ob der Witwer und die Zwillinge fortgezogen waren? Für eine Weile oder für immer?

Er ließ seine Augen wandern und blickte schließlich auf die Fischerboote im Hafen von Grand Méjean. Die Sonne stand schon tief, aber ihr Licht war noch weiß und klar. Draußen auf dem Mittelmeer blitzten die Wellenkämme silbern. Ein leichter Südostwind blies den Duft von Salz und Tang, Pinien und Ginster um die Tische, wo er sich mit den Aromen von Weißwein und gebratenen Fischen mischte, bis Blanc schwindelig wurde vor Hunger.

»Die Speisekarte?« Eine junge Kellnerin hielt ihm lächelnd ein Stück in Plastik eingeschweißten Karton hin.

»Bringen Sie mir das, was am schnellsten geht.«

»Ein großer Teller *Mangetout* steht in fünf Minuten vor Ihnen.«

»Was ist das?«

»Sie sind nicht von hier?«

Blanc zögerte, wollte schon zugeben, aus Paris zu sein, antwortete dann jedoch: »Ich komme aus Caillouteaux.«

»*Mangetout* sind kleine, frittierte Fische. Sie essen sie ganz und gar, daher der Name.«

»Mit Schwanz und Kopf?«

»Schmeckt wie Pommes frites, nur besser. Dazu eine Flasche Weißwein?«

»Ich bin mit dem Auto hier.«

»Also eine halbe Flasche. Halten Sie noch fünf Minuten durch.«

Die Mangetout waren heiß und fettig. Sie dampften in einer Schüssel, Blanc brauchte nicht einmal Messer und Gabel. Er packte die gerösteten Leiber und schlang sie hinunter. Archaisches Fressen. Der Wein war kühl, die Karaffe viel zu schnell leer.

Während er sich Lippen und Finger abtupfte, lehnte er sich behaglich zurück und blickte wieder auf die Fischerboote im Hafen. Langsam ordneten sich seine Gedanken. Er ging den Fall durch, der kein Fall mehr sein durfte: Luc Mignaux hatte Plessier Amphoren verkauft, vielleicht schon seit Jahren. Doch irgendwann in diesem Herbst hatte der Taucher die Abwasserleitung entdeckt, mit der Bauxiterre illegal giftigen roten Schlamm in den Ozean pumpte. Mignaux schrieb Plessier einen Brief. Vielleicht waren es empörte Zeilen, und er drohte, alles öffentlich zu machen. Vielleicht war es auch ein Erpresserschreiben: Geld her oder ich rede über den Dreck! Ein paar Tage darauf schickte Mignaux jedenfalls eine SMS an Christin Antunes, die örtliche Umweltaktivistin. Und dann starben die beiden, als Opfer zweier scheinbarer Unfälle. Und ein Staatssekretär in Paris machte Druck und wollte, dass man die Toten als Unfallopfer zu den Akten legte.

Ich brauche Verbündete, sagte sich Blanc. Fabienne? Die war in Barcelona und hatte andere Sachen im Kopf als Ermittlungen. Marius? Wie lange würde er noch durchhalten? Aveline? Er wollte nicht einmal an sie denken.

»Ihre Schüssel ist so leer, wir brauchen sie gar nicht zu spülen«, sagte die Kellnerin, die neben ihn getreten war, ohne dass er sie gehört hatte.

»Füllen Sie sie einfach noch mal auf.«

»Sie wollen es aber wissen!«

»Sie können auch die Karaffe wieder auffüllen.«

»Ich dachte, Sie sind mit dem Auto hier.«

»Mir passiert nichts. Ich bin Flic.«

Sie ging lachend davon. Offenbar hielt sie das für einen Scherz.

Blanc sah wieder hinaus auf das Meer. Ihm blieb wohl nur ein Verbündeter. Aber er freute sich nicht gerade darauf, ihn zu fragen.

Als er abends in der Station von Gadet aufkreuzte, waren die meisten Gendarmen schon gegangen, auch Marius war fort. Blanc war todmüde, doch hatte er genau dies gehofft: dass neben dem Nachtdienst bloß noch ein Beamter auf dem Posten sein würde. Sein Chef.

Blanc klopfte an die Tür. Commandant Nkoulou ließ einen langen Augenblick verstreichen, bevor er »Herein!« rief. Seine Uniform saß korrekt, die Gläser seiner goldgefassten Brille waren so sauber geputzt, dass man meinen konnte, er habe sich ein leeres Gestell aufgesetzt. Trotzdem wirkte sein Chef auf eine schwer zu bestimmende Art weniger perfekt als gewohnt. Der ist auch müde, dachte Blanc zuerst, doch dann korrigierte er sich. Nein, traurig, Nkoulou ist traurig. Auf seinem Schreibtisch lag eine zugeklappte Akte, auf dem Pappdeckel prangte ein Stempel: *Police Judiciaire de Marseille – Division des Stupéfiants et du Proxénétisme.* Was hatte Nkoulou mit den Ermittlungen der Marseiller Drogenfahnder zu schaffen? Blanc erinnerte sich an Anrufe auf der Station: eine sehr junge Frau, die zufällig zu Blanc durchgestellt worden war, aber eigentlich Nkoulou hatte sprechen wollen. Partylärm im Hintergrund. Ihre Stimme, mal aggressiv, mal flehend. Später hatte er für einen Moment eine Tatortskizze auf Nkoulous Schreibtisch erblickt und das Polizeifoto eines mageren Mädchens. Sie war eine Weiße gewesen und konnte daher unmöglich Nkoulous Tochter sein. Blanc fragte sich, ob er das Bild auch in der Akte der *Police Judiciaire* wiederfinden würde. Er fragte sich, ob Nkoulou etwas mit diesem Mädchen hatte. Die Sucht verwandelte jeden Junkie in einen grenzenlosen Egoisten. Wer Drogen nahm, saugte jeden Menschen aus, der in seine Nähe kam, um an Stoff zu kommen, Stoff, Stoff, Stoff ... Nkoulou war ein erfahrener Flic, der wusste so etwas. Aber ob ihm dieses Wissen nützen würde?

»Ich muss mit Ihnen über den Fall Mignaux reden«, sagte Blanc.

»Den Unfall von Mignaux«, korrigierte ihn Nkoulou.

»Hat Staatssekretär Vialaron-Allègre auch mit Ihnen telefoniert?!«

»Mein Gehör ist ausgezeichnet, *mon Capitaine*, Sie müssen Ihre Stimme nicht überstrapazieren. Setzen Sie sich.«

»Wenn Mignaux' Tod ein Unfall war, dann habe ich in den letzten zwanzig Jahren bei der Gendarmerie nichts gelernt. Dann kann ich mich gleich als Nachtwächter bewerben.«

»Ich könnte Ihnen ein Empfehlungsschreiben für den hiesigen Supermarkt aufsetzen.«

»*Mon Commandant*, darf ich Ihnen den Fall erläutern?«

»Ich wüsste nicht, wie ich Sie sonst jemals wieder aus diesem Büro bekäme.«

Blanc berichtete von all den seltsamen Verbindungen und tödlichen Zufällen, auf die er gestoßen war. Selbst die Kladde, die er sich heimlich aus Mignaux' Haus geholt hatte, verschwieg er nicht. »Mein Problem ist, dass Vialaron-Allègre mir die rote Karte gezeigt hat«, schloss er.

»Ihr Problem ist, dass Sie sich etwas einfallen lassen müssen«, erwiderte Nkoulou gelassen. »Ich hatte in der Tat einen Anruf aus Paris. Ich verrate Ihnen nicht, von wem, aber ich darf Ihnen versichern, dass mein Gesprächspartner sich klar ausgedrückt hat.«

»So klar wie die Abwässer von Bauxiterre, vermute ich.«

»Werden Sie nicht zynisch. Große Unternehmen werden von der Regierung geschützt. So war das schon immer.«

»Und die Bürger werden von der Gendarmerie geschützt. So war das schon immer.«

»Idealismus kann auch eine unangenehme Eigenschaft sein, *mon Capitaine.*«

»Also geben Sie mir auch rotes Licht?«

»Sehe ich aus wie eine Verkehrsampel? Ich zeige Ihnen gar kein Licht, Sie hören von mir gar keine Antwort, weil Sie mich offiziell gar nicht gefragt haben. Sie sitzen nicht in meinem Büro, Sie reden nicht mit mir, Sie sind längst zu Hause im verdienten Feierabend. Halten Sie den Mund und tun Sie einfach Ihren Job.«

»Ich bearbeite im Moment keine anderen Fälle!«

»Dann ist doch alles klar«, sagte Nkoulou und erlaubte sich ein dünnes Lächeln. »So klar wie die Abwässer von Bauxiterre.«

Der Chef lässt mich von der Leine, dachte Blanc erleichtert, als er sich wieder hinter das Lenkrad des Espace schwang. Blanc konnte tun, was er wollte. Er durfte es nur niemandem sagen. Doch je länger er darüber nachdachte, desto mehr verdampfte seine gute Laune. Es war schließlich doch bloß ein mieser Kompromiss. Keine Durchsuchungen und Beschlagnahmungen mehr. Keine Anfragen bei der Gerichtsmedizin oder der Spurensicherung. Nichts, das nach offiziellen Ermittlungen roch. Erst recht keine Befragungen von Zeugen oder Verdächtigen, schon gar nicht von Plessier. Das alles galt aber bloß für den Fall Mignaux …

Die Akte zum Tod von Christin Antunes war offiziell noch nicht geschlossen. Aveline hatte damit gedroht, es aber noch nicht getan. Er konnte sich immer noch auf die ungeklärten Umstände dieses Todes stürzen. Auch hierbei durfte er Plessier nicht zu nahe kommen und Aveline gegenüber würde er das B-Wort so gut es ging vermeiden. Aber noch konnte er in diesem Fall ganz offen ermitteln und den Leuten auf die Füße treten. Und jeder Lichtstrahl, der auf das Ende von Christin Antunes fiel, würde irgendwie auch den finsteren Winkel um Mignaux' letzte Stunden ausleuchten. Solange er wenigstens den Fall Antunes behielt, würde er, als unsichtbare Zugabe, auch den Fall Mignaux behalten. Und wenn er erst einmal Beweise hatte und damit endlich wieder zu Aveline gehen konnte …

Blanc fuhr so langsam, dass ein Rennradfahrer verärgert mit der Hand auf sein Dach schlug und ihn rechts überholte. Als er endlich in die platanenumschattete Einfahrt zu seiner Ölmühle einbog, sog er überrascht die Luft ein. Denn in seiner Küche brannte Licht. Und vor der Tür war ein Pferd angebunden.

Er rieb sich die Augen. Die Müdigkeit. Die kurzen Nachtstunden der letzten Zeit. Der Weißwein heute Nachmittag. Er öffnete die Augen wieder. Das Pferd stand immer noch vor seinem Haus. Blanc kam näher und streichelte dem starkknochigen, hellen Tier den Hals. Was Paulette wohl bei ihm wollte? Und wie war sie überhaupt hereingekommen?

»Schließt du dein Haus eigentlich nie ab?«, fragte seine Nachbarin, als er ins Zimmer kam.

»In Zukunft schon«, stöhnte Blanc. Seine Küche sah aus, als wäre dort eine Handgranate explodiert. Und mitten in den Trümmern stand ein unbekannter Mann, der schuldbewusst guckte.

»Bruno Fleur«, stellte ihn seine Nachbarin vor. »Er ist der Schreiner, von dem ich dir erzählt habe.«

Verwirrt schüttelte Blanc die schwielige Hand des Mannes. »Hätten Sie mich am Telefon nicht vorwarnen können?«

»Ich war zufällig hier, Monsieur. Gewissermaßen spontan«, erklärte Fleur. Er war Anfang dreißig, groß, kräftig, schon kahl, mit den zurückhaltenden Gesten und der leisen Stimme eines eher schüchternen Mannes.

»Meine Küche sieht aus wie ein 3-D-Puzzle«, meinte Blanc.

»Ihre Küche war ein Nationalpark für Holzwürmer. Ich musste nur einmal irgendwo anpacken, der Rest fiel von alleine. Das war, glaube ich, ein neuer Rekord.« Fleur lächelte verlegen. »Immerhin müssen Sie die Sachen nicht bis zur Müllkippe fahren. Es reicht, wenn Sie das Holzmehl zusammenfegen und als Dünger in die Büsche kippen.«

»Auf einem Düngerhaufen kann ich keine Suppe kochen.«

»Ich nehme gerade Maß und baue Ihnen später alles wieder auf. Wir nehmen Pinie. Nicht das solideste Holz der Welt, aber von hier. Und hell. Wenn ich fertig bin, wird das der schönste Raum des Hauses sein.«

»Wenn Sie fertig sind …«, murmelte Blanc. Ihm schwante Schlimmes. Da spürte er eine kräftige Hand am Ellbogen. Paulette führte ihn hinaus. »Lass ihn ungestört Maß nehmen. Bruno ist so gut, den bekommst du fast nie zu sehen«, erklärte sie, als sie in Blancs Salon angekommen waren. »Alle wollen, dass er etwas für sie baut. Ich hatte vor Wochen einen Termin mit ihm vereinbart, er hat mir eine Stalltür erneuert. Und als er bei mir war, habe ich ihn mehr oder weniger gezwungen, sich deine Küche anzusehen.«

»Hast du ihn aufs Pferd gesetzt?«

»Bruno fürchtet sich vor Tieren. Als er mit dem Stall fertig war, habe ich Felix am Zaumzeug gefasst und hinausgeführt, sodass er zwischen Bruno und seinem Lieferwagen stand. Dem armen Bruno blieb gar nichts anderes übrig, als vor dem Pferd her bis zu deinem Haus zu traben. Und jetzt hast du einen echten Künstler in der Küche, auf den andere Leute Monate warten müssen.«

»Eine neue Küche aus Pinienholz? Ich habe keine Ahnung, wie viel das kosten wird!«

»Bruno hat davon auch keine Ahnung. Deshalb ist er ja so beliebt.« Paulette lächelte ihn aufmunternd an. Hinreißend, dachte Blanc plötzlich, trotz der Prellung auf ihrem Jochbein, die sich nur langsam vom Violetten ins Gelbliche entfärbte. »Ich hoffe, er hat deinen Stall so solide gebaut, dass dich die Pferde nicht mehr treten können«, sagte er.

»Die Pferde?«, fragte Paulette verwirrt und lachte dann verlegen auf. »Ja, die Pferde. Was Bruno baut, das hält. Deine neue Küche wird uns beide überleben.«

»Es sei denn, Monsieur Fleur reißt sie wieder ab, weil ich ihn nicht bezahlen kann.«

»Bruno. Niemand nennt ihn beim Nachnamen. Und du musst ihn mindestens zehnmal anrufen, bis er dir endlich einen Preis sagen wird. Er wird vollkommen verlegen sein dabei, und du wirst denken, dass du dich verhört hast, weil die Summe so niedrig ist. Und dann gehörst du auch zu Brunos Fans und zwingst ihn mithilfe eines Pferdes in dein Haus.«

»Bis dahin bin ich verhungert.«

»Fiel das Mittagessen heute aus?«

»Zwei Schüsseln frittierter Minifische und mehr Weißwein, als die Gendarmerie erlaubt. Hat aber nicht gereicht. Ich bin zu müde, um in ein Restaurant zu fahren. Und in diesem Trümmerhaufen finde ich nicht einmal die Reste vom letzten Baguette wieder.«

»Ich mache dir Bouillabaisse warm«, sagte seine Nachbarin. »Und ich versorge das Pferd. Du wartest, bis Bruno fertig ist, und vielleicht findest du das Baguette. Dann essen wir zusammen. In meiner Küche.«

Blanc nickte und öffnete ihr die Haustür. Während Bruno die letzten Reste seiner alten Küche zerstörte, hob er die gelb und grün bemalten provenzalischen Teller, die er erst vor wenigen Wochen erstanden hatte, aus dem Staub und stellte sie auf einen Tisch im Wohnzimmer. Die verbogenen Messer und Gabeln, die er auch schon längst hätte ersetzen sollen. Tütensuppen. Gläser in allen Formen, die Hälfte sah so aus wie ehemalige Senfgläser. Dosenöffner, die er noch nie zuvor bemerkt hatte. Vier alte Matchboxautos. Endlich das Baguette, gerade noch akzeptabel. Und sogar einige Flaschen Domaine de Bernard, dem Weingut seiner Nachbarn ein Stück weit die Touloubre hinunter. War Bouillabaisse nicht eine Art Fischsuppe? Also wieder ein Weißer. Er wischte eine Flasche sauber. Schließlich fielen ihm zwei Frühstücksbrettchen in die Hände, die er vor Jahren zuletzt auf dem Küchentisch gesehen hatte. In der Pariser Wohnung, als er noch ein richtiger Familienvater gewesen war. Auf das eine war mit Ölfarbe eine bunte Blumenwiese gemalt worden, über die ein erstaunlich gut getroffenes Pony hüpfte. Das hatte Astrid gemalt. Wie alt war sie da gewesen? Acht? Zehn? Auf dem anderen lieferten sich vier ziemlich krakelige Autos ein Wettrennen. Eric.

Blanc hielt die Brettchen in der Hand und rührte sich lange nicht. Dann gab er sich einen Ruck und griff nach dem Handy. Astrid war Eventmanagerin. Welche Arbeitszeiten hatten Eventmanager? Es war fast dreiundzwanzig Uhr am Montagabend. Vielleicht lag sie schon im Bett? Unsinn, dachte er, Astrid war zwanzig Jahre alt und lebte in Paris. Welche Zwanzigjährige würde da schon schlafen? Doch sie ging nicht dran. Er kam sich dumm vor, auf ihre Mailbox zu sprechen, was sollte er schon sagen? Also drückte er den Anruf weg und kämpfte mit dem ewigen schlechten Gewissen aller Eltern. Ob ihr auch nichts passiert war? Dann dachte er an Eric. Ein Jahr älter, sechstausend Kilometer weiter. In Quebec musste es jetzt erst Nachmittag sein. Er probierte es zuerst unter der Büronummer.

»Geht es dir gut?« Eric klang ernsthaft besorgt.

»Warum sollte es mir nicht gut gehen?« Blanc war erleichtert, dass wenigstens sein Sohn abgehoben hatte. Und er wollte bloß nicht zu neugierig klingen, zu besorgt, zu aufdringlich. Ein lässiges Vater-Sohn-Gespräch, auch wenn er darin nicht gerade viel Übung hatte.

»Du rufst mich normalerweise einmal im Jahr an. Zu meinem Geburtstag. Das ist aber jetzt dein zweiter Anruf in den letzten vier Wochen. Du liegst nicht zufällig im Krankenhaus? Das hört sich an wie ein Beatmungsgerät im Hintergrund.«

»Das ist der Handstaubsauger eines Schreiners, der die Reste meiner Küche in sich hineinschlürft.« Blanc erzählte seinem Sohn von der Küche. Es fühlte sich erstaunlich gut an, von solchen Dingen zu berichten.

»In unserer Pariser Wohnung wusstest du nicht einmal, wo die Küche war. Und jetzt lässt du dir eine neue Küche in Pinie fertigen? Und du bist Korruptionsermittler und fragst nicht einmal nach der Rechnung? Kannst du denn jetzt wenigstens kochen?«

»Ich werde gleich herausfinden, wie eine Bouillabaisse schmeckt.«

»Du bist ein echter Provinzler geworden!« Das klang wie ein Kompliment, und wenn es tatsächlich als solches gemeint war, dann war es das erste, das Blanc seit Jahren von seinem Sohn gehört hatte. Er verabschiedete sich und merkte, dass er lächelte.

Dann gewahrte er eine Bewegung hinter sich. Der Schreiner hatte sich lautlos genähert und verlegen gewartet, bis das Gespräch beendet war. Bruno schüttelte ihm zum Abschied die Hand. »Sie brauchen eigentlich auch einen neuen Kühlschrank«, bemerkte er.

»Der Kasten sieht aus, als käme er noch aus den Fünfzigerjahren. Ich mag das alte Ding.«

»Die EDF mag das alte Ding auch. Der saugt den Strom aus der Leitung, bis der Zähler glüht. Ich habe einen Freund, der verkauft Restposten. Von dem bekommen Sie einen koreanischen Kühlschrank für weniger Geld als im Internet.«

»Ich rede mit meinem Bankberater.«

»Und ein anderer Kumpel von mir ist Elektriker. Ihre Stromleitungen und Sicherungen sind ungefähr so alt wie Ihr Kühlschrank. Und Ihre Steckdosen werden irgendwann jemanden töten.«

Blanc war froh, als er die Tür hinter Bruno schließen konnte. Erst als der Schreiner zwischen den Platanenschatten verschwunden war, fiel ihm ein, dass er ihn gar nicht nach einem nächsten Termin gefragt hatte. Wer weiß, wann die schöne neue Küche aus Pinienholz in seinem Haus glänzen würde.

Später saß er in Paulettes Esszimmer. Im Nebenzimmer drehte sich eine LP auf einem alten Panasonic-Plattenspieler. »*Stairway to Heaven*«. Musste Jahre her sein, dass Blanc das zuletzt gehört hatte, aber er hätte den Text immer noch mitsingen können. Das leise Knistern der Nadel über der Stimme von Robert Plant. Jimmy Page mit der Fender Telecaster. Über der Anrichte hingen zwei gerahmte Fotos: die ältere Tochter Agathe, im schwarzen Talar und Barett, eine gerollte Urkunde in der Hand – wahrscheinlich irgendein Bachelor irgendeiner Business School. Die jüngere Tochter Audrey auf einem Camargue-Pferd, ohne Sattel und stolz wie John Wayne.

»Audrey habe ich für ein paar Tage zu meiner Schwester in die Auvergne geschickt«, sagte Paulette, als sie Blancs Blick bemerkte.

»Sind denn jetzt Ferien?«

»Nein. Aber mein Ex hat vor Gericht gewonnen. Er darf unsere Jüngste nun wochenweise zu sich holen. Diese Woche wäre er dran. Also ist Audrey diese Woche in der Auvergne.« Sie lächelte.

Blanc bemühte sich, nicht auf ihre Prellung zu starren. Ein Pferdetritt. Genau dann, wenn ihr Exmann vergebens die Tochter holen wollte. Reiner Zufall. Wenn Paulette ihm sagte, dass sie einen Unfall im Stall gehabt habe, dann hatte sie einen Unfall im Stall gehabt. Und wenn Blanc fortan beim Joggen nicht mehr auf direktem Wege im Wald verschwand, sondern an ihrem Haus vorbeilief, dann war das bloß eine Verlängerung der Laufstrecke, um seine Kondition zu verbessern. »Das duftet nach Mittelmeer«, lobte er.

»Das duftet nach Marseille.« Paulette stellte einen dampfenden Topf auf den Tisch. »Die Fische für die Bouillabaisse kauft man morgens am Vieux Port, direkt von Bord der Boote, oder man kauft sie gar nicht. Vergiss den Supermarkt.«

Blanc kam eine absurd erscheinende Idee. »Kennst du die Fischer, denen du den Fang abkaufst?«

»Vom Sehen. Manche auch mit Vornamen.«

»Kennst du eine junge Fischerin? Mitte zwanzig, grau gefärbte Haare, Arme und Oberkörper tätowiert mit Haien, Delfinen, Seesternen.«

»Ich mag tätowierte Frauen nicht. Aber wenn es deine neue Freundin ist, lade ich sie nächstes Mal ein.«

»Wieso kommst du darauf, dass es meine Freundin ist?«

»Woher weißt du, was sich die Dame auf den Oberkörper gestochen hat?«

»Das gehört zu meinem Job«. *Connard.* Wenn er so weitermachte, würde er an diesem Tisch noch über eine schrecklich zugerichtete Frauenleiche reden. Er sollte sofort das Thema wechseln. »Was schwimmt in der Suppe?«

Paulette zog spöttisch ihre rechte Augenbraue in die Höhe. »Seeteufel, Aal, Barbe, Garnelen, Miesmuscheln, alles, was die Fischer so herausholen. Und unbedingt Kartoffeln. Das ist eine Glaubensfrage. Es gibt Frauen, die kratzen dir die Augen aus, wenn du Kartoffeln in die Bouillabaisse tust. Und es gibt Frauen, die kratzen dir die Augen aus, wenn du keine hineintust.«

Blanc rührte Rouille in die Suppe, eine rote, scharfe Creme. Die Bouillabaisse war dunkel und schwer und der erste Löffel war wie eine winzige Explosion auf der Zunge: der Geschmack nach Fisch und Knoblauch, nach Salz und Thymian, Lorbeer und Olivenöl. »Da werde ich lange üben müssen, bis ich das hinbekomme«, sagte er.

Paulette lachte. »Das Geheimnis ist, dass es der Rest ist. Ich habe gestern einen großen Topf gekocht. Wir essen heute das, was übrig geblieben ist. Es ist ein zweites Mal durchgezogen und deshalb schmeckt es auch noch einmal doppelt so gut.«

Blanc fragte nicht, für wen Paulette am Vortag gekocht hatte. Sei jetzt kein Flic. Sie hatte den schlanken, durchtrainierten Leib einer guten Reiterin, ihre Haut war dunkel von der Sonne, ihre langen, schwarzen Haare hatte sie zu einem dicken Zopf geflochten. Sie hatte sich umgezogen, hellblaue Bluse und langer Rock mit provenzalischem Blumenmuster. Paulette durfte einladen, wen sie wollte. Das ging ihn nichts an. Er war so müde. Er nahm das Weinglas und trank einen tiefen Schluck. Wohlige Wärme durchflutete seinen Körper. Led Zeppelin aus dem Nebenzimmer. Blanc merkte noch, dass er sich entspannte, zum ersten Mal an diesem Abend. Er merkte nicht mehr, dass er, am Küchentisch seiner Nachbarin und vor einem nicht ganz leer gegessenen Teller Bouillabaisse, vor Erschöpfung auf seinem Stuhl zusammensackte und in einen tiefen Schlaf fiel.

Schöne Schwarz-Weiß-Fotos

Als er am nächsten Morgen aufwachte, wusste er einige Augenblicke lang nicht, wo er war. Er lag angekleidet auf einem Sofa, irgendetwas Helles und Eckiges, vielleicht von IKEA. Ein kleiner Raum, Wände und Decke hellgelb gestrichen. Ein kleines Fenster mit Holzsprossen, das nur wenig Licht hereinließ, doch dieses Licht war klar und grell. Blanc fluchte und fummelte sein Handy aus der Hosentasche. 8.03 Uhr. Er konnte sich nicht erinnern, wann er zuletzt so lange geschlafen hatte. Die Zimmertür öffnete sich zu einem engen Flur, gegenüber lag der Durchgang zur Küche. Er war im Haus von Paulette. Auf dem Holztisch im Esszimmer daneben standen eine geflochtene Schale mit zwei Croissants, eine Butterdose mit Messer, eine leere Schüssel und eine metallene Thermoskanne. Als er sie aufdrehte, entströmte ihr der Duft von starkem Kaffee wie ein Flaschengeist.

Während Blanc sich den Kaffee in die Schüssel goss und nach dem ersten Croissant griff, lauschte er: keine Stimmen, keine Schritte, kein Knarzen, es war, als hätte das Haus tief eingeatmet und hielte nun die Luft an. Er durchsuchte seinen Taschen, zog Kugelschreiber und Notizblock hervor, riss die am wenigsten zerknitterte Seite heraus und schrieb:

Chère Paulette,
in der Rangliste deiner unhöflichsten Gäste stehe ich wahrscheinlich weit oben. Deine Bouillabaisse war köstlich, auch wenn du über mein Urteil nur lächeln wirst, denn ich bin ja kein Experte. Dein Kaffee ist auch köstlich – und hier habe ich einige Hundert Liter Erfahrung. Ich kann nur hoffen, dass du es als Kompliment nimmst, wenn ein Flic in deinem Haus schläft wie ein Kind. Ich werde es wieder gutmachen: In einer

nach Pinienholz duftenden Küche werden wir Suppe und Wein genießen und ich werde dabei hellwach sein.
Demnächst,
Roger

Blanc legte den Zettel auf den Tisch, spülte die Schüssel und trat hinaus. Er zog die Tür hinter sich zu und blickte zur Weide neben dem Haus, deren Gatter offen stand. Wahrscheinlich war Paulette mit den Camargue-Pferden in den Hügeln. Ohne Sattel und mit wenig mehr als einem Strick als Zügel würde sie bis zum Mittag oder Abend unter Pinien und Eichen dahintraben.

Nachdem er in seiner alten Ölmühle einen kurzen, hoffnungslosen Blick auf die verwüstete Küche geworfen hatte, eilte er nach Gadet. Er ging zunächst in den Keller. »Sind die Bilder fertig?«

»Die Sache mit dem Belichtungsmesser müsste der Kollege noch mal üben«, antwortete Saad Ben Rouijal milde und reichte ihm einen dicken Umschlag. »Ich habe im Labor das Beste aus den Negativen herausgeholt und von allen dreizehn-mal-achtzehner Abzüge gemacht. Die meisten Bilder sind das Fotopapier ja nicht wert, aber ich bin dankbar für jede Stunde, die ich wieder in der Dunkelkammer stehen kann. Und ein oder zwei Fotos kann sich der Kollege tatsächlich einrahmen lassen und seiner Gnädigsten schenken.«

»*Merci beaucoup.*« Blanc hätte nicht gedacht, dass es in Gadet Kollegen gab, die noch nicht wussten, dass er dabei war, sich scheiden zu lassen. Er wog den Umschlag in der Hand, ohne ihn zu öffnen, und blickte Ben Rouijal entschuldigend an. »Wir gehen die Fotos demnächst mal in Ruhe durch und fachsimpeln. Ich schulde Ihnen einen Kaffee. Aber jetzt habe ich keine Zeit, ich bin spät dran.«

»Normalerweise wäre der Kollege ja schon seit mehr als einer Stunde auf seinem Posten.«

Dass Blanc sonst Frühaufsteher war, das hatte Ben Rouijal immerhin schon mitbekommen.

Marius kam erst eine halbe Stunde nach ihm ins Büro und sah nicht so aus, als hätte er eine erholsame Nacht hinter sich.

»Wenn du in diesem Zustand Nkoulou über den Weg läufst, droht dir ein Disziplinarverfahren«, begrüßte ihn Blanc. Irgendwann musste er ja mal damit anfangen, ihn auf das Problem anzusprechen.

Marius winkte müde ab. »Solange ich nicht in den Flur kotze, passiert mir nichts. Nkoulou wird sich davor hüten, irgendeinem Vorgesetzten meinen Zustand zu melden. Unser Chef ist makellos. Seine Brigade muss auch makellos sein.«

Blanc dachte an die Polizeiakte auf Nkoulous Schreibtisch, doch das ging niemanden etwas an. Und er fragte sich, ob es ein hoffnungsvolles Zeichen war, dass Marius sehr wohl wusste, wie es um sein Trinken stand. Oder war das Gegenteil wahr: Sein Freund hatte resigniert, und es war ihm schon alles gleichgültig? Blanc würde ihn ein zweites Mal darauf ansprechen. Bei passender Gelegenheit. »Der Unfalltod von Luc Mignaux ist auch makellos«, erklärte er. »Die Akte ist geschlossen.«

»Du schließt eine Akte? Was ist denn mit dir los?« Marius schien ehrlich erfreut zu sein.

»Es gibt ja noch die Akte Antunes.« Blanc lächelte dünn. »Manchmal führt nur der Umweg zum Ziel.«

»Das hört sich an wie einer der bescheuerten Mao-Sprüche, die die bescheuerten Studenten bei ihren bescheuerten Demonstrationen von sich gegeben haben, als ich noch sehr, sehr jung war. Du bist wirklich sicher, dass dir nichts fehlt?«

»Mir fehlt ein Mörder.«

Marius ließ sich schwer auf seinen Stuhl fallen und blickte Blanc an, halb resigniert, halb bewundernd. »Mein Problem«, sagte er, »ist der Rosé. *D'accord*. Das lässt sich lösen. Mit einer ordentlichen Therapie. Oder mit einer ordentlichen Flasche. Aber dein Problem ist komplizierter. Wenn du irgendwo eine Wand siehst, dann senkst du den Kopf wie ein Kampfstier und rennst dagegen. Du kannst gar nicht anders. Bei mir macht irgendwann die Leber schlapp, aber das kann dauern. Bei dir wird es der Kopf sein, und das kann verdammt schnell gehen: Zack, und schon hat ihn dir jemand abgeschlagen!«

»In Paris regiert nicht mehr Robespierre.«

»Frankreich ist reif für eine neue Revolution. Und dann kommt auch die Guillotine wieder.«

»Bei der nächsten Revolution will ich zu den Henkern gehören und nicht zu den Opfern. Ich hätte schon ein paar Namen auf meiner Liste.« Blanc zog den Ordner mit den Ermittlungsunterlagen zum Tod von Christin Antunes aus einem Regal und breitete seinen Inhalt auf dem Schreibtisch aus. Ein paar Blätter für ein ganzes Leben. »Christin Antunes hat Bauxiterre beschimpft. Aber die Firma ist tabu – und damit auch deren Chef und der kleine Whistleblower Hurault. Christin Antunes hat Luc Mignaux öffentlich beschimpft und sich trotzdem heimlich mit ihm getroffen. Doch Monsieur Mignaux ist ebenfalls tabu.«

»Von seinem Handy kam die SMS, die unsere Dame in den Tod gelockt hat. Bin gespannt, wie du das ignorieren willst.«

»Ich zaubere das schon bei passender Gelegenheit wieder aus der Versenkung hervor. Aber bei unseren nächsten Schritten darf Mignaux zunächst nicht erwähnt werden. Sonst …«, Blanc zögerte, Avelines Namen auszusprechen, »… sonst wird die Untersuchungsrichterin den Trick durchschauen und sehen, dass wir unter dem Deckmantel der Antunes-Ermittlungen auch Mignaux' Fall weiter untersuchen. Sie wird uns die Sache entziehen. Sie hat Paris genauso im Nacken wie wir.« Was vielleicht Wunschdenken war, fügte Blanc im Geiste hinzu, denn was wusste er schon von Avelines Motiven?

»Welche Piste bleibt uns dann noch?«, fragte Marius wenig enthusiastisch.

»Claude Figaroli.«

»Was hast du gegen diesen Typen?«

»Er ist einer der wenigen Menschen, die Christin Antunes von ihrem Handy aus öfter angerufen hat. In seiner letzten Befragung hat er die Tote unbewusst immer bei ihrem Vornamen genannt. Er wusste, dass sie ein Hammerhai-Tattoo auf dem rechten Unterarm hatte, wofür du bei dieser bemalten Dame schon sehr genau hingucken musstest. Und es gibt die Gerüchte, dass Christin Antunes einen Liebhaber hatte …«

»*Putain.* Genau das meine ich: Da ist eine Wand, und du senkst den Kopf! Mal abgesehen davon, dass du für eine Affäre der beiden keinen Beweis hast: Figaroli ist Politiker, und spätestens seit er sich um die Olympischen Spiele bemüht, wird er sicherlich irgendwelche Kontakte nach Paris pflegen. Und Figarolis Gattin ist ausgerechnet Anwältin. Und da willst du einfach so bei den Figarolis aufkreuzen und andeuten, dass …«

»Die Gattin ist schwanger«, unterbrach Blanc ihn ungerührt. »Wenn du Lokalpolitiker bist und deine schwangere Frau betrügst; wenn deine Gnädigste Anwältin ist und deine Affäre herauskommt – *das* wäre eine Wand, die dir vor den Kopf knallen würde! Figaroli würde seine Parteifreunde verlieren. Seine betrogene Gattin wäre in der perfekten Position, um ihm das letzte Hemd vom Leib zu klagen. Figaroli könnte seine schönen politischen Ambitionen im schönen blauen Meer versenken und seine schöne Segelschule gleich mit und sein schönes Haus und seinen schönen Porsche. Er wäre erledigt. Also beendet Figaroli die Affäre, bevor wegen Olympia viele Journalisten in Martigues einfallen. Journalisten, von denen ja einer zufällig über die privaten Angelegenheiten von Monsieur Olympia stolpern könnte. Figaroli hat von uns selbst die *Pytheas* von Luc Mignaux in Empfang genommen. Er muss dort das Handy des Tauchers gefunden haben, das wir bei unserer Durchsuchung wohl übersehen haben.

Figaroli weiß vielleicht, dass Christin Antunes Kontakt zu Mignaux aufgenommen hat. Vielleicht hat es ihm seine Geliebte auf dem Kopfkissen erzählt. *Alors*, Figaroli nutzt den Zufall, dass wir ihm Mignaux' Jacht quasi frei Haus liefern. Er holt sich dort das Handy des Wracktauchers und schickt damit eine SMS an Christin Antunes, die da noch gar nicht wissen kann, dass Mignaux tot ist.

Antunes kommt also zum Treffpunkt – doch statt des Wracktauchers Mignaux steht Figaroli vor ihr. Vielleicht ahnt sie selbst da noch nichts Böses, schließlich geht sie mit diesem Typen ins Bett. Figaroli bringt sie mit einem Stromkabel für immer zum Schweigen. Danach legt er die Leiche im Eisenbahntunnel ab, damit jedermann denkt, dass es sich um einen Unfall handelt. Schon ist er die lästige Geliebte los und kann sich ganz auf seine schwangere Frau, seinen polierten Porsche und die Olympia-Kandidatur konzentrieren. *Voilà.*«

»Du bist total übergeschnappt. Das willst du nicht ernsthaft in eine Akte schreiben?«

»Ich habe sowieso einen Termin in Martigues. Figaroli wird keinen Verdacht schöpfen, wenn ich bei ihm aufkreuze.«

Blanc hatte mit Hurault ausgemacht, sich mittags auf der *Aotearoa* zu treffen, um das Boot zu kaufen. Der Manager von Bauxiterre hatte ihm eine SMS geschickt, um ihm mitzuteilen, dass er alle Formalitäten im Namen seines Freundes erledigen würde. Blanc hielt zunächst bei der *Crédit-Agricole*-Filiale von Gadet, um die Summe des Kaufpreises abzuheben. Halb erwartete er, dass ihm der Automat mit einem Hinweis auf seinen beklagenswerten Kontostand die Auszahlung verweigern würde, doch spuckte er ohne Verzögerung ein Bündel von zehn Fünfzigern aus. Eine Stunde später überreichte er die Scheine Hurault. Er hatte einen Briefumschlag vergessen und die Noten mit einer Büroklammer zusammengehalten, die er im Handschuhfach des Espace entdeckt hatte.

»Haben Sie die Seiten gewechselt?«, fragte Hurault. »So ungefähr stelle ich mir Geldübergaben der Mafia vor.«

»Für deren Geldmengen reicht eine Büroklammer nicht.« Blanc lächelte. Er saß neben dem Manager an Bord der *Aotearoa*. Seine Jacht. Er war wirklich verrückt.

Hurault schob ihm einige Papiere zu. »Das ist der Kaufvertrag«, erklärte er. »Und das hier ist die Versicherungsbestätigung. Sie brauchen eine neue Haftpflicht für das Boot. Das hier ist der Mietvertrag für den Liegeplatz im Hafen. Sie müssen damit zur *Capitainerie*. Das hier ist die *Carte Bleue*, das Zulassungspapier der *Aotearoa*. Sie müssen in Marseille den Besitzerwechsel eintragen lassen, sonst …«

»Hat Segeln nicht etwas mit Freiheit zu tun, Monsieur Hurault?«

»Die Bürokratie ist so grenzenlos wie der Ozean, *mon Capitaine*.«

»Wenn ich bereits für diesen schwimmenden Joghurtbecher ein Dutzend Behörden zufriedenstellen soll, dann muss sich doch ein Unternehmen mit Hunderten Instanzen herumärgern.«

»Sie lassen nicht locker, was?«

»Für ein uraltes Fünfhundert-Euro-Segelboot interessieren sich Beamte und Versicherungsvertreter. Also werden sich ein Multimillionen-Unternehmen, das …«

»Milliarden«, unterbrach ihn Hurault sanft. »Bauxiterres Umsätze sind zehnstellig.«

»… ein Milliarden-Unternehmen, das eine halbe Millionen Tonnen Dreck im Jahr loswerden muss, auch irgendwelche Experten genauer ansehen. Bauxiterre muss doch regelmäßig kontrolliert werden. Und innerhalb der Firma muss man doch darüber reden. Kommen Sie, Monsieur Hurault! Hat sich nie jemand Sorgen über solche Inspektionen gemacht? Gab es nie überraschende Kontrollen? Gab es niemals Ärger? Nicht mit der Umweltbehörde? Nicht mit dem Gesundheitsamt? Nicht mit irgendeiner Gemeinde an der Côte Bleue? Nicht mit einem Gewerkschaftsvertreter? Keine Gerüchte über Tricks? Nichts?«

»Nichts.« Hurault schüttelte den Kopf. »Bauxiterre ist sauber, im doppelten Sinne des Wortes.«

»Sie produzieren Jahr für Jahr eine halbe Million Tonnen giftigen Abraum, und dann wird eine einzige internationale Konvention unterzeichnet – und plötzlich ist der ganze Abraum sauber? Von einem Jahr zum nächsten: alles geklärt?«

»Internationale Vereinbarungen unterzeichnen Regierungen erst nach langen Verhandlungen. Nach sehr langen Verhandlungen. Selbstverständlich hat uns Paris regelmäßig konsultiert. Wir hatten eine lange Vorwarnzeit, lang genug, um uns auf das Abkommen von Barcelona einzustellen. Lang genug, um Kläranlagen zu bauen und unsere Produktionsprozesse auf weniger giftige Verfahren umzustellen. Sie glauben mir genauso wenig wie Madame Antunes: Nicht die Gegenwart ist Bauxiterres Problem, sondern die Vergangenheit.«

Blanc rang kurz mit sich, ob er noch mehr andeuten sollte. Was soll's?, dachte er dann, irgendwie musste er weiterkommen. »Ich glaube, dass der Tod von Madame Antunes und der des Tauchers Luc Mignaux etwas mit Ihrer Firma zu tun haben, Monsieur Hurault. Ich glaube aber nicht, dass eine dreißig Jahre alte Müllkippe ein hinreichendes Mordmotiv ist. Ich glaube, man bringt Menschen um, weil es aktuelle Probleme gibt.«

Auf Huraults Stirn glitzerte mittlerweise ein feines Diadem aus Schweißtropfen. »Monsieur Plessier hat uns vor Ihnen gewarnt«, murmelte er.

»Wer ist ›uns‹?«, fragte Blanc.

»Wir hatten eine Konferenz. Eine recht vertrauliche Konferenz: der Vorstand, die Abteilungsleiter, keine Sekretärin, kein Protokoll, die Handys mussten im Vorzimmer abgegeben werden, Sie kennen so etwas sicher. Monsieur Plessier hat uns von Ihren sehr speziellen Ermittlungen berichtet. Und er hat erzählt, dass Sie«, Hurault hüstelte, »nun, dass Ihre Karriere in Paris recht überraschend beendet worden ist. Dass Sie nicht gerade freiwillig in den Süden gekommen sind. Dass Sie schon in der Hauptstadt als Querulant berüchtigt waren. Und dass Sie sich nun für Ihre Kaltstellung rächen wollen, indem Sie sich unsere Firma vornehmen. Sie konstruieren einen Umweltskandal um Bauxiterre, damit durch diesen Skandal auch das Ansehen einiger Mitglieder dieser Regierung irreparabel beschädigt wird. Sie sind ein Wichtigtuer.«

Blanc lächelte dünn. »Ich bin nicht wirklich überrascht, das zu hören. Monsieur Hurault, glauben Sie in dieser Sache eher mir oder eher Ihrem Chef?«

Hurault wischte sich mit einem Taschentuch über die Stirn, bevor er antwortete. »Ich tendiere dazu, Monsieur Plessier zu glauben«, stotterte er.

Blanc blieb noch eine Zeit lang auf der *Aotearoa* sitzen, nachdem sich Hurault verabschiedet hatte. Ein Segelbootkapitän, der gar nicht segeln konnte. Ein Gendarm, der nicht ermitteln durfte. Ein Wichtigtuer. Ihn beschlich zum ersten Mal der Verdacht, dass Hurault recht haben könnte. Wie einfach wäre das Leben, wenn er auch die zweite Akte schließen und die beiden Toten vergessen würde. Zwei Unfälle, *eh bien*? Auf Frankreichs Straßen starben täglich Dutzende, und das raubte ihm ja auch nicht den Schlaf. Er könnte auf seinem Boot segeln lernen, unter einer milden Oktobersonne. Er könnte sich auf seine bevorstehende Scheidung konzentrieren und die Sache in Würde hinter sich bringen. Er wäre danach ein freier Mann. Und als freier Mann könnte er sich mit aller Energie um Aveline bemühen, nicht bloß heimlich. Ein neues Leben am Mittelmeer, er müsste einfach bloß auf seiner Jacht sitzen bleiben und eine Zeit lang gar nichts tun.

Blanc erhob sich und stieg auf den Pier. Er war schon ein paar Schritte gegangen, als er sich noch einmal umdrehte und sein Nokia zückte. Er hatte noch nie im Leben ein Selfie geschossen, und auch jetzt wäre es ihm viel zu peinlich gewesen, sein Gesicht ins Motiv zu schieben. Stattdessen lichtete er die *Aotearoa* ab und verschickte das Foto an seine Kinder, darunter nur ein Wort: *Meins!*

Von Eric kam keine Reaktion. Vielleicht hockte er in seiner Biotech-Firma in Quebec auch gerade in einer Konferenz, wo alle Handys auf einem Tisch im Vorraum piepsten. Von Astrid kam eine SMS, als er gerade den Espace starten wollte, dekoriert mit drei Smileys: *Wow. Wenn ich vorbeikomme, stellen wir uns an den Bug und spielen* Titanic. *Es sei denn, ich werde seekrank. Bisous. PS: Ich fahre heute Abend mit Freunden für ein paar Tage auf die Île de Noirmoutier. Vielleicht kann ich da irgendwo ein Boot leihen, dann übe ich schon mal.*

Was wollte seine Tochter in der Vendée? Machte sie Urlaub? Mitten in der Woche? Und wer waren diese »Freunde«? Immerhin hatte Astrid zum ersten Mal angedeutet, dass sie ihn in der Provence besuchen würde. Irgendwann. Schade nur, dass er sie nicht in Paris sehen würde. Er hatte gehofft, nach dem Scheidungstermin bei seiner Tochter übernachten zu können. Er war noch nie in ihrem Appartement gewesen. Der Termin war morgen, er hätte es ihr früher sagen sollen. Genau genommen hatte er ihr noch gar nichts gesagt. Wahrscheinlich wusste Astrid nicht einmal, dass sich ihre Eltern morgen scheiden lassen würden.

Blanc tippte Figarolis Nummer ein. »Ich möchte mit Ihnen über zwei Segelboote sprechen.«

»Haben Sie einen weiteren toten Taucher aus dem Meer geholt, *mon Capitaine*?« Der Politiker klang so, als meinte er das nicht scherzhaft.

Blanc lachte trotzdem. Er wollte Figaroli in Sicherheit wiegen, Überfalltaktik, nicht sehr fair, aber manchmal ziemlich wirksam. »Monsieur Mignaux ist nicht länger mein Problem – und auch nicht mehr Ihres. Sein Hinscheiden wurde offiziell als Unfall festgestellt. Sie dürfen die *Pytheas* verlegen, anfassen, betreten, was auch immer Sie wollen. Irgendein Notar wird sich bei Ihnen melden und das Boot übernehmen, um es zu verkaufen.«

»Wird er auch die Liegekosten des Bootes übernehmen?«

»Haben Sie schon einmal einen Notar gesehen, der Geld ausgibt?«

Nun lachte auch Figaroli. »*Eh bien.* Hauptsache, ich kann die Jacht in die hinterste Ecke des Hafens schleppen. Der Bürgermeister kann sie von seinem Büro aus sehen und er drängt mich jeden Tag, sie fortzuschaffen. So ein Todes-Boot ist ihm unheimlich.« Man konnte Figaroli die Erleichterung anhören. »Über welches andere Segelboot wollen Sie mit mir reden?«

»Die *Aotearoa*.«

»Das Wrack?« Figaroli klang überrascht und irgendwie erschrocken.

»Sie kennen die Jacht?«

»Die Schande von Martigues. Der Eigner hat sich seit mehr als einem Jahr nicht mehr im Hafen blicken lassen. Ich habe mir von ihm schon Zweitschlüssel für das Boot geben lassen, damit ich es im Notfall ins Dock steuern kann. Wenn man nämlich nicht aufpasst, wird diese Schüssel irgendwann am Pier absaufen. Dann muss ich einen Schwimmkran holen lassen und …«

»Die Schande von Martigues gehört jetzt mir, Monsieur Figaroli.«

Am anderen Ende der Leitung blieb es sehr, sehr lange still. Dann räusperte sich Figaroli. »Sie sind offenbar ein Mann, der das Risiko liebt. Oder Sie sind handwerklich außerordentlich begabt.«

»Ich muss mich bei Ihnen in der *Capitainerie* melden, wegen des Mietvertrags für den Liegeplatz.«

»Da muss ich in den Unterlagen blättern. Ich kenne nur unsere Tarife für Segelboote und für Motorboote auswendig, nicht für U-Boote.« Figaroli lachte. Er schien sich wieder gefangen zu haben.

»Da gibt es noch etwas, weswegen ich mit Ihnen reden müsste.«

»Nämlich?«

»Ich kann gar nicht segeln.«

Jetzt lachte Figaroli so herzlich, dass es in Blancs Ohr dröhnte. »In meiner Schule lernt sogar ein Almhirte das Segeln! Kommen Sie in einer halben Stunde bei mir vorbei. Ich habe mir Unterlagen von der Arbeit mit nach Hause genommen, aber für Sie unterbreche ich gerne den Schreibkram.«

Blanc bedankte sich und drückte den Anruf weg. Figaroli würde das Lachen noch vergehen. Er beschloss, die halbe Stunde damit zu verbringen, noch einmal zur *Pytheas* zu gehen. Auf dem Pier hockten Frauen in Kostümen und Männer in Anzügen, die auf Baguettes kauten und Kaffee aus Pappbechern schlürften – die Angestellten der Mairie, vermutete Blanc, die ihre Mittagspause in der Sonne genossen. Keiner bemerkte ihn, obwohl er sich nicht einmal bemühte, unauffällig zu sein. Kein Grund mehr für Heimlichkeiten. Er konnte das von ihm selbst beschädigte Siegel der Gendarmerie jetzt ganz offiziell entfernen, niemandem würde danach noch etwas auffallen. Auf dem hölzernen Boot blickte er sich wieder um. Irgendetwas fehlte, aber was? Wie hatten Marius und er bloß Mignaux' Handy übersehen können? Sie waren doch keine Anfänger mehr. Wo mochte es gelegen haben? Er versuchte vergebens, einen Ablageplatz zu entdecken, den er hätte übersehen, jemand anderer jedoch hätte finden können. Schließlich zuckte er mit den Achseln und wollte schon wieder auf den Kai treten, als ihm eine Idee kam: Er hatte die *Pytheas* in aller Unschuld fotografiert – vom Forschungsschiff aus, als er noch nichts von einem harpunierten Taucher wusste. Das schöne hölzerne Boot, das schöne Licht, er hatte mit der Leica draufgehalten. Ohne allzu große Hoffnung zog er den Umschlag, den Ben Rouijal ihm überreicht hatte, aus seiner Jackentasche und betrachtete die Abzüge. Wie lange hatte er keine Schwarz-Weiß-Fotos mehr in Händen gehalten? Zehn Jahre? Der alte Laborant hatte leider recht: Die meisten Fotos waren ziemlich überbelichtet. Trotzdem konnte er auf einigen Bildern die *Pytheas* leidlich gut erkennen. Und, ja, zwei oder drei Abzüge zeigten den alten Segler vor den Pinien und Klippen der Calanque. Perfekte Fotos, sie hätten vielleicht sogar Geneviève gefallen. Blanc betrachtete mit Schöpferstolz die Bilder, schließlich steckte er sie weg, stand auf.

Und dann zog er den Umschlag ein zweites Mal hervor und blätterte hastig durch die Abzüge.

Eine Großaufnahme der *Pytheas*, vielleicht sein allerbestes Bild. Das alte Leica-Objektiv hatte jedes Detail scharf gezeichnet: die Winschen. Das Bullauge. Den Anker. Und, quer auf dem Vordeck liegend, einen Bootshaken mit glänzendem Metallkopf und glatt poliertem Holzstiel.

Der Bootshaken von Hurault.

Der Bootshaken, den der Manager bei ihrem ersten Treffen vermisst hatte, war ihm nicht von einem Stegnachbarn gestohlen worden – Huraults Bootshaken hatte zu diesem Zeitpunkt auf der Jacht des toten Tauchers gelegen.

Jeder Segler hat ein Geheimnis

Blanc griff nach seinem Notizblock und warf ein paar Gedanken auf die Seiten:

Sonntag – Mignaux segelt in die Calanques und stirbt.

Montag – Huraults Bootshaken liegt auf dem Deck von Ms Segler. (Beweis: Leica-Foto)

Darauffolgender Samstag – Mit H auf dessen Segler in Martigues. H vermisst den Bootshaken.

Montag – Zweites Treffen mit H. Der Bootshaken ist wieder da. H behauptet, ihn von einem »Stegnachbarn« zurückgeholt zu haben, der ihn sich »ausgeliehen« habe.

Zwei mögliche Schlussfolgerungen:

1. M stiehlt H den Bootshaken, H entdeckt später seinen Bootshaken zufällig auf dem sichergestellten Segler und holt ihn sich zurück, ohne das zuzugeben.

2. M segelt in die Calanques. H ist mit seiner Jacht ebenfalls dort. Die beiden treffen sich. H vergisst seinen Bootshaken auf Ms Segler. Später holt er sich den Bootshaken zurück.

Warum könnten sich H und M getroffen haben? Was verschweigt H? Was hat H gesehen? Oder was hat H getan?

»Sie sehen sorgenvoll aus, als kämen Sie schon aus der theoretischen Prüfung für den Bootsschein«, begrüßte ihn Figaroli.

Blanc war so sehr in Gedanken versunken gewesen, dass er kaum auf den Weg geachtet und nicht einmal bemerkt hatte, dass Figaroli auf sein Läuten hin geöffnet hatte. Er führte ihn in einen Vorraum, in dem ein alter, seiner Türen beraubter Bauernschrank aus Nussbaum als Garderobe diente. Ein gerahmter Kupferstich aus dem 19. Jahrhundert hing an der Wand, darunter in geschwungener Schrift: »*Vue de Martigues*«. Sie gingen bis in das Büro der Gattin (»Meine Chefin hat einen Termin beim Gynäkologen«). Blanc betrachtete einen antiken Bibliotheksschrank, auf dessen oberen Regalen eine imposante Sammlung von Gesetzestexten und juristischen Kommentaren stand. Das wirkte einschüchternd, und genau so wollte Madame Figaroli das wahrscheinlich auch haben. Ihr Mann holte aus dem untersten Bereich des Bibliotheksschranks Bücher und Seekarten hervor, die er auf dem Schreibtisch ausbreitete, stellte ein kleines Schiffsmodell dazu, zog sogar aus einer Schreibtischschublade mehrere alte Kupferstiche von kanonenstarrenden Rahseglern hervor. Er redete eine Viertelstunde lang, ohne einen einzigen dummen Witz zu reißen, er dozierte mit Händen und Füßen, schnitt Grimassen, starrte auf einen imaginären Horizont, kramte einen Sextanten hervor, zeichnete den Unterschied von wahrem Wind und scheinbarem Wind als Pfeildiagramm auf den Rand einer Buchseite. Blanc registrierte erstaunt, dass er in wenigen Minuten mehr über die Seefahrt gelernt hatte als in seinem ganzen bisherigen Leben. Wenn Figarolis Segelschule tatsächlich schlecht laufen sollte, dann lag es ganz bestimmt nicht an mangelndem Enthusiasmus. Endlich nahm Blanc die Anmeldeunterlagen in die Hand.

»Sehen Sie sich die Sachen in Ruhe an«, riet Figaroli. »Theorie ist abends, von Dienstag bis Freitag. Segelstunden gebe ich meistens am Wochenende, aber wir können das auch anders arrangieren.«

»Muss ich reservieren? Haben Sie viel zu tun?«

»Der halbe Hafen hat bei mir gelernt!«

»Auch Monsieur Hurault?«

Figaroli blickte ihn erstaunt an. »Der auch, aber nicht lange. Er ist ein Naturtalent, der hat die Sache mit Pinne und Segel ziemlich rasch begriffen. Warum fragen Sie ausgerechnet nach ihm? Hat er Ihnen die *Aotearoa* angedreht? Hurault versucht schon seit Wochen, sie für seinen Kumpel zu verkaufen.«

»Ist es denn wirklich so ein Wrack? Monsieur Hurault scheint mir ein seriöser Geschäftsmann zu sein.«

»Wenn Sie es sagen. Im Hafen verkauft immer mal wieder jemand sein Boot. Der eine hat es mit dem Rücken, der andere hat keine Zeit mehr, der dritte hat eine teure Scheidung vor sich.« Figaroli lachte so schadenfroh, als könne ihm all das nie passieren. »Früher oder später hätten Sie eine Jacht gefunden, die halb so alt ist wie die *Aotearoa*. Und die wahrscheinlich nicht einmal mehr gekostet hätte als das, was Ihnen Hurault abgeknöpft hat. Ob Alain seriös ist, kann ich nicht sagen. Aber dass er ein Geschäftsmann ist, das ist mal sicher!«

»Monsieur Hurault scheint nicht der beliebteste Kapitän im Hafen zu sein.«

»Alain hat seine Eigenarten. Die nostalgische Geschichte von seinem Vater und vom Étang de Berre haben Sie garantiert auch schon gehört?«

»Monsieur Hurault ist gegen die alte Industrie. Und auch gegen die Neubauten der zukünftigen zweiten Côte d'Azur.«

Figaroli seufzte. »Ich glaube, früher haben sich die Leute gefreut, wenn die Olympischen Spiele zu ihnen kamen. Das war eine Riesenehre. Muss lange her sein. Heute werden Sie aus Ecken beschossen, von denen aus Sie es gar nicht erwarten.«

»Beschossen?«

»Metaphorisch. So etwas darf man einem Flic wohl nicht sagen.« Er lachte, aber nun etwas gezwungen. »Ich meine, *d'accord*, man rechnet mit Widerstand, wenn man sich um so ein großes Projekt wie die Olympischen Spiele bemüht. Aber ausgerechnet von einem Manager? Diese Typen verbringen ihre Tage damit, eins und eins zusammenzuzählen, das für drei zu erklären und sich dann vier als Bonus in die eigene Tasche zu stecken. Olympia wird Milliarden Euro in die Region pumpen. Warum sollten ausgerechnet solche Leute dagegen sein?«

»Sind sie?«

»Die hiesige Wirtschaft?« Figaroli lachte. »Da habe ich nur Freunde! Bis auf Alain. Der will zurück ins neunzehnte Jahrhundert.«

»Ein nostalgischer Mann. Er war so stolz auf seinen alten Bootshaken.«

Jetzt lachte Figaroli herzhaft. »Der Piratenhaken von Captain Hook! *Mon Dieu*, was haben wir jedes Mal Angst vor Kratzern in unseren schön lackierten Booten, wenn Alain beim Ablegen mit seinem Metallhaken herumfuchtelt! Kann er sich nicht ein Teil aus Plastik kaufen wie alle anderen auch?«

»Hat er seinen Haken je verliehen?«

»Alain verleiht nichts und diesen bescheuerten Bootshaken schon gar nicht.«

Blanc lehnte sich in seinem Stuhl zurück und lächelte. »Monsieur Figaroli, waren Sie am Sonntag, den 30. September, den ganzen Tag über im Hafen von Martigues?«

»Was soll das denn nun? Wird das plötzlich ein Verhör?«

»Waren Sie, oder waren Sie nicht?«

»Wahrscheinlich. Ich bin eigentlich jedes Wochenende im Hafen, wenn ich nicht gerade Segelstunden auf dem Étang de Berre gebe. Kommt also auf die Uhrzeit an.«

»Können Sie sich zufällig daran erinnern, wann genau Luc Mignaux mit der *Pytheas* den Hafen verlassen hat?«

»Das ja. Ich war früh da, um mein Boot fertig zu machen. Es war noch nicht einmal richtig hell. Und an den Kais war eigentlich noch gar nichts los. Aber Luc ist schon ausgelaufen. Jetzt geht der alte Taucher mal wieder auf Beutezug, habe ich mir noch gedacht und ihn ein wenig beneidet.«

»Sie haben bei unserer ersten Befragung ausgesagt, dass Monsieur Mignaux allein war.«

»Wie immer. Na ja …« Figaroli zögerte. »Also – Luc war allein auf der *Pytheas*. Zu dieser frühen Stunde ist aber noch ein zweites Boot ausgelaufen, vielleicht zehn Minuten nach Luc. Die *Sangria* von Hurault. Zwei Segler, die vor sechs Uhr den Hafen verlassen, das ist schon ungewöhnlich.«

»War Monsieur Hurault ebenfalls allein an Bord?«

»Soweit ich mich entsinnen kann, ja.«

»Hatte er seinen Bootshaken dabei?«

»Sie stellen aber komische Fragen.« Figaroli kratzte sich am Hinterkopf. »Ich glaube, ja. Ich meine, darauf habe ich nicht wirklich geachtet. Wenn Alain beim Ablegen nicht mit seinem dämlichen Haken hantiert hätte, also, ich glaube, das wäre mir aufgefallen.«

»Wo wollte Hurault hinsegeln?«

»Keine Ahnung. Nicht auf den Étang de Berre. So früh klappt niemand die Brücke auf. Alain wäre mit dem Mast der *Sangria* niemals unter der geschlossenen Brücke hindurchgekommen. Also muss er Richtung Meer gefahren sein. Wahrscheinlich in die Calanques, wohin sonst?«

»Sind Sie selbst einmal mit Monsieur Hurault auf dessen Boot gesegelt?«

»Nein. Eigentlich kenne ich Alain nicht besonders gut. Ich weiß so gut wie nichts über ihn. Außer ...«

»... außer was?«, fragte Blanc freundlich.

»*Eh bien*«, murmelte Figaroli und schien das erste Mal, seit Blanc ihn kannte, verlegen zu sein. »Man munkelt, dass Alain bei Bauxiterre auf der Abschussliste steht. Vielleicht ist er doch kein so guter Manager.« Er lächelte gezwungen. »Sie müssen angeblich selbst bei Bauxiterre Geld sparen. Die allgemeine Krise. Die neuen Kläranlagen. Sie werden ein paar Leute feuern oder in den vorzeitigen Ruhestand schicken, solche geräuschlosen Sachen. Es gibt sogar Gerüchte, dass Alain bereits entlassen worden ist.«

Blanc erinnerte sich daran, dass er Hurault nie in dessen Büro befragt hatte. Dass er ihn an einem Montagmittag hatte treffen können. Er hatte gedacht, er sei dort mit einem Firmenwagen vorgefahren, doch eigentlich war das bloß eine Limousine mit einem kleinen Bauxiterre-Aufkleber am Kofferraum gewesen. Das konnte jedermann in fünf Sekunden zusammenbasteln. »Glauben Sie, dass diese Gerüchte stimmen?«

Figaroli schüttelte den Kopf. »Eigentlich nicht. Eine Abschussliste, auf der sein Name steht, das vielleicht. Aber schon gefeuert? Nein. Haben Sie mal Alains Frau gesehen?«

»Nur sehr kurz.«

»Haben Sie sein Haus gesehen?«

»Nur sehr kurz.«

»Das reicht. Dann wissen Sie, dass Alains Frau und Alains Haus teuer sind. Wenn Alain tatsächlich entlassen worden wäre, dann hätte seine Frau schon die Scheidung eingereicht. Da die teure Gattin aber noch im teuren Haus lebt, kann Hurault noch nicht entlassen worden sein. Frauen sind sehr berechenbar.«

»Auch Ihre Frau?«, fragte Blanc ruhig.

Figaroli blickte ihn irritiert an. »Wie meinen Sie das?«

»Wie berechnen Sie die Reaktion Ihrer Gattin, wenn sie von Ihrer Affäre hören sollte?« Er deutete mit spöttischer Geste auf die Gesetzestexte in dem Bibliotheksschrank.

»Ich weiß nicht, wovon Sie reden.« Figarolis linkes Augenlid zuckte. Er sah sich im Büro um, so als erwartete er, dass seine Frau jeden Augenblick aus dem Schrank steigen könnte.

»Für mich bleiben Frauen unberechenbar«, fuhr Blanc etwas melancholisch fort. »Aber wenn ich meine Frau mit einer tätowierten Fischerin betrogen hätte, also, in diesem Fall hätte ich ihre Reaktion schon berechnen können.« Vielleicht auch nicht, aber das musste er einem Typen wie Figaroli ja nicht auf die Nase binden.

»Christin? Was hat das mit ihr zu tun? Was geht Sie mein Verhältnis zu Christin überhaupt an? Ich meine, ich habe kein Verhältnis«, stotterte Figaroli. »Ich meine, mein freundschaftliches Verhältnis. Wir sind doch gewissermaßen ...«, er suchte nach dem richtigen Wort, »... politische Kollegen.«

»Sie *waren* Kollegen«, korrigierte Blanc ihn sanft. »Madame Antunes ist tot.« Er ließ sich Zeit, bevor er fortfuhr, damit seine Worte wirken konnten. »Monsieur Figaroli, ich bin nicht von der Sitte. Ich bin auch kein Privatdetektiv, der von Ihrer Gattin angeheuert worden ist, um Ihre eheliche Treue zu überprüfen. Ich sitze hier, weil mir der Tod von Madame Antunes verdächtig vorkommt. Und deshalb durchleuchte ich jede Person, die etwas mit Madame Antunes zu tun hatte. Zum Beispiel ihren Liebhaber.«

»Müssen Sie es meiner Frau sagen?« Figaroli blickte ihn auf einmal flehend an.

Blanc atmete tief durch und verbarg seine Erleichterung. Bluff, das war nichts als ein Bluff gewesen. Zum Glück hatte Figaroli nicht die Nerven gehabt, seine Lügengeschichte lange aufrechtzuerhalten. Er fragte sich, was Christin Antunes an so einem Kerl gefunden hatte. »Sollte es zu einem Gerichtsverfahren kommen, dann ahnt man nie, was dort verhandelt werden wird«, erklärte er behutsam. »Sie kennen den Spruch: ›Vor dem Richter und auf See sind wir allein in Gottes Hand.‹«

»Auf See kann ich ein Wörtchen mitreden.«

»Und ich kann vor Gericht ein Wörtchen mitreden.« Blanc lächelte beruhigend. »Sollte es zu einem Prozess kommen, dann wird er auf meinen Ermittlungsakten beruhen. Und ob dort etwas von Ihrer Affäre drinsteht, das hängt allein davon ab, ob Ihre Affäre etwas mit diesem Tod zu tun hat.«

»Hat sie nicht.« Figaroli seufzte. Das Zucken seines Augenlides hörte auf. Blanc kam es so vor, als sei er beinahe erleichtert, gestehen zu können. »Haben Sie noch nie Mist gebaut, *mon Capitaine*?«

»Ich könnte einen düngenden Bauern glücklich machen.«

»Dann wissen Sie vielleicht, wie das ist, wenn man etwas vollkommen Bescheuertes macht und auch weiß, dass das bescheuert ist. Ich meine«, Figaroli lächelte entschuldigend, »ich habe alles, verstehen Sie? Eine wundervolle Frau, bald kommt unser erstes Kind zur Welt. Dieses Haus, meine Segelschule, die Hoffnung auf Olympia.«

»Ihren Porsche«, ergänzte Blanc trocken.

Figaroli räusperte sich. »Ich habe Christin auf einer dieser politischen Veranstaltungen zur Zukunft der Calanques kennengelernt, im Rathaus von Martigues. Sie sprach dort so leidenschaftlich. Und sie war so …«, er rang wieder um den richtigen Begriff, »… so anders«, endete er lahm. »Sie war so anders als die Menschen um mich herum. Als die Menschen im Rathaus. Als meine Kunden in der Segelschule. Als unsere Nachbarn. Als unsere Freunde. So ... unangepasst.«

»Wer hätte gedacht, dass sich Gegensätze tatsächlich anziehen.«

»Ich hätte es auch nicht gedacht. Ich meine, ich hätte nicht gedacht, dass Christin auf einen, *eh bien*, auf einen eher konventionellen Typen wie mich abfährt. Aber noch an diesem ersten Abend ging es nach der politischen Versammlung in, nun ja, in die Koje.« Figaroli lief nun dunkelrot an.

»Sie hatten Ihr Rendezvous auf einem Boot?«

»Auf Ihrem Boot, *mon Capitaine*.«

»Sie haben Christin Antunes auf der *Aotearoa* gevögelt?!« Blanc blickte ihn fassungslos an. »Was ...?« Dann wurden ihm plötzlich ein paar Dinge klar: Auf der alten Jacht war seit Monaten niemand mehr gewesen. Figaroli hatte sich einen Zweitschlüssel für das Boot besorgt, um es im Notfall bergen zu können. Und als Blanc selbst das erste Mal unter Deck gegangen war, hatte er noch den Hauch eines Duftes wahrgenommen, ein Aroma, das ihm vage bekannt vorgekommen war. Ein Duftspray, hatte er gedacht. Aber es war die E-Zigarette von Christin Antunes gewesen, mit dem parfümierten Liquid. Das war ihm auch auf ihrem Fischerboot in die Nase gestiegen.

»Der Hafen liegt direkt neben dem Rathaus, wir mussten nur ein paar Schritte gehen«, gestand Figaroli. »Niemand hat auf uns geachtet. Und es war«, er hüstelte, »durchaus etwas unangepasst. Ab dann haben wir uns hin und wieder dort getroffen. Nicht sehr oft«, setzte er hastig hinzu, als ob das etwas ändern würde. Er kramte in seiner Hosentasche, bis er einen kleinen Schlüssel fand und ihn Blanc reichte. »Der gehört ja jetzt Ihnen«, erklärte er.

»Wann haben Sie sich zuletzt gesehen?«

Figaroli rechnete nach. »Acht Tage vor ... vor diesem schrecklichen Ereignis.«

»Und am Abend von Christin Antunes' Tod?«

Blanc hätte es nicht für möglich gehalten, dass Figarolis rote Gesichtsfarbe noch etwas roter leuchten konnte. »Wir hatten uns verabredet und …«

»Per Telefon?«

»Ja, wir haben das nächste Treffen immer einige Tage im Voraus ausgemacht. Meistens, wenn wir uns auf einer politischen Veranstaltung getroffen haben. Manchmal per Handy. Meine Frau interessiert sich nicht für mein Handy. Christins Mann interessiert sich nicht für ihr Handy. Es war wirklich einfach.« Figaroli klang so, als seien die betrogenen Partner selbst schuld. Er räusperte sich. »Jedenfalls habe ich an jenem Abend auf Christin gewartet. An Bord der … nun ja. Sie ist aber nie gekommen.«

»Haben Sie versucht, sie auf dem Handy zu erreichen?«

»Sie hat mich angerufen, noch vor unserer ausgemachten Zeit. Christin hat gesagt, sie würde später kommen. Sie hatte ein Treffen. Mit Alain Hurault.«

»Mit Hurault?!«

»So laut habe ich das auch gerufen. Sie hat gesagt, dass Hurault sie angerufen hatte und ihr etwas Neues über Bauxiterre sagen wollte. Irgendein Umweltskandal. Christin war ganz aufgeregt, aber sie hat mir nicht mehr verraten. Alain ist schon exzentrisch. Wenn man mal ein bisschen darüber nachdenkt, dann klingt das gar nicht so verrückt, dass er sich mit einer Öko-Aktivistin trifft. Der mit seiner Nostalgie!«

»Und später, als Sie vom Tod von Madame Antunes erfahren hatten? Kam Ihnen dieses Treffen nicht mysteriös vor? Haben Sie Hurault nie zur Rede gestellt?«

Figaroli zuckte mit den Achseln. »Warum sollte ich? Christin hat sich dauernd spontan mit irgendwelchen Leuten getroffen. Sie war eine Aktivistin. Und Alain«, er vollführte eine wegwerfende Geste, »der ist ja nun wirklich kein gewalttätiger Typ. Was immer Christin zugestoßen sein mag, das muss nach ihrem Treffen mit Alain gewesen sein.«

Blanc schwieg einige Sekunden lang und dachte an den Bericht der Spurensicherung: Es gab auf Christin Antunes' Handy den Beweis, dass sie Figaroli an ihrem Todestag um 17.03 Uhr für dreiundfünfzig Sekunden gesprochen hatte. Das mochte passen, es war ihre Ankündigung, später zu kommen als verabredet. Aber Hurault? Hurault hatte zwar mehrmals bei Christin Antunes angerufen, der letzte Anruf war aber acht Tage vor ihrem Tod erfolgt. Das passte definitiv nicht zu Figarolis Aussage.

»Was haben Sie nach Ihrem letzten Telefonat mit Madame Antunes gemacht?«, fragte Blanc.

»Ich habe gewartet, aber Christin ist nicht gekommen.«

»Haben Sie nicht versucht, sie noch einmal anzurufen?«

»Nein. Ich hatte ein ungutes Gefühl. Ich weiß, dass das dumm klingt. Ich habe mir gesagt: ›Vielleicht ist Christin verhindert. Vielleicht spricht sie immer noch mit Alain. Oder ihr Mann ist da. Wenn ich da jetzt anrufe, dann verrate ich uns.‹ Also habe ich zwei Stunden lang gewartet, dann bin ich ins Rathaus zurückgegangen.«

»Ins Rathaus?«

»Na ja. Jedes Mal, wenn ich mich mit Christin treffen wollte, habe ich meiner Frau gesagt, dass ich noch lange arbeiten muss. Und damit die Geschichten glaubwürdiger wurden, bin ich normalerweise nach der Stunde im Hafen noch einmal in die *Mairie* gegangen und habe in irgendwelchen Papieren gewühlt. Falls mich jemand sieht, verstehen Sie?«

»Hat Sie an jenem Abend jemand gesehen?«

Figaroli blickte ihn einen Moment lang verwirrt an. »Nein, nicht dass ich wüsste. Nicht im Rathaus. Und auf der *Aotearoa* hat mich erst recht niemand entdeckt. Ich bin immer über den Pier gegangen, als würde ich eine Inspektionsrunde drehen. Und wenn gerade keiner hingesehen hat, bin ich an Bord gesprungen. Das war immer ziemlich sicher.«

»Es gibt also keine Zeugen.«

»Das klingt so wie ein Todesurteil.«

»Monsieur Figaroli, Sie haben kein Alibi für den Abend, an dem Madame Antunes starb.«

»Das ist doch absurd!«

»Wollten Sie Ihre Affäre beenden?«

»Nein! Das war doch perfekt so: Ab und zu haben Christin und ich uns getroffen und eine schöne Stunde miteinander verbracht. Im Übrigen hat jeder von uns sein Leben geführt. Von mir aus hätte das noch ewig so weitergehen können.«

»Und was hat Madame Antunes gedacht? Wollte sie die Beziehung auch bis in alle Ewigkeit fortführen? Oder hat sie eine Trennung angedeutet?«

»Christin hat bei jedem Treffen behauptet, dass das unser letztes sein müsse. Doch dann hat sie mich jedes Mal wieder angerufen.«

»Wie berechenbar.«

»Machen Sie keine Witze. Ich habe am nächsten Morgen im Rathaus von einem Polizisten erfahren, was vorgefallen ist. Wenn Sie es genau wissen wollen: Ich bin auf die Toilette gerannt und habe gekotzt. So sehr hat mich das erwischt. Ein Schock. Das können Sie sich gar nicht vorstellen.«

»Vielleicht doch«, murmelte Blanc, »vielleicht doch.« Er sah sich in dem sonnenhellen Raum um. Das perfekte Haus für das perfekte Leben mit der perfekten Ehefrau. Alles bloß ein Kartenhaus; du bläst einmal dagegen, und schon fällt es in sich zusammen. »Sie haben mir vorhin gesagt, dass Sie an dem Sonntag sehr früh im Hafen gewesen seien und gesehen haben, wie Mignaux mit seiner Jacht Martigues verließ. Und Sie haben Hurault beobachtet, wie er ihm folgte.«

Figaroli nickte.

»Hat auch jemand *Sie* beobachtet? Mignaux war ungewöhnlich früh im Hafen. Hurault war ungewöhnlich früh dort. Und Sie ebenso. Vielleicht noch jemand?«

»Ich habe niemanden bemerkt. Deshalb waren die beiden anderen ja so auffällig.«

»Und sind Sie die ganze Zeit im Hafen geblieben?«

»Ja, ich habe mein Boot fertig gemacht und ... Was wollen Sie eigentlich?«

»Ich frage mich, Monsieur Figaroli, ob Sie auch an jenem Sonntag Mignaux und Hurault gefolgt sein könnten.«

»Warum sollte ich das tun?«

»Gibt es Zeugen dafür, dass Sie im Hafen geblieben sind?«

»An einem Septembersonntag um 5.30 Uhr? Ich glaube, Sie gehen jetzt besser, *mon Capitaine.*«

Blanc setzte sich in den Espace, steckte den Zündschlüssel ins Schloss – und starrte dann sehr lange durch die Windschutzscheibe, ohne den Motor anzulassen. Alle Indizien passten halb zusammmen. *Connard.* Indizien waren kleine, harte Bausteine, präzise Objekte, die sich genau einfügen ließen. Wenn sie nicht genau passten, dann passten sie gar nicht. Also passte hier nichts, *merde.*

Konnte es denn wirklich sein, dass er hier doch zwei Fälle vor sich hatte? Hurault hatte Mignaux getötet. Figaroli hatte Antunes getötet. Und es war bloß ein schrecklicher Zufall, dass beide Taten so dicht aufeinanderfolgten? Indizien? Huraults Bootshaken auf dem Deck von Mignaux' Segelboot. Figarolis Aussage, dass Hurault und Mignaux kurz nacheinander den Hafen von Martigues verlassen hatten. Figarolis Motiv, die Geliebte, die seine Existenz bedrohte, zu beseitigen. Weder Hurault noch Figaroli konnten belastbare Alibis für die Todestage vorweisen.

Merde, aber *warum* überhaupt sollte Hurault Mignaux getötet haben? Hatte es etwas mit dem Wracktauchen zu tun? Huraults Leben war, glaubte man Figaroli, teuer genug – zu teuer, um sich illegale antike Schätze in den Salon zu stellen. Auch der Kampf gegen den Dreck von Bauxiterre konnte kein Motiv sein, denn da standen die beiden auf derselben Seite.

Und *wie* sollte Figaroli andererseits seine Geliebte ermordet haben? Doktor Thezan hatte Blanc auf die Strommarken am Körper des Opfers hingewiesen. Wie hätte Figaroli Christin Antunes auf der *Aotearoa* einen solchen Stromstoß versetzen können? Auf dem Segler gab es nur eine Autobatterie. Am Kai standen zwar Pfosten mit Steckdosen, aber wenn Figaroli zwischen den Booten mit einem unisolierten Kabel hantiert hätte, dann wäre das Christin Antunes aufgefallen. Er hätte ihr dort kaum einen Stromschlag verpassen können. Und selbst wenn Figaroli dies gelungen wäre: Wie hätte er ihren erschlafften Körper unauffällig vom Pier bis in seinen neben der *Mairie* geparkten Porsche schleppen können?

Und schließlich gab es da noch die SMS vom Handy des toten Tauchers. Wer auch immer Mignaux getötet hatte, hatte sich nach der Tat dessen Mobiltelefon genommen und es ausgeschaltet. Und später war es für ganz kurze Zeit wieder eingeschaltet worden, um Christin Antunes in eine Falle zu locken.

Die beiden Fälle hingen zusammen. Es gab nur einen Mörder.

Hurault? Sein angebliches Treffen mit Christin Antunes an deren Todestag. Doch dafür gab es keine Spur auf deren Handy, kein Anruf, keine SMS, nichts. Wie sollten sie sich kurzfristig verabredet haben? Blanc versuchte, sich die Szene vorzustellen: Christin Antunes bekommt die angeblich von Mignaux stammende Nachricht über den mysteriösen *B*. Da Hurault ihr etliche Tage zuvor bereits alte Umweltskandale verraten hat, beschließt sie, sich noch einmal mit ihm zu treffen, um möglicherweise herauszufinden, was Mignaux anzubieten haben könnte. Christin Antunes und Hurault reden persönlich miteinander, deshalb hinterlassen sie keine Spuren im Telefon. Nur: Ihr Fischerboot hat den ganzen Tag im Hafen gelegen. Ihr alter Citroën stand die ganze Zeit neben dem Haus. Christin Antunes hatte Méjean bis zum Abend noch gar nicht verlassen. Blanc schüttelte frustriert den Kopf. Die Fischerin musste, wenn das denn alles wirklich stimmte, Hurault also in Méjean getroffen haben. Aber war das nicht ein seltsamer Zufall? Christin Antunes erhielt die vorgebliche SMS von Mignaux, als sie in Méjean war. Und kurz danach sprach sie persönlich mit Hurault – weil der ebenfalls gerade in Méjean war! Aber was hatte Hurault ausgerechnet an diesem

Abend in diesem winzigen Fischerdorf zu suchen? Oder war dieses angebliche Treffen bloß eine Erfindung von Figaroli?

Nur Figaroli hatte behauptet, dass Christin Antunes sich mit Hurault getroffen habe. Aber vielleicht war das eine Lüge gewesen. Vielleicht hatte Christin Antunes in ihrem letzten, kurzen Telefonat mit ihrem Liebhaber Mignaux erwähnt. Oder sie hatte gar keinen Namen genannt. Und Figaroli hatte seine Geschichte bloß erfunden, um den Verdacht auf Hurault zu lenken.

Blanc zog seinen Notizblock hervor und überprüfte noch einmal die Reihenfolge der Anrufe und Nachrichten auf dem Handy von Christin Antunes: 17.03 Uhr – Christin Antunes ruft Figaroli an. 18.53 Uhr – die angebliche SMS von Mignaux. 18.57 Uhr – Christin Antunes antwortet per SMS, dass sie komme.

Blanc lehnte sich zurück. Das letzte Gespräch von Christin Antunes und Figaroli konnte gar nichts mit der SMS zu tun gehabt haben. Sie musste etwas anderes mit ihm besprochen haben. Und Figaroli war, nach dieser Telefonliste, überhaupt der letzte Mensch, mit dem Christin Antunes vor ihrem Tod noch geredet hatte.

Hausbesuch

Am Ende stieg Blanc wieder aus, ohne sein Auto bewegt zu haben. Es war inzwischen früher Abend. Figaroli hatte ihm eine Geschichte aufgetischt, bei der irgendetwas nicht stimmte. Christin Antunes konnte er dazu nicht mehr befragen. Aber Hurault. Blanc hatte dessen Haus nur vom Segelboot im Kanal aus gesehen. Nun lief er von der anderen Seite den schmalen Quai Brescon entlang an den Gebäuden vorbei. Doch es war nicht schwer, das ockerfarbene Haus mit den meerblauen Fensterläden wiederzufinden. In einer Zeile gepflegter Bauwerke war es das gepflegteste.

Milène Hurault öffnete ihm. Sie bedachte ihn mit einem blasierten Blick, wollte etwas sagen, zögerte und entschied plötzlich, dass es vielleicht doch ratsam wäre, freundlich zu sein. Sie knipste ein Lächeln an, so weit und leer wie bei einem Fotomodell, wäre nicht der Blick auf ihre Zahnspange freigegeben worden, die ihr eine gewisse Teenagernaivität verlieh. »Sie wollen sicher zu meinem Mann«, begrüßte sie ihn.

Blanc vermutete im ersten Moment, dass sie sich an ihn erinnerte von ihrem flüchtigen Treffen im Hafen von Martigues. Doch an ihren Gesten und an ihrem Blick erkannte er, dass Milène Hurault diese Begegnung komplett vergessen haben musste. Er nannte seinen Namen, aber verriet nicht, dass er Gendarm war. »Ich möchte Monsieur Hurault kurz sprechen. Sie brauchen Ihr Abendessen aber nicht wegen meines Besuchs zu verschieben.«

»Wir sind erst beim Aperitif.« Milène Hurault führte ihn zu einer Treppe. Auf den Stufen lagen alte, mit einer Art Wachs glänzend versiegelte Terrakottaplatten, die Wände waren weiß gekalkt und kontrastierten effektvoll mit braun lasierten Stützbalken in der Decke. Das Ganze war von diskret platzierten LED-Spots ausgeleuchtet. Sehr raffiniert – aber es blieb doch die enge, fensterlose Stiege eines alten Hauses. Blanc musste den Kopf einziehen und achtete darauf, mit seinen Schultern nicht gegen die sauberen Wände zu stoßen. Er wurde bis ins oberste Geschoss geführt. Unter dem Dach lag ein winziges Zimmer, das vielleicht einmal die Dienstbotenkammer gewesen war. Ein Holzfenster, kaum größer als ein Badezimmerspiegel, gab den Blick auf die Straße frei. Die Sprossen verstärkten noch den Eindruck einer Gefängniszelle. Das Dach stand so schräg, dass nur eine Seitenwand etwas höher als zwei Meter war. Hier standen Regale, die randlos mit hässlichen Leitzordnern gefüllt waren. Hurault saß an einem kleinen Tisch und tippte auf einem Taschenrechner, die Schreibfläche war unter aufgeschlagenen Akten und Notizzetteln kaum zu sehen. Der Aperitif, von dem die Gattin gesprochen hatte, war offenbar ein Solo-Vergnügen.

Hurault sah ihn für einen Augenblick mit jenem glasigen Blick an, den Leute haben, die aus tiefster Konzentration herausgerissen werden. Dann erkannte er seinen Besucher. »Monsieur Blanc!«, rief er und sprang auf, ohne sich jedoch gerade aufzurichten, weil er sonst gegen die Dachschräge geprallt wäre. »Hier ist es so eng wie in der Kajüte meiner *Sangria*«, erklärte er entschuldigend. »Deshalb fühle ich mich hier wahrscheinlich so wohl.« Er zerrte den einzigen anderen Stuhl heran, eine wackelige Holzkonstruktion mit einem Polster aus geblümtem Stoff – die Art von Küchenstuhl, die sonst nur in den Wohnungen betagter Damen steht und nach dem Tod von den Erben zum Sperrmüll gefahren wird.

Blanc ließ sich vorsichtig nieder und hoffte, dass die gedrechselten Holzbeine nicht splitterten. »Wir müssen nur noch einige Detailfragen klären«, sagte er und hoffte, dass er sich damit geschäftsmäßig und also langweilig anhörte.

Milène Hurault lachte. »Ich kläre die Details meines Martinis«, verkündete sie und verschwand.

»Sie wissen, wie man Frauen vertreibt«, murmelte Hurault. Es klang beinahe neidisch. Auf seiner Stirn glänzten Schweißtropfen.

Blanc reichte ihm ein Papiertaschentuch und erklärte – nicht hundertprozentig wahrheitsgemäß –: »Ich will Ihnen keine Angst einjagen.«

»Sie sind ein Flic. Ich bin kein Flic.«

»Das ist kein Verhör. Ich muss Sie bloß noch einmal zu Christin Antunes befragen. Reine Routine. Haben Sie Madame Antunes am Tag ihres Todes gesehen? Am Dienstag vor einer Woche? Am Nachmittag oder frühen Abend?«

Hurault blickte ihn erstaunt an. »Nein. Am Dienstag arbeite ich immer ziemlich lange im Büro. Wir gehen da die Zahlen der Vorwoche durch. Ich kann mich da mit niemandem treffen.«

Diesen Dienstag bist du aber schon zu Hause, dachte Blanc, doch er nickte verständnisvoll. »Haben Sie denn am fraglichen Tag mit Madame Antunes telefoniert?«

»Nein. Was soll das? Ich habe ein, zwei Wochen davor mit ihr Kontakt aufgenommen. Aber sie war ja nicht besonders interessiert an dem, was ich ihr anzubieten hatte. Danach hatten wir uns nichts mehr zu sagen.«

»Ich wollte nur sichergehen«, erklärte Blanc vage. »Wir müssen bei unseren Ermittlungen ein paar Angaben abgleichen.« Die gespeicherten Handy-Verbindungen waren auf Huraults Seite, dachte er. Blanc deutete auf die Reihen von Aktenordnern. »Verstecken sich irgendwo dort die Unterlagen über alte Umweltskandale, die Sie Madame Antunes zeigen wollten?«

»So etwas bewahrt man besser nicht in seinen eigenen vier Wänden auf.«

»Wo dann?«

»An einem sicheren Ort.« Hurault wischte sich mit dem Taschentuch über das Gesicht. »Verzeihen Sie, *mon Capitaine*, diese ganze Sache ist so heikel, ich kann Ihnen nicht die Unterlagen zeigen. Als ich sie Madame Antunes angeboten habe, dachte ich, es wird sonst niemand erfahren, dass ich der Informant bin. Nur sie und ich. Zwei Menschen können ein Geheimnis bewahren. Jetzt sind wir schon zu dritt. Und wenn Sie diese Dokumente erst einmal in den Händen halten, dann wird es Kollegen geben, und irgendwann sind es Dutzende, die davon wissen. Und dann weiß es irgendwann auch mein Chef.«

»Es sind doch nur alte Geschichten. Vor Plessiers Zeit, das haben Sie selbst gesagt.«

»Egal, ob Plessier damals noch gar nicht im Unternehmen war. Und egal, was er persönlich dazu denkt. Wenn ein Skandal so richtig hochkocht, muss der Vorstandsvorsitzende sein Gesicht in die Kameras halten.«

»Würde Monsieur Plessier Sie dafür wirklich entlassen?«

»›Entlassen‹ wäre eine geschönte Bezeichnung für das, was dann mit mir geschehen würde.«

Blanc starrte ihn nachdenklich an. »Sie sind also noch nicht gefeuert worden?«, vergewisserte er sich.

Hurault schnappte nach Luft. »Sehe ich aus, als wäre ich arbeitslos?«, fragte er empört und deutete auf den Schreibtisch. »Wie kommen Sie überhaupt auf so eine Idee?«

»Gerüchte, Monsieur Hurault. Ich habe gehört, dass Bauxiterre Geld sparen muss, weil neue Kläranlagen teuer sind.«

Hurault lachte gezwungen. »Buchhalter sind die Ersten, die Einsparungen fordern. Und die Letzten, die von Einsparungen betroffen sind.«

»Wie kann ein Buchhalter eigentlich an Unterlagen über Umweltskandale, Abwasserleitungen und Müllkippen kommen? Sind das nicht eher technische Dokumente?«

»Controller wissen alles.« Hurault schien seine Selbstsicherheit langsam wiederzufinden. »Sehen Sie, eine Firma wird doch letztlich nur gegründet, um Geld zu verdienen. Und alles, was mit Geld zu tun hat, wandert früher oder später über den Schreibtisch eines Buchhalters. Ich weiß, wo die nächste Mine liegt, die wir in Zentralafrika erschließen werden, wie viel das kostet und welche Gewinne prognostiziert sind. Ich weiß, welcher Unterabteilungsleiter seiner Sekretärin einen neuen Teppichboden im Vorzimmer spendiert. Ich weiß, wann unser Unternehmen seine Facebook-Seite neu gestalten wird und ob wir dazu einen Social-Media-Redakteur einstellen werden. Und ich weiß davon, wenn wir eine alte Grube versiegeln. Und dann kann ich, weil mir eine Rechnung scheinbar unklar vorkommt, detaillierte Unterlagen anfordern ...« Hurault lächelte nun triumphierend. »Die Dokumente zu dem Müll sind mir von unseren Technikern sozusagen frei Haus geliefert worden. Und keiner hat nachgefragt, was ich damit vorhabe, denn jeder ist froh, wenn er die Controller mit ihren nervenden Extrawünschen so rasch wie möglich wieder los wird.«

»Sie werden mich jetzt auch los«, sagte Blanc und dann, als ob es ihm erst jetzt eingefallen wäre: »Monsieur Hurault, Sie sind möglicherweise der letzte Mensch, der den Taucher Luc Mignaux noch lebend gesehen hat. Sie sind an jenem Sonntagmorgen in aller Frühe mit der *Sangria* aus dem Hafen gelaufen, direkt hinter der *Pytheas* von Mignaux.«

Hurault wurde blass. »Daran kann ich mich gar nicht erinnern. Luc war so oft im Hafen, ich kann mir nicht merken, wann ich ihn gesehen habe und wann nicht. Wir waren ja nicht befreundet. Woher wissen Sie das?«

Blanc ignorierte die Frage. »Aber Sie sind an jenem Sonntagmorgen ausgelaufen?«

»Für eine kleine Tour durch die Calanques. Ich habe vor La Redonne geankert und dort übernachtet. Eigentlich ist das aus Naturschutzgründen nicht erlaubt, man muss abends in einem Hafen sein. Aber die Küstenwache nimmt es im Herbst nicht mehr so genau.«

»Haben Sie Mignaux in den Calanques noch einmal gesehen?«

»Nein, die *Pytheas* ist viel schneller als meine *Sangria*. Wenn der tatsächlich an diesem Morgen vor mir ausgelaufen ist, dann war der rasch auf und davon. Ich habe ihn jedenfalls nicht gesehen.«

Blanc erhob sich und setzte sein freundlichstes Lächeln auf. »Sie haben bei unserer ersten Unterredung angegeben, dass Sie am Sonntag, dem 30. September, um die Mittagszeit zu Hause waren, um zu renovieren. Und nun behaupten Sie, dass Sie in die Calanques gefahren sind und dort übernachtet haben.«

Hurault war nun so weiß, dass Blanc für einen Moment befürchtete, er erleide gerade einen Herzinfarkt. »Ich bin frühmorgens ausgelaufen, um ein paar … um den Außenbordmotor zu testen«, stotterte er. »Ich hatte am Vortag eine neue Zündkerze eingebaut. Ich bin bloß einmal den Kanal hinauf- und wieder hinuntergefahren. Ich habe mittags im Haus gegessen und eine Zeit lang an den Treppen gebastelt, und danach bin ich schließlich wieder hinausgefahren.«

Das, fand Blanc, war eine der schlechtesten Lügen, die er je gehört hatte. Er musste es bloß noch beweisen.

Spätabends saß er in seiner Küche. Er hatte nichts zu essen gefunden, aber das war ihm gleichgültig. Die Luft kam ihm seltsam vor: so klar und mild wie im Spätsommer, doch sie schmeckte nach einem Hauch von Frost. Schnee, dachte er, irgendwo in den Alpen ist schon Schnee gefallen und der Wind trägt die Kälte langsam die Rhône hinunter.

Hurault hatte ihn angelogen. Auch Figaroli hatte ihm wahrscheinlich nicht die Wahrheit erzählt, zumindest nicht die ganze Wahrheit. Beide Männer hatten Mignaux am letzten Tag seines Lebens gesehen, als er früh den Hafen verließ. Beide Männer hatten sich heimlich mit Christin Antunes getroffen, wenn auch aus sehr unterschiedlichen Gründen. Hurault und Figaroli konnten beide segeln. Beide kannten die Calanques. Beide hatten ein eigenes Boot im Hafen von Martigues. Beide hatten Mignaux dort beobachten können. Beide hätten sich dort oder irgendwo in den Calanques mit Christin Antunes treffen können, die ja auch mit ihrem eigenen Fischerkahn unterwegs war. Huraults Bootshaken auf der Jacht des Tauchers. Figarolis Rendezvous am Todestag der Fischerin. Blanc fasste sich an den Kopf. Hinter seinen Schläfen pochte der Schmerz. Irgendetwas hatte er übersehen, verdammt, irgendetwas.

Wäre er jetzt noch in Paris, säße er im Büro. Er würde seine Notizen studieren, bis es ihm vor den Augen flimmerte. Würde ruhelos durch die verwaisten Gänge laufen. Würde mitten in der Nacht irgendwelche Spezialisten, Zeugen, Kollegen, Verdächtige aus dem Bett klingeln. Er würde alles tun, nur nicht seine Arbeit unterbrechen.

Morgen würde er in Paris sein. Doch durch eine schäbige Ironie des Schicksals war ausgerechnet Paris zu dem Ort geworden, an dem er seine Arbeit unterbrechen musste. Er würde dort keine Mörder jagen, er würde seine Ehe liquidieren, wie man ein pleitegegangenes Geschäft liquidiert.

Er durchsuchte die Trümmer der Küche, bis er noch eine Flasche Wein fand. Ein Weißer von Bernard. Er war zu warm, um gut zu schmecken, aber schwer genug, um ihn zu betäuben. Irgendwann zuckte Blanc zusammen, als ein lang gezogenes Heulen die nächtliche Stille zerriss, ein animalischer Laut tiefster Verzweiflung. Ange Douchy, die Frau seines Nachbarn, die Hexe. Ihre Klageschreie schienen irgendwo aus dem Wald hinter dem verfallenden Bauernhof vom anderen Ufer der Touloubre zu wehen. Das Haus selbst war dunkel. Vielleicht schlief Serge Douchy. Vielleicht hatte er sich zusammen mit seinem halbwilden Schäferhund eingeschlossen, hatte Tür und Fensterläden verrammelt und hoffte drinnen, dass der Anfall seiner Frau vorübergehen würde. Blanc blickte auf seine Uhr. Genau Mitternacht. Er hatte nicht übel Lust, in Ange Douchys Heulen einzufallen.

Zwei Termine in Paris

Der TGV trug ihn morgens von Miramas zum Gare de Lyon. Paris fühlte sich für Blanc seltsam fremd an: kalt und hart und gleichgültig. Er bestellte sich ein Mittagessen in einer Brasserie auf dem Boulevard Diderot. Der Termin war erst für fünfzehn Uhr angesetzt. Das Gericht lag im selben Arrondissement wie der Bahnhof. Blanc erreichte es nach dem Espresso zu Fuß in wenigen Minuten.

»Das ist tatsächlich unser erstes Treffen, zu dem du pünktlich bist.« Geneviève saß auf einem der Plastikstühle im Flur vor einem Richterbüro, neben ihr ein bulliger Mann in einem dunkelblauen Maßanzug. Ihr Neuer?, durchzuckte es Blanc. Geneviève bot ihm nicht die Wange zum Kuss an. Der Mann an ihrer Seite erhob sich und schüttelte ihm knapp die Hand. »Maître Lamartine«, stellte er sich vor.

Blanc erinnerte sich an den Namen, eingeprägt auf schwerem Briefpapier. »Sie sind der Anwalt meiner Frau?«

»Ich bin der Rechtsbeistand von Madame Le Nôtre.«

Blanc sah Geneviève an. »Du nimmst wieder deinen Mädchennamen an?«

»Er steht mir besser als ›Blanc‹, findest du nicht?«

Geneviève war sonnengebräunt, ein tiefer, intensiver Ton. Karibik, dachte Blanc, sie war mit ihrem neuen Kerl auf Martinique gewesen, *merde*. Ihre Blässe war fort, die Müdigkeitsschatten unter den Augen, ihr Haar schimmerte blauschwarz, sie hat auch eine neue Frisur, fiel Blanc nun auf, und sie hat die Farbe ihres Lippenstiftes zu einem helleren Rot gewechselt. Einen Moment lang wollte er sich einreden, dass ihm Geneviève hier eine Rolle vorspielte, dass sie mit verzweifelter Kraft die fröhliche Frau nur vorgab, doch dann sagte er sich: Betrüg dich nicht selbst. Geneviève war so erholt und entspannt, wie er sie seit Jahren nicht mehr gesehen hatte. Er hätte am liebsten seine Stirn gegen die Wand geschlagen.

Der Einzige, der zu spät kam, war Blancs Anwalt. Er war klein, dünn, hektisch, sein billiges Jackett war so verrutscht, dass es aussah, als wäre die linke Hälfte kürzer geschneidert worden als die rechte. Er hieß Maître Petrarucci, doch die meisten seiner Klienten nannten ihn schon seit Jahren »Petrocelli«. Einer war mal ein großer Fan alter amerikanischer Fernsehserien gewesen – später hatten das nach und nach fast alle seine Klienten übernommen. Klienten, die meistens wegen Steuerhinterziehung angeklagt worden waren. Klienten, die oft genug freigesprochen worden waren. Klienten, die wussten, dass sich hinter diesem chaotischen Äußeren der cleverste Finanzspezialist der Hauptstadt verbarg.

»Ich habe das Büro gesucht. Ich hatte schon seit Jahren keine Scheidung mehr«, entschuldigte sich Petrarucci.

»Für mich ist das auch neu«, erwiderte Blanc und öffnete die Tür zum Richterzimmer.

Am Ende war es für Blanc wie der Besuch eines zu komplizierten Theaterstücks. Er hörte den Worten der noch ziemlich jungen Richterin kaum zu. Sie war so müde, wie Geneviève es früher immer gewesen war, dachte er bloß. Er hörte den kurzen Ausführungen der Anwälte kaum zu. Er hätte Geneviève vielleicht zugehört, doch sie sagte wenig mehr als ihren Namen und ihre Adresse. Eine neue Adresse, dachte er, fünftes Arrondissement, schick, wie zum Teufel hatte sie da etwas gefunden? Oder ob sie schon mit diesem …? Die Prozedur erledigten alle Beteiligten zügig, höflich und professionell. Blanc stellte fest, dass der Papierkram einer Scheidung auch nicht viel mehr Aufwand erforderte als die Abmeldung eines Gebrauchtwagens.

»Schön, dass das so glatt über die Bühne ging«, sagte die Richterin zum Abschluss.

»Ich wünsche Ihnen einen schönen Nachmittag«, sagte Maître Lamartine.

»Jetzt sind Sie wieder ein freier Mann«, sagte Petrarucci und schlug ihm aufmunternd auf die Schulter.

»Au revoir«, sagte Geneviève und drehte sich um.

Blanc blickte ihr nach, während sie den Flur hinunter Richtung Ausgang lief. Im Sonnenlicht, das durch das geöffnete Portal hineinflutete, war sie schließlich nur noch als Silhouette zu erkennen. Sehr schön und sehr fern.

Blanc wartete, bis alle fort waren, bevor er das Gerichtsgebäude verließ. Noch war der Himmel klar, doch von Westen her wälzten sich schon graue Cumuluswolken heran. Sie würden in der Nacht Regen bringen. In der Nacht … Eric war in Quebec, Astrid am Meer. Unter seinen Kollegen galt Blanc seit seiner Versetzung als Aussätziger, der den Virus des Karriereknicks übertragen würde. Und Freunde hatte er hier, wenn man es realistisch betrachtete, schon lange nicht mehr. *Merde*, Paris war seine Stadt! Der nächste TGV nach Miramas würde erst am Donnerstagmorgen fahren, er musste hier übernachten – und ihm fiel erst jetzt auf, dass er keine Ahnung hatte, wo. Er musste sich in seiner eigenen Stadt ein Hotelzimmer nehmen, und das, fand er, war die finale Demütigung an diesem Tag.

Er streifte durch die Straßen um den Gare de Lyon. In der schmalen Rue d'Austerlitz – kaum mehr als eine Gasse; er hoffte, dass es hier ruhig zugehen würde – entdeckte er das Schild *»Hôtel Bel Oranger«* und zuckte mit den Achseln. Das kleine Haus war beinahe ausgebucht, ihm wurde ein Zimmer unter dem Dach gezeigt. Schrägen, Veluxfenster, er kam sich vor wie in Huraults Klaustrophobie auslösendem Büro. Die gemütliche Enge einer Segeljacht, so musste man das sehen. Er starrte aus dem Fenster auf die Dächer, eisenbeschlagene, abgerundete Erker, das Gestrüpp aus Fernsehantennen und Kaminen, darüber der ergrauende Himmel – die Dächer von Paris, als junger Flic hatte er diesen Anblick romantisch gefunden. Jetzt streifte er sich den Ring vom Finger und spielte mit dem Gedanken, ihn aus dem Fenster zu schleudern. Aber dann kam ihm das lächerlich vor, und am Ende stopfte er das letzte Relikt seiner Ehe in die Brieftasche zum Wechselgeld.

Blanc überlegte noch, ob es klug sei, sein aufkommendes Selbstmitleid in einer der Brasserien auf dem Boulevard Diderot zu ertränken, als ihn ein Klopfen an der Zimmertür erschreckte. Es klang nicht so, als stünde da draußen jemand, der viel Geduld bei verschlossenen Türen hatte.

Blanc öffnete misstrauisch. Vor ihm hatte sich ein junger Mann in einem schwarzen Anzug aufgebaut, schwarz polierte Lederschuhe, kurzes, schwarzes Haar, schwarze Sonnenbrille. Er sah aus wie ein Sargträger – einer, der einen Sarg ganz alleine stemmen konnte. »Der Herr Staatssekretär wünscht Sie zu sprechen«, verkündete er und machte sich nicht die Mühe, sich vorzustellen.

»Vialaron-Allègre?«, vergewisserte sich Blanc ungläubig. Woher wusste der Kerl, dass er hier abgestiegen war? *Merde*, bis vor zehn Minuten hatte Blanc selbst nicht gewusst, dass er im *»Bel Oranger«* übernachten würde.

Es war, als könnte der dunkle, junge Mann seine Gedanken lesen. Ein feines Lächeln umspielte seine Lippen, vielleicht war es Spott, vielleicht auch Mitleid. »Draußen wartet ein Wagen, der uns direkt ins Ministerium fährt, *mon Capitaine*«, sagte er.

Ein metallicschwarzer Espace – nicht die Klapperkiste, die Blanc fuhr, sondern das neueste Modell, elegant, leise und die Scheiben so weit abgedunkelt, dass man im Innern mitten in Paris einen Mord begehen könnte und keiner würde es sehen. Ein älterer Mann saß am Steuer. Er würdigte Blanc keines Blickes, während dieser auf einen der Rücksitze kletterte. Mit dem Schließen der Tür sperrte Blanc den Lärm der Metropole aus. Der Duft nach Leder. Die Klimaanlage war gegen die einsetzende Abendkühle auf zweiundzwanzig Grad eingestellt. Als der Minivan losrollte, brummelte der Motor unter der Haube so leise wie das Aggregat eines modernen Kühlschranks. Blanc musste unwillkürlich an seine Küche denken. Trümmer in einer Ruine. Er wäre jetzt trotzdem gerne dort.

Blanc sparte sich die Mühe, einen seiner Begleiter zu fragen, was das Ganze solle. Er blickte aus dem Fenster. Das Glas war so dunkel, dass die Stadt um neunzehn Uhr schon so wirkte, als läge Mitternacht über der Seine. Die ersten Regentropfen fielen hinab wie Tränen. Wer noch auf den Bürgersteigen unterwegs war, ging nun schneller, schlug den Mantelkragen hoch. Blanc bewunderte flüchtig das Ballett der umeinandertanzenden Regenschirme. Sie fuhren am Schaufenster eines Antiquitätengeschäfts vorbei, in dem, effektvoll ausgeleuchtet, ein gerahmtes originales Filmplakat hing: *Blade Runner.* Der beste Film aller Zeiten. Geneviève dagegen hatte die Werke von Eric Rohmer verehrt und nur einmal versucht, sich zusammen mit Blanc *Blade Runner* anzusehen. Doch noch vor der zweiten Hälfte war sie aus dem kleinen Programmkino geschlichen, um einen Espresso zu trinken, der sie wieder hatte wach machen sollen. In ihren letzten gemeinsamen Jahren hatten sie sich dann erst gar nicht mehr über Filme gestritten, weil sie sowieso nie die Zeit gefunden hatten, ins Kino zu gehen. Im Berufsverkehr quälte sich der Espace eine weitere Viertelstunde über die Boulevards, bis sie überhaupt erst die Périphérique erreicht hatten.

Als er endlich in das weiträumige Büro des Staatssekretärs geführt wurde, kostete es Blanc alle Selbstbeherrschung, seine Gesichtszüge unter Kontrolle zu halten. Aveline. *Monsieur Secrétaire d'État* und *Madame le Juge.* Was zur Hölle hatte sie an einem Mittwochabend im Ministerium ihres Gatten zu tun? Blanc reichte beiden in formaler Höflichkeit die Hand. Als er für einen Moment Avelines Hand in seiner spürte, durchzuckte eine Sehnsucht seinen Körper, so rasch und unbezwingbar wie der Schmerz eines Messerschnitts. Er setzte sich und musterte seine Gegenüber.

Jean-Charles Vialaron-Allègre war Anfang fünfzig, mittelgroß und so hager, dass selbst der maßgeschneiderte dunkelblaue Anzug seinem Leib kaum mehr Volumen gab als dem eines Sterbenden. Seine Hakennase verlieh ihm etwas Vogelartiges, im Licht der Bürolampe schimmerte die Pomade, mit der er seine dünnen Haare quer über den hohen Schädel gegelt hatte. Seine Augen waren dunkel, klug und sehr, sehr kalt.

Seine Frau Aveline war zwanzig Jahre jünger als er und genauso groß, sie war schlank, die Haut olivenfarben, die Augen dunkel, die kurzen Haare tintenschwarz. Zwischen den feingliedrigen, langen Fingern ihrer Linken glomm eine Gauloise. Sie saß entspannt in einem Besuchersessel vor dem Schreibtisch und musterte Blanc so kühl, als kenne sie ihn kaum. Was verbindet diese beiden bloß?, dachte er, das kann doch nicht Liebe sein. Er hatte nicht vor, als Erster das Wort zu ergreifen, und blickte Aveline nicht länger an, sondern ließ seinen Blick zum Schreibtisch wandern. Der war leer, bis auf die heutige Ausgabe des *Figaro*, dessen Schlagzeile der Pariser Olympiabewerbung gewidmet war. Die Zeitung war so peinlich genau zusammengefaltet, als hätte jemand sie gebügelt, doch trotzdem war sich Blanc sicher, dass Vialaron-Allègre sie genauestens studiert hatte. Langsam begann er zu ahnen, was auf ihn zukommen würde.

»Fein, dass Sie sich so spontan Zeit für uns genommen haben«, eröffnete der Staatssekretär schließlich das Gespräch und lächelte dünn über seinen eigenen Scherz. »Ich hoffe, Sie haben Ihre privaten Angelegenheiten zur allseitigen Zufriedenheit geregelt.«

Du Arschloch, dachte Blanc. »Ich habe mir einen Tag Urlaub genommen«, antwortete er.

»Ja, diese Familiensachen kosten immer so viel Zeit«, murmelte Vialaron-Allègre. Er wirkte so lässig, wie es einem Mann mit fein polierten Manieren überhaupt nur möglich war. »Aber da Sie nun schon einmal privat in der Hauptstadt weilen, können wir doch auch gleich eine kleine dienstliche Besprechung dranhängen. Das spart Zeit und Geld, und Sie, *mon Capitaine*, wissen vielleicht besser als die meisten in diesem Land, dass Geld in der Politik ein knappes Gut geworden ist.«

»Für manche Projekte ist noch der eine oder andere Euro da«, erwiderte Blanc und deutete auf den *Figaro*.

»Für Investitionen in die Zukunft, glücklicherweise.« Vialaron-Allègres Lächeln verschwand. »Kennen Sie Barcelona?«

»Ich musste dort noch nie ermitteln.«

»Die Stadt war am Ende der Franco-Zeit heruntergewirtschaftet. Ich bin mir sicher, dass die meisten Menschen außerhalb von Spanien seinerzeit nicht einmal mit dem Finger auf der Landkarte hätten zeigen können, wo die Stadt liegt.«

»Bis zu den Olympischen Spielen 1992. Ich kann mich noch an ein paar Fernsehbilder erinnern.«

»Das war nicht bloß ein Sportereignis, das war eine Schönheitsoperation für die ganze Stadt. Seither ist Barcelona – wie sagt man? Hip, so sagt man doch, oder? Hip. Die Stadt ist schön geworden. Modern. Groß. Bekannt. Junge Leute sind dort, aus ganz Europa. Und viele Unternehmen.«

»Und Sie wollen Paris genauso hip machen wie Barcelona?«

»Unsere Stadt ist zur Kulisse für chinesische Brautpaare verkommen, die für kitschige Hochzeitsfotos vor Notre-Dame posieren. Wir haben eine Frischzellenkur nötig.«

»Ich bin ganz Ihrer Meinung.«

»Ich werde meine Sekretärin bitten, das im Kalender zu vermerken. Es kommt ja nicht so häufig vor.«

»Ich habe auch nichts gegen Olympia.«

»Da bin ich mir nicht so sicher. Ich will offen zu Ihnen sein, *mon Capitaine*: Ihre Versetzung in die Provence war als eine Art Urlaub gedacht – nicht für Sie, sondern für einige vielbeschäftigte, große Verantwortung tragende Menschen hier. Paris sollte sich von Ihnen erholen, das war der Plan. Und manche dieser vielbeschäftigten, große Verantwortung tragenden Menschen kümmern sich zufälligerweise auch um die Bewerbung für die Olympischen Spiele. Und was müssen sie erleben? Derselbe *Capitaine*, der hier Steine in den ruhigen Teich geworfen hat, wirft seine Steine nun aus achthundert Kilometer Entfernung in diesen Teich! Wir können die Segel- und Ruderwettbewerbe nun einmal nicht auf der Seine austragen. Paris ist auf die Provence angewiesen.«

»Es gibt auch noch die Bretagne oder …«

»Machen Sie sich nicht über mich lustig! Dort regnet es. Und wenn es nicht regnet, dann stürmt es. Und wenn es nicht regnet oder stürmt, dann ist Ebbe. Sie wissen das besser als ich, Sie kommen doch irgendwo aus dem Norden. Nein, *mon Capitaine*, wenn Paris eine Chance auf Olympia haben will, dann muss es dazu schöne Bilder vom Mittelmeer präsentieren: blaues Wasser, grüne Pinien.«

»Und keinen toten Taucher im blauen Wasser …«

»… und keine tote Fischerin unter grünen Pinien.«

»Madame Antunes lag in einem Tunnel.«

»Seien Sie nicht spitzfindig. Jetzt beginnt die heiße Bewerbungsphase. Niemand hier ist erpicht darauf, dass uns Monsieur Übereifrig mit künstlich am Leben erhaltenen Mordermittlungen in Peinlichkeiten gegenüber dem Olympischen Komitee stürzt.«

»Es sind Unfälle, *mon Capitaine*«, mischte sich Aveline zum ersten Mal in das Gespräch ein. Ihre Stimme klang geschäftsmäßig. »Zwei bedauerliche Unfälle.«

»Deshalb trifft es sich gut, dass wir zufällig alle in Paris sind«, ergänzte ihr Gatte. »Der ermittelnde Offizier der Gendarmerie. Die federführende Untersuchungsrichterin. Der verantwortliche Staatssekretär. So etwas nennt man ›den kurzen Dienstweg‹, nicht wahr?«

»Und ganz ohne Protokoll«, erwiderte Blanc süffisant.

»Sie produzieren auch so schon genug Papier.« Vialaron-Allègre lächelte, doch seine Augen blickten weiterhin kalt auf Blanc. »Die Ermittlungen werden eingestellt. In *beiden* Fällen. Ein unachtsamer Taucher im Meer. Eine unachtsame Wanderin auf den Schienen. Traurig, wirklich traurig. Aber es handelt sich hier nicht um Verbrechen.« Er wandte sich zum ersten Mal, seit Blanc in dem Büro war, seiner Frau zu. »*Ma chérie*?«

Aveline warf einen Blick auf ihre Armbanduhr von Chanel, weiße Keramik, Stahl und Diamanten. Muss ein Vermögen gekostet haben, dachte Blanc flüchtig, aber das war garantiert kein Geschenk ihres Mannes. Die hat sich Aveline selbst gekauft, das ist ihr Stil. »Die Vorstellung beginnt in einer Dreiviertelstunde«, erwiderte sie.

»*Le Joueur d'échecs* mit Francis Huster«, erklärte Vialaron-Allègre und hob in einer Geste falschen Bedauerns die Hände. »Sie müssen unser Drängen entschuldigen. Wir sind so froh, noch Karten bekommen zu haben.«

»Sie werden rechtzeitig im Theater sein«, sagte Blanc. Seine Gedanken überschlugen sich. Aveline war immer seine Verbündete gewesen. Und nun? Hatte sie eine Wahl? Eine Untersuchungsrichterin konnte schlecht einem Staatssekretär in dessen eigenem Büro vor einem Zeugen widersprechen, selbst wenn der Staatssekretär zufälligerweise ihr Gatte war. Oder hatte Aveline gar nicht gekämpft? Sah sie die Sache genauso wie ihr Mann? Zwei Unfälle und fort mit den Akten. Blanc wusste, dass es zwecklos war, jetzt noch Widerstand zu leisten. Er würde damit zwar den Theaterbesuch des Ehepaars Vialaron-Allègre hinauszögern – aber am Ende würde er sich seine Papiere abholen können. Die Personalabteilung des Ministeriums befand sich nur eine Etage unter diesem Büro. Und so, wie er den Staatssekretär einschätzte, würde dort auch zu dieser Stunde noch ein eigens abgestellter Bürokrat sitzen, Blancs Personalakte griffbereit auf dem Schreibtisch.

»Ich kann Ihnen gar nicht sagen, wie sehr es mich freut, dass wir uns so rasch einig geworden sind, *mon Capitaine*. Francis Huster ist so ein wundervoller Schauspieler, ich hätte ihn wirklich ungern verpasst.« Vialaron-Allègre klang, als hätte er ihn nur zu gerne verpasst, um ein ganz anderes Schauspiel zu inszenieren.

Als sich Blanc verabschiedete, glaubte er, dass Aveline ihre Hand einen Augenblick länger als notwendig in der seinen ließ. Aber das war vielleicht auch nur eine Einbildung.

Nachdem ihn der dunkle Espace endlich wieder vor dem *»Bel Oranger«* abgesetzt hatte, ging Blanc auf seine Dachstube. Das Zimmer kam ihm nun so erstickend vor wie eine Gefängniszelle. Er hatte keinen Hunger mehr und auch nicht mehr das Bedürfnis, sich zu betrinken. Er wollte nur noch laufen, laufen, laufen.

Draußen regnete es, als hätte Gott einen Duschkopf über Paris installiert. Der Wind kam in unvorhersehbaren Böen, die an jeder Straßenecke die Richtung wechselten. Blanc schützte sich mit seinem Baseballcap und dem hochgeschlagenen Mantelkragen, doch hin und wieder überraschte ihn ein hinterhältiger Windstoß und schleuderte ihm einen Schwall Regen ins Gesicht und in den Kragen hinein.

Er ging in ausgreifenden Schritten über die Boulevards; er hatte Platz, ganz ungewohnt in Paris, weil kaum jemand so bescheuert war, bei diesem Wetter zu flanieren. Geneviève. Aveline. Die Stadt der Liebe. *Merde*, er sollte diese Geschichte den chinesischen Hochzeitspaaren erzählen! Die würden fliehen und sich woanders ablichten lassen. Vielleicht in Barcelona.

Blanc lief acht oder zehn Kilometer, durchmaß eine große Acht mit dem Pont d'Austerlitz als Schnittpunkt seiner Linien. Er war endlich müde, nass bis auf die Haut und fror, es fühlte sich wie eine Bestrafung an, und das war gut so. *Ich hoffe, Sie haben Ihre privaten Angelegenheiten zur allseitigen Zufriedenheit geregelt.* Zum Teufel mit seinen »privaten Angelegenheiten«. Zwei Tote, zwei geschlossene Akten, darauf kam es an. Aveline besuchte gerade mit ihrem Mann das Theater. Es würde spät werden. Würde sie morgen den ersten TGV nach Aix-en-Provence nehmen? Wahrscheinlich nicht. Vielleicht wäre sie erst am Freitagmorgen wieder im Gericht. Dort würde sie die Akte Antunes schließen, denn sie würde die Sache vor dem Wochenende erledigt haben wollen.

Blanc würde schon am Donnerstagnachmittag in der Provence sein. Vierundzwanzig Stunden vor ihr. Vierundzwanzig Stunden, um … was zu tun? Was konnte er jetzt noch tun, dass Aveline die Akte nicht schloss? Dass sie die Untersuchung sogar gegen den Willen ihres Mannes weiterführte? Er müsste Aveline zwingen, die Sache nicht zu versenken. Dafür gab es aber nur einen Weg.

Blanc musste ihr das Geständnis des Mörders präsentieren.

Einbruch

Blanc blickte am kleinen TGV-Bahnhof von Miramas auf die Anzeige über der Eingangshalle: 15.57 Uhr. Der Rest vom Donnerstag. Der halbe Freitag. Er hatte keine Zeit, zuerst nach Hause zu fahren, er eilte direkt zur Station nach Gadet. Er hatte den Espace auf dem weitläufigen, vor Kurzem angelegten und schon wieder halb verwilderten Parkplatz in der Nähe des Bahnhofs abgestellt. Jemand hatte über Nacht oder vielleicht auch erst an diesem Vormittag bei einem Dutzend Wagen die Rückspiegel abgebrochen, die Autos standen da wie Hunde mit hängenden Ohren. Nur sein Minivan war intakt geblieben – vielleicht hatten die Vandalen Mitleid mit der alten Karre gehabt. Oder sie wollten, dass alle Welt dachte, der Halter dieses Schrotthaufens sei der Täter.

Auf der Wache zog sich Blanc einen Kaffee am Automaten. Das Zeug schmeckte schrecklich, doch er hatte in Paris, nachdem er seine nächtliche Wanderung endlich aufgegeben hatte, nicht mehr lange genug schlafen können.

»Bei meiner zweiten Scheidung hat sich das schon nicht mehr so schlimm angefühlt.« Die füllige, dunkelhaarige Kollegin, deren Namen sich Blanc einfach nicht merken konnte, lehnte sich plötzlich neben ihn gegen den Automaten, der ein metallisches Knarzen von sich gab.

»Haben Sie es deshalb zum dritten Mal probiert?«

»Mich scheiden zu lassen?«

»Zu heiraten.« Blanc deutete auf ihre Linke, wo eine glimmende Marlboro nur halb einen goldenen Ehering verbarg.

»Den trage ich nur, damit mich nicht so viele Männer ansprechen.« Sie lachte, laut und ziemlich vulgär, dann drehte sie sich um und stolzierte davon, ohne sich einen Kaffee genommen zu haben. Wenn die weiß, dass ich frisch geschieden bin, dann wissen es alle, dachte Blanc resigniert. Woher bloß? Seine Personalakte, fiel ihm ein, die hatte im Ministerium bereitgelegen, wenn auch aus einem ganz anderen Grund. Da hatte dann offenbar jemand den neuen Familienstand eingetragen und eine Kopie nach Gadet gemailt – und hier hatten die Kollegen bis zu seinem Eintreffen Zeit gehabt, sich alles anzusehen. Er verzog sich in sein Büro.

Auf dem verwaisten Schreibtisch von Marius lag eine Krankmeldung. Er überflog sie und stutzte beim Stempel des behandelnden Arztes. Kein Mediziner von hier, sondern einer aus Marseille, die Praxis lag an der edlen Corniche Kennedy. Er googelte den Namen: ein Therapeut für Suchterkrankungen. Blanc war erleichtert, endlich, dachte er, gerade noch rechtzeitig. Zugleich war er traurig, weil er vermutete, dass der Schreibtisch ihm gegenüber von nun an ziemlich häufig leer bleiben würde.

Er griff zum Telefon und rief bei Bauxiterre an. »Ich muss Monsieur Hurault sehen. Sofort«, sagte er der Sekretärin barsch.

»Bedaure, Monsieur Hurault ist in Paris.« Man hörte ihr an, wie sie diese Retourkutsche genoss.

»Wie lange noch?«

»Bis morgen Mittag. Die Herren haben einen Termin im Ministerium.«

»Die Herren?«

»Selbstverständlich ist auch Monsieur Plessier dort. Monsieur Hurault begleitet ihn zum ersten Mal auf einer Geschäftsreise.« Jetzt klang die Dame nicht mehr hochnäsig, sondern aufrichtig stolz. Wenn Hurault aufsteigen sollte, würde auch sie aufsteigen, und es gab in jedem Unternehmen nur wenige Mitarbeiter, die so mächtig waren wie die Sekretärin eines mächtigen Managers.

Vielleicht hatten Plessier und Hurault genau dann einen Termin beim Staatssekretär gehabt, als er sich in den TGV nach Miramas gesetzt hatte. Blanc hätte sich in den Hintern treten können. Wahrscheinlich genoss Vialaron-Allègre dieses Spiel. Der hatte geahnt, dass Blanc sich allen Schwüren zum Trotz die Manager von Bauxiterre noch einmal vornehmen würde. Also hatte Vialaron-Allègre die Typen persönlich aus der Schusslinie geholt und an den sichersten Ort in Frankreich platziert: in sein Büro, durch dessen Tür er Blanc zuvor hinauskomplimentiert hatte. Es sah so aus, als könnte er sich genauso gut für die nächsten vierundzwanzig Stunden an den Kaffeeautomaten lehnen und mit der Kollegin quatschen, bis er sich endlich deren Namen eingeprägt hatte.

Er musste raus hier.

In seiner Ölmühle war während seiner Abwesenheit ein Wunder geschehen. Der Trümmerhaufen hatte sich wie von Geisterhand in eine neue Küche verwandelt. Blanc blickte sich verwirrt um: Türen und Schubladen waren aus Pinienholz, gelb wie Honig und glatt wie eine Hightechfolie, das Muster eines Olivenzweiges war in die größeren Flächen geschnitzt. Darauf lag eine Platte aus zitronenfarbenem, gemusterten Marmor, die Kante war sorgfältig abgerundet. Die Spüle war aus einem Stein geschnitten, den er nicht kannte, der Wasserhahn darüber war ein renoviertes antikes Stück aus Gusseisen.

Blanc bewunderte seine neue Küche und fürchtete sie auch ein wenig: Sie kam ihm vor wie eine laute Forderung, nun Kochen zu lernen. Bruno Fleur musste sie ausgerechnet an dem Tag, an dem er in Paris gewesen war, aufgebaut haben. Warum hatte er sich nicht angekündigt? Wie war er überhaupt hier hereingekommen? Blanc suchte auf der Arbeitsplatte, auf dem Küchentisch, er öffnete die Schränke (gedämpfte Scharniere), er zog die Schubladen auf (lautlose Schienen), schließlich durchkämmte er das ganze Haus. Vergebens. Keine Rechnung. Das muss doch ein Vermögen gekostet haben, dachte er, und er dachte auch an seine Bank und an die Scheidung, und er setzte sich. Irgendwo hatte er die Handynummer von Fleur. Niemand ging dran. Er rief Paulette Aybalen an.

»Ich will mich noch einmal entschuldigen«, begrüßte er sie.

»Ich mag Männer, die beim Essen nicht die ganze Zeit über sich selbst reden«, erwiderte Paulette und lachte. »Und ich mag Männer, die Briefe schreiben.«

»Ich hoffe, du magst auch Männer, die in Küchen sitzen, die sie sich nicht leisten können.«

»Bruno hat gestern Morgen bei mir geklingelt, als er gemerkt hat, dass du nicht da warst. Er ist so schüchtern.«

»Du hast eine weitherzige Definition von ›schüchtern‹. Bruno hat meine alte Küche atomisiert, ohne mir etwas zu sagen. Er hat eine neue Küche wie aus einem Werbekatalog eingebaut, ohne mir etwas zu sagen.«

»Hat er dir eine Rechnung dagelassen?«

»Das ist einer der Gründe, warum die Hand zittert, die dieses Handy hält.«

Paulette lachte schon wieder. »Du wirst jetzt ein Jahr lang Bruno anflehen, endlich seine Rechnung zahlen zu dürfen.«

»Ich war zwanzig Jahre lang Korruptionsermittler. Ich habe Menschen ganz anders in Erinnerung.«

Zwanzig Jahre lang Korruptionsermittler, dachte Blanc, nachdem er sich von seiner Nachbarin verabschiedet hatte, und er dachte auch daran, welche Regeln er in diesen langen Jahren ignoriert hatte. Wenn er bis Freitagmittag noch irgendetwas erreichen wollte, dann musste er sich rasch etwas einfallen lassen. Er durfte nicht mehr legal ermitteln. Aber das hatte er in Paris hin und wieder auch nicht gedurft. Und er erinnerte sich, wie er dort schon einmal weitergemacht hatte.

Blanc wählte Marius' Nummer. »Wie war der Termin beim Arzt?«

»Ich fühle mich wie ein zwei Tage alter Haufen Hundescheiße. Aber der Weißkittel sagt, das ist ganz normal für einen reuigen Säufer.«

»Das hat er wirklich gesagt?«

»Bei ihm klang es wissenschaftlicher.«

»Fühlst du dich fit genug für einen Einsatz?«

»Nenn mich ›Belmondo‹. Wo geht es hin?«

»Nach Martigues.«

»Schon wieder ein Mord?«

»Ein Einbruch.«

»Und dafür klingelst du mich aus dem Bett? Das kann doch jeder Brigadier erledigen.«

»Wir wollen keinen Einbruch aufklären, Belmondo. Wir wollen einen verüben.«

Blanc holte Marius in Saint-César ab. Sein Kollege stand schon vor der Tür seines schmalen, etwas schäbigen Heims, das zwischen den frisch gestrichenen Häusern der Straßenzeile wirkte wie der arme Verwandte auf dem Familienfoto, der es als Einziger nie zu etwas gebracht hatte. Über den Dächern wölbte sich eine steinerne Fußgängerbrücke wie ein römisches Aquädukt. Sie verband die beiden Klippen, in deren dazwischenliegender Senke der alte Fischerort seit jeher sein Zentrum hatte. Versteckte Spots strahlten das renovierte Monument an. Auf der Mitte der Brücke reckte sich ein kleiner Turm in die Höhe, dessen einzige Funktion darin bestand, eine Uhr zu tragen. Diese Uhr hatte allerdings in all den Monaten, die Blanc nun schon hier war, stets 4.19 Uhr angezeigt.

Marius trug einen löchrigen, schwarzen Kapuzenpullover, eine schwarze Jeans und dunkle Turnschuhe. Aus seiner Hosentasche lugte ein Paar Gummihandschuhe.

»Für die schwarzen Lederhandschuhe der Profis reicht mein Beamtengehalt nicht«, sagte er zur Begrüßung. Er roch nach Rosé, und Blanc fragte sich, wie sich der Therapeut in Marseille eine Praxis an der Corniche Kennedy leisten konnte, wenn seine Therapien nicht einmal zwölf Stunden vorhielten. »Hast du Werkzeug dabei?«, fragte er.

Marius hob eine Sporttasche hoch, die neben ihm auf dem Bürgersteig gelegen hatte, und warf sie auf einen Rücksitz. Metall klimperte. »Das habe ich zu Beginn meiner Karriere einem Ganoven abgenommen und nach dem Prozess aus der Asservatenkammer geschmuggelt. Damals dachte ich noch, dass sich Einbrecherwerkzeug gut in meinem Hobbykeller macht. Doch der Hobbykeller und ich sind nie Freunde geworden. Erst nach deinem Anruf ist mir wieder eingefallen, dass die Tasche irgendwo in der Garage herumliegen muss. Wo willst du überhaupt einsteigen?«

»Bei Hurault.«

»In sein Büro bei Bauxiterre?«

»In sein Haus in Martigues.«

»Um diese Zeit? Da liegt ein vernünftiger Mann auf seiner Frau.«

»Hurault ist auf Geschäftsreise in Paris.«

»Und seine Frau?«

»Hat hoffentlich einen tiefen Schlaf.«

»Und was willst du Monsieur Hurault klauen?«

»Ich weiß es nicht.«

»*Putain*. Ich habe in meinem Job ja schon viele dämliche Einbrecher getroffen, aber du schaffst es bis ganz nach oben in diesen Charts.«

Blanc seufzte. »Uns bleiben nur noch ein paar Stunden, um den Mörder von Mignaux und Antunes zu finden. Die Einzelheiten erkläre ich dir später. Wichtig ist: Wir brauchen sein Geständnis!«

»Und du glaubst, dass dieser Manager der Mörder ist?«

»Nicht unbedingt. Aber Hurault ist Buchhalter. Ein Aktenmensch. Also suchen wir Papierkram. Irgendwo muss er die Dokumente über den Umweltskandal von Bauxiterre versteckt haben. Vielleicht finden wir darin den Namen des Mörders.«

Marius hob gleichgültig die Schultern. »Selbst wenn wir etwas finden: Das ist noch lange kein Geständnis. Warum besorgen wir uns nicht einfach einen Durchsuchungsbefehl?«

»Weil ich gestern in Paris meine Ehe und zwei Mordermittlungen in die Mülltonne getreten habe.« Sie hatten Saint-César verlassen und fuhren nun eine Nebenstraße am Ufer des Étang de Berre entlang. Das Land wurde hügeliger. Die Straße wand sich in Schlingen durch Täler, die aussahen, als hätte ein antiker Gott die Felsen mit einer Axt gespalten. Auf dem kargen Boden wuchsen fast nur Pinien, hoch und dunkel und still. Manchmal stand ein Baum allein an der Spitze einer Klippe wie eine Kreuzwegstation, der Schattenriss eines heiligen Symbols vor der Silberscheibe des Étang de Berre. Von Süden her wälzten sich Wolkenwirbel heran, sie umfingen den Halbmond, der in einem Halo glühte. Durch das halb geöffnete Seitenfenster atmete Blanc den Duft nach Pinien ein, vermischt mit dem schweren Aroma von brackigem Wasser. Man hätte glauben können, sie wären die einzigen Menschen auf dieser Welt, wenn nicht ab und zu ein LED-Licht zwischen Pinienzweigen geglommen hätte, das die Zufahrt zu einer am Hang versteckten Villa markierte. Das ist das verlorene Paradies von Huraults Vater, dachte Blanc. Und das ist die neue Côte d'Azur aus Figarolis Träumen. In dieser entlegenen Ecke des Étang de Berre, irgendwo zwischen Saint-César und Martigues, war die Schönheit der Natur selbst in den Siebzigerjahren nicht wegbetoniert worden. Oder vielleicht hatte sie sich hier, beharrlich und unbesiegbar, die ersten Ufermeter zurückerobert. So oder so: Das war es, wofür Hurault und Figaroli kämpften – und Blanc konnte verstehen, warum sie es taten.

Als sie schließlich durch die Gassen von Martigues fuhren, schlug von einer der drei dicht beieinanderstehenden alten Kirchen die Glocke zwölf Mal. Eine schwarze Katze lag auf dem Dach eines geparkten Autos und musterte sie. Blanc blickte in ihre gelben Augen, das Tier kam ihm wie ein kluger Wächter vor. Niemand sonst war auf den Straßen zu sehen, die Luft fühlte sich an, als stünde sie unter Strom. Blanc glaubte, aus der Ferne ein Grollen zu hören. Der Mond leuchtete bloß noch hin und wieder zwischen rasch dahinziehenden Wolkenbändern hervor. Blanc ließ den Espace im zweiten Gang den Quai Brescon entlang so nahe wie möglich zum Haus der Huraults rollen. Die Straße war eine Sackgasse, er kam nicht ganz bis an das Gebäude heran. Der VW Polo des Managers war nirgendwo zu sehen. Das silberne BMW-Cabrio seiner Frau auch nicht. »Sieht so aus, als seien beide Huraults ausgeflogen«, sagte Blanc leise.

»Du musst nicht flüstern. Deine Karre hat ein Loch im Auspuff. Wer von den Nachbarn jetzt noch schläft, ist tot.«

Blanc brachte den Espace einige Meter weiter zum Stehen und zog den Zündschlüssel ab. Er stellte den Innenspiegel so ein, dass er das Haus der Huraults im Blick hatte. Kein Licht hinter einem Fenster, kein blaues Flimmern eines Fernsehers, nicht einmal eine Lampe strahlte über der Eingangstür. In mehreren Nachbarhäusern hingegen war Licht zu sehen. Irgendwo wurde kurz ein Fensterladen geöffnet, der Lärm von Maschinengewehren wehte durch die Straße.

»Scheiß Ballerspiele«, brummte Marius.

»Scheiß Hunde«, erwiderte Blanc. Er sah, dass sich eine Tür öffnete und ein älterer Mann in Flipflops, Jogginghose und Unterhemd hinaustrat. Er zog einen weißen Pinscher an der Leine und kam direkt auf sie zu. Blanc und Marius sanken auf ihren Sitzen zusammen. Blancs Seitenscheibe war heruntergelassen und nun war es zu spät, das zu ändern. Sie hörten leises Schlurfen und das asthmatische Hecheln des Hundes. Dann hörte das Schlurfen auf und es war nur noch das Hecheln des Hundes zu vernehmen, direkt neben dem Minivan. Blanc wagte einen Blick aus seiner Deckung heraus. Der Mann war ein paar Meter weiter gegangen und zündete sich eine Zigarette an, der Pinscher pisste gerade gegen den linken Vorderreifen des Espace.

»Diese Duftmarke wird den Kötern von Gadet zu denken geben«, sagte Marius, als Mann und Tier ihre Runde endlich beendet hatten und sie sich wieder aufrecht hinsetzen konnten.

»Über diese Straße kommen wir niemals unbemerkt ins Haus«, grübelte Blanc. »Wenn wir die Tür aufbrechen, wird uns garantiert jemand sehen.«

»Lass uns nach Hause fahren.«

»Du hast wie immer die beste Idee.«

»Ich habe zu Hause noch eine kühle Flasche Rosé. Wenn du willst, dann …«

»Später.« Blanc startete den Espace und fuhr durch die Altstadt bis zur Place de la Libération – einer kleinen Fläche am gegenüberliegenden Ufer des Kanals, nahe am Jachthafen. Lange betrachtete er von dort aus Huraults Haus. Schließlich nickte er Marius zu, beide stiegen aus. »Wir gehen zum Jachthafen und stehlen ein Schlauchboot«, erklärte er. »Und damit paddeln wir durch den Kanal bis hinter Huraults Haus. Wir gehen von der Rückseite rein, von der Wasserseite. Kein Fußgänger, kein Autofahrer, kein pissender Hund.«

»Du hast komplett den Verstand verloren«, erwiderte Marius und folgte Blanc auf das Vordeck eines großen Seglers, auf dem ein Zodiac vertäut war.

»Willst du diese Nacht noch fertig werden?«, fragte Marius leise, als er sah, wie Blanc an den Leinen herumfummelte, mit denen das Schlauchboot vertäut war. »Ich hatte einen Onkel mit einem Angelkahn.« Er schob Blanc beiseite und beugte sich schnaufend über das Zodiac.

Fünf Minuten später ruderten sie über das Wasser, das so träge und schwarz war wie Öl. Nur manchmal brach von irgendwoher eine Böe über sie herein, dann fühlte es sich an, als würden sie mit dem Schlauchboot über die Rippen eines Riesen streichen. Aus einem Restaurant strahlte gelbes Licht hinunter. Blanc zog das Paddel mit kräftigen Zügen durch, um rasch wieder in die Dunkelheit einzutauchen. Er atmete den Dunst der Küche ein und spürte, wie hungrig er war. Kleine Wellen gurgelten um die Fundamente von Häusern und Brückenpfeilern, über die Brückenstreben huschten unterarmlange Schatten, Blanc hörte ein leises Fiepen, das von Marius' keuchenden Atemzügen übertönt wurde. Sein Kollege schwitzte schon, obwohl die Luft so dicht über dem Kanal kühl und feucht war.

»Lass mal«, flüsterte Blanc, »wir sind gleich da. Die Strömung trägt uns genau auf das Haus zu.«

Ockerfarbener Putz, meerblaue Fensterläden – jetzt waren das nur unterschiedliche Schattierungen von Grau. Doch Blanc war sich trotzdem sicher, das Haus der Huraults erkannt zu haben. Ein schmaler Kai, nur ein Fußweg und bloß ein paar Zentimeter höher als der Wasserspiegel, trennte die Häuser vom Kanal. In die Mauer von Huraults Heim war eine breite Holztür eingelassen, fast schon ein Tor – wahrscheinlich waren hier einst Waren, die über den Kanal gekommen waren, ausgeladen worden. Eiserne Ringe waren in die Steine des Kais geschraubt worden, an denen sie das Schlauchboot festbanden.

»Das sieht nach einer soliden Eichentür aus«, flüsterte Marius skeptisch.

»Das Holz ist morsch von der Feuchtigkeit«, antwortete Blanc, nachdem er Handschuhe übergestreift hatte und mit der Rechten über die Oberfläche gestrichen war. »Das hat Hurault noch nicht schick renoviert. Das Schloss ist alt. Reich mir die Tasche rüber!«

Blanc suchte im Schein seines Handys, bis er ein Stemmeisen gefunden hatte. Er setzte das Eisen an. Es war noch leichter, als er gedacht hatte. Das festgerostete Schloss bewegte sich zwar nicht um einen Millimeter, doch die Eichenplanke, die es in der Tür hielt, gab mit einer Art Seufzen nach. Das komplette Schloss blieb im Mauerwerk stecken, doch Blanc konnte die nun schlosslose Tür mit den Fingern nach außen ziehen.

»Nach dir«, hauchte Marius. Über sein Gesicht rannen Schweißfäden.

Blanc folgte einem kurzen Flur bis zu jener Stiege, über die ihn Milène Hurault nach oben geführt hatte. Er bedeutete Marius, ihm zu folgen. Als sie Huraults enges Büro erreicht hatten, schaltete Blanc kurz die Taschenlampe seines Nokias ein und ließ den schmalen Lichtstrahl über die vielen Regalmeter Aktenordner wandern. Tausende Seiten. Das würden sie niemals in einer Nacht durchsuchen können.

»Wir müssen systematisch vorgehen«, flüsterte er.

»Suchen wir einfach den Ordner mit der Aufschrift ›Umweltscheiße und Verrat von Betriebsgeheimnissen‹«, antwortete Marius.

»*Merde*, Marius!« Blanc rieb sich die Schläfen. Viel zu wenig Schlaf, viel zu wenig Essen, kein *Doliprane.* »Ich nehme mir den Schreibtisch vor. Du gehst an die Regale und siehst dir die Aktenordner an. Vielleicht ist einer nicht ganz ordentlich zurückgestellt worden oder weniger staubig oder was weiß ich. Wann immer du ein komisches Gefühl hast, ziehst du ihn heraus und blätterst ihn durch.«

»Komische Gefühle sind was für Schwuchteln«, brummte Marius, doch er machte sich an die Arbeit.

Blanc sah rasch die Papiere auf dem Schreibtisch durch und achtete darauf, ihre Ordnung nicht durcheinanderzubringen. Rechnungen von Handwerkern und Kieferorthopäden. Kontoauszüge. Kostenvoranschläge. Der Leasingvertrag für Milène Huraults BMW. Die Einzahlungsquittung für den Hafenplatz der *Sangria*. Du hast ganz schön Geld ausgegeben, mein Freund, dachte Blanc, doch je länger er suchte, desto mehr entmutigte es ihn: Das war alles banal. Teuer, das ja, aber banal. Er zog die beiden Schreibtischschubladen auf und fand nur Bleistifte und Spitzer in der oberen sowie ein halbes Dutzend wissenschaftlicher Taschenrechner in der unteren. Sammelte Hurault diese Dinger? »Hast du etwas gefunden?«, flüsterte er.

»Ich schlafe gleich im Stehen ein«, erwiderte Marius, genauso leise. »Das ist das langweiligste Zeug, das ich je …«

In diesem Moment hörten sie, wie ein Schlüssel ins Schloss der Eingangstür gesteckt wurde.

Sie schalteten im selben Augenblick die Taschenlampen ihrer Handys aus. In der Ferne grollte Donner. Blanc schlich sich ans Fenster und spähte hinunter. »*Merde*«, murmelte er. Am Ende der Sackgasse parkte ein BMW-Cabrio neben dem Haus. Milène Hurault stand bereits vor der Tür und hantierte an der Klinke herum. Sie lachte laut, und sie hatte vergessen, die Fahrertür zu schließen. Das erledigte jetzt ihr Begleiter, der sich vom Beifahrersitz aus hinüberbeugte und den Griff zu sich zog, bevor er selbst schwungvoll wie ein Turner aus dem Wagen sprang. Er war nicht besonders groß, aber breit gebaut, sein blondes Haar war militärisch kurz geschnitten, und er war etwa zehn Jahre jünger als Milène Hurault.

»Hast du diesen Typen schon einmal gesehen?«, flüsterte Marius.

»Nein. Und ich wette, Hurault hat diesen Typen auch noch nie gesehen.«

Blanc hörte, wie das Schloss aufgesperrt wurde. Die Eingangstür öffnete sich und schlug in einer Windböe krachend gegen die Wand. Das würde eine Macke im neuen Putz hinterlassen, die Milène Hurault später ihrem Mann würde erklären müssen. Aber sie hörte sich nicht so an, als würde sie sich darum momentan große Sorgen machen. Eine Männerstimme, Blanc konnte die Worte nicht verstehen. Milène Hurault lachte erneut, ihr Lachen endete in einem spitzen Schrei, halb Empörung, halb Lust. Die Haustür fiel scheppernd ins Schloss. Die Spots in der Stiege flammten auf. Blanc und Marius zogen sich hastig in den hintersten Winkel des Büros zurück. Schritte. »Sie werden es hier tun«, fluchte Marius leise.

Blanc schüttelte den Kopf. »Sie sind ein Stockwerk unter uns«, murmelte er.

Die Spots erloschen wieder. Irgendwo krachte eine Zimmertür zu. Sie hörten dumpf Gelächter, Rufe, Stöhnen. »Zieh deine Schuhe aus«, flüsterte Blanc.

»Die achten nicht auf knarzende Bretter.« Marius zog sich trotzdem die Sportschuhe aus.

Auf Socken schlichen sie zur Treppe. Blanc ging voran, vorsichtig nahm er Stufe um Stufe. Er schlüpfte am Zugang zum ersten Obergeschoss vorbei und atmete auf. Rascher ging er weiter und spürte Marius' Atem im Nacken. Das Erdgeschoss. Ein Donnergrollen von draußen. Die rückseitige Tür zum Kanal. Der schmale Kai. Lachen und leise Musik aus dem Restaurant, vielleicht fünfzig Meter entfernt. Das Schlauchboot. Blanc fummelte an der Halteleine. Zwei linke Hände. Endlich war das Zodiac frei. Marius drückte die

Tür behutsam zu, sodass man in der Dunkelheit nicht mehr erkennen konnte, dass das Schloss herausgebrochen worden war. Dann wuchtete er sich in das Boot. Ein plötzlicher Windstoß trieb sie mehrere Meter vom Haus fort. Blanc griff zum Paddel. Erst da fiel ihm ein, dass er in der Hektik vergessen hatte, die Schreibtischschublade mit den Taschenrechnern wieder zu schließen.

Nachdem sie wieder im Hafen angelangt waren und das Schlauchboot auf der Jacht vertäut hatten, stand Marius auf dem Kai, schwankte vor Müdigkeit und wischte sich mit einem nicht mehr ganz sauberen Taschentuch das Gesicht trocken. »Das ist mir zu stressig«, verkündete er. »Lass uns abhauen, bevor das Gewitter über uns ist.«

Blanc blickte sich um. Niemand zu sehen. »Huraults Segelboot liegt hier«, sagte er.

Marius seufzte. »Wann schläfst du eigentlich?«

»Ich hole den Schlaf nach, wenn ich Rentner bin.«

»Wenn du so weitermachst, dann wirst du das Rentenalter nicht erreichen. Oder jemand in Paris wird dafür sorgen, dass du keine Rente bekommst. Wo ist dieses verdammte Boot?«

Wenige Augenblicke später standen sie auf der *Sangria*. Die Luke, die unter Deck führte, war mit einem wuchtigen Vorhängeschloss gesichert.

»Ein Blender«, murmelte Marius verächtlich. »Sieht aus wie Fort Knox, ist aber nicht stabiler als die Abwehr von Olympique Marseille.« Er suchte nicht in der Sporttasche, sondern kramte in seiner Hosentasche und holte ein Bündel mit Dietrichen heraus. »Mein Erste-Hilfe-Set«, erklärte er. »Ich sperre mich ungefähr einmal pro Woche aus meinem Haus aus. Ich kann auch in weniger als dreißig Sekunden mein Auto knacken. Oder meinen Spind auf der Wache.« Er hantierte für einige Augenblicke mit den Eisen am Vorhängeschloss, dann ertönte ein leises Klacken und der Bügel sprang auf.

Blanc stieg die drei Stufen hinab. Im Schein des Handys leuchtete die Messingfassung einer Öllampe auf, die von der Kabinendecke baumelte. Der Tisch, die Schapps, die ganze Innenverkleidung: alles glänzend lackiertes Teak. An der Zwischenwand, die die Kajüte von den vorderen Schlafplätzen trennte, hing links der gerahmte Kupferstich eines Clippers, rechts eine polierte Holztafel, auf der jemand mit einem Hanfseil Seemansknoten geflochten, befestigt und mit winzigen Messingplatten beschriftet hatte. Blanc verglich im Geiste das Büro unter dem Dach mit dieser Kajüte, und es war nicht schwer zu erraten, wo sich Hurault wohler fühlte.

»Niemand würde hier einen Aktenordner hinstellen«, flüsterte Marius.

»Da wäre ich mir nicht so sicher«, erwiderte Blanc und öffnete das erste Schapp. Systematisch durchsuchte er Schränke, Schubladen, Kisten – er fand einen Sextanten, Werkzeuge, Ersatzteile, eine Kiste voller Küchengewürze, alles penibel aufgeräumt. Schließlich hatte er sich bis zum Kartentisch rechts neben dem Niedergang vorgearbeitet. Das Funkgerät war darüber in die Bordwand eingelassen, Stechzirkel, dreieckige und halbrunde Lineale, Bleistifte und Spitzer steckten in Lederhalterungen auf dem Kartentisch, der nicht größer war als ein Schulpult. Blanc stellte sich Hurault vor, wie er hier saß und auf Seekarten einen Kurs einzeichnete, wie er Untiefen und Strömungen abschätzte, Hafeneinfahrten und Bojen markierte, wie er Beobachtungen vom Kompass und vom Sextanten übertrug – so, als wären GPS und Navigationssoftware noch nicht erfunden. Er hob die Platte des Tisches an und blickte in das Fach darunter: Seekarten, die Falzen schon rissig vom häufigen Auf- und Zufalten, ein zerfleddertes Handbuch der französischen Mittelmeerhäfen, die Bedienungsanleitung des Motors, gesprenkelt mit Öl- oder Kaffeeflecken – und zwischen zwei abgegriffenen Seekarten ertastete Blanc plötzlich eine jener dünnen Plastikhüllen, die man in Büros verwendete, um Dokumente sauber abzuheften. Er zog die Hülle heraus und beleuchtete sie mit dem Nokia.

Zwei Briefe mit dem Kopf von Bauxiterre.

Blanc setzte sich auf eine Bank. »He«, flüsterte er Marius zu, der auf das Deck zurückgekehrt war und schläfrig in die Nacht starrte. »Sieh dir das an.«

»Du hast tatsächlich die Umweltscheiße gefunden?!«

»Nein.« Er reichte ihm die Dokumente hoch.

»*Putain*«, murmelte Marius, nachdem er gelesen hatte. »Diese Briefe hätte ich auch gut versteckt.«

Das Messer an der Kehle

Sie verschlossen Huraults Boot wieder mit dem Vorhängeschloss und stiegen auf den Pier.

»Gehen wir zu meiner Jacht«, schlug Blanc vor.

»Du hast eine Jacht?!«, rief Marius.

»Ein altes Boot, ganz billig. Ich habe es Hurault abgekauft.«

»Du hast es von Hurault gekauft?!«

»Wenn du noch lauter schreist, fällt seine Frau gleich aus dem Bett.«

»Du machst mit einem Mann, den du für einen Mörder hältst, auch noch Geschäfte? Bist du denn vollkommen wahnsinnig geworden?« Marius flüsterte jetzt immerhin, während sie über den Steg gingen. »Ist das der schwimmende Sarg, den er dir angedreht hat?«

»Die Jacht heißt *Aotearoa*.«

»Ist das eine Kamasutrastellung? Ich fasse es nicht.«

Im Osten glomm der Himmel inzwischen hellgrau im Licht der aufgehenden Sonne. Vom Meer her rollten Nimbuswolken heran, sie wirkten wie eine monströse Skyline. Blanc und Marius gingen an Bord und setzten sich nahe ans Ruder. Obwohl sie mit zwei Leinen am Kai vertäut war, schaukelte die *Aotearoa* nun leicht hin und her. Nach jeder Böe war es jetzt so, als würde ein Teil des Windes vergessen, wieder zu gehen. Und beim nächsten Windstoß blies es noch ein wenig stärker und dann noch ein wenig stärker.

Blanc hatte nicht gewagt, die Briefe mitzunehmen, denn er hatte keinen Durchsuchungsbefehl, er hatte nicht einmal das Recht zu wissen, dass es diese Briefe gab. Also hatte er die Dokumente abfotografiert und in ihr Versteck zurückgeschoben. Nun starrten er und Marius auf das Display, versuchten, das Nokia auf dem schwankenden Boot ruhig zu halten, und lasen die Schreiben erneut.

Der erste Brief begann mit dem Satz, den jeder Angestellte fürchtete: *Zu unserem größten Bedauern müssen wir Ihnen mitteilen …* Bauxiterre hatte Hurault Mitte September gekündigt. Es war darin viel von *Umstrukturierungsmaßnahmen* zu lesen und ein wenig auch vom *Dank für die jahrelange, aufopferungsvolle Tätigkeit* und sehr wenig von den *noch zu verhandelnden Modalitäten der Abfindung*. Unterzeichnet war der Brief von Plessier, der bloß seine Initialen daruntergekritzelt hatte.

Das zweite Schreiben begann mit *Wir freuen uns, Ihnen mitteilen zu können …* Es war die Rücknahme der Kündigung, lakonisch, formal, ohne Begründung: Hurault war einfach wieder auf seine alte Position gesetzt worden, *im gleichen Verantwortungsbereich und zu den bisherigen Konditionen*. Unter diesem Brief hatte Plessier mit vollem Namen unterschrieben. Das Dokument war auf Mittwoch, den 3. Oktober, datiert – den Tag nach dem Tod von Christin Antunes.

Marius kramte in der Sporttasche zwischen dem Einbruchswerkzeug herum und holte eine Thermoskanne heraus.

»Ein Kaffee wird uns wach halten«, sagte Blanc dankbar.

»Das ist Kaffee aus Weintrauben.«

»*Merde*, Marius, du warst gerade erst beim Therapeuten!«

»Ich tue dem Doktor einen Gefallen. Der will ja auch in den nächsten Sitzungen noch etwas zu tun haben.«

»Du musst mir zuhören, *d'accord*?«

»Ich lausche und trinke.«

»Ich glaube, ich weiß jetzt, wie es gewesen ist.« Blanc rieb sich die Schläfen, er sehnte sich nach einem simplen Frühstück: ein Kaffee, ein warmes Croissant, eine *Doliprane*. »Hurault ist ein Doppelmörder. Aber der eigentliche Täter ist Plessier.«

»Trinken ist eindeutig leichter, als dir zuzuhören.«

Blanc tippte auf das Display seines Handys. »Hurault wurde entlassen.«

Marius zuckte mit den Achseln. »Sein Pech. Warum ist er nicht in den öffentlichen Dienst gegangen?«

»Vielleicht hat Plessier ihn tatsächlich gefeuert, weil Bauxiterre Geld sparen muss. Vielleicht ist Plessier ihm jedoch auch auf die Spur gekommen und hat erfahren, dass Hurault schmutzige Firmengeheimnisse an Christin Antunes weitergegeben hat. Wie auch immer: Hurault findet sich plötzlich ohne Job wieder, aber mit einem teuren Haus, einer teuren Jacht und einer teuren Frau.«

»Ich glaube nicht, dass Milène Hurault die liebende Gattin ist, die ihren arbeitslosen Mann fürsorglich durch schwere Zeiten trägt«, erwiderte Marius. »Sie erinnert mich irgendwie an meine Ex.«

»Du weißt, wie die Lage ist. Hier finden nicht mal die jungen Leute Jobs. Wie soll da ein Mann in Huraults Alter eine neue Stelle bekommen? Und dann dieser seltsame Satz zu den ›Modalitäten der Abfindung‹ – klingt das nicht eher wie eine Drohung? Angenommen, sie sind Hurault auf die Schliche gekommen: Dann bekommt er nicht einen Cent Abfindung, er kann froh sein, wenn ihn das Unternehmen nicht auch noch verklagt. Er hat keine Arbeit, er hat kein Geld. Er wird seine Frau verlieren. Und sein Haus. Er wird nicht länger mit seiner Jacht über den geliebten Étang de Berre kreuzen. Das kann ganz schnell gehen. Gerade noch bist du ein Manager und deine Frau kurvt im Cabrio herum, und ein paar Wochen später lebst du von der Stütze und wartest darauf, dass dir irgendein Scheißbeamter eine Sozialwohnung in einem Hochhaus vermittelt. Für Hurault muss das ein Schock gewesen sein: Du stehst vor dem Nichts. Und, fast noch schlimmer: Das alles geht wahnsinnig schnell. Keine Zeit, lange nachzudenken, sich einen Plan zurechtzulegen. Wenn er nicht sofort etwas unternimmt, dann ist er am Ende.«

»Hurault ist aber nicht am Ende«, unterbrach ihn Marius.

Blanc nickte. »Im Gegenteil: Hurault hat nicht bloß seinen Posten wieder – er darf zum ersten Mal überhaupt mit seinem Boss nach Paris fahren. Sieh die Sache von Plessiers Standpunkt aus: Der Boss von Bauxiterre kauft dem Wracktaucher Luc Mignaux Amphoren ab; illegale Geschäfte, die die beiden schon seit Monaten oder gar vielen Jahren machen. Doch auf einmal schickt der Taucher einen

Drohbrief: Mignaux, der die Calanques liebt, Mignaux, der Außenseiter, der schräge Typ, den du nicht einfach mit einem schicken Wagen oder einer willigen Hure bestechen kannst, ausgerechnet dieser Kerl entdeckt die Abwasserleitung mit dem roten Schlamm. Der Beweis dafür, dass Bauxiterre sich weder an Gesetze noch an internationale Abkommen hält. Dass die Firma ausgerechnet die Region verdreckt, die sich der ganzen Welt als Olympiarevier und wiedergewonnenes Naturparadies präsentiert. Was soll Plessier da tun? Er kann die Leitung nicht einfach dichtmachen, weil dann die Aluminiumproduktion kollabiert. Er kann wegen der Erpressung nicht zu den Flics gehen, weil der rote Schlamm ja illegal ist. Er kann nicht einmal Mignaux persönlich fertigmachen. Denn wenn Plessier Mignaux durch irgendeine Intrige ruiniert oder ins Gefängnis bringt – dann muss er immer damit rechnen, dass ein paar Flics genauer hinsehen.«

Marius nahm einen tiefen Schluck. »Also kommt Plessier die Idee für einen Ausweg aus seinem Dilemma«, sagte er. »Er bringt Mignaux um und lässt es wie einen Unfall aussehen, in der Hoffnung, dass dann niemand so genau nachfragt. Dann kommt die Wracktaucherei nicht ans Licht und die rote Scheiße aus seiner Pipeline erst recht nicht. Plessiers Pech: Wir haben trotzdem nachgeforscht. Dein Pech: Plessier hat ein bombenfestes Alibi. Er war Hunderte Kilometer von der Calanque entfernt, in der Mignaux gestorben ist. Er hatte seinen Finger garantiert nicht am Abzug der Harpune.«

»Hurault hatte seinen Finger an diesem Abzug. Der Typ hat am Tag der Tat unmittelbar nach Mignaux den Hafen von Martigues verlassen. Er verfolgt ihn bis zu der Bucht. Dort geht er mit seiner Jacht längsseits und zieht sich mit seinem Bootshaken nahe an den Segler des Tauchers. Mignaux hat bereits Maske und Neoprenanzug an. Vielleicht will er eine Runde schnorcheln, bevor er tiefer taucht. Vielleicht will er auch bloß den Halt der Maske prüfen, seine Sauerstoffflaschen sind jedenfalls noch unter Deck. Warum sollte Mignaux misstrauisch sein? Er kennt Hurault ziemlich sicher vom Sehen im

Hafen. Sie reden miteinander, irgendetwas Belangloses, denn der Taucher setzt nicht einmal die Maske ab. Und plötzlich hebt Hurault seine Waffe und schießt dem Ahnungslosen aus nächster Nähe eine Harpune in den Kopf. Danach klettert er an Bord der *Pytheas* und wirft den Toten ins Wasser. Das muss ein paar Minuten gedauert haben, Doktor Thezan hat festgestellt, dass Mignaux nicht mehr geatmet hat zu dem Zeitpunkt, als er ins Meer geworfen wurde. Hurault verschwindet nach der Tat wieder, doch in der Eile vergisst er seinen auffälligen Bootshaken auf dem Deck der *Pytheas*. Erst zurück in Martigues fällt Hurault sein Fehler auf, aber er kann die verräterische Spur später beseitigen, denn wir selbst haben ihm die *Pytheas* auf dem Präsentierteller gereicht. Hurault, der fast jeden Tag im Hafen ist, braucht nur einen passenden Moment abzuwarten, um sich seinen Bootshaken zurückzuholen.«

»Aber warum sollte Hurault so einen Mord überhaupt begehen?«

»Um seinen Job zu behalten.«

»Plessier hatte ihn bereits entlassen, als Mignaux starb.«

»Das ist es ja: Plessier hat Hurault in den Abgrund gestoßen und dann gesagt: ›Ich kann dich noch auffangen, wenn du mir einen Gefallen tust.‹ Ein fallender Mann greift nach jeder rettenden Hand. Hurault wirkt wie ein harmloser Buchhalter, aber das täuscht. Wenn der Typ Angst bekommt, dann wird er gefährlich und macht Sachen, die du nicht für möglich gehalten hättest. Als Hurault Angst um die Natur am Étang de Berre bekommt, verrät er die schmutzigen Geheimnisse von Bauxiterre an Christin Antunes. Und als ihn Plessier ruinieren könnte, da bekommt er noch viel größere Angst – also handelt er noch viel kaltblütiger.« Blanc musste seine Stimme heben, denn der Wind hatte inzwischen so aufgefrischt, dass er in der Takelage pfiff – ein unangenehmes Heulen. Wie von Totengeistern, dachte er unwillkürlich. Er blickte sich um. Die Sonne musste höher geklettert sein, doch es war nicht heller geworden. Der östliche Horizont verschwand nun komplett hinter einer schwarzgrauen Wolkenwand. »Auch Christin Antunes war gefährlich für Bauxiterre«, fuhr er fort. »Plessier muss gewusst haben, dass Mignaux sie über den roten Schlamm informiert hat. Vielleicht hat es der Wracktaucher in seinem Brief selbst angedroht. Vielleicht hat Plessier es über Hurault erfahren, der mit Christin Antunes wegen der alten Umweltskandale geredet hat. Ich bin jedenfalls sicher, dass Hurault das Handy von Mignaux mitgenommen hat. Er hatte von Anfang an vor, ihr damit die verhängnisvolle SMS zu schicken. Und sie geht dann auch abends los ...«

»... durch den Tunnel«, vollendete Marius.

»Ist die Thermoskanne schon leer? Du hast die Strommarken an den Fingern der Toten vergessen. Christin Antunes ist nicht durch diesen verdammten Tunnel gegangen. Sie wusste ganz genau, wie gefährlich das zu dieser Uhrzeit war. Sie ist zu Mignaux' Haus gegangen – und da hat Hurault sie erwartet, mit einem abisolierten Kabel ... Bevor Christin Antunes auch nur ahnt, was ihr geschieht, versetzt er ihr einen Stromschlag. Hurault nimmt das Kabel mit. Wahrscheinlich hat er vor dem Haus geparkt und trägt die leblose Frau in sein Auto. Ich war in Méjean, da ist niemand auf der Dorfstraße. Er fährt bis zum Wanderweg, von dort sind es nur noch ein paar Hundert Meter bis zum Tunnel. Hurault schleift sein Opfer hoch, es ist abends, keiner sieht ihn. Vielleicht war sie bewusstlos, vielleicht schon tot. Sie hat jedenfalls gelegen, als der Zug kam. Deshalb hat der Lokführer nichts bemerkt. Der Zug hat sie nicht stehend erwischt, sondern liegend. Und am Tag nach ihrem Tod wird Hurault wieder bei Bauxiterre eingestellt ... Ist das nicht der perfekte Doppelmord? Plessier, der Mörder mit dem Motiv, macht sich nicht die Hände schmutzig. Er hat für beide Todestage das perfekte Alibi. Und Hurault, sein Handlanger? Die Kündigung ist vertraulich, niemand sonst im Unternehmen weiß, dass er eine Zeit lang gefeuert war. Glaubst du, Hurault hat seiner Frau auch nur ein Wort von seiner Kündigung erzählt? Oder gar einem seiner Freunde, Kollegen, Nachbarn? Nein. Gerüchte wehen bis zu einem Typen wie

Figaroli, das schon, doch niemand weiß Genaueres, niemand weiß, in welcher Existenznot Hurault sich tatsächlich befindet.

Plessier ist sicherlich nicht so dumm, dass er einen Mordauftrag gegeben hat wie ein Mafiaboss einem seiner Gangster. Er wird Andeutungen gemacht haben, mehr nicht. Aber dem verzweifelten Hurault wird klar, dass das sein Ausweg ist. Die eine Chance, die ihm bleibt. Er begeht also zwei Morde, um seinen Job wieder zu erhalten. Er ist der perfekte Mörder, denn er hat scheinbar kein Motiv. Warum sollte er einen Wracktaucher umbringen, den er kaum kennt? Warum sollte er eine Aktivistin töten, die für die gleiche Sache kämpft wie er?«

»Er ist wie ein Auftragskiller«, murmelte Marius.

»Besser!«, rief Blanc. »Killer musst du bezahlen. Doch Hurault bekommt von Plessier keinen Cent, es gibt überhaupt keine Verbindung zwischen den beiden Männern außerhalb der unauffälligen Firmenkontakte. Plessier beseitigt die beiden Kritiker von Bauxiterre, ohne sich mit den Morden oder durch den Mörder zu kompromittieren: kein Kontrakt, kein Geld, keine belastbare Spur verbindet ihn mit den Verbrechen. Es gibt keinen Beweis!«

»Genau das ist es«, unterbrach ihn Marius müde. »Es gibt keinen Beweis. Die Thermoskanne ist übrigens leer.«

»Das Foto von Huraults Bootshaken auf Mignaux' Jacht wird …«

»… jeden Anwalt zum Lachen bringen. Du bist kein Profifotograf und erst recht niemand von der Spurensicherung. Es ist das erste Mal seit Jahren, dass du überhaupt wieder Fotos geschossen hast. Mann, du wusstest nicht einmal, wo man noch Filme kaufen kann! Deine Kamera stammt aus dem letzten Jahrhundert, das Foto ist ein Schwarz-Weiß-Abzug, den ein von zu vielen Chemikalien vernebelter Typ im Keller der Station gemacht hat. Wenn du mit dieser Geschichte zur Untersuchungsrichterin gehst, dann schickt sie dich direkt nach Guayana, damit du die Weltraumraketen vor den Urwaldaffen schützen kannst. Und sie wird dir zum Abschied noch sagen, dass du vorsichtig sein musst, weil diese Affen klüger sind als du.«

»So viel Lob macht mich verlegen.«

»Du weißt verdammt genau, dass ich keine Witze mache! *D'accord*, vielleicht stimmt deine Geschichte. Plessier ist der Auftraggeber, Hurault der Mörder. *Eh bien*? Hurault hat keine überzeugenden Alibis für die beiden fraglichen Zeiträume – aber vermutlich können dir an der ganzen Côte Bleue für einen Sonntagmittag und Dienstagabend einige Tausend völlig Unschuldige auch keine besseren Alibis auftischen. Die Leute segeln oder wandern draußen oder sehen fern oder liegen im Bett. Hurault hatte sowohl Kontakt zu Mignaux als auch zu Antunes? Klar doch! Der eine hat seine Jacht im selben Hafen, die andere ist eine vorlaute Jungpolitikerin, die jeder an der Côte Bleue kennt. Hurault fährt an besagtem Sonntag nach Mignaux aus dem Hafen? Was beweist das schon? Hurault gibt Christin Antunes vertrauliche Informationen? Das macht ihn noch lange nicht zu ihrem Mörder. Denk mal nach! Der bescheuerte Staatssekretär bestellt dich abends in Paris in sein Büro, wo zufällig auch seine liebliche Gattin weilt – die ebenso zufällig die Untersuchungsrichterin ist. Die beiden legen die Ermittlungen unter die Guillotine. Warum wohl? Weil Vialaron-Allègre verdammt genau weiß, dass Bauxiterre die rote Scheiße ins Meer pumpt, gegen die Gesetze dieser Republik! Und weil er zumindest ahnt, dass die beiden Todesfälle etwas damit zu tun haben könnten. Vielleicht ist er genau im Bilde, weil sein alter Kumpel Plessier ihm alles erzählt hat? Oder vielleicht will es der Herr Staatssekretär lieber gar nicht so genau wissen? Auf jeden Fall will er, dass du nicht länger herumschnüffelst. Wenn du jetzt trotzdem noch weitermachen willst, dann kann das nicht über das Gericht laufen, sondern nur über die Presse. Irgendjemand muss den Skandal öffentlich machen. Aber wer würde so etwas riskieren, ohne einen einzigen Beweis? Jeder Journalist, der das tun würde, fände sich wegen Verleumdung vor Gericht wieder.« Marius lehnte sich erschöpft zurück und wischte sich den Schweiß fort, der ihm über die Stirn lief, obwohl es mit jeder Böe kühler wurde. »Die ganze Sache ist am Arsch.«

Blanc wusste, dass sein Kollege recht hatte. Seine Kopfschmerzen waren inzwischen so stark, dass es sich anfühlte, als hätte jemand Eisenzangen um seine Sehnerven gelegt und würde langsam zupressen. Seine Gedanken rasten. Irgendetwas musste er tun. Es war Freitagmorgen, in wenigen Stunden würde Aveline auch die zweite Akte für immer schließen. »Wenn ich mit einem Journalisten rede, bringt das nichts«, murmelte Blanc. »Aber wenn Hurault redet …«

»Oh, klar, diese Möglichkeit habe ich doch glatt übersehen: Hurault bezichtigt sich selbst in aller Öffentlichkeit des Doppelmordes. Nichts leichter als das. Gehen wir einfach hin, schlagen ihm das vor und machen dann Feierabend.«

»*Putain*, Marius, wir müssen Hurault reinlegen. Wir müssen ihm weismachen, dass alles verloren ist. Dass seine Taten aufgedeckt sind und er bloß noch die Wahl hat, als alleiniger Täter Lebenslänglich zu kassieren oder sich als Handlanger zu erkennen zu geben, um eine mildere Strafe zu erhalten. So etwas. Wir müssen zu ihm und …«

In diesem Augenblick kämpfte sich eine Jacht mit knatterndem Motor durch die vom Wind aufgewühlten Wellen. Es war noch so früh, und das Wetter war so schlecht, dass Blanc und Marius unwillkürlich aufblickten, um zu sehen, wer sich unter diesen Bedingungen auf See wagte.

Es war die *Sangria*. Hurault stand an der Pinne. Er hatte Blanc und Marius nicht einmal bemerkt, denn er starrte unverwandt nach vorne – so als würde er dort etwas sehen, das noch viel schrecklicher war als das Gewitter, das sich über den Calanques zusammenbraute.

Gewitter

»*Putain*, ich denke, der Typ ist in Paris?«, rief Marius.

»Er kommt früher zurück als angekündigt und sieht seine Frau mit einem anderen Mann. Oder er sieht eine offene Schreibtischschublade ...« Blanc eilte vom Boot und fummelte an den Leinen herum. Wie ging dieser verfluchte Knoten auf?

»Was machst du da?«

»Ich binde die *Aotearoa* los.«

»Hier bricht gleich die Hölle los.«

»Wir müssen hinter ihm her!«

»Mit diesem Wrack hier?!« Marius klopfte auf das Plastikdeck. »Kannst du überhaupt segeln?«

»Ich habe Hurault neulich zugesehen.«

»Ausgerechnet.« Marius wuchtete seinen massigen Körper hoch und beugte sich zum Außenbordmotor, der in einem Schacht am Heck des kleinen Segelboots steckte. »Gut, dass mein Onkel mal einen Angelkahn hatte«, brummte er. Mit wenigen Handgriffen hatte er den Motor startklar gemacht, dann zog er an der Leine. Einmal. Zweimal. Dreimal. Beim vierten Mal sprang die Maschine an, eine blaue Qualmwolke quoll aus ihrem Innern hervor. Das Rattern des alten Zweitakters war so laut, dass Blanc fürchtete, irgendwo in seinem sowieso schon dröhnenden Schädel würde bald eine wichtige Ader platzen. Er hatte die letzte Leine gelöst und sprang zurück an Bord.

Gemeinsam stießen sie die *Aotearoa* vom Pier los. Blanc packte die Pinne fester. Bloß nicht nachdenken, wie das geht, sagte er sich, bloß nicht nachdenken! Er steuerte die Jacht nach Gefühl in die Mitte des Hafens. Er gab Vollgas. Höllenlärm. Das Boot torkelte herum und wurde ungefähr so schnell wie ein Radfahrer. Ein älterer Radfahrer. Wie ein älterer Radfahrer an einem steilen Hang.

»Wir müssen diesen Kahn gegen Wind und Wellen prügeln«, schrie Marius. »Hoffentlich verreckt uns der Motor nicht.«

Blanc schlug auf einmal Wasser ins Gesicht. Er rieb sich die Augen. Wellen kamen über den Bug, wurden vom Wind zerfetzt und bis zu ihm getrieben. Oder war es Regen? Er blickte hoch. Regen, dachte er, Regen *und* Wellen, *merde*. Zwanzig Sekunden später klebte sein Sweatshirt nass und schwer auf den Schultern. Er fröstelte bei jeder Böe.

Sie bogen aus dem Hafen in den Canal de Caronte ein, der den Étang de Berre mit dem Mittelmeer verband. Huraults *Sangria* war kaum noch zu erkennen. Die Wellen wurden noch steiler. Die Autobahnbrücke hoch über dem Kanal verschwand in den Wolken. Auch der Schlot der Raffinerie, in dem Gas abgefackelt wurde, war von dickem Grau verschluckt worden, die Flamme erleuchtete eine Wolke von innen orangegelb. Die kleine Jacht stampfte wie ein unwilliges Pony. Der Motor röhrte und ächzte. Blanc spürte die Hitze, die von der Maschine ausstrahlte, die Nässe, die Kälte im Wind, er spürte, wie die entgegenkommende Strömung an Kiel und Ruder zog, spürte diese Strömung so deutlich in der Hand auf der Pinne, im Arm, im Rückgrat, als wäre das Boot ein Teil von seinem Körper geworden. Auf einmal fühlte er sich großartig. »Wir holen uns den Typen!«, rief er.

Marius saß vor ihm und drehte sich um. Sein Gesicht war grau vor Erschöpfung. »Spar dir die Luft zum Atmen auf«, erwiderte er. Er hielt seine Pistole in der Faust.

»Bist du irre?!«, schrie Blanc über den Lärm hinweg.

»Vielleicht hat Hurault noch eine Harpune an Bord!«

Die *Aotearoa* kämpfte sich an Industriebrachen vorbei, an seltsam verdreht wirkenden Gebilden aus Eisen und Beton und Bergen aus Schrott. Huraults Boot war schneller. Es verschwand schon für Minuten außer Sicht. Marius steckte seine Pistole zurück in das Holster. »Wenn das ein richtiger Einsatz wäre, könnten wir jetzt einen Helikopter anfunken«, rief er.

»Hurault kann nicht entkommen. Nicht mit seinem Segelboot«, versicherte Blanc grimmig. »Wo soll er schon hin?«

»*Merde*, in irgendeinen Hafen natürlich! Hier gibt es Dutzende. Da werden wir seine Nussschale niemals wiederfinden. Wenn wir ihn erst aus den Augen verlieren, ist der Typ verschwunden – und wir Idioten suchen herum, bis wir in diesem Scheißwetter absaufen.«

Sie brauchten mehr als eine Stunde, um sich durch das aufgewühlte Wasser des Kanals zu kämpfen. Der Regen kam in Schauern, Blanc sah dichte, weite Vorhänge aus grauen Streifen, die durch die Luft strichen und sie mit gemeinen, kalten Schlägen traktierten, wenn sie über die Jacht wehten. Endlich kämpften sie sich ins große Becken von Port-de-Bouc. Drei Tanker lagen zu ihrer Linken an Piers, riesenhafte, von Rostschlieren gezeichnete Kolosse, auf denen niemand zu sehen war. Es stank nach Öl und Teer und irgendeinem Gas.

Nachdem sie die letzte Mole passiert hatten, bäumte sich die *Aotearoa* plötzlich auf. Für eine Sekunde heulte der Motor gequält, als das Boot in einem so verrückten Winkel eine Woge herunterrauschte, dass die Schraube in der Luft drehte. Sie waren auf dem offenen Meer. Nach ein paar Hundert Metern wandelte sich die See: Die Wellen kamen nun höher heran, doch langsamer, gleichmäßiger, das Meer atmete im Rhythmus des Windes. Die Böen heulten so laut in der Takelage, dass es Blanc in den Ohren schmerzte. Er schmeckte Salz auf seinen Lippen. »Wo ist Hurault?«, schrie er gegen den Sturm.

Statt eine Antwort zu geben, taumelte Marius unter Deck. Er kam nach einer Weile wieder hoch und schwenkte triumphierend ein Fernglas in der Hand. »Das habe ich in einem Schapp gefunden!«, rief er. Er setzte das Glas an die Augen. Eine Minute. Zwei Minuten. Blanc fluchte. Er fühlte sich, als würde er blind durch dieses graue Chaos steuern. Er sah nichts, er hörte nichts. *Merde*, wenn jetzt auch noch einer dieser Tanker auf den Hafen zuhalten würde, könnte er die *Aotearoa* in den Grund rammen und oben auf der Brücke des Riesenschiffes würden sie es nicht einmal bemerken.

Marius setzte das Fernglas endlich ab. »Hurault ist weg«, verkündete er. »*Putain*, wir haben ihn verloren!« Er verschwand wieder unter Deck und kam mit einer alten Seekarte hoch, die in einer Plastikhülle steckte. »Hier gibt's überall Häfen.« Er tippte auf die Hülle. »Ponteau, Les Laurons, Carro, Tamaris. Dann die großen Anlagen von Sausset-les-Pins und Carry-le-Rouet. Wenn Hurault da irgendwo unterschlüpft, dann …«

»Er wird daran vorbeifahren«, unterbrach ihn Blanc, der auf die Karte starrte. Ihm kam eine Erleuchtung. »Hurault wird überhaupt keinen Hafen ansteuern. Ich kann mir denken, wo er hinwill!«

Sie passierten die Raffinerie von Lavéra, Tanks und Leitungen und Schornsteine, wie die Kulisse für einen Science-Fiction-Film über die letzten Tage der Menschheit. Die riesigen Schlote des Kraftwerks von Ponteau zerrissen den Bauch der Wolken. Meer und Himmel hatten dasselbe schmutzige Grau angenommen, Gischt und Regen verwirbelten. Es gab keine Grenze mehr zwischen Luft und Wasser.

Blancs Arm schmerzte. Sein Körper war so kalt, dass er ihn kaum noch spürte, und doch zog der Schmerz durch jede Muskelfaser. Es war immer noch nicht hell. Wie viele Stunden hockte er schon so da, gebeugt über die Pinne, dankbar für den Wärmehauch des röhrenden Außenbordmotors? Nur hin und wieder riskierte er, sich aufzurichten, sich den Böen und Regenwürfen auszusetzen, um einen Blick nach vorn zu werfen. Marius saß neben ihm und sagte kein Wort mehr.

Endlich passierten sie Cap Couronne. Das Land zu ihrer Linken fiel zurück, als hätte Gott es zur Seite geklappt. Die Küste folgte nicht länger grob einer Nord-Süd-Richtung, sondern erstreckte sich nun von West nach Ost. Blanc änderte zum ersten Mal seit Stunden den Kurs. Da der Sturm aus Südwesten blies, kam er nun schräg von hinten. Das Heulen in den Wanten wurde leiser, Blanc war, als würde auch der Druck auf seine Lungen abnehmen. Durchatmen. Die Wellen kamen nicht mehr von vorne, die kleine Jacht schien schneller zu werden. Nun rollte sie, schwankte von rechts nach links, die Mastspitze zeichnete wild taumelnde Kurven wie die Nadel eines Seismografen bei einem Erdbeben. Marius klammerte sich so fest um einen Griff neben dem Niedergang zur Kajüte, dass seine Fingerknöchel weiß hervortraten.

Die Calanques. Der Sturm presste Wogen in die schmalen Buchten, bis sie in schaumigen Eruptionen an den Klippen brachen. Unter das Heulen mischte sich nun das Grollen der Wogen. Der Wind riss Schaumstreifen von den Wellenkämmen und Wasserpflanzen von den Steinen dicht unter der Oberfläche und trieb alles bis ins Geäst der Pinien.

Plötzlich war etwas anders. Blanc richtete sich nervös auf und sah sich um. Grauer Regen überall. Dann wieder. Jetzt war er alarmiert, jetzt wusste er, was sich änderte: ein Geräusch. Der Motor. Das Knattern, im Unwetterlärm kaum noch zu hören, war abgehackter geworden. Wurde schwächer, kam wieder hoch, wurde wieder schwächer. Er spürte nun, wie auch der Druck auf die Ruderpinne nachließ. Sie wurden langsamer. »Der Motor verreckt!«, brüllte er.

»*Putain*, der Sturm wird uns auf die Felsen werfen!« Marius war auf einmal munter, schob Blanc beiseite und beugte sich zum Außenbordmotor hinab. »Setz das Segel!«, rief er nach wenigen Augenblicken.

»Bei dem Wind?! Kriegst du den Motor nicht mehr in Gang?«

»Du hättest das Boot nicht mit fast leerem Tank kaufen sollen.«

Blanc richtete sich auf und stand taumelnd am Baum, an dem das Segel in eine blaue Persenning eingewickelt war. Mit tauben Fingern fummelte er an Knoten und Gummizügen herum. Als er den ersten gelöst hatte, fuhr eine Böe in die Schutzhülle, die flappend hochklappte und ihm eine nasse Ohrfeige versetzte. Ihm schwindelte. Dann sah er, dass die Küste näher gekommen war. Sah schon viel deutlicher die Wellen, die an die Felsen schlugen. Kein Grollen mehr, ein Schlagen, Hämmern, Dröhnen. Die aufspritzende Gischt höher als der

Mast. Der letzte Knoten. Die Persenning wölbte sich auf, als der Wind hineinfuhr, viel stärker als die Kraft, die Blanc noch aufbieten konnte, dann trug eine Böe sie davon. Die Schutzhülle war so groß und schwer wie ein Zelt, doch sie flog zwanzig, dreißig Meter weit, bevor sie auf einen Wellenkamm schlug. Eine Sekunde später war sie im Meer verschwunden.

»Zieh das verdammte Segel hoch!«, schrie Marius.

Blanc wankte. Zwei Leinen, die von der wild hin und her schwankenden Mastspitze bis zum Deck reichten. Welche? Er zog an einer. Nichts bewegte sich. Er zog stärker. Nichts. Er nahm die andere. Ein Ruck. Ein seltsamer Knall, Blanc dachte einen absurden Moment lang, sein Kollege habe auf ihn geschossen. Doch es war bloß der Stoff des Segels, ein beiges, etwas schmutziges Dreieck, das ein paar Zentimeter am Mast hochgerückt war. Der Rest des Segels hing noch am Baum und wölbte sich wie eine fette Wurst. Blanc spürte die Gewalt des Sturms, der an der Leine zerrte. Er sah die Wanten, die Eisendrähte, die den Mast auf der Jacht hielten. Sie waren gespannt wie Klaviersaiten. Wenn er das Segel ganz hochzog, würde es zerfetzt werden. Oder der Mast würde brechen und sie in die Tiefe reißen. Er zog die Spitze des Segels bloß noch ein Stück weit höher, dann verknotete er die Leine irgendwo, irgendwie, und hoffte, dass es halten würde. Das Boot legte sich auf die linke Seite. Unter Deck polterte irgendetwas zu Boden. Blanc hatte einen Augenblick lang das panische Gefühl, dass sich sein Segler einfach drehen und drehen und immer weiter drehen würde, bis sie mit dem Kopf unter Wasser waren. Er sprang zur Pinne zurück.

Die *Aotearoa* bekam den Wind nun von hinten in das zu einem Viertel hochgezogene Segel. Der Baum schwenkte wie eine Art Flügel zur Seite. Die kleine Jacht richtete sich etwas auf. Druck auf der Ruderpinne. Sie fuhren schneller. Er zwang die *Aotearoa* auf einen neuen Kurs, fort von den Brechern.

»Ich bin zu alt für diese Scheiße«, stöhnte Marius, aber in sein Gesicht war ein Hauch Farbe zurückgekehrt.

»Bis zur Calanque des Roches Sanglantes kann es nicht mehr weit sein.«

»Warum glaubst du, dass Hurault ausgerechnet da ist?«

Blanc fröstelte. Es war leiser geworden ohne Zweitaktknattern. Dann wurde ihm bewusst, dass seine Kopfschmerzen verschwunden waren, fortgeweht und im Meer versenkt wie die Persenning. »Hurault weiß, dass er am Ende ist«, erklärte er. »Er sieht jemanden in seinem Bett, der da nicht hingehört. Und er sieht, dass jemand in seinem Büro war, der da nicht hingehört. Vielleicht kann er sich sogar denken, dass ich das war. Er hat zwei Morde verübt, um sein Leben so weiterführen zu können, wie er es führt. Und jetzt weiß er, dass er umsonst getötet hat. Also fährt er in die Bucht, wo alles anfing.«

»Hurault macht Schluss?«

»Was soll er sonst tun?«

»Es gibt immer noch eine Flasche Rosé.«

»Nicht für einen Typen wie Hurault.«

Sie segelten eine endlose Zeit lang. Das Boot geht nicht unter, sagte sich Blanc, das Boot geht nicht unter, geht nicht unter, geht nicht unter. Langsam fühlte er sich etwas sicherer. Er spürte den Rhythmus der Wellen, ahnte nun, wann sie von hinten angerollt kamen, musste sie nicht sehen, spürte sie in der Hand, steuerte dagegen, hielt die *Aotearoa* ruhiger. Schneller. Je schneller sie da waren, desto besser. Hurault durfte keinen zu großen Vorsprung gewinnen. Er durfte keine Zeit haben, um … Ein Blitz durchzuckte den Himmel. Es war später geworden, es musste doch schon Mittag sein, oder? Er wagte nicht, auf die Uhr seines Handys zu blicken. Mit einer Hand hielt er die Pinne umklammert, mit der anderen die Leine des Segels. Seine Schultern schmerzten. Obwohl es sicher Mittag war, war es dunkler geworden als vorhin. Nicht mehr grau. Schwarz jetzt. Schwarze Wolken, wie das Gewölbe einer gewaltigen Höhle über ihnen. Blitze. Ein Grollen. Diesmal nicht von den Brechern an den Felsen. Ob Blitze auch in Masten fuhren? Und was, wenn das passierte? Würden sie dann irgendwann aus dem Meer gefischt werden?

Mit Strommarken am Körper, viel schrecklicheren als jenen von Christin Antunes? Zwei aufgedunsene Wasserleichen, die Fäulnis umhüllt von einer Haut aus Porzellan?

Mit dem Gewitter kamen neue Schauer. Sie konnten keine fünfzig Meter weit sehen. Nur die weiße Gischtwand zu ihrer Linken verriet ihnen, wo die Calanques waren. Es war jetzt fast Nacht, mitten am Tag. In der Luft lag der metallische Geschmack von Elektrizität. Die kreischenden Möwen waren vom Himmel verschwunden. Die Blitze schlugen in den Hügeln jenseits der Felsen ein und irgendwo hinter ihnen auf dem Meer. Der Wind setzte nun für Sekunden ganz aus, dann kam er mit doppelter Stärke zurück, aber aus unvorhersehbaren Richtungen. Die kleine Jacht taumelte.

»Da vorne!«, schrie Marius, der sich das Fernglas ans bleiche Gesicht gedrückt hatte. »Ich erkenne die verdammte Bucht wieder.«

Blanc packte die Pinne noch fester und hielt auf die Calanque des Roches Sanglantes zu.

Zwischen den Klippen, die die Calanque fast ganz umschlossen, kochte das Meer. Links und rechts schmetterten Wellen gegen die Felsen, rollten zurück, vermischten sich in der Mitte der schmalen Durchfahrt zu einem chaotischen, graublauen Gebirge. Die *Aotearoa* wurde plötzlich von einer unsichtbaren Strömung nach Steuerbord gezerrt. Blanc hielt dagegen. Die Jacht drehte sich nach Backbord. Ein Strudel, fürchtete Blanc, wir drehen uns in einem gigantischen Strudel. Ein Mahlstrom. Wir werden in die Tiefe gezerrt. Wir kommen da nie durch, niemals, niemals, nie.

Doch auf einmal wurde der Sturm gekappt, als schlösse jemand eine gigantische Tür. Ruhiges Wasser. Stille, beinahe. Sie waren durch, waren jenseits der Klippen, waren im Windschatten der Landzunge.

Und sie waren nicht allein.

Mitten in der Calanque ankerte die *Sangria*. Das Deck war verlassen. Blanc griff nach dem Fernglas. Eine Luke stand offen. Das Boot lag vor Anker, trotz der geschützten Lage war die Strömung noch immer so stark, dass die Jacht mit Gewalt an ihrer Kette zerrte wie ein wütender Hund. Der Wind trieb Blancs Boot genau auf die *Sangria* zu.

»Wir gehen rüber«, sagte Blanc. Es tat gut, nicht länger schreien zu müssen.

Marius zerrte mit der Linken an der Leine des Segels, bis die Stoffbahn flatternd niedersank. In der Rechten hielt er seine Pistole. »Wenn Hurault *Moby Dick* spielt, dann knalle ich ihn ab!« Er hielt es nicht für nötig, die Stimme zu senken.

Die Jachten trafen mit einem harten Stoß aufeinander, der Marius schwanken ließ. Beinahe wäre seine Waffe ins Meer gefallen. Die Plastikrümpfe knirschten und knackten, dann hatte Blanc ein Seil um den ersten Gegenstand geschlungen, den er auf dem anderen Segler packen konnte – die stählerne Badeleiter am Heck. Marius wuchtete seinen massigen Körper über die Reling auf die *Sangria*. Blanc beobachtete seinen Kollegen: so langsam, so unbeholfen. Wenn Hurault da irgendwo mit einer Harpune auf ihn lauerte, würde er Zeit genug zum Zielen haben. Blanc zog seine SIG Sauer und sprang.

So landeten sie in derselben Sekunde im Cockpit der anderen Jacht. Marius ging mit gezogener Waffe links vom Niedergang in Stellung, Blanc rechts. Er atmete tief durch, nickte seinem Kollegen zu, senkte die Waffe und stürmte die Treppe hinunter ins Bootsinnere.

Niemand. Im Sturm musste ein Schapp aufgesprungen sein. Geschirr bedeckte den Boden. Auf einer Koje glänzte das gerillte Aluminium eines kompakten Rimowa-Koffers, ein Modell mit Handgriff und Rollen, wie es Reisende für kurze Trips in den Flieger mitnahmen. Ansonsten sah es unter Deck noch genau so aus, wie sie es bei ihrem Einbruch vor einigen Stunden vorgefunden hatten. Blanc überprüfte hastig die größeren Verschläge, um sicher zu sein, dass Hurault sich nirgendwo verbarg. »Alles sauber!«, rief er Marius zu.

»Ist der Kerl getaucht?«

Blanc kam wieder nach draußen und schüttelte den Kopf. »Wir

haben beim ersten Mal nicht einmal eine Schnorchelmaske auf dieser Jacht gefunden.«

»Aber auch kein Beiboot, mit dem er an Land gerudert sein könnte.«

Blanc schwang sich zurück auf die *Aotearoa* und griff nach dem Fernglas. Dann suchte er die Wellen ab. Er versuchte, ein Muster zu erkennen, eine Strömung. Wenn Hurault über Bord gegangen war, wohin mochte er getrieben worden sein? Auf eine der beiden Klippen zu? Auf das offene Meer? Vielleicht …

»Ich habe ihn!«, rief er.

Huraults Körper im Fokus des Fernglases: eingeklemmt zwischen zwei Felsen, die Füße wurden gelegentlich von den höher heranbrandenden Wellen umspült, der Oberkörper lag auf einem Haufen angetriebener Algen wie auf einem Bett, das Gesicht gen Himmel gerichtet. Hurault war barfuß. Er trug eine dunkle Stoffhose; sein Oberteil war nicht mehr zu erkennen, es waren bloß noch Fetzen undefinierbarer Farbe und Form, die seinen geschundenen Brustkorb umschlangen. Eine Möwe landete gerade flügelschlagend neben seinem Kopf und hackte ihm ins Auge.

Blanc ließ das Fernglas sinken. Er fühlte sich besiegt. »Ich kümmere mich um das Funkgerät«, sagte er müde zu Marius, der neben ihn getreten war und nur mit einer stummen Geste um das Fernglas bat. »Wir müssen die Küstenwache rufen. Sie sollen Huraults Körper bergen, bevor nichts mehr von ihm übrig ist.«

»Dann müssen sie sich aber beeilen«, brummte Marius, der durch das Glas blickte.

Während sie auf die Küstenwache warteten, zwang sich Blanc, nicht mehr zum Ufer zu sehen. Es war viel zu gefährlich, mit der *Aotearoa* bei diesem Sturm nahe an die Klippen zu fahren, selbst wenn sie bessere Seeleute gewesen wären. Marius hatte mit seiner Pistole einmal Richtung Hurault gefeuert, um die inzwischen drei oder vier Möwen zu vertreiben. Doch der Knall hatte in der Calanque nur schwächlich nachgehallt, ein hilfloser Knall, bei dem die Vögel nicht einmal ihre Köpfe gehoben hatten.

Blanc kletterte auf die *Sangria* zurück. Er wusste, dass er der Spurensicherung den Job schwer machen würde, aber er wollte noch einmal gründlich nachschauen. Vielleicht hatte Hurault einen Abschiedsbrief hinterlassen?

Er fand keinen – und er fand auch die Kündigung sowie die Zurücknahme der Kündigung nicht mehr. Vermutlich trieben sie nun im Meer, dachte Blanc, zerfetzt und aufgeweicht und unleserlich, verloren für immer. Warum hatte Hurault diese Schreiben ins Meer geworfen? Weil er den Flics nichts in die Hände fallen lassen wollte? Oder weil sie Dokumente seiner Schande waren und Hurault selbst im Tod nicht als jemand dastehen wollte, den einmal der Hauch der Arbeitslosigkeit gestreift hatte?

Zuletzt nahm sich Blanc den Rimowa vor. Die Kollegen von der Spurensicherung würden ihn dafür verfluchen. Die Schnappschlösser schlugen zurück, Hurault hatte den Koffer nicht einmal abgeschlossen. Hemd und Hose, ein Pyjama, Unterwäsche, Socken, sauber gefaltete weiße Stofftaschentücher, drei unterschiedlich gemusterte Krawatten, die gestrige Ausgabe von *Le Monde*, gelesen und zerknittert, ein schmaler Kulturbeutel. Und zuunterst ein Handy. Ein Google Nexus 5. Ein Modell, wie es Mignaux gehört hatte.

Blanc schlang eins von Huraults Taschentüchern um die Rechte und fischte das Smartphone vorsichtig aus dem Koffer, ohne seine Fingerabdrücke darauf zu hinterlassen. Der Bildschirm war schwarz und reagierte auch nicht, als er den Einschaltknopf drückte. Wahrscheinlich war es entladen.

Blanc starrte auf das tote Nexus. Wenn es denn das Handy des Wracktauchers war, warum hatte Hurault es nicht längst weggeworfen? Warum war er das Risiko eingegangen, so einen Beweis bei sich zu behalten? Und ihn sogar im Koffer mit nach Paris zu nehmen? Er starrte auf den nutzlosen Touchscreen und fragte sich, was er verbarg. Vielleicht war es bloß eine perverse Form von Sentimentalität? Hurault hatte dieses Nexus, das seinem ersten Opfer gehört und das sein zweites Opfer in den Tod gelockt hatte, als eine Art Andenken behalten? Oder …

Die Kriminaltechniker und Fabienne hatten die Telefondaten von Mignaux überprüft: seine Anrufe, seine SMS-Nachrichten, seine Mails. Was konnte in so einem Handy stecken, das man *nicht* aus der Ferne, über einen Provider oder online herausfinden mochte? Die Entwürfe von Textnachrichten oder Mails – Botschaften, die nie abgeschickt worden waren. Manche nutzten ihre Smartphones als Notizheft, und vielleicht hatte Mignaux hier ganz andere Sachen notiert als die Einkaufsliste für den Supermarkt. Fotos, wenn er sie nie in die Cloud hochgeladen hatte. Ziele und Wegbeschreibungen in der Navigations-App. Womöglich hatte Hurault auf diesem Handy irgendetwas entdeckt, das wichtig war. So wichtig, dass er das Risiko eingegangen war, es zu behalten. So wichtig, dass er es sogar nach Paris mitgenommen hatte.

»Unsere Freunde von der Küstenwache kommen!«, rief Marius.

Blanc klappte den Rimowa zu und schwang sich auf Deck. Das Nexus hatte er in seiner Hosentasche verschwinden lassen.

Das Gewitter war landeinwärts gezogen. Der Horizont im Süden war nun eine sich verbreiternde, gelblich leuchtende Linie zwischen den grauen Scheiben von Wolken und Meer, die sich Minute für Minute schneller voneinander lösten. Regen fiel nur noch hier und dort auf die noch immer machtvoll anrollenden Wellen. Die weiß lackierten Stahlflanken der *André Malraux* glänzten nass, als sie sich durch die Enge zwischen den Klippen schob. Wie mühelos, dachte Blanc erleichtert und auch ein ganz klein wenig neidisch, wie mühelos die da durchkommen. Er griff zum Funkgerät und meldete sich bei Kapitän Nargeolet: »Sie müssen auch ein Schlauchboot zur Küste schicken. Mit einem Leichensack.«

Als das Schiff nahe herangekommen war, sprang eine Gestalt von dessen Achterdeck auf die *Aotearoa*: grauer Overall mit Kapuze,

Regenschuhe, eine voluminöse Rettungsweste, Handschuhe. Blanc brauchte ein paar Augenblicke, bis er die junge Matrosin wiedererkannte. Dufour. Ihren Vornamen wusste er noch immer nicht.

»Ich hatte mir den Job bei der Gendarmerie immer ganz anders vorgestellt«, begrüßte sie ihn.

»Ich mir auch.« Blanc nahm die Leine, die die Matrosin mitgeführt hatte, und wickelte sie um eine Stelze der Reling der *Aotearoa*. Sie blickte ihn für einige Sekunden fassungslos an, dann löste sie seinen Knoten wieder und schlang die Leine um den Mast. »Es ist ein Wunder, dass zwei Landratten wie Sie es bis hierhin geschafft haben«, sagte Dufour.

Vier Gestalten in Neoprenanzügen waren mit einem Zodiac inzwischen an der Küste und machten sich dort zu schaffen. Die Matrosin blickte rasch wieder fort. »Der Kapitän hat befohlen, dass ich hierbleiben soll, um auf Sie aufzupassen, während wir Sie nach Martigues schleppen«, erklärte sie.

»Wie kann ich Ihnen helfen?«

Sie deutete Richtung Luke. »Machen Sie es wie Ihr Kollege.« Blanc warf einen Blick unter Deck: Marius hatte sich auf einer der schmalen Kojen ausgestreckt und war eingeschlafen, erschöpft, unrasiert, angetrunken. Was mochte die Matrosin bloß denken?

Sie war derweil nach achtern gegangen. »Wir binden das zweite Segelboot hinten an Ihres an.« Sie schüttelte den Kopf. »Ich habe auf dem Meer ja schon einige Verrückte gesehen«, platzte es plötzlich aus ihr heraus, »aber was zum Teufel haben Sie bei diesem Wetter bloß da draußen gemacht? Wollten Sie eine Regatta segeln, oder was?«

»Das war ein Wettlauf mit dem Tod«, erklärte Blanc müde. »Wir sind zweiter Sieger geworden.«

Das Schatzschiff

Unter einer Straßenlaterne am Kai von Martigues parkte ein schwarzer Peugeot 607. Die Lichtkegel spiegelten sich im nassen Asphalt. Der Fahrer war ausgestiegen und wartete neben der Limousine, eine schlanke, groß gewachsene Gestalt mit Hut und Trenchcoat, umglüht von orangefarbenem Abendlicht. Vielleicht hatte Nkoulou einfach zu viele alte Agentenfilme gesehen, dachte Blanc. Er schüttelte Marius wach. »Humphrey Bogart wartet auf uns.«

Die *André Malraux* machte am Kai fest. Seeleute sprangen an Land, griffen nach der Leine, die ihnen Dufour zuwarf, und vertäuten die beiden Jachten. Die Matrosin betrachtete Blanc skeptisch und warf dann einen langen Blick auf die *Aotearoa.* »Haben Sie schon einmal an ein anderes Hobby gedacht?«, fragte sie. »Bergwandern? Der eigene Garten? Irgendetwas weit weg vom Wasser?« Sie verabschiedete sich mit einem Nicken. Erleichterung umhüllte sie wie eine Wolke frischen Parfums.

»Vielleicht haben wir bald viel Zeit für Hobbys«, murmelte Marius, der aus der Luke auftauchte. Er starrte zu Nkoulou hinüber.

Blanc atmete tief ein. Sein Kollege roch nach Schweiß, feuchter Kleidung und Rosé. »Du bleibst an Bord«, flüsterte er. »Ich stelle mich dem Chef. Schließlich war das meine Idee.«

Es waren nur wenige Schritte über den Kai, aber sie kamen Blanc sehr lang vor. Er dachte an den Toten, der noch immer auf dem Achterdeck der *André Malraux* liegen musste. Er hatte die Leiche noch nicht aus der Nähe gesehen, und das war vielleicht besser so. Vielleicht war Hurault tatsächlich nur deshalb ins Wasser gegangen, weil er seine Frau mit einem Liebhaber erwischt hatte. Aber womöglich hatte er Selbstmord verübt, weil er sich durch die Gendarmen entdeckt und verloren glaubte. Wenn es so war, dann trug Blanc mit Schuld an diesem Tod. Er würde es niemals mit Sicherheit wissen und das würde ihn sein Leben lang quälen. Er war so müde, er wollte bloß noch schlafen. Es kostete ihn unendliche Mühe, sich straffer aufzurichten, als er seinem Chef gegenübertrat.

Nkoulou zog ein Taschentuch aus seinem Trenchcoat hervor, der Stoff so rein weiß, dass der Anblick Blancs müde Augen schmerzte. Er nahm seine Brille und putzte damit umständlich einen letzten Regenspritzer vom Glas. »Ich muss zugeben, dass es Ihnen gelingt, mich in Erstaunen zu versetzen«, begann Nkoulou. »Leider gehöre ich nicht zu den Menschen, die gerne staunen.« Sein Chef setzte die Brille wieder auf und blickte ihn aufmerksam an.

Blanc hoffte, dass er nicht gleich der Länge nach hinschlagen würde. Seine Kopfschmerzen waren wieder da. Er musste sich nicht nur endlich *Doliprane* besorgen, sondern auch irgendwelche Wachmacher. »Ich hatte keine Wahl. Ich musste einen Doppelmörder verfolgen«, rechtfertigte er sich. Dann erzählte er, dass er Plessier für den Auftraggeber und Hurault für den Handlanger zweier Morde hielt.

Falls Nkoulou diese Theorie überraschte, dann gelang es ihm sehr gut, das zu verbergen. Er hörte Blanc geduldig bis zum Ende seiner Ausführungen zu und sagte schließlich: »Sie haben keinen einzigen Beweis.«

Blanc dachte an das Handy, das möglicherweise Mignaux gehört hatte – und das in der Tasche seiner Jeans verborgen war, bloß ein paar Zentimeter von Nkoulou entfernt. Wenn er das jetzt präsentieren würde, würde sein Chef es an sich nehmen. Und dann? Vielleicht würden Kriminaltechniker es knacken, sie würden den entscheidenden Beweis finden und es würde doch noch zu einem Ermittlungsverfahren kommen. Oder aber Blanc würde dieses Handy niemals wiedersehen und es wäre, als hätte es nie existiert …

Er beschloss, dieses Risiko nicht einzugehen. »Ich habe keinen einzigen Beweis, *mon Commandant*«, bestätigte er.

Nkoulou seufzte, als hätte er im Geheimen eine andere Antwort erwartet. »Die Akte Mignaux ist geschlossen. Die Akte Antunes ist geschlossen. Und die Akte Hurault«, er deutete mit einer vagen

Geste Richtung *André Malraux*, »wird mit der Feststellung eines Unfalls ohne Fremdverschulden oder eines möglichen Selbstmordes geschlossen werden.«

»Man muss sich immer fragen, warum jemand Selbstmord verübt.«

»Selbstverständlich, *mon Capitaine*.« Nkoulou räusperte sich. »Als Ihr eigenartiger Notruf einging, habe ich mich sofort nach Martigues begeben. Sie haben ja per Funk durchgegeben, dass Huraults Leiche in der Calanque liegt. Also bin ich direkt zu seiner Witwe gefahren, die da noch nicht wusste, dass sie es ist. Ich muss sagen, dass Madame Hurault meines Beistandes nicht bedurfte.« Er hüstelte.

Blanc musste plötzlich an das junge, drogensüchtige Mädchen denken. Was verband es bloß mit diesem strengen, verklemmten Mann?

»Formulieren wir es so«, fuhr Nkoulou fort, »ich habe ein mögliches Motiv für den Selbstmord von Monsieur Hurault mit eigenen Augen gesehen.«

Blancs Kopfschmerzen fühlten sich an wie eine kreischende Flex, die Steine zersägte. Wenn Nkoulou den Typen noch gesehen hatte, dann bedeutete das entweder, Milène Hurault und ihr Liebhaber waren so abgebrüht, dass sie nach dem überraschenden Auftauchen des gehörnten Gatten einfach weitergemacht hatten. Oder es bedeutete, dass Hurault gar nicht in sein Haus zurückgekehrt, sondern vom Flugzeug aus direkt auf seine Jacht geeilt war.

»Ich frage mich, warum Monsieur Hurault früher zurückgekehrt ist als geplant«, murmelte er.

»Das habe ich mich auch gefragt«, entgegnete Nkoulou ungerührt. »Und seinen Chef gefragt.«

»Plessier?!«, entfuhr es Blanc.

»Warum nicht? Monsieur Plessier weilt immer noch in Paris. Irgendwelche Verhandlungen. Ich habe ihn auf seinem Mobiltelefon angerufen. Er wusste nicht, warum Hurault vorzeitig den Koffer gepackt hatte. Genau genommen schien mir Plessier ziemlich wütend zu sein, dass er einfach aus Paris abgereist ist. Er hat mir gesagt, Hurault habe etwas von einer ›dringenden Familienangelegenheit‹ erzählt und sei geradezu überstürzt davongeeilt.«

Und damit ist Plessier schon wieder aus der Schusslinie, dachte Blanc. Achthundert Kilometer entfernt, während sein Untergebener in den nassen Tod geht. Wahrscheinlich gibt es dafür in Paris Dutzende Zeugen. Hochrangige Zeugen. *Merde*. Wer konnte wissen, ob Plessier Nkoulou die Wahrheit erzählt hatte? Vielleicht war Hurault gar nicht überraschend abgereist – vielleicht war er von seinem Chef weggeschickt worden? Vielleicht hatte Plessier gewusst, dass in Huraults Haus ein anderer Mann war? Vielleicht hatte er gewusst, was Hurault dann tun würde? Paranoia. Ich werde noch paranoid. Blanc fuhr sich über die Augen.

»Fahren Sie nach Hause und ruhen Sie sich aus, *mon Capitaine*. Hier gibt es nichts mehr für Sie zu tun.«

An Bord empfing ihn Marius mit einer Thermoskanne aus weißem Plastik, aus der es nach starkem Kaffee duftete.

»Wo kommt die denn her?«, fragte Blanc und nahm dankbar eine Tasse.

»Die junge Dufour ist noch mal zurückgekommen und hat sie von ihrem Schiff mitgebracht. Sie hat gesagt, sie habe dich beobachtet, wie du vor unserem Chef gestanden hast. Es gibt noch Mitleid auf der Welt.«

»Nkoulou wird den Fall als Selbstmord abheften«, sagte Blanc und schlürfte vorsichtig den brühend heißen Kaffee.

Marius stemmte sich mühsam hoch. »Dann kann ich ja gehen«, verkündete er und deutete zur *André Malraux*, neben der inzwischen ein Krankenwagen geparkt hatte. »Die Bestatter streiken immer noch. Die Sanitäter fahren den Toten zur Gerichtsmedizin. Ich werde sie bitten, mich in Saint-César abzusetzen.«

Blanc klopfte auf das Plastikdeck der Jacht. »Trotzdem waren wir nicht schlecht. Für zwei Landratten.«

Marius, der schon mit einem Bein auf dem Kai stand, drehte sich noch einmal um, plötzlich verlegen. »Du wirst eine Zeit lang ohne mich zurechtkommen müssen.«

»Du nimmst Urlaub?«, fragte Blanc der Höflichkeit halber, obwohl er sich die Antwort schon denken konnte.

»Nkoulou hat schon meine Krankmeldung auf dem Schreibtisch. Ich gehe ein paar Tage …«, Marius zögerte kurz, »… in Kur.« Dann lachte er auf und zupfte an seinem durchweichten Pullover. »Ich muss schließlich trocken werden!« Er drehte sich um, ohne eine Antwort abzuwarten, und ging zum Krankenwagen, in dessen Inneres soeben ein verhüllter Körper auf einer Bahre geschoben wurde. Marius ging erstaunlich schnell, fand Blanc, und mit sehr sicherem Schritt.

Blanc wartete auf der *Aotearoa*, bis es wieder ruhig geworden war am Kai. Kein Peugeot 607 mehr, keine Gendarmen, keine Matrosen. Selbst auf der *André Malraux* waren fast alle Lampen gelöscht worden. Er wusste, dass er es nicht mehr schaffen würde, im Auto über die kurvenreiche Straße am Étang de Berre bis nach Hause zu fahren. Er würde auf dem Boot schlafen, ein paar Stunden wenigstens.

Er hörte, wie der Motor des Krankenwagens rasselnd startete, und sah seinen Rückleuchten nach, bis er um die nächste Ecke gebogen war. Er musste plötzlich an Sandro Antunes denken. Wie würde er seine Frau beerdigen, trotz streikender Bestatter? Auch im Krankenwagen? Wie würde er sich für den Rest seiner Tage an Christin Antunes erinnern? Würde er die wilde, tätowierte Frau in ihrem Fischerboot vor Augen haben? Oder würde er für immer die hässliche Geschichte von ihrem Liebhaber mitdenken?

Und dieser Liebhaber. Claude Figaroli war der letzte Mensch gewesen, mit dem Christin Antunes noch geredet hatte, ein Telefonat von nicht einmal einer Minute. Wahrscheinlich hatte er Blanc über dessen Inhalt angelogen. Was hatten die beiden wirklich besprochen?

Vielleicht nur Banalitäten? Oder hatte Christin Antunes ihrem Liebhaber gegenüber Andeutungen gemacht über den Kampf gegen Bauxiterre? Über Mignaux? Vielleicht wusste Figaroli doch mehr, als er zugab?

Eines war sicher: Die Fischerin hatte ihren Kampf um die saubere Küste verloren. Ob hier nun in einigen Jahren Olympiajollen an den Calanques vorbeisegelten oder nicht, ob Spekulanten wie Figaroli damit ein Vermögen scheffelten oder nicht: Tief unten im blauen Wasser würde giftiger roter Schlamm aus einer Pipeline quellen, mindestens noch dreißig Jahre lang – und vielleicht auch noch viel länger, denn die Regierung selbst hatte für alle Zeiten den Zugang zur Dreckleitung mit einem soliden Eisengitter versperrt.

Sogar ein Profi wie Luc Mignaux würde heute diese Barriere nicht mehr passieren können. Mignaux ... Blanc starrte zum Pier nahe am Rathaus hinüber, wo sie, das war erst einige Tage her, die *Pytheas* festgemacht hatten. Fort. Ob das Haus in La Redonne auch schon verkauft worden war? Nichts mehr würde dann von dem Wracktaucher bleiben – nicht einmal das letzte Wrack, das er entdeckt hatte. Cäsars Flotte. Die legendären Galeeren. Eine Münze, die mit der geschlossenen Akte in einem Keller in Paris verschwinden würde. Blanc fragte sich, ob es jemals einem anderen gelänge, die antiken Schiffe aufzuspüren. Vielleicht war es besser so, dass dieses Rätsel niemals aufgeklärt werden würde, wenn doch auch sonst bei diesen Fällen nichts aufgeklärt worden war.

Blanc würde niemals erfahren, aus welchem Grund Hurault Selbstmord verübt hatte. Hatte ein sanftmütiger Mann, der durch seine untreue Ehefrau einmal zu viel gedemütigt worden war, Schluss gemacht? Oder hatte ein Mörder, der sich verfolgt glaubte, den letzten Ausweg gewählt? Und Blanc würde auch niemals erfahren, ob sich Hurault tatsächlich nur um alte Müllkippen Sorgen gemacht und nichts von der Unterwasserpipeline gewusst hatte. Oder ob er die ganze Zeit über genau im Bilde gewesen war und Christin Antunes und ihn bloß angelogen hatte.

Er strich sich über die Augen und schlug dann mit der Faust aufs Deck. Wohin er auch blickte, überall waren bloß Sackgassen. Verdammt, wenn er wenigstens der Giftpipeline den Hahn abdrehen könnte! Er konnte nicht einmal mehr beweisen, dass es sie gab.

Als sein Nokia klingelte, wollte er den Anruf wegdrücken. Gerade noch rechtzeitig erkannte er die Nummer auf dem Display. Aveline.

»Mein Mann fährt nach Brüssel«, sagte sie. Aveline hatte noch nie viel für Begrüßungsfloskeln übrig gehabt. »Die Regierung verhandelt mit der EU über die Aufnahme von Flüchtlingen. Das wird sich hinziehen. Er wird eine Woche dort bleiben, mindestens.«

Eine Woche, dachte Blanc. Er sollte Aveline nicht treffen. Er sollte sie nicht treffen wollen. Er dachte an die Anrufe, die sie kühl beantwortet hatte. An das Zusammentreffen im Büro des Staatssekretärs. Aber er war zu erschöpft, um sich zu streiten. Mit allen Sinnen sehnte er sich nach ihr. Er wollte ihre rauchige Stimme hören. Er wollte den Duft ihres Haares einatmen. Er wollte ihre Haut unter seinen Fingern spüren. »Sie könnten ein paar Tage lang mit mir segeln«, schlug er vor.

Ihr Lachen klang in seinem Ohr heiter, entspannt. »Der Pirat der Calanques. Ich habe von Ihrem Abenteuer gehört.«

Von wem wohl?, fragte sich Blanc. Nkoulou? Dem Kapitän der *André Malraux*? Ihrem Gatten? Irgendjemand musste ihn sehr genau im Auge gehabt haben – und er musste sehr schnell von dem Vorfall berichtet haben. »Dieses Abenteuer wird Ihnen kaum Arbeit machen, *Madame le Juge*«, erwiderte er vorsichtig. »Mein Chef glaubt, dass Monsieur Huraults Tod Selbstmord war.«

»Nkoulou ist ein kluger Mann. Deshalb ist er so jung Commandant geworden. Untreue Ehefrauen haben schon so manchen Mann in den Tod getrieben.« Aveline klang ganz gelassen. »Ich werde mir die Akte ansehen, wenn ich aus Paris zurückgekehrt bin. Morgen Nachmittag.«

»Ich werde sie Ihnen persönlich in den Justizpalast bringen.«

»Ich ziehe es vor, morgen zu Hause zu arbeiten. Sie kennen ja die

Adresse. Nehmen Sie sich für den Tag nichts anderes vor. Wir haben uns wirklich lange nicht mehr gesehen, *mon Capitaine*.«

Blanc hielt sein Handy noch lange in der Hand, bis ihm endlich bewusst wurde, wie lächerlich es war, auf einen schwarzen Touchscreen zu starren. Morgen. Als ob ich mir etwas anderes vornehmen würde. *Untreue Ehefrauen haben schon so manchen Mann in den Tod getrieben*. Die Worte klangen ein wenig wie eine Warnung, aber Avelines Stimme war eine Verheißung gewesen. Ich bin verrückt, sagte sich Blanc, total verrückt.

Sein Sweatshirt war endlich getrocknet. Im Stoff leuchteten Ringe und Streifen aus Salzkristallen, die auf seiner Haut kratzten. Er fröstelte. Herbst. Zeit, die Ernte einzufahren.

In Paris hatte er heimlich Dossiers über die »Unantastbaren« angelegt, wie er sie bei sich getauft hatte, die Großen aus Politik und Wirtschaft und Medien und sogar aus der Justiz selbst. All die Männer und Frauen, die tausend Hände hatten, die sie gierig aufhalten konnten, die an tausend Fäden ziehen durften und die von sich glaubten, über tausend Gesetzen zu stehen. All die Männer und Frauen, die ihm bei seinen Ermittlungen aufgefallen waren, die aber geschickt oder einfach bloß skrupellos genug waren, um jeder Anklage zu entgehen. Blanc hatte in ausgesonderten Schuhkartons von Geneviève – konnte es unauffälligere Verstecke geben? – Kontoauszüge gesammelt, Kopien von Briefen, eidesstattliche Versicherungen, Observationsfotos, Telefonprotokolle ... Manchmal, wenn dann einer jener Unantastbaren erneut bei Ermittlungen auffiel, hatte er die alten Dokumente, von denen alle Kollegen glaubten, sie seien längst verschwunden, aus der Versenkung geholt – und manchmal, viel zu selten, aber eben doch ab und zu, war dann aus einem Unantastbaren ein Antastbarer geworden, der sich zu seiner allergrößten Empörung plötzlich vor einem Richter und, noch seltener, danach tatsächlich in einer Gefängniszelle wiedergefunden hatte.

Seine Versetzung in die Provence und der Kollaps seiner Ehe waren so rasch über Blanc hereingebrochen, dass er keine Zeit mehr gehabt hatte, die Kartons mitzunehmen. Ob sie immer noch in der Besenkammer seines ehemaligen Pariser Appartements standen, eine harmlos aussehende Reihe von Zeitbomben aus Papier? Oder waren sie längst achtlos auf den Müll geworfen worden, als Geneviève sich darangemacht hatte, ihr bisheriges Leben auszumisten?

So oder so würde er von vorne beginnen müssen. Diesmal also die Unantastbaren der Provence. Jérôme Plessier würde den Anfang machen. Blanc hatte, wie immer, Kopien aller Ermittlungsunterlagen gemacht. Er hatte seine Notizen. Er hatte sein Leica-Foto vom Bootshaken. Er hatte das Nexus, das vielleicht dem Wracktaucher gehört hatte und das er vielleicht – vielleicht – in der Zukunft knacken konnte.

Er würde Fabienne eine SMS schicken. Nein, einen Brief. Einen Brief nach Barcelona, irgendwo hatte er die Adresse des Hotels, in dem sie ihre Flitterwochen verbrachte. Er würde ihr alles erklären und würde sie einweihen, damit sie sich nicht wieder übergangen fühlte. Und damit er nicht doch noch das hohe C treffen würde. Sie würde sich über das Handy hermachen, sobald sie aus Spanien zurückgekehrt war. Und dann, vielleicht, sollte genug Munition da sein für eine nächste Runde mit Plessier, irgendwann. Er würde die Regierung zwingen, ihre eigenen Gesetze zu respektieren und diese Pipeline zu kappen. Er würde sie zwingen, die *André Malraux* wieder hinauszuschicken, damit die Taucher diesmal den richtigen Job erledigten. Und er würde Plessier zwingen, seinen verdammten roten Schlamm selbst zu fressen.

Blanc blickte sich um. Diesmal keine Schuhkartons, keine Besenkammer. Vialaron-Allègre würde ihn im Visier behalten. Der Staatssekretär wusste, dass Blanc in der Provence eine alte Ölmühle besaß – eine Ölmühle mit derart morschem Schloss, dass selbst seine besorgte Nachbarin Paulette Aybalen problemlos dort aus und ein ging. Und wenn sie es konnte, dann wären die schwarzen Sargträger-Typen des Ministeriums erst recht dazu in der Lage.

Also die *Aotearoa*. Er würde ein Schapp präparieren oder vielleicht eine Ablage unter einer Koje, in die er einen doppelten Boden einziehen würde. Auch das war kein hundertprozentig sicheres Versteck, aber, *merde*, was war schon hundertprozentig sicher? Wer von diesen Kerlen würde schon auf die Idee kommen, den alten Kahn zu durchsuchen? Er würde die verschrammte Plastikjacht in ein getarntes Schatzschiff verwandeln, mit einem Schatz ganz besonderer Art.

Blanc war sicher, dass dies dem alten Wracktaucher Luc Mignaux gefallen hätte.

Personnage

ROGER BLANC
Capitaine der Gendarmerie, dessen Karriere und dessen Leben in der Provence unsanft aus der Kurve getragen werden

MARIUS TONON
Ewiger Lieutenant, dem die meisten Kollegen lieber aus dem Weg gehen

FABIENNE SOUILLARD
Computerspezialistin, die der Himmel oder die Bürokratie in den Midi geschickt hat

NICOLAS NKOULOU
Commandant der Gendarmerie, der seinen Blick von Gadet aus fest auf eine viel größere Stadt gerichtet hält

BARRESI
Brigadier in Gadet

SAAD BEN ROUIJAL
Ein Spezialist, der noch weiß, wie in der guten alten Zeit Fotos gemacht wurden

KADER »KAD« DJENDELLI
Commissaire de police in Marseille, ein passabler Gitarrenspieler und ein mehr als passabler Flic

JEAN-CHARLES VIALARON-ALLÈGRE
Staatssekretär in Paris mit mehr Verbindungen in die Provence, als es Roger Blanc guttut

AVELINE VIALARON-ALLÈGRE
Untersuchungsrichterin, die das Risiko liebt; Gattin des Staatssekretärs

FONTAINE THEZAN
Rechtsmedizinerin in Salon-de-Provence, raucht eine sehr spezielle Marke

SERGE DOUCHY
Nachbar von Blanc, freundlicher zu seinen Ziegen als zu den Menschen

ANGE DOUCHY
Die Frau von Serge; eine gar nicht so alte Hexe und möglicherweise doch klarer im Kopf, als Blanc es für möglich hält

PAULETTE AYBALEN
Nachbarin von Blanc, die ihr Dorf, ihre Töchter, ihre Pferde und den freien Himmel liebt und vielleicht noch jemand anderen

BRUNO FLEUR
Ein schüchterner Schreiner, der Holz mag, aber keine Rechnungen

XAVIER-MARIE NARGEOLET
Kapitän der *André Malraux*, den der Anblick einer Wasserleiche nicht mehr aus den Stiefeln haut

DUFOUR
Matrosin der *André Malraux*, die der Anblick einer Wasserleiche aus den Stiefeln haut

LUC MIGNAUX
Ein Taucher, der unter Wasser einen Schatz sucht und leider etwas ganz anderes findet

LIONEL BONNOT
Ein ehemaliger Kollege von Mignaux und vielleicht dessen einziger Freund; ein Mann, der dem Meer verbunden ist

CLAUDE FIGAROLI
Segellehrer, Politiker und Träumer: Olympia ist sein erstes Ziel – und ein kleines Geheimnis zu bewahren ist sein zweites Ziel

DR. JACQUES KOJFER
Spezialist im Musée départemental Arles antique, der sich mit antiken Münzen besser auskennt als mit Telefonen

CHRISTIN ANTUNES
Eine tätowierte junge Fischerin in den Calanques, sehr engagiert; ihr Leben ist etwas zu abenteuerlich

SANDRO ANTUNES
Der Gatte von Christin, ein zu sanfter Mann

GILDAS LAGARDE
Ein Fischer am Étang de Berre, der Aale mag, aber nicht unbedingt alle Kollegen

ALAIN HURAULT
Ein Buchhalter, der die Erinnerungen an seinen Vater mehr schätzt als Bilanzen

MILÈNE HURAULT
Gattin von Alain Hurault; sie fährt im Cabrio nicht gerne allein

JÉRÔME PLESSIER
Vorstandsvorsitzender eines Unternehmens und Antiquitätensammler; ein sehr engagierter Manager

DER NEUE FALL
FÜR CAPITAINE ROGER BLANC

LESEPROBE

›DUNKLES ARLES‹

352 Seiten
Auch als eBook

Die Todgeweihten grüßen dich!

Man spürt den Tod, wie man den stechenden Blick eines Fremden zwischen den Schultern spürt, dachte Capitaine Roger Blanc. Er schlug den Kragen seiner Lederjacke hoch und sah sich unbehaglich um. Er fühlte sich wie im Innern eines Vulkans, dessen Krater allerdings einst von Menschen geschaffen worden war. Rings um ihn benetzte feiner Regen graue, altersschiefe Steine, die Reihe um Reihe gen Himmel wuchsen. Blanc stand erst seit ein, zwei Minuten zwischen den Sitzen inmitten des römischen Amphitheaters von Arles und wünschte sich doch schon wieder von hier fort.

In Arles hatten sich in der Antike Gladiatoren zum Vergnügen des Publikums bekämpft. Hier waren im Mittelalter Verbrecher auf alle erdenklichen Arten hingerichtet worden. Und heutzutage starben hier im Sommer schwarze Bullen bei den spanischen Stierkämpfen, die in Arles so selbstverständlich veranstaltet wurden, als würde die Provence immer noch dem König von Katalonien unterstehen. Die mürben Steine des Amphitheaters dünsteten Jahrhunderte des Todes aus.

Freitagnachmittag. Blanc verkroch sich tiefer in seine alte Lederjacke. Er zog sein Handy hervor und blickte auf das Display: 16. November, Punkt 16.00 Uhr. Der niedrige Himmel spannte sich über das hundert Meter weite Steinoval, grau und stumpf wie ein altes Tuch. Zwischen den steil ansteigenden Sitzreihen verloren sich nur wenige Besucher: Rentner aus Deutschland, Holland, Japan, Damen in grellvioletten Regenponchos und ihre Begleiter in himalajatauglichen Funktionsjacken, die ihre Spiegelreflexkameras gepackt hielten wie Faustfeuerwaffen. Als Blanc wenige Augenblicke zuvor über den Vorplatz gehastet war, die Hand am Schirm seiner Baseballcap gegen Windböen und Regenschauer, war er an einem langhaarigen jungen Gitarrenspieler vorbeigekommen, der unter einer Art Zelt hockte und schnelle Musik der Gitanes spielte, die er mit elektronischen Rhythmen aus einem Verstärker unterlegt hatte. Seine Melodien wehten bis in das antike Innere, ein seltsam deplatzierter Klang.

Und doch, dachte Blanc, trotz der eifrigen Rentner, trotz der leeren Steinstufen, der lächerlichen Musik, des Nieselregens: Man konnte im Amphitheater irgendwie noch immer die Hitze des Sommers ahnen, den flirrenden Sand der Arena, die Angstlustschreie der Zuschauer, den Geruch nach Blut.

Er wünschte, Aveline hätte einen anderen Treffpunkt vorgeschlagen.

Ein gestohlenes Wochenende in Arles: Der Flic und die Richterin, ein unter dem Allerweltsnamen »Dupont« reserviertes Hotelzimmer, Hoffnung auf ein paar Stunden Leidenschaft – ein schäbiger Ehebruch. Mehr als dreieinhalb Milliarden Frauen lebten auf der Welt, und keine war für ihn gefährlicher als Aveline Vialaron-Allègre. Blanc wusste nicht mehr, wie oft er sich schon geschworen hatte, ihre hoffnungslose Affäre zu beenden. Doch dann musste er bloß ihre Stimme im Handy hören oder bei einer zufälligen Begegnung auf den Fluren des Justizpalastes von Aix-en-Provence ihren Duft einatmen, und ihn schwindelte.

Das Novemberwochenende war wie ein unverhofftes Geschenk über Blanc gekommen. Avelines Mann war nicht, wie sonst oft, aus Paris in den Süden gekommen. Der Staatssekretär hatte rechtzeitig genug die Seiten gewechselt und sich Macrons neuer Partei angeschlossen. So war er einer der wenigen Politiker, der von der Flutwelle der Wahlen im Frühsommer nicht aus Ministerien und dem Parlament gespült worden war, im Gegenteil: Jean-Charles Vialaron-Allègre galt als einer der erfahrensten Köpfe der neuen Regierung und damit als graue Eminenz im Innenministerium. Nur beglich er dafür den Preis, den jeder entrichten musste, dessen Macht wuchs: Er bezahlte mit seiner Zeit. Vialaron-Allègre musste das ganze Wochenende über in der Hauptstadt mit dem Premier und dem Innenminister am Text eines neuen Antiterrorgesetzes feilen.

Da Aveline am Gericht gerade Ermittlungen gegen einen Islamisten führte, sollte sie ihre Ergebnisse am Montagmorgen im Innenministerium vortragen. Von Freitagnachmittag, wenn sie den Justizpalast in Aix-en-Provence verließ, bis Sonntagabend, wenn sie den Zug Richtung Paris besteigen würde, wäre Aveline deshalb, wie sie Blanc in einer SMS geschrieben hatte, *»vom Radarschirm verschwunden«*.

Sie hatte dieses Treffen vorgeschlagen: Arles lag gut vierzig Kilometer von ihrem Haus in Caillouteaux und Blancs heruntergekommener Ölmühle in Sainte-Françoise-la-Vallée entfernt. Nah genug, um rasch dort hinzufahren, aber nicht so nahe, dass sie fürchten mussten, dort einem Nachbarn oder Kollegen über den Weg zu laufen. Außerdem waren die Monumente von Arles bei Touristen so beliebt, dass selbst an düsteren Herbsttagen viele Besucher durch die Gassen strömten, genug jedenfalls, dass zwei Besucher mehr nicht auffielen. Und Arles hatte einen TGV-Bahnhof mit einer direkten Verbindung in die Hauptstadt. Erst am Sonntag um kurz nach acht würde Avelines Zug nach Paris abfahren.

Auch Blanc war mit der Eisenbahn gekommen. Sein alter Renault Espace war vor einigen Tagen wieder einmal kollabiert. Er hatte ihn seinem Nachbarn Jean-François Riou zum Herumbasteln in die Garage gestellt. Riou hatte das Gesicht verzogen, aber versprochen, den Minivan irgendwann in den nächsten Tagen wieder zum Laufen zu bringen. Für sein Rendezvous hatte Blanc notgedrungen den Zug von Miramas nach Arles nehmen und deshalb rechtzeitig aufbrechen müssen. Freitagmittag, so früh war er nie zuvor von der Arbeit verschwunden. Den meisten Kollegen auf der Gendarmeriestation von Gadet schien das aber nicht aufgefallen zu sein.

Sein Freund und Partner Marius Tonon war seit zwei Wochen offiziell im Urlaub, tatsächlich jedoch auf Entziehungskur, was außer Blanc allerdings kaum jemand wusste. Und selbst er hatte nicht einmal eine Telefonnummer; er vermutete, dass sie die Alkoholiker in der Entgiftungsklinik isolierten und es Marius deshalb verboten war, sich zu melden. Manchmal fragte er sich, ob sein Kollege den Kampf gegen seine Dämonen je gewinnen und tatsächlich irgendwann zurückkehren würde. Zugleich freute er sich, dass Marius nach Jahren der Sucht zumindest diesen Schritt endlich gewagt hatte.

In Gadet gab es deshalb nur eine Kollegin, in deren Büro er zum Abschied vorbeigesehen hatte. Fabienne Souillard hatte von ihrem Computermonitor aufgeblickt, ihn erstaunt angesehen und bloß halb im Scherz gefragt: »Hast du ein Date?«

Blanc hatte etwas von »Familienangelegenheiten« gemurmelt, was genau genommen ja nicht einmal gelogen war.

Nun zog er wieder sein Nokia hervor und checkte Anrufe und Meldungen: nichts von Fabienne. Gut so, alles ruhig auf der Gendarmerie, niemand würde ihn zurückbeordern. Nichts von seinen Kindern Eric und Astrid, und dieses eine Mal erleichterte es ihn, dass sie sich nicht sonderlich für ihn interessierten. Nichts von Riou oder einem anderen Nachbarn. Sie waren vom Radarschirm verschwunden, Aveline und er.

Er sah sich suchend um. Vorhin, als er das Monument betreten hatte, war ihm eine Schautafel aufgefallen, die einen alten Stich zeigte. Im Mittelalter war das Amphitheater eine Stadt in der Stadt gewesen, Dutzende winzige Häuser waren in, auf und vor dem Oval gewuchert wie Pilze auf einem umgestürzten Baum. Im 19. Jahrhundert hatten Denkmalschützer diese Häuser abgerissen, um das antike Skelett freizulegen. Nur drei eckige Wachtürme aus dem Mittelalter hatten sie stehen lassen, drei wuchtige Zacken auf einer steinernen Krone. Blanc blickte zum höchsten Turm – von dort würde er einen besseren Überblick haben. Vielleicht schlenderte Aveline schon hier herum und er entdeckte sie bloß nicht. Er ging durch die Sitzreihen, nickte einem erschöpften älteren Ehepaar zu, das sich auf den unbequemen Plätzen niedergelassen hatte. Über die von all den Bau- und Abrissarbeiten der Jahrhunderte aufgerissenen Steinstufen hatte man für die Stierkämpfe moderne Sitzreihen gespannt, eine gerüstartige Konstruktion aus hölzernen, braun gebeizten Bänken, die auf Stahlrohre geschraubt worden waren. Blanc ging über diese Anlage, mit jedem noch so vorsichtigen Schritt knarzte und vibrierte das riesige Gestell. Endlich erreichte er die schief getretenen steinernen Treppenstufen, die ihn bis auf den Turm hinaufführten.

Blanc blickte schließlich vom höchsten Punkt des Amphitheaters auf die Dächer von Arles. An einem altersgebeugten Haus gegenüber der Arena hing ein Balkon am obersten Stockwerk. Er war so schmal, dass dort nur ein winziger Tisch und zwei Bistrostühle Platz fanden, die dem Novemberregen trotzten. Einen flüchtigen Moment träumte er davon, mit Aveline auf so einem winzigen Balkon zu sitzen, an einem klaren Sommermorgen, zwei dampfende Kaffeeschüsseln in den Händen und die alte Stadt zu ihren Füßen. Er konnte sie auf dem Vorplatz nirgendwo ausmachen. Er schlenderte zur gegenüberliegenden Seite des Turms und musterte aus großer Höhe das Innere des Amphitheaters.

Doch auch hier hielt er vergebens nach einer schlanken Gestalt Ausschau, nach schwarzen Haaren, olivenfarbener Haut, nach einem raschen, selbstsicheren Gang, nach einer Gauloises in der feingliedrigen Hand, der linken, Aveline war Linkshänderin, und sie kümmerte sich nicht um Rauchverbote in öffentlichen Räumen. Er wusste nicht, was sie tragen würde, aber ihre Kleidung wäre ohne Zweifel eleganter als die funktionale Buntheit der anderen Besucher. Blanc war blond, über einsneunzig groß, und sein Körper war von unzähligen Laufkilometern bis auf Knochen und Muskeln ausgewrungen worden. Sie waren Exoten zwischen den älteren Bildungstouristen.

Irgendwann musste Aveline doch kommen, durch irgendeine Gasse der Altstadt musste sie schlendern. Sein Blick schweifte über die Altstadt, eine Decke aus braunen, roten, ockerfarbenen Dächern, zerstochen von antiquierten Fernsehantennen. Zur Linken floß grausilbern die Rhône, ein Fluss, der viel zu groß war für diese kleine Stadt. Dahinter verschwand ein weites, flaches Land im regenschmutzigen Dunst, das riesige Sumpfdelta der Camargue, wo Blanc schon einmal einen Mörder gejagt hatte; er wollte nicht daran zurückdenken. Zur Rechten begrenzte ein Hügelzug den Horizont, ein paar wenig imposante Kuppen, die bei diesem Wetter wirkten wie eine Meeresbrandung, die auf die Stadt zurollte, doch durch irgendeine Magie erstarrt war, bevor sie Arles verschlingen konnte.

Als er seine Aufmerksamkeit wieder auf das Innere des Amphitheaters lenkte, machte sein Herz einen Sprung. Aveline. Sie passierte gerade die Kasse, hielt inne und sah sich prüfend um. Trotz des grauen Lichts trug sie eine Sonnenbrille. Blanc eilte die engen Treppen des Turmes hinunter. Als Aveline ihn erblickte, schnippte sie eine halb gerauchte Gauloises achtlos fort und schlenderte in seine Richtung – man hätte an zwei Besucher denken können, deren Wege sich bloß zufällig kreuzten. Sie trug einen langen, grauen Kaschmirmantel, eine bordeauxfarbene Hose, flache Schuhe.

»Ein schöner Ort«, sagte sie.

»Für Gladiatoren«, erwiderte Blanc.

»Ich hoffe, Sie mussten nicht meinetwegen im Regen warten.«

»Nein«, log er.

Aveline schenkte ihm ein spöttisches Lächeln. Er wollte sie in die Arme schließen und scheiß auf die Besucher, die sie sehen könnten. Doch sie war vorsichtiger und hielt zwei Schritte Abstand zu ihm.

»Führen Sie mich herum?«

»Soll ich Ihnen die Tasche abnehmen?« Blanc deutete auf ihre große Tasche aus grünem Leder. Er hatte die Sachen für das Wochenende in eine alte, himmelblaue Adidas-Sporttasche gepackt, die seinen Umzug und seine Scheidung überstanden hatte, weil sie so Achtzigerjahre war, dass seine Exfrau sie nicht haben wollte. Er hatte sie in einem Schließfach neben der Kasse deponiert.

»Eine Handtasche heißt Handtasche, weil eine Frau sie in der Hand behält«, entgegnete Aveline. Blanc verzichtete auf eine Erwiderung. Er deutete mit einer Handbewegung den Weg an. Ein düsteres Gewölbe führte sie durch die aus Ziegelsteinen gemauerte Konstruktion unterhalb der Bänke. Ein Gang, vermutete Blanc, der einst die Besucherströme auf die verschiedenen Zuschauerreihen ausgespien hatte. Wasser tropfte von den Wänden, irgendwo gurrte eine Taube, eine Katze schlich missmutig davon, ihr Fell war so grau wie Avelines Mantel. Es stank wie in einem alten Keller. Außer ihnen war kein Mensch dort. Er hätte sie jetzt gern geküsst, doch Aveline war nicht gerade die Frau, die sich ausgerechnet in dieser muffigen Höhle ihrer Leidenschaft hingegeben hätte. Vielleicht auf dem Turm, im Wind und unter dem wolkenverhangenen Himmel, in einem aus der Zeit gefallenen Augenblick, wenn gerade keiner dieser Rentner hinsah. Sie stiegen nach oben.

Aveline blickte über die Rhône und die Camargue. Sie sagte nichts, lächelte nicht einmal, doch kleine Böen zersausten ihr Haar, und Blanc hoffte, dass sie in diesem Augenblick glücklich war.

»Der Turm gehört uns ganz allein«, sagte Aveline, überwand mit einer schnellen, fließenden Bewegung die letzten Zentimeter zwischen ihnen und küsste ihn.

Aveline liebte das Risiko. Wahrscheinlich, dachte Blanc, genoss sie in diesem Moment nicht nur den Kuss, sondern sie genoss es, auf dem höchsten Punkt dieser Stadt und mitten am Tag einen Mann zu küssen, den sie nicht küssen durfte. Er war wirklich verrückt, sich mit ihr einzulassen.

Er löste sich aus ihrer Umarmung, warf einen Blick in die Arena, um sicherzugehen, dass niemand sie beobachtete – und hielt erschrocken die Luft an. Im Zentrum der Sandfläche stand ein Mann. Würde er auch nur für eine Sekunde zufällig zum Turm hochblicken, dann würde er sie beide sofort erkennen.

Mitten im Amphitheater von Arles stand Lieutenant Marius Tonon.

»Weg von der Mauer«, flüsterte Blanc. »Rasch!«

»Ist Ihr Kollege nicht in Urlaub?« Aveline sah nach unten und trat erst dann von der Brüstung zurück. Sie ging unauffällig zur Außenseite des Turms, musterte die Dächer von Arles und schien nicht sonderlich beunruhigt zu sein.

»Vielleicht ist es ein Bildungsurlaub«, murmelte Blanc. Er hatte keine Ahnung, ob Aveline etwas von Marius' Kur wusste. Und er hatte keine Ahnung, was man eigentlich bei einer Entziehungskur machte. Wurde man da nicht eingeschlossen? Er duckte sich hinter der Brüstung und musterte Marius. Pepitahut, zerknautschter beiger Trenchcoat, graue Stoffhose, neue hellbraune Gesundheitsschuhe – sein Freund sah aus wie die personifizierte Langeweile. Er stand noch immer in der Mitte der Sandfläche, dem auffälligsten Punkt des Amphitheaters. Kein Flic würde dort freiwillig stehen bleiben, gegen jeden beruflichen Instinkt. Keine Deckung, man war dort eine Schießbudenfigur. Es sei denn ... Marius wollte gesehen werden.

Und tatsächlich trat wenige Momente später ein junger Mann auf ihn zu. Der Neuankömmling sah aus, als wäre er heute Morgen in Kanadas Wildnis aufgebrochen: kurze Lederjacke, darunter ein rotes Flanellhemd, Jeans, Timberlands. Von seinem Gesicht war nicht viel zu erkennen, er trug einen khakifarbenen Outdoorhut. Ein Vollbart wucherte über Wangen und Kinn, eine wuchtige Brille aus braunem Kunststoff umrahmte die Augen. Die Männer wechselten ein paar Worte, dann führte der Unbekannte Marius zu einem Gang unterhalb der Zuschauerränge. Vom Turm aus konnte Blanc bis in das Gewölbe blicken, und im Halbdunkel nahm er eine Bewegung wahr: In der Tiefe des Ganges wartete noch jemand. Ein Mann wie ein Amboss, Bomberjacke, Hoodie, Jeans, Springerstiefel. Er hatte die Kapuze tief über den Kopf gezogen. Er überragte Marius um drei Haupteslängen, und als er schließlich ein paar Schritte auf ihn zustapfte, bewegte er sich wie diese Bodybuilder, deren Oberschenkelmuskeln so aufgepumpt waren, dass sie mit gespreizten Beinen gehen mussten.

Das war doch niemals ein Wochenendausflug vom Trinkerheim. Zwei Alkoholiker, die mit Marius auf Entziehungskur waren? Die beiden Typen sahen nicht gerade aus wie frisch bekehrte Teetrinker. Wen traf Marius also dann? Freunde? Informanten? Was, zum Teufel, treibt er bloß da?, dachte Blanc, duckte sich noch tiefer hinter die Brüstung und spähte durch einen Riss im Mauerwerk nach unten. Marius schüttelte beiden Männern die Hand, so freundlich, als habe er sie schon oft gesehen.

»Sie gehen zuerst runter«, flüsterte Aveline, die lautlos herangekommen war und nun hinter ihm kniete. »Lieutenant Tonon darf Sie hier nicht bemerken.«

»Marius kennt Sie auch. Wir müssen gemeinsam verschwinden.«

Aveline schüttelte entschieden den Kopf. »Als Paar wären wir noch auffälliger. Sie gehen, solange Tonon durch die beiden Männer abgelenkt ist. Ich komme nach. Ich bin nicht zwei Meter groß. Und ich habe an eine Sonnenbrille gedacht. Ihr Kollege wird nicht auf mich achten.«

Blanc nickte. »Treffen wir uns vor dem Hotel?«

»Vor dem *Jules César*«, bestätigte Aveline.

Blanc warf einen letzten Blick nach unten: Marius ging mit den Unbekannten im Halbdunkel auf und ab. Er redete mit dem Typen im Holzfäller-Outfit, gestikulierte, es war nicht ganz klar, ob er dabei lachte oder doch eher empört war. Der Koloss im Hoodie blieb hingegen stets ein, zwei Schritte hinter ihnen zurück, fast sah er wie ein Leibwächter aus.

Der Südwestwind hatte inzwischen die meisten Regenwolken bis zu den Alpilles fortgetrieben. Nun wagten sich nach und nach mehr Besucher in das Amphitheater. Die Ränge füllten sich. Blancs Chancen stiegen, unerkannt zu entkommen. Er streichelte Aveline zum Abschied über die Hand, dann lief er tief gebückt zum fensterlosen Treppenhaus. Dort wäre er beinahe gegen einen bebrillten, schmächtigen Mann mittleren Alters geprallt, der mit energischen Schritten die Stufen hinaufkam. Blanc machte ihm im letzten Moment Platz und nickte höflich – wenn ein weiterer Besucher auf dem Turm stand, dann fiel Aveline weniger auf.

Als er am Fuß des Turms angekommen war, zögerte er. Der kürzeste Weg zum Ausgang hätte ihn über einige moderne Zuschauerränge geführt. Doch das ganze Stahlgestell würde unter seinen Schritten knirschen und vielleicht würde Marius gerade dadurch auf ihn aufmerksam werden. Blanc konnte nun allerdings nicht mehr länger in den Gang hineinblicken, er hatte keine Ahnung, ob sein Kollege und die beiden Unbekannten überhaupt noch dort waren.

Er blickte sich kurz um, atmete durch und entschied, dass das Risiko, den drei Männern im Labyrinth unterhalb der Sitzreihen zu begegnen, geringer war, als das Risiko, auf dem Gestell bemerkt zu werden. Er eilte in den nächstgelegenen, düsteren Gang. Das Amphitheater war mit lichtlosen Wegen durchzogen wie ein Termitenbau. Wenn Blanc Glück hatte, würde er auf Umwegen ungesehen bis zum Ausgang gelangen. Wenn er Pech hatte, würde er Marius direkt in die Arme laufen. Dann musste er sich eine Geschichte einfallen lassen.

Er war den Gang erst wenige Schritte weit hinuntergelaufen, als er plötzlich einen langgezogenen Schrei hörte. Ein Mann in Todesangst. Das steinerne Oval warf den schrecklichen Laut tausendfach zurück, er hätte von überall kommen können. Dann vernahm er einen dumpfen Schlag, ein hässliches Knacken, der Schrei brach abrupt ab. Eine Sekunde lang war es, als hielte die Zeit den Atem an. Dann zerschnitt der Ausruf einer Frau die Stille im Amphitheater. Angst lag in dieser Stimme, aber auch Zorn.

Avelines Stimme.

Blanc rannte los. Der Gang. Die Treppen hinauf in den Turm. Irgendwo hinter sich hörte er hysterische Schreie aus der Arena. Jemand rief nach der Polizei. Zahllose Schritte dröhnten auf den Rängen, die Stahlkonstruktion schepperte wie bei einem Erdbeben. Zwei, vier, sechs, acht Stufen, Blanc nahm sie in großen Sprüngen. Doch plötzlich rutschte er auf einer der ausgetretenen Steinplatten aus, taumelte einen schier endlosen Moment lang und schlug schließlich mit der Schulter so hart gegen die Seitenwand, dass es ihm die Luft aus den Lungen presste. Der Schmerz ließ kleine Lichtkerzen in seinen Augen explodieren. Er biss die Zähne zusammen und kämpfte sich hoch. Weiter. Tageslicht. Die Plattform des Turms. Blanc blickte sich atemlos um.

Neben der Mauer, die hoch über der Stadt aufragte, kämpfte Aveline um ihr Leben. Der muskulöse Mann, den er wenige Minuten zuvor noch mit Marius zusammen im Gewölbe gesehen hatte, hielt sie gepackt. Seine Kapuze hatte er noch immer so weit über den Kopf gezogen, dass sein Gesicht ein schwarzes Nichts war. Wie ist dieser Typ so schnell hier hochgekommen?, dachte Blanc erschrocken. Aveline schlug mit der rechten Faust auf ihn ein, doch sie traf bloß seine Schultern, die so hart waren wie eine Baumaschine. Mit der Linken fingerte sie an ihrer Manteltasche, als wolle sie ihr Handy zücken. Doch der Mann hatte seine schwarz behandschuhten Pranken so eng um ihren Leib geschlungen, dass sie nicht in ihre Taschen hineingreifen konnte. Der wird Aveline vergewaltigen, fuhr es Blanc durch den Kopf, aber dann erkannte er, was der Unbekannte wirklich vorhatte: Er zerrte Aveline näher und näher zur Mauer und zwang sie auf den Abgrund zu.

Blanc brüllte vor Wut und stürzte sich auf den Mann. Doch der war unfassbar schnell. Der Koloss ließ Aveline fallen, die auf den Boden schlug und stöhnte. Dann duckte er sich und rammte Blanc die Faust in den Magen. Der Schmerz war so schrecklich, dass Blancs Beine unter ihm wegknickten. Er knallte in gekrümmter Haltung auf die Steine und wollte bloß noch atmen, atmen, atmen, doch er konnte keine Luft einsaugen. Er hörte seltsam gurgelnde Laute und brauchte ein paar Augenblicke, bis er realisierte, dass sie aus seinem Mund drangen. Ihm wurde schwarz vor Augen.

Schritte. Er spürte Hände auf seinem Leib. Jetzt macht er dich endgültig fertig, dachte er noch, und ein unglaublicher Zorn durchflutete ihn, Zorn auf sich selbst, weil er so hilflos dalag, weil er Aveline nicht beistehen konnte, weil er so verdammt bescheuert gewesen war, ohne Deckung in diese Faust zu rennen wie ein Anfänger.

Doch die Hände taten ihm nicht weh. Kräftig, aber behutsam drehten sie ihn herum und drückten seinen gekrümmten Leib auseinander.

Luft.

Als das Flimmern vor seinen Augen verschwand, sah er Avelines Gesicht dicht vor dem seinen. Sie packte seine Schultern. »Stehen Sie auf!«, flüsterte sie.

Blanc brachte nur krächzende Laute hervor.

»Der Kerl ist abgehauen. Wahrscheinlich hat er Angst vor Zeugen.« Sie sprach sehr schnell, sehr kühl, sehr überlegt. »Gleich wird dieser Turm voller Menschen sein. Wir sollten besser verschwinden.«

»Was …«, keuchte Blanc. Er taumelte hoch. Er hätte am liebsten gekotzt.

»Ein Mann ist ein paar Sekunden nach Ihnen auf den Turm gekommen«, erklärte sie. Blanc nickte. Der schmächtige Typ mit der Brille, der es so eilig gehabt hatte.

»Ich habe gar nicht auf ihn geachtet«, fuhr Aveline fort, »er sah so gewöhnlich aus. Kurz darauf ist plötzlich dieser Riese aufgekreuzt. Danach ging alles sehr rasch. Der Typ hat kein Wort gesagt, sondern ist direkt auf den Mann zugegangen, hat ihn gepackt und in die Tiefe geschleudert. Er war wie ein Roboter. Schnell. Gefühllos. Präzise.« Aveline schüttelte den Kopf, und Blanc hätte schwören mögen, dass in dem Horror ihrer Stimme doch so etwas wie Bewunderung mitschwang. »Erst danach hat der Typ sich umgedreht und bemerkt, dass er eine Zeugin gehabt hat. Den Rest muss ich Ihnen nicht erzählen.« Sie atmete tief durch.

Blanc hatte immer noch Mühe zu atmen. Sein Bauch fühlte sich an, als würde ein Vorschlaghammer zwischen seinen Eingeweiden stecken. Er betastete den unteren Rippenbogen. Offenbar kein Knochen gebrochen, immerhin. Er wankte bis zur Brüstung und sah hinab. Weit unten, zwischen den steinernen Sitzreihen, lag der schmächtige Mann, er rührte sich nicht. Dutzende Besucher hatten einen Kreis um ihn gebildet, doch niemand wagte es, ihn anzufassen. Sie starrten den seltsam verrenkten Leib an. Unter dem Kopf breitete sich eine Blutlache aus, bis sie seine Brille mit den zersplitterten Gläsern umfloss, die fast einen halben Meter neben dem Gesicht in einem der seltenen Sonnenstrahlen aufblitzte. Marius und seine beiden Begleiter waren nirgends zu erblicken. Aus der Ferne wehte das Heulen der Ambulanz- und Polizeisirenen heran. Blanc schwindelte, und das lag nicht allein an Schmerzen und Atemnot.

Aveline hatte sich hinter die Brüstung geduckt. »Ich kann nicht als Zeugin aussagen«, erklärte sie. Sie sprach rasch. »Mein Mann darf nicht misstrauisch werden. Wenn ich aussage, wird Jean-Charles sich sofort fragen, warum ich in Arles war.«

Blanc brauchte tatsächlich einige Momente, bis die Bedeutung ihrer Worte zu ihm durchgedrungen war. Er schaute sie fassungslos an. »Sie müssen aussagen! Da unten liegt ein Toter! Der Mann hätte Sie ebenfalls beinahe ermordet. Sie dürfen nicht einfach weggehen, als wäre nichts geschehen. Was soll Ihr Mann schon denken, wenn er erfährt, dass Sie in Arles waren? Sie haben die Arena besucht, was ist dabei? Ihr Mann wird erleichtert sein, dass Ihnen nichts geschehen ist. Er wird doch nicht ahnen, dass wir uns hier verabredet haben. Er wird nicht …«

»Er wird. Wenn Sie aussagen und wenn ich aussage, dann erfährt mein Mann aus dem Polizeiprotokoll, dass wir zur selben Zeit am selben Ort waren. Unterschätzen Sie niemals seinen Scharfsinn.«

Blancs Gedanken rasten. »*D'accord*«, murmelte er schließlich. »Sie verschwinden von hier. Ich warte auf die Polizei und sage aus, was nötig ist: Der Mann auf dem Turm, der Kapuzenträger, die Tat. Als wäre ich an Ihrer Stelle gewesen. Die Ermittler bekommen eine brauchbare Zeugenaussage und schnappen sich den Typen. Wenn ich die Sache hinter mir habe, schicke ich Ihnen eine SMS und wir treffen uns in der Stadt.«

Aveline richtete sich auf und zog Blanc mit sich in den Schutz des Treppengewölbes. Sie trat ganz nahe zu ihm, und Blanc hoffte einen absurden Moment lang, sie würde ihn küssen. Doch sie brachte ihre Lippen bloß dicht an sein Ohr und flüsterte: »Meine Tasche. Der Kerl hat mir meine Sachen entrissen. Als Sie dazukamen, ist er weggerannt, aber er hat sich vorher meine Tasche gegriffen.«

Blanc schloss für einen hoffnungslosen Moment die Augen. Das war ein verdammter Albtraum. »Auf den Dokumenten in der Tasche steht sicher überall Ihr Name«, vermutete er tonlos. »Der Mörder weiß jetzt, wie die Zeugin heißt, die er beseitigen muss.«

»Nicht nur das«, erklärte Aveline und klang schon beinahe wieder heiter. »In der Tasche stecken Unterlagen über Islamisten, die ich Jean-Charles bei einer Konferenz im Innenministerium präsentieren muss. Sehr wichtige Unterlagen für eine sehr wichtige Konferenz. Ich kann da nicht mit leeren Händen ankommen.«

Blanc stöhnte. »Wir müssen doch zur Polizei gehen. Wir brauchen Personenschutz. Wir haben keine Wahl.«

»Wir haben die Wahl, *mon Capitaine*. Entweder wir gehen zur Polizei und erregen das Misstrauen meines Mannes. Oder wir gehen nicht zur Polizei und jagen den Mörder selbst. Sie wissen, was weniger gefährlich ist.«

Blanc packte Aveline an den Schultern und sah sie beschwörend an. »Die Stadt gehört zum Gebiet der Police Nationale, nicht zur Gendarmerie. Und hier ist das Gericht von Tarascon zuständig, nicht das von Aix. Wir dürfen in Arles nicht ermitteln, keine Zeugen befragen, keine Spuren sichern, keine Experten hinzuziehen, nichts! Und einen Mörder dürfen wir schon gar nicht verhaften. Was sollen wir bitteschön tun?!«

»Wir müssen uns schnell etwas einfallen lassen.« Aveline tippte mit einer gelassenen Bewegung auf ihre Armbanduhr. Plötzlich lächelte sie. »Ich muss die Dokumente im Ministerium präsentieren, es gibt keine Kopien. Mein Zug nach Paris geht am Sonntagabend. Bis dahin müssen wir uns die Tasche von dem Mörder zurückgeholt haben. Ohne Polizei. Ohne Gericht. Nur Sie und ich.« Nie hatte Aveline bezaubernder gelacht als jetzt.

Blanc wurde in diesem Moment bewusst, dass sie die Gefahr mehr liebte, als sie je einen Mann lieben würde. Sie küsste ihn, lange und hingebungsvoll. »Wir treffen uns später«, flüsterte sie dann.

Er lehnte sich erschöpft gegen die kalte Wand und zog sein Handy hervor. 17.07 Uhr. Ihnen blieben weniger als einundfünfzig Stunden.